DK 健身大百科

HIIT

探索人体解剖生理学，重塑强健体魄

运动解剖学

［美］英格丽·S.克莱　著
Ingrid S. Clay

王晨爽　聂磊　张琳漪　译

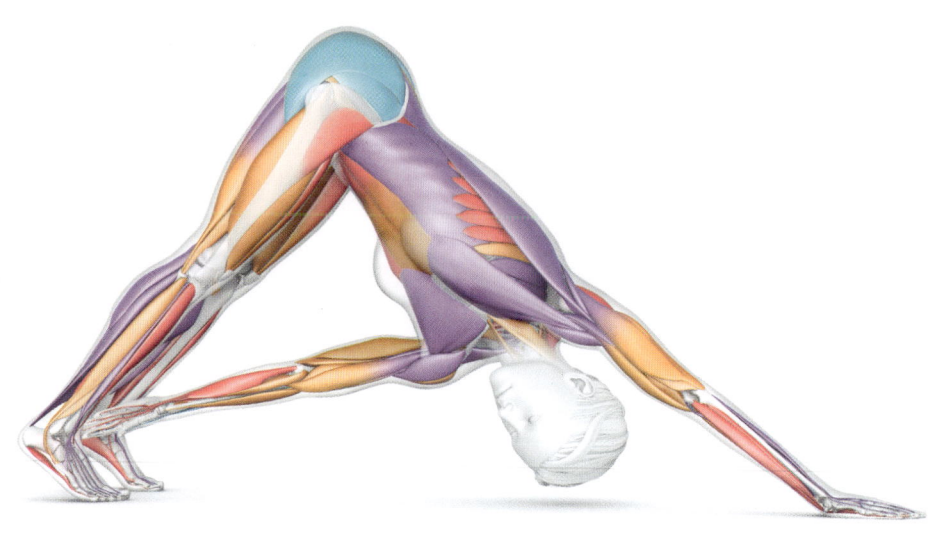

SPM 南方传媒
广东科技出版社
全国优秀出版社

·广州·

Original Title: Science of HIIT: Understand the Anatomy and Physiology to Transform Your Body
Text copyright © Ingrid S Clay, 2021
Copyright © Dorling Kindersley Limited, 2021
A Penguin Random House Company

广东省版权局著作权合同登记号
图字：19-2023-126

图书在版编目（CIP）数据

HIIT 运动解剖学 /（美）英格丽·S. 克莱 (Ingrid S Clay) 著；王晨爽，聂磊，张琳漪译. -- 广州：广东科技出版社，2025.5. --（DK 健身大百科）. --ISBN 978-7-5359-8340-4

I. G804.4

中国国家版本馆 CIP 数据核字第 202493T9L0 号

HIIT运动解剖学（DK健身大百科）
HIIT YUNDONG JIEPOUXUE（DK JIANSHEN DABAIKE）

出 版 人：	严奉强
责任编辑：	温　微　张天白　曾　超
责任校对：	李云柯
责任印制：	彭海波
出版发行：	广东科技出版社
	（广州市环市东路水荫路11号　邮政编码：510075）
销售热线：	020-37607413
	https://www.gdstp.com.cn
E-mail:	gdkjbw@nfcb.com.cn
经　　销：	广东新华发行集团股份有限公司
排　　版：	广州市广知园教育有限公司
印　　刷：	佛山市南海兴发印务实业有限公司
	（佛山市南海区大沥镇盐步永青路永平工业区12号　邮编：528247）
规　　格：	787 mm×980 mm　1/16　印张13.5　字数270千
版　　次：	2025 年 5 月第1版
	2025 年 5 月第1次印刷
定　　价：	108.00元

如发现因印装质量问题影响阅读，请与广东科技出版社印制室联系调换（电话：020-37607272）。

www.dk.com

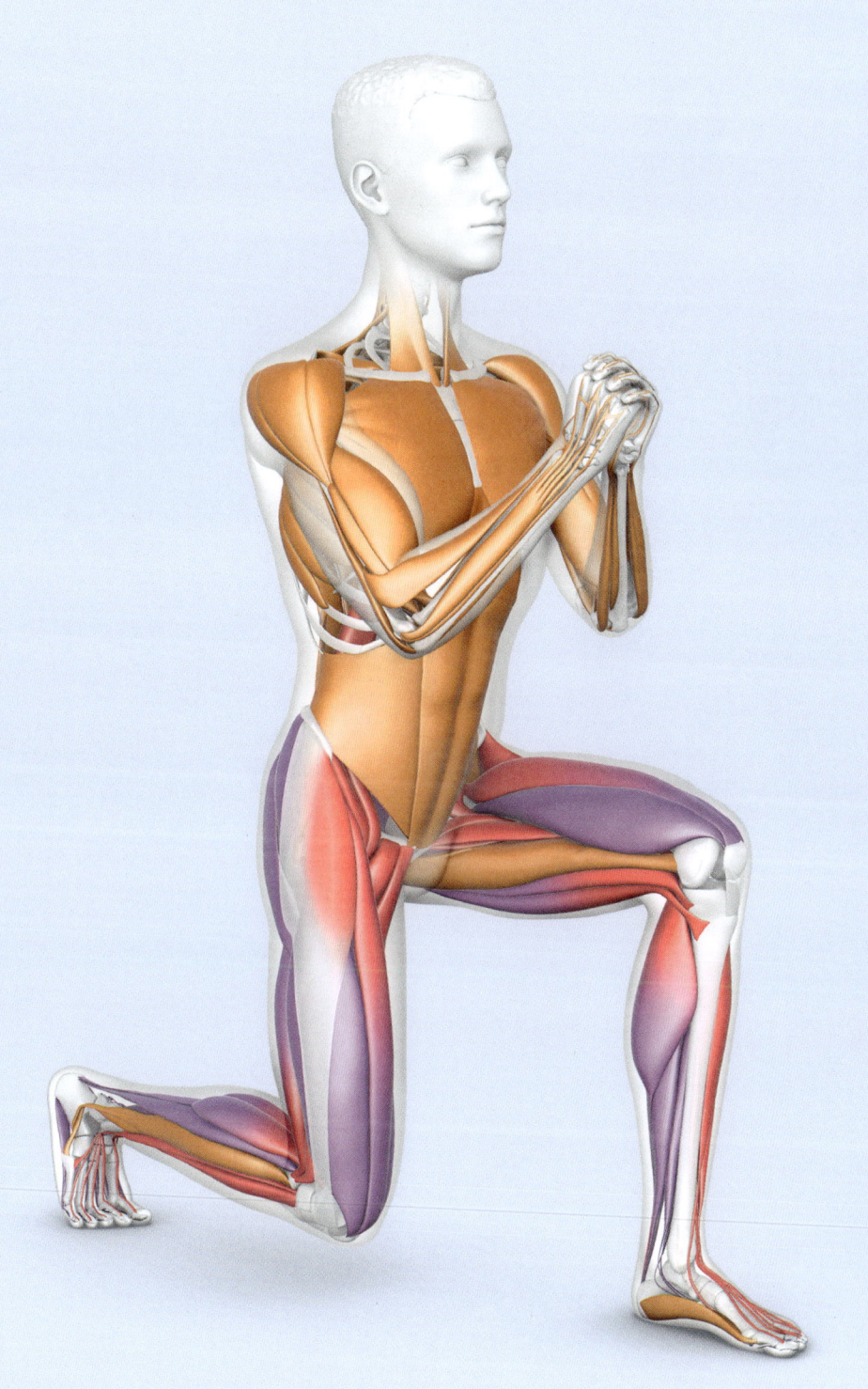

目录

关于HIIT ... 1

HIIT训练的生理学原理

HIIT训练的益处 ... 4
为HIIT训练蓄能 ... 6
改善心肺功能 ... 8
HIIT训练的"后燃效应" ... 10
肌肉的工作原理 ... 12
HIIT训练如何促进肌肉增长 ... 14
肌肉的解剖结构 ... 16
HIIT训练与大脑 ... 18
HIIT训练与饮食 ... 20

HIIT训练

训练介绍 ... 24
   术语指南 ... 26

核心训练

高位到低位平板支撑 ... 30
   变式动作 ... 32
泳姿平板支撑 ... 34
俯身登山 ... 36
   变式动作 ... 38
熊式平板支撑 ... 40
   变式动作 ... 42
仰卧起坐 ... 44
卷腹 ... 46
   变式动作 ... 48
健身球卷腹 ... 50
V形支撑 ... 52
   变式动作 ... 54

上半身训练

俯卧撑 ... 58
   变式动作 ... 60
过顶哑铃臂屈伸 ... 62
   变式动作 ... 64
哑铃肱二头肌弯举 ... 66
   变式动作 ... 68
哑铃前平举 ... 70
   变式动作 ... 72
哑铃侧平举 ... 74
军事推举 ... 76
   变式动作 ... 78
俯身哑铃反向飞鸟 ... 80
   变式动作 ... 82
哑铃卧推 ... 84
哑铃飞鸟 ... 86

下半身训练

深蹲 ... 90
   变式动作 ... 92
箭步深蹲 ... 94
   变式动作 ... 96
蟹步走 ... 98
交替抓举 ... 100
交替侧弓步 ... 102
   变式动作 ... 104
负重提踵 ... 106
哑铃登阶 ... 108
交替脚尖触地 ... 110
单腿硬拉 ... 112
臀桥 ... 114
   变式动作 ... 116

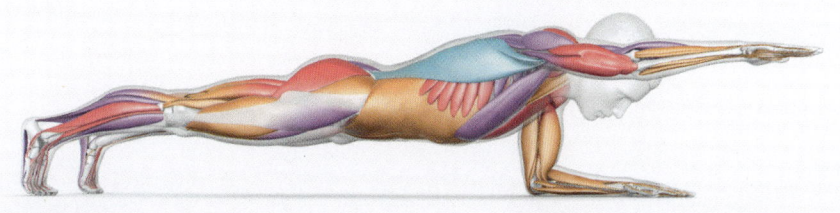

弹跳训练

滑雪跳	120
高抬腿	122
变式动作	124
深蹲跳	126
变式动作	128
收腹跳	130
箱跳	132
单腿前跳	134
足球波比跳	136
波比跳	140
熊爬	144

全身训练

推举开合跳	148
波比深蹲	150
波比收腹跳	154
熊式平板支撑接俯卧撑	158
高位平板支撑接脚踝拍打接俯卧撑	162
支撑转体踢腿	166
军事推举接过顶哑铃臂屈伸	168
俯身哑铃划船接锤式弯举	172
俯身哑铃反向飞鸟接哑铃臂屈伸	174
相扑深蹲接锤式弯举	178

HIIT训练流程

训前准备	182
制订训练计划	184
制订并遵循自己的训练计划	186
每周训练计划	188
训前热身和训后放松	190
训练计划	192
初级训练计划	193
中级训练计划	196
高级训练计划	200
词汇表	204
作者简介和致谢	208

高强度间歇性训练（HIIT）是一种可以让你随时随地进行的训练，可以帮助你燃烧更多的脂肪。与其他类型的训练相比，HIIT用时虽短，却更富奇效！

当我们聊到健身燃脂，讨论起训练方案时，高强度间歇训练（即人们常说的HIIT训练）总是绕不开的话题。这并不难理解，以HIIT为基础的训练将心血管活动的动态爆发力与力量训练（抗阻训练）相结合，只需要20分钟，你就可以完成每日的训练计划。HIIT训练的一大特点便是，在持续时间较短的高强度无氧运动和运动强度较低的体能恢复期之间进行轮替。本书将透过HIIT训练的表象，深入分析其背后的科学原理，并进一步解释为什么以HIIT为基础的训练会有如此奇效。无论你是刚入门的新手还是健身运动的狂热爱好者，通过本书中细致入微的解剖插图和文字说明，你都可以掌握进行HIIT训练的正确方法。HIIT训练的美妙之处在于：你可以将其自由地加入你当前的训练计划中。在进行HIIT训练时，你不会受到训练场地的限制，也不必投入过多的时间。通过阅读本书，相信你一定可以利用其中的信息定制最适合你自己的HIIT训练计划，这些信息同样会帮助你扩展健身知识储备、增强信心。这一次，你一定能坚持下来！

为什么选择HIIT训练？

本书中的训练主要侧重于锻炼心血管力量和耐力，除这两方面外，以HIIT为基础的训练还有很多其他方面的好处。HIIT训练的本质就是：在短时间内进行高强度的运动，并在训练结束后的24小时内让你的身体保持较高的新陈代谢效率，最终将你转换为一台脂肪燃烧机！我们会在本书的第4~5页详细介绍这些好处，但在此处，我们不妨先列举其中几点来满足你的好奇心。

与其他类型的运动相比，HIIT训练简单而强悍，可以更快地燃烧脂肪，促进心血管健康，降低血压，缓解焦虑，减少抑郁情绪，提高无氧训练的效率，增加最大摄氧量，塑造并保持肌肉，进而帮助你提升运动表现（详情请见第4~15页）。

本书的内容

本书的第一部分将围绕人体生理学展开讨论，对HIIT训练改善心血管健康、提高新陈代谢水平和脂肪燃烧率、塑造和增强肌肉的科学原理进行阐释。本书还将对如何正确地摄入营养物质（蛋白质、脂肪和碳水化合物）给予指导。这些营养物质可以为训练提供充足的能量，不仅有助于高效地开展训练，还有助于实现你的训练目标。

本书的主要部分全面梳理了HIIT训练的各种动作，这些动作分别针对身体的不同部位。依据健身水平的高低，本书还给出了相应的训练动作调整方案和变体方案。依据详细的动作说明，你可以学习到如何

关于HIIT

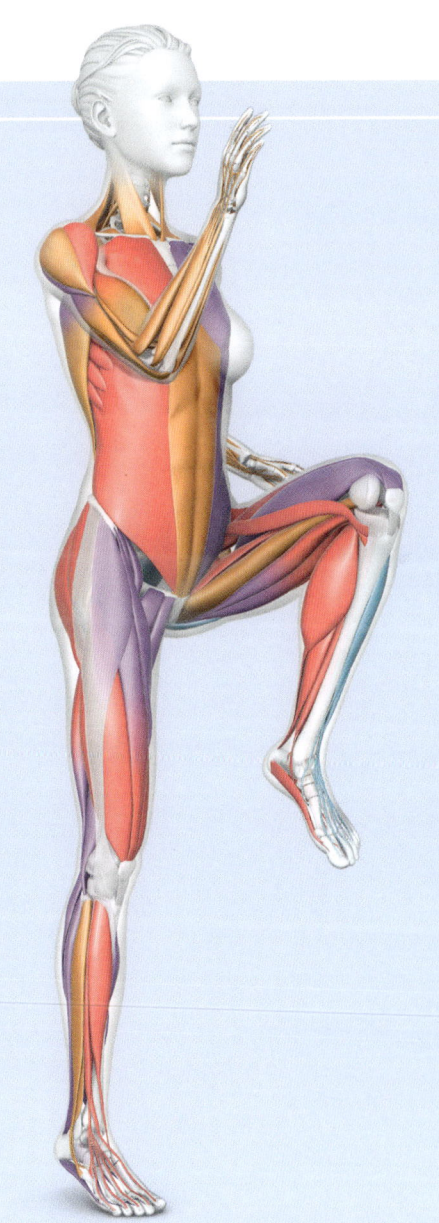

以正确的方式进行训练，如何判断自己是否在训练中犯了常见的错误，如何避免在训练中受伤。本书为每个训练动作的各个步骤都配备了示意图，并对训练的准确姿势和动作要领给出了明确的注释。最后，本书还为不同阶段的健身爱好者提供了一些容易上手的健身计划。

无论你是健身的入门小白，还是刚接触HIIT训练的进阶玩家，或者是希望能够突破瓶颈期的健身老手，《HIIT运动解剖学》都会为你带来绝妙的体验。无论你是想制订面面俱到的个性化训练方案，还是想进一步了解HIIT训练背后的科学原理，或者只是单纯地想瘦身健体，本书都能为你带来意想不到的惊喜。通过不断地熟悉本书内容，你可以逐渐提升训练强度和训练时间，真正地将本书运用到极致，让它成为你的"健身圣经"。在健身的旅途中，它将伴你左右，成为你最忠实的朋友！

英格丽·S. 克莱

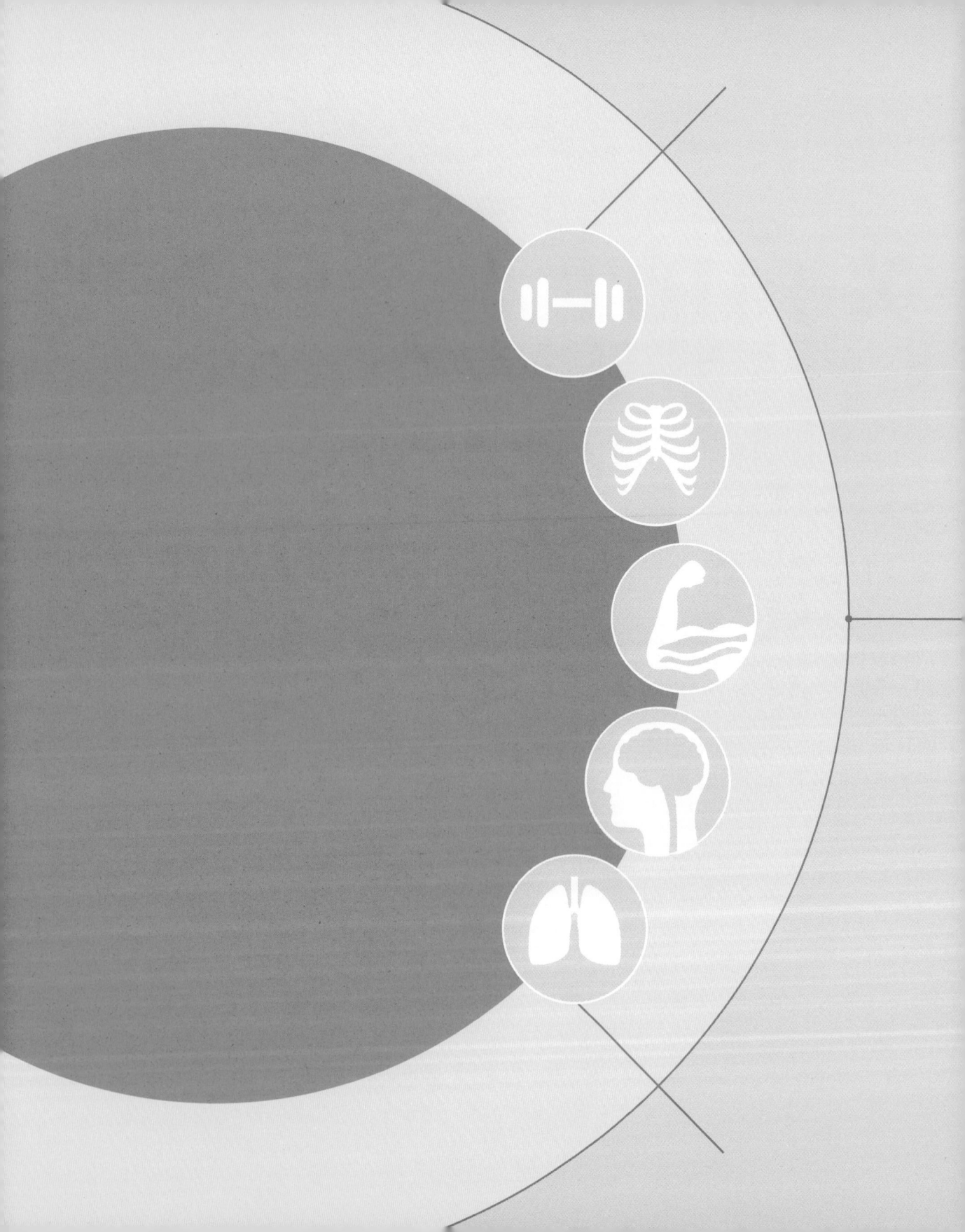

HIIT训练的生理学原理

根据HIIT训练的逻辑,在训练中,你需要在"运动期"竭尽全力,而在"休息期"(动作间歇),你才可以短暂地缓和一下。通过对本章节的学习,你可以更深入地了解这种运动方式将如何影响你的肌肉、身体系统、营养吸收等生理机能,你还会了解到HIIT训练将如何增强你的大脑功能。

HIIT运动解剖学

HIIT训练的益处

在HIIT训练时，无论你选择力量训练还是有氧运动，你的身体始终是在剧烈的运动和短暂的恢复之间进行轮替的。那么，这种交替进行的训练模式对身体健康和健美塑形有哪些好处呢？

HIIT训练有哪些不同

与在公园里慢跑相比，HIIT训练的节奏更快、强度更高，在全力以赴的情况下，十分钟即可完成。相关的研究结果也显示，HIIT训练虽然耗时短，但就卡路里和脂肪的燃烧效果而言，却比数小时中低强度的有氧运动更富奇效。之所以会出现这种情况，是因为HIIT训练在和身体"打哑谜"：在进行长时间的有氧运动时，运动员投入的能量和展现的运动表现都是均衡的，为了适应运动，身体就会进行自我调节，将代谢状态调整到保存能量的模式；而在HIIT训练的整个运动过程中，心率和能量输出都是波动的，身体无法找到稳定的代谢状态，这就需要更快地燃烧卡路里，从而满足能量需求。更重要的一点是，在运动后的恢复阶段中，因高强度间歇性训练而得到改善的代谢状态会保持更长的时间（见第10~11页）。

为免疫系统提供支持

运动锻炼有助于提升人的整体健康水平，最终可以为免疫系统带来裨益。为了让运动锻炼和免疫系统之间的联系更加直观，科学家们进行了深入的研究。但两者之间的联系究竟是怎样的，学界至今还没有得出统一的结论。目前有两种接受度较高的理论，一种理论认为：运动增加了血液和淋巴液的流动，从而促进了免疫细胞在体内的循环。而另一种理论认为：运动可以减少体内的炎症，进而为因长期处于慢性炎症状态而受损的免疫功能提供支持。科学家们也证实了运动的确可以减少精神压力，而精神压力对免疫系统有着负面的影响。

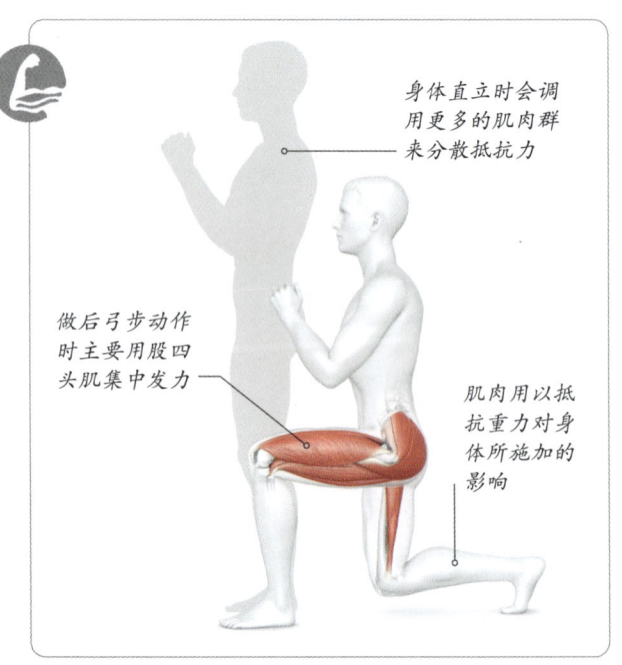

自重抵抗

在几乎所有的HIIT训练中，身体发力的关键点都建立在自重抵抗上，即充分调动你的肌肉，与作用在身体各部位上的重力进行"战斗"。此训练带来的优势是，无须花样百出的健身器械，也无须担忧时间与场地的限制，随时随地都能进行。

提高新陈代谢水平

在进行HIIT训练时，身体的代谢系统为肌肉收缩提供能量。与持续的低强度训练相比，HIIT训练所具有的"全力以赴""快启快停"等特性可以在更长时间内将身体的新陈代谢维持在较高水平（见第6~11页）。

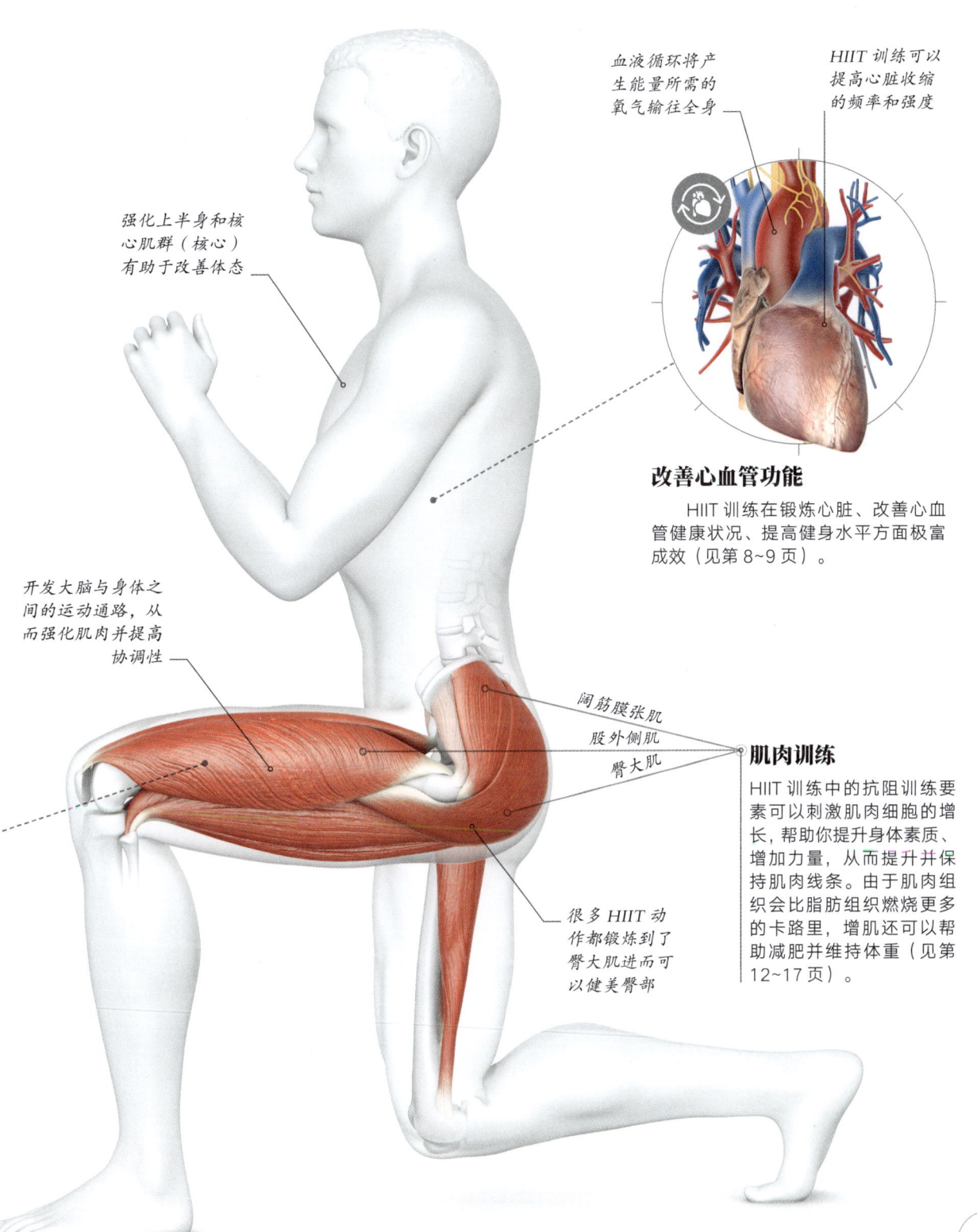

为HIIT训练蓄能

你身体的智慧超越你的想象。在日常生活的某些情境中，它可以进行控制反应，也可以进行本能反应；它可以帮助你跑跳、拎举，也可以帮助你游泳、骑车。如果要高效率地完成这些动作，你的身体就离不开足够的能量。身体能够消化我们摄入的饮食，并在我们并不知晓的情况下将其转换为能量。

能量的转换

我们的身体不断吸收我们为其提供的"燃料"（碳水化合物、蛋白质和脂肪），并在呼吸的过程中将"燃料"转换为能量。人体利用食物能量维持生命并进行各种活动的速率就是代谢率，而人在静息状态下的总能量转换率就是基础代谢率（BMR）。基础代谢率的高低取决于人的年龄、性别、身体总重量和肌肉量。由于肌肉可以燃烧更多的卡路里，因此运动员的基础代谢率要高于普通人。要想了解人们在各种活动中的能量消耗情况，则需要测量人们的耗氧量（VO_2），这是因为通过呼吸释放的大部分能量都需要氧气的参与才能完成相关的化学反应。人体细胞主要是通过三磷酸腺苷（ATP）分子来获取、转移并储存能量的。

如何获取ATP？

身体可以通过有氧呼吸系统、无氧糖酵解系统和无氧磷酸原系统来获取ATP能量。这3个系统通力合作，共同为我们的生存而努力：如果没有有氧代谢，那么我们在进行持续性的日常活动时，就会缺少能量供给；如果没有无氧代谢，我们的快速反应能力（例如需要快速投入战斗或需要逃跑时）就会受到严重的影响。

能量系统

有氧呼吸系统是为身体提供动力的主力系统。在有氧的条件下，有氧呼吸系统会触发所需的化学反应，进而将食物能量（通常情况下是储存于身体内的葡萄糖）转化为ATP分子。而无氧呼吸系统则是在没有氧气参与的情况下制造出能量，可分为两种类型：磷酸原系统和糖酵解系统。磷酸原系统可以激活储存在细胞内的ATP，让其快速地投入使用，而在此之后，糖酵解系统则开始发挥作用，它可以在身体获得充足的氧气之前为其提供短期的能量供给。此外，如果运动的强度超出了心血管系统的供氧能力，即超出了最大摄氧量（VO_2max，见第8~11页），那么糖酵解系统也会开始运作。

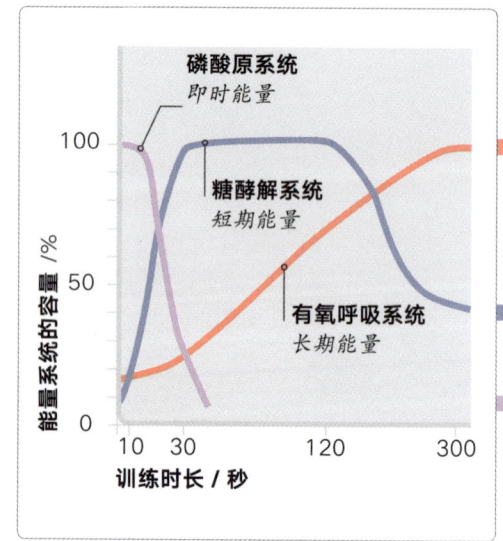

有氧呼吸

有氧呼吸主要发生在细胞的线粒体中（见第9页），它需要氧气的参与才能将葡萄糖转化为ATP，并产生二氧化碳和水等废弃物。有氧呼吸系统是人体能量系统中发挥作用较慢的一类，但就产出的能量而言，却比无氧呼吸多出许多。有氧呼吸可以用一个葡萄糖分子产出大约38个ATP分子，但糖酵解最多只能产出3个ATP分子。这就是为什么有氧呼吸对人体的基本功能而言是至关重要的，这也解释了为什么有氧呼吸会成为中低强度持续性运动的主要能量来源。在HIIT训练中，有氧呼吸同样可以为有氧运动提供能量并帮助身体在经过高强度力量训练后恢复能量。

为不同的运动提供能量

这三种能量系统可以为进行的一系列运动做出不同的贡献：无氧磷酸原系统为力量训练提供能量，但另外两种系统则在两组训练的间隔为身体补充ATP。

无氧呼吸：糖酵解

当心脏以最快的速度泵送血液，但不足以且不能及时满足肌肉的氧气需求时，无氧糖酵解就会为持续时间适中的高强度运动（即HIIT训练）提供能量。糖酵解会在无氧的细胞质中进行，它包含了对葡萄糖进行发酵的过程，可以将葡萄糖转化为2个或3个ATP分子，并产生副产品乳酸。如果乳酸在血液中不断堆积，且无法通过有氧呼吸排出体外，身体就会出现乳酸中毒的症状，如肌肉疼痛、肌肉灼烧、身体疲惫、呼吸急促、胃痛恶心等。即使你目前还没有从激烈的HIIT训练中感受到这些症状，将来也一定会感受到的。不过你也不必担忧，因乳酸堆积而产生的中毒症状是临时性的，也是可逆的。一旦氧气的供应满足了身体的需求，乳酸就可以重新代谢为丙酮酸，以便在有氧呼吸中再次使用。

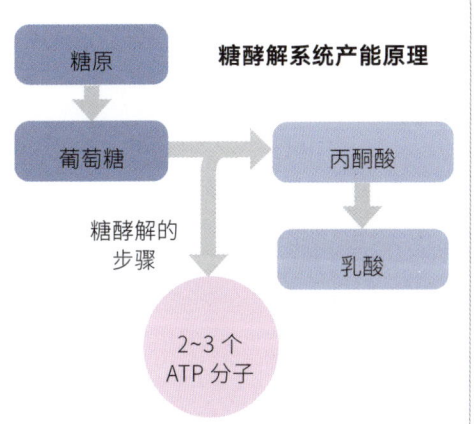

无氧呼吸：磷酸原

这个过程消耗了磷酸肌酸（PCr），并且拥有非常高的ATP产生率。ATP分解后可以产生能量，而PCr可以复原这些已经分解的ATP。储存在肌肉中的PCr和ATP总量很少，所以可以为肌肉收缩供能的能量是有限的。但由于此过程可以在瞬间提供能量，因此在运动开始时，以及在持续时间为1~30秒的短时间高强度运动（如冲刺或HIIT训练）中又是必不可少的。

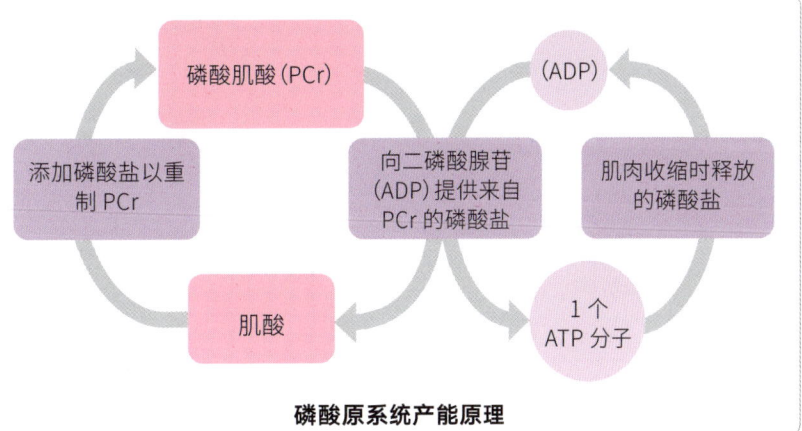

磷酸原系统产能原理

HIIT运动解剖学

改善心肺功能

为了满足运动的能量需求,你的身体能否通过心血管系统高效地将氧气输送到肌肉当中就成为身体健康程度的关键指标之一,而开展HIIT训练可以显著地改善心血管健康。

血液循环

有氧呼吸是身体产生能量的主要形式。在这个过程中,氧气通过血液输送到细胞中。而在细胞中,氧气会参与化学反应,将能量储存转化为身体功能(如HIIT训练中的肌肉收缩)的可用能量。心脏的泵送作用维持着血液在身体中的流动:利用动脉向身体各处推送富含氧气的血液,并通过静脉回收带有二氧化碳废气的无氧血液,最终通过肺部排出二氧化碳。

心血管适应性训练

HIIT训练可以通过多种方式提升心血管效率:通过训练心脏,使其能够以更快的速率跳动,并在每次跳动时泵送更多的血液;增加血液的总量和氧合血红蛋白的数量;增加肌肉周围毛细血管的密度并改善其功能。

图例
● 动脉　● 静脉

心血管系统

毛细血管
毛细血管是一种小血管,它可以将血液中的氧气和营养物质输送到肌肉组织中,并转移二氧化碳等废弃物。

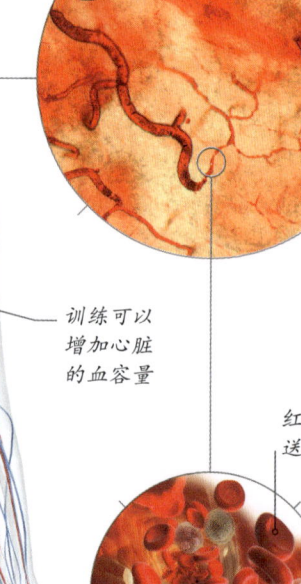

训练可以增加心脏的血容量

红细胞输送氧气

血液
血液从肺部输送氧气,从消化系统输送营养物质,进而促进细胞内能量的释放。而脱氧血液会带走我们呼出的二氧化碳。

为心血管功能评分

一种常见的测量有氧适能的方式是计算你的"最大摄氧量(VO_2max)"分数。这个分数体现了在竭尽全力的体力活动期间身体可以消耗的最大(max)氧气(O_2)体积(V),也就是肌肉中可用于有氧细胞呼吸的氧气量。对自己的最大摄氧量进行评估可以帮助你选择适合自己的HIIT训练难度。随着你的进步,重新测试你的分数也可以帮助你记录自己所取得的进展。

进行库珀测试

1968年,肯·库珀(Ken Cooper)博士开发了库珀方法,这是一种测量最大摄氧量的方式。要完成该测试,你需要在12分钟的时间里跑出尽量远的路程,并将你跑出的距离代入下方的数学公式来计算出你的最大摄氧量分数。

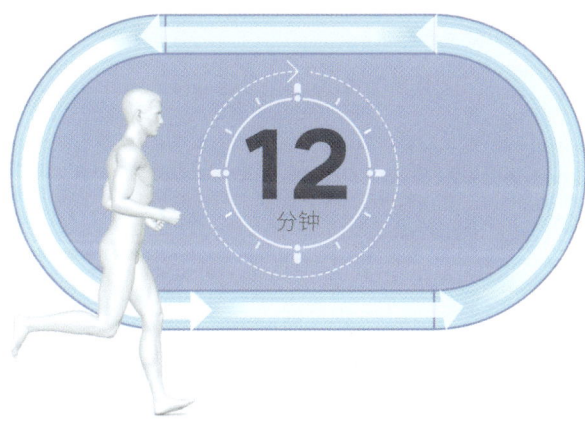

$$[22.35 \times 跑步总距离(千米)] - 11.29$$

= 最大摄氧量

如何获取准确的测试结果?
要获取准确的测试结果,你需要在平坦的地面(如田径跑道)上进行跑步,而且是越平坦越好。接下来,你需要要将倒计时设定为12分钟,然后跑出尽可能远的距离,并做好记录。

线粒体功能

线粒体是存在于细胞内,对代谢活动进行调节并产生化学能的细胞器。它们存在于肌肉纤维中,对身体活动的表现至关重要。

多项研究的结果都表明:在进行耐力运动后,线粒体的功能可以得到改善。还有一些研究的结果表明:高强度运动可以比中等强度运动产生更大的刺激。简而言之,进行HIIT训练可以帮助你从细胞层面上提高产生能量的能力。

抗衰老作用

线粒体的功能会随着年龄的增长而下降,并与糖尿病、心血管疾病和阿尔茨海默病密切相关。因此,通过运动刺激线粒体的合成可以帮助提高老年人的健康水平。

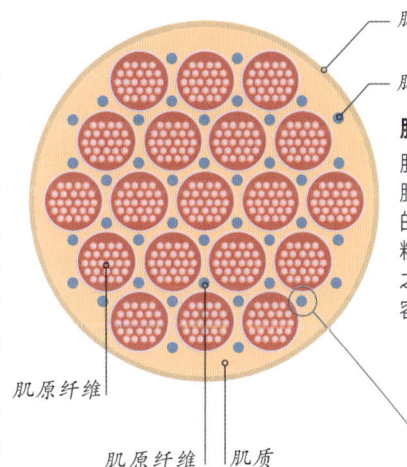

肌肉纤维
肌下线粒体位于肌纤维膜(即包裹纤维的质膜)的下方。肌原纤维间线粒体位于杆状肌原纤维之间,而杆状肌原纤维容纳收缩的肌肉细丝。

能量的产生
在能量释放的第一阶段,葡萄糖在肌原中转换为丙酮酸。随后,丙酮酸转移到线粒体中,并在线粒体中通过含氧化学反应转换为ATP(见第6页)。

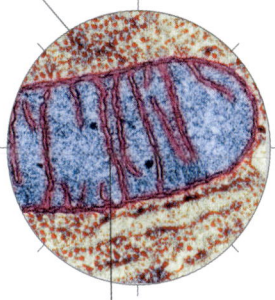

"线粒体嵴"的褶皱增加了可用于ATP有氧合成的表面积

HIIT 运动解剖学

HIIT训练的"后燃效应"

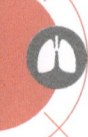

尽管HIIT训练的持续时间很短，但它们在燃烧卡路里方面比运动负荷恒定的长时间跑步更有效。造成这种现象的主要原因是：HIIT训练在剧烈运动的同时频繁地短暂休息，这就会使得运动的恢复期延长，科学家们将这一现象称为"运动后过量氧耗（EPOC）"，也就是"后燃效应"。

什么是运动后过量氧耗（EPOC）？

我们在前面的章节中已经了解到，为了给HIIT训练所需的肌肉收缩供能，身体会将储存的葡萄糖转化为ATP分子（见第6～9页）。在进行转化时，主要的转化模式需要氧气参与到化学反应中，而氧气则是通过心血管系统提供的。然而，即使在运动结束后，你的身体仍需要大量的能量（因此也需要大量的氧气），这样才能为补充糖原的各个过程提供燃料，并让身体恢复稳态平衡。此恢复期正是运动后过量氧耗现象发生的时期，这个时期会促进身体提高新陈代谢效率，并将身体调整到休息的状态。如右页中的图表所示，短时间HIIT训练之后的运动后过量氧耗现象的持续时间远长于长时间中等强度有氧运动的这一时间。

加快身体恢复

在完成HIIT训练后，身体的新陈代谢水平会得到提高，这种较高的新陈代谢水平会在运动后过量氧耗现象出现后再维持最多24小时。为了保持新陈代谢的效率，必须重视摄入的食物以及在何时摄入食物。在结束一天的繁重工作后，如果不进食或者进食的间隔较大，就会导致新陈代谢变缓，血糖水平下降，最终使人倍感疲惫。营养不良还会使得身体无法适应运动所带来的一些变化，如肌肉的增长和糖原储存的增加。你可以尝试每天吃4~5顿小餐，进餐的时间间隔均匀，每餐摄入的营养素要均衡（见第20~21页）。这就好比为了让火堆持续燃烧，我们会少量多次地添加柴火。

图例
- 缺少的氧气量
- 运动时的耗氧量
- 恢复时的耗氧量

运动后过量氧耗期间的流程

在运动后过量氧耗恢复期间，各种生理过程开始启动，将身体调整到休息状态。在休息状态下，基础代谢率足以满足能量需求。身体需要更高的氧气水平和新陈代谢效率，才能将心率和呼吸频率降下来，并将核心体温降低至正常的37℃。此外，在运动后过量氧耗期间，身体需要补充耗尽的能量储备。同时，身体会在这期间开始对运动刺激进行生理适应，包括肌肉生长和提高呼吸效率。

ATP 分子 ＋ PCr 分子

肌肉细胞

肌肉细胞中的能量储存

肌肉细胞储存有少量的 ATP 和 PCr 分子，它们为短时间的体力活动提供化学能量，这些化学能量可以在运动后过量氧耗期间得到补充。

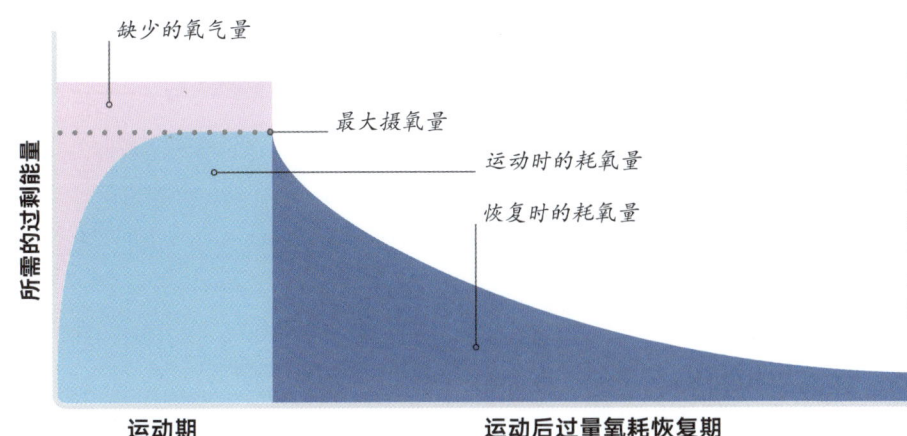

HIIT 训练的耗氧量

运动后过量氧耗恢复期的持续时间是训练时间的 2 倍以上。这是因为身体在训练过程中没有时间进行代谢调整，HIIT 训练中的无氧力量训练导致了氧气供应不足和乳酸过量积累，最终超出了最大摄氧量（见第 9 页）的清除能力。

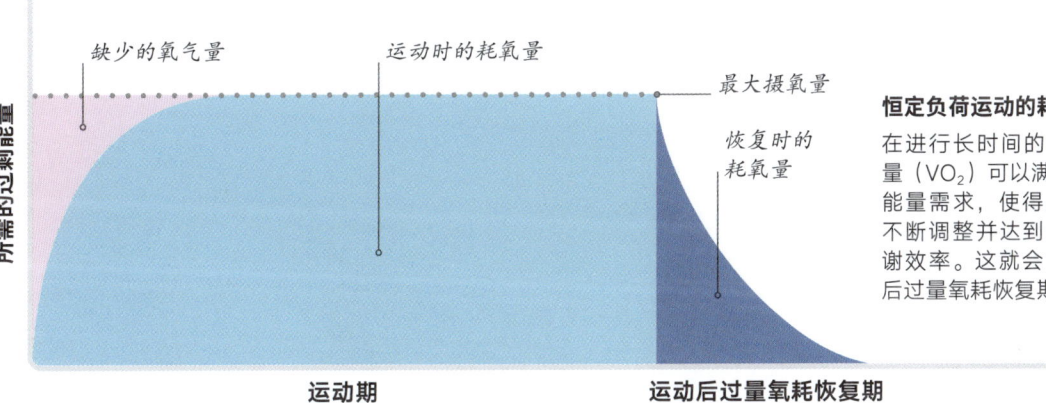

恒定负荷运动的耗氧量

在进行长时间的运动时，耗氧量（VO_2）可以满足不断提高的能量需求，使得身体在运动中不断调整并达到适当的新陈代谢效率。这就会大大缩短运动后过量氧耗恢复期。

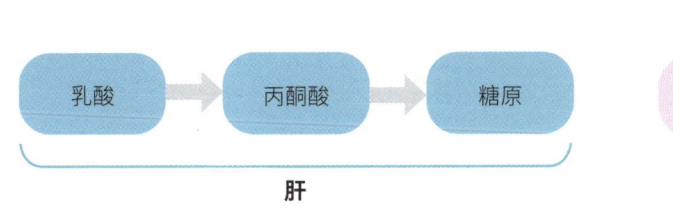

乳酸转化为糖原

一旦获得足够的氧气，无氧呼吸产生的乳酸将首先转化为丙酮酸，然后转化为储存在肝脏中的糖原颗粒。

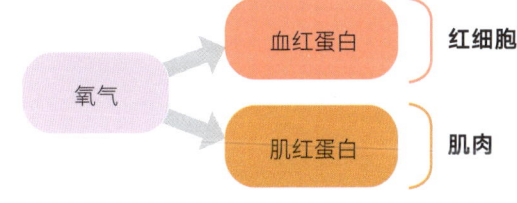

为球蛋白重新注氧

在运动后过量氧耗恢复期间，血液中的血红蛋白和肌肉中的肌红蛋白得到了氧气的补充。这两类球蛋白对氧气的运输和吸收极其重要。

HIIT运动解剖学

肌肉的工作原理

肌肉可以控制运动，能让我们完成各种动作，比如跳跃或咀嚼食物。肌肉，借助肌腱连接在骨头上，肌腱是结缔组织的一部分，可以抵抗较高的拉力。肌肉以拮抗对的形式工作，并产生周期性的收缩和舒张。

肌肉收缩

在张力的作用下，肌肉可以改变长度（即等张收缩）或保持长度不变（即等长收缩）。等张收缩可以是向心收缩，也可以是离心收缩。在向心收缩（如肱二头肌弯举）的过程中，肌肉会因产生力量或克服阻力而收缩。在离心收缩（如在做引体向上时降低身体）的过程中，肌肉会在产生力量的同时拉长。离心收缩可以是自发的，也可以是被动的。

拮抗肌
肱二头肌舒张，协助手臂的伸展

主动肌
肱三头肌收缩，为手臂的伸展提供驱动力

伸展
关节活动的角度扩大

协同肌
肱肌和肱桡肌为屈臂动作的两个阶段提供助力

离心收缩
在离心收缩的过程中，肌肉会被拉长并产生力量。离心收缩是一种紧张状态下的拉伸，其作用是"制动"或为运动减速。以此插图为例，肱二头肌进行离心收缩，从而"制动"哑铃向下运动的趋势。

肌肉如何协同工作

在一对拮抗肌中，一块肌肉收缩，另一块肌肉就会放松或舒张。收缩的肌肉被称为主动肌，放松或舒张的肌肉被称为拮抗肌。例如，当你做肱二头肌弯举的动作时，肱二头肌就是主动肌，它会收缩以产生运动，而肱三头肌则是拮抗肌，它会舒张以使得该动作不会受到阻碍。

> **提升动作的精准度**
>
> 肌肉共同激活是一种神经肌肉反应。在主动肌和拮抗肌同时受到激活时，就会发生此反应。当你刚开始参加训练时，你的身体会尝试提高关节的稳定性和动作的准确性，此时就会启动肌肉共同激活。正因为这个原因，你的动作在一开始可能不是最协调或最流畅的。但随着不断地练习，你可以让你身体的一"举"一"动"都变得更为协调。

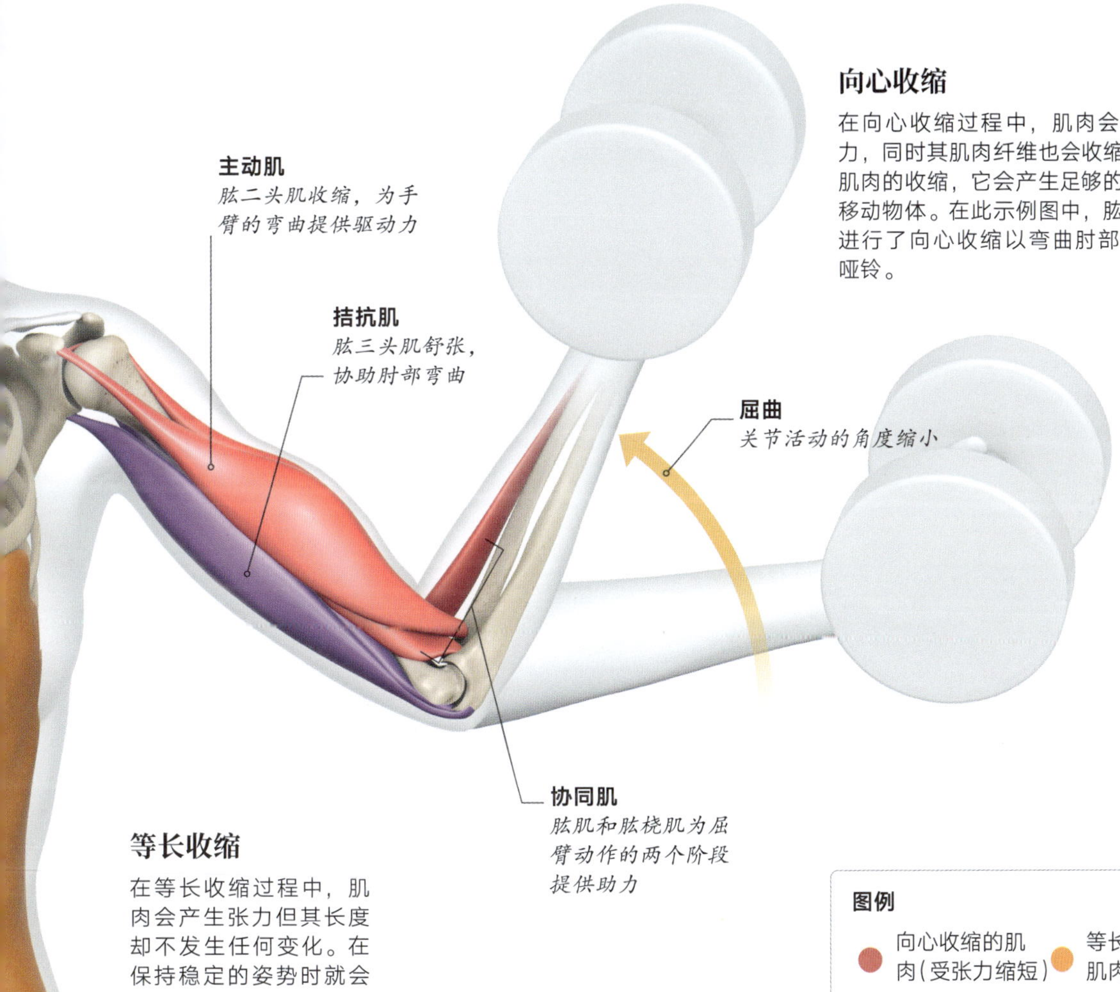

主动肌
肱二头肌收缩，为手臂的弯曲提供驱动力

拮抗肌
肱三头肌舒张，协助肘部弯曲

向心收缩
在向心收缩过程中，肌肉会产生张力，同时其肌肉纤维也会收缩。随着肌肉的收缩，它会产生足够的力量来移动物体。在此示例图中，肱二头肌进行了向心收缩以弯曲肘部并举起哑铃。

屈曲
关节活动的角度缩小

协同肌
肱肌和肱桡肌为屈臂动作的两个阶段提供助力

等长收缩
在等长收缩过程中，肌肉会产生张力但其长度却不发生任何变化。在保持稳定的姿势时就会涉及等长收缩。例如，你调动腹肌来稳定你的核心，这样你就可以专注于要训练的目标肌肉。

图例
- 向心收缩的肌肉（受张力缩短）
- 等长收缩的肌肉
- 离心收缩的肌肉（受张力拉长）

HIIT训练如何促进肌肉增长

HIIT训练可以增肌、塑形,并有助于保持肌肉量,同时增加快缩型肌纤维的比例。如果是出于增长肌肉的目的,则需要将力量训练作为主要的训练内容,而不应该把有氧运动作为主要内容。

刺激肌肉增长的因素

为了增肌,你必须承受机械张力、肌肉疲劳和肌肉损伤。当你举起重物时,肌肉中的收缩蛋白会产生力量并施加张力来抵抗阻力。这种机械张力是肌肉膨胀(肌肉生长)的主要动力,但可能会对肌肉造成结构性损伤。肌肉蛋白的机械性损伤会诱发身体的修复反应,肌肉蛋白中受损的纤维会使得肌肉的体积增加。当肌肉纤维耗尽所有可用的ATP(即为身体供给能量并帮助肌肉收缩的三磷酸腺苷,见第6~9页)供应时,身体就会感受到机械疲劳。此时,ATP就无法继续为肌肉的收缩提供"燃料",你的身体也就无法再继续完成正常的托举等动作。这种代谢压力也会帮助你增加肌肉。

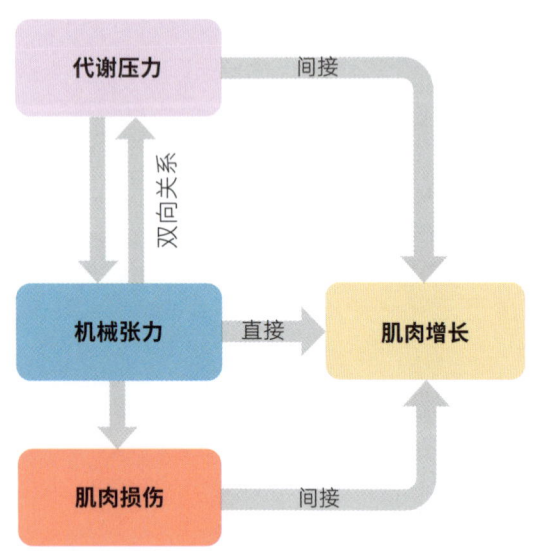

肌肉增长的机制

如何将肌肉练大

骨骼肌蛋白每天都会经历合成和分解的循环。只要肌肉蛋白合成的速度快于肌肉蛋白分解的速度,肌肉就会增长。人们通常会将肌肉增长视为肌肉不同组成部分(肌原纤维、肌浆、结缔组织)适应性变化的综合结果。

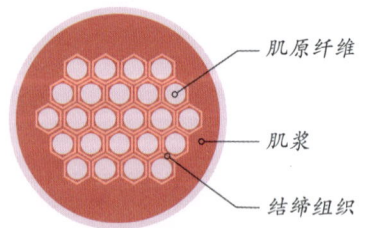

肌肉生长前的肌原纤维
图中的大圆代表肌肉及其肌束的横截面。其中包含了很多肌原纤维,肌原纤维周围是肌浆和一层结缔组织。

卫星细胞

骨骼肌卫星细胞在肌肉纤维的维持、修复和重塑中起着至关重要的作用。这种单核细胞"夹在"肌肉纤维的基膜和质膜之间。作为干细胞,骨骼肌卫星细胞负责骨骼肌的进一步生长和发育。如果一个人处于久坐不动的生活方式中,那么他的卫星细胞就会进入休眠状态。

随年龄增长而下降的肌肉质量

如果不运动你的肌肉,那么它们终将弃你而去,或者进入休眠状态。随着年龄的增长,我们体内卫星细胞的数量会自然地下降,但通过体育训练可以抵消这种下降的趋势。人一旦达到 30 岁,就必须定期激活他们的肌肉,否则,随着年龄的不断增长,他们将不得不面对自己失去了肌肉再生能力的这一事实。

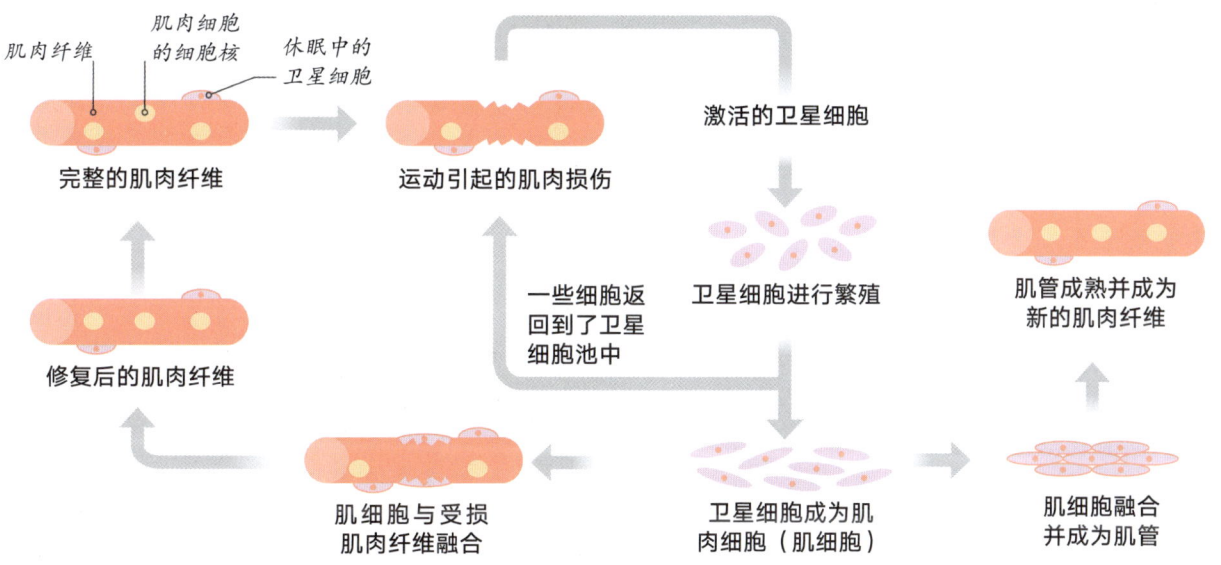

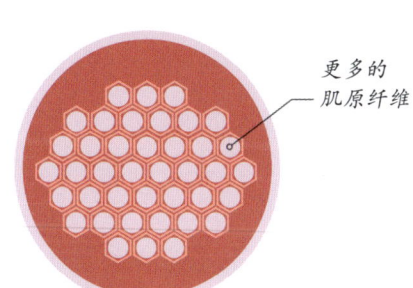

增加肌原纤维

肌原纤维蛋白占肌肉细胞中蛋白质总量的 60%~70%。增加肌原纤维就是指通过增加肌节以增加肌原的数量和/或增大肌原纤维的尺寸。

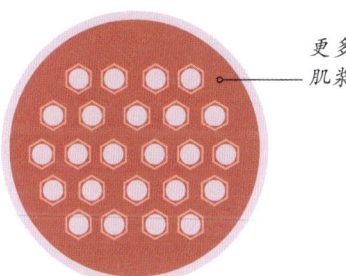

增加肌浆

增加肌浆(包括线粒体、肌浆网、T 小管、酶和糖原等酶作用物)的体积也同样可以起到增加肌肉的效果。

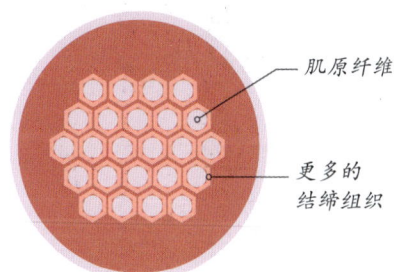

增加结缔组织

肌肉的细胞外基质是结缔组织的三维支架,增加其中的矿物质和蛋白质含量也可以让肌肉增大。

HIIT运动解剖学

肌肉的解剖结构

人体中大约有600块肌肉，它们可分为3种类型：构成心脏的心肌、分布在人体各个器官的平滑肌和骨骼肌。

骨骼肌

身体利用骨骼肌来开展各种运动，骨骼肌通过肌腱与骨骼和关节相连，并通过协同收缩来实现运动的目的。研究肌肉和它们的运动方式可以加强你的身心联系，你不妨想象一下肌肉的工作机制，这样可以帮助你正确地控制肌肉。

下方的放大图显示了彼此排成一列的肌纤维

骨骼肌纤维

骨骼肌纤维和其他身体组织是一样的，它们柔软却又脆弱。结缔组织为这些纤维提供了支持和保护，使得它们可以承受肌肉收缩的力量。

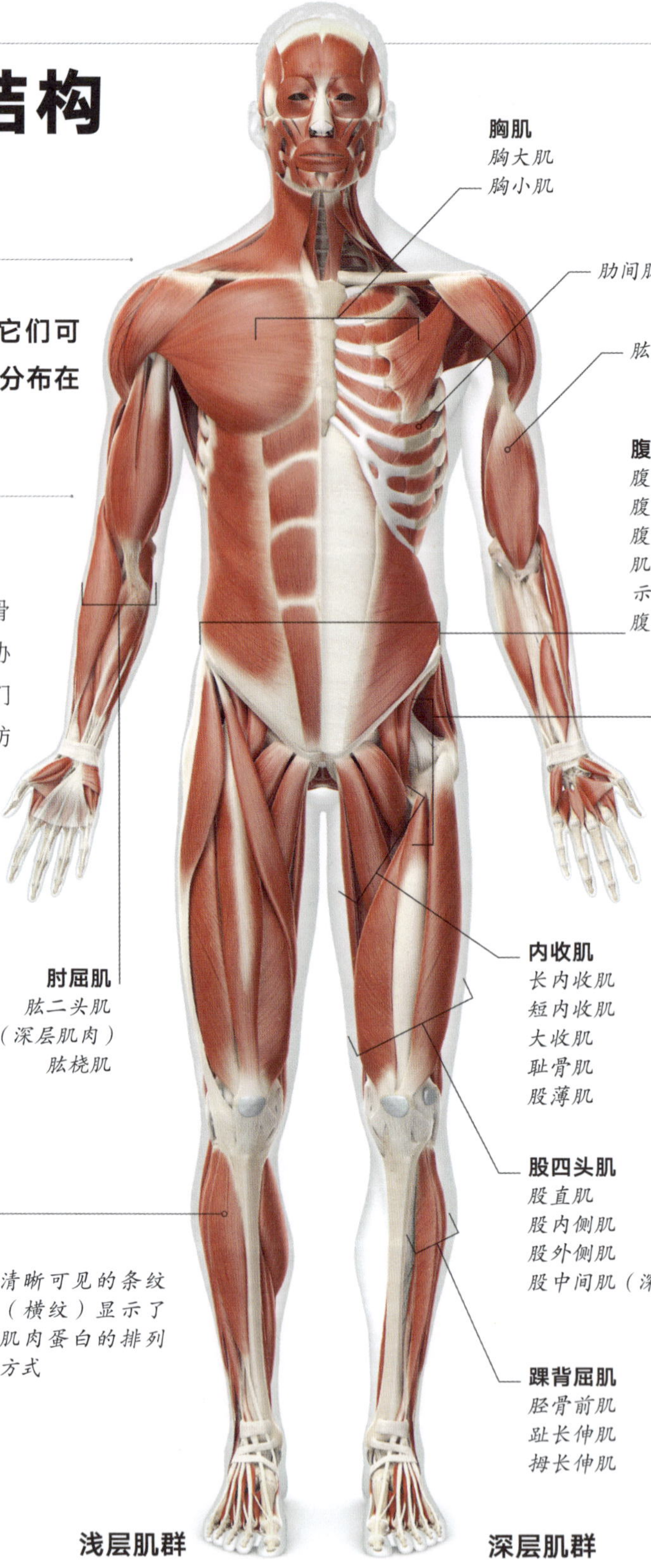

胸肌
胸大肌
胸小肌

肋间肌

肱肌

腹肌
腹直肌
腹外斜肌
腹内斜肌（深层肌肉，图中未展示，下同）
腹横肌

肘屈肌
肱二头肌
肱肌（深层肌肉）
肱桡肌

髋屈肌
髂腰肌（由髂肌和腰大肌组成）
股直肌（见股四头肌）
缝匠肌
内收肌（见下方）

内收肌
长内收肌
短内收肌
大收肌
耻骨肌
股薄肌

股四头肌
股直肌
股内侧肌
股外侧肌
股中间肌（深层肌肉）

踝背屈肌
胫骨前肌
趾长伸肌
拇长伸肌

清晰可见的条纹（横纹）显示了肌肉蛋白的排列方式

浅层肌群　　深层肌群

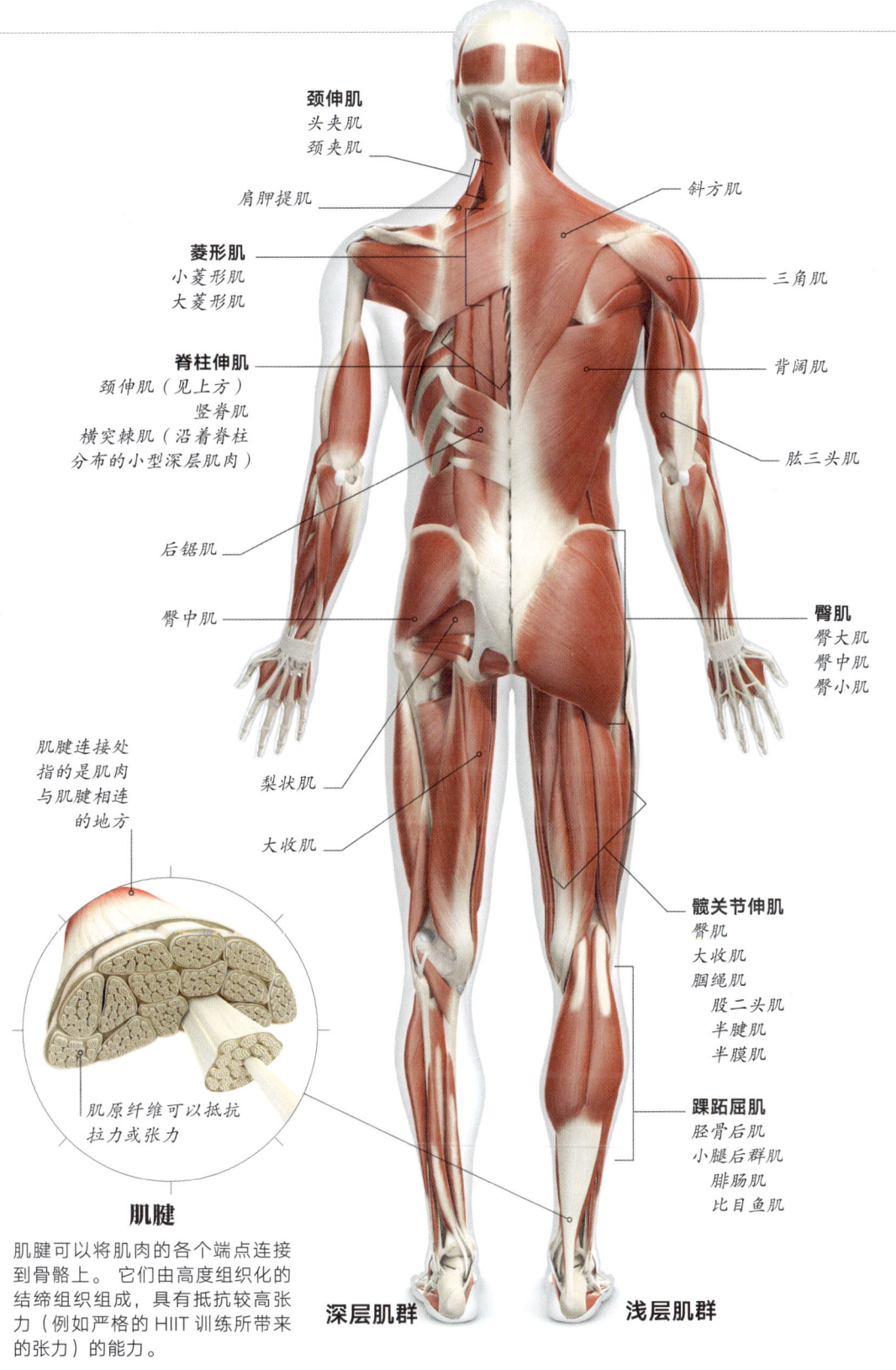

HIIT训练与大脑

体育运动可以通过多种方式对大脑产生积极影响。体育运动可以为大脑输入氧气,释放内啡肽和激素以促进脑细胞的生长,并支持大脑的可塑性。此外,运动还可以改善认知功能、心理健康和记忆力,并减少压力和抑郁情绪。

改善大脑与身体的联系

运动对我们的思维和感觉有很多积极影响:在运动之后,血液的流量会增加,这就意味着大脑可以接触到比运动前更多的氧气,吸收到更多的能量;而在情绪方面,运动通过向大脑发送带有幸福信号的激素来改善我们的情绪。根据《哈佛医学院学报》刊登的文章,运动还可以诱发大脑中有益蛋白质的释放。这些营养蛋白(神经营养素)可以让脑细胞保持健康的状态并促进新细胞的生长。

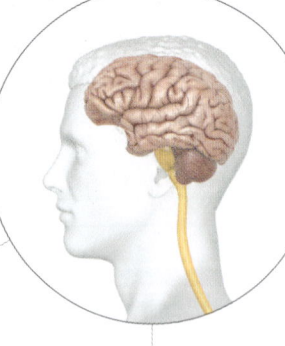

缓解压力: 众所周知,运动可以缓解长期压力。运动后产生的内啡肽会让人立刻兴奋起来。

改善睡眠: 运动有助于改善睡眠质量,增加深度睡眠(慢波睡眠)时间,帮助恢复活力。更好的睡眠质量可以提高人的创造力并增强大脑功能。

有助于防止痴呆症: 神经营养素的增加会减少与痴呆症相关的脑组织损伤。

增加脑容量: 研究表明,运动可以促进海马体的生长(海马体是大脑中与记忆和学习相关的区域)。

提高认知能力: 研究表明,运动引起的大脑血流量增加可以提高神经营养素的水平,这有助于提高大脑的适应能力和再生能力,改善人的理性思维、智力表现和记忆力。

HIIT训练对大脑的益处

当我们运动的时候，大脑中的氧气水平和血管生成(血管生长)的速度会显著提高。需要特别指出的是，这些现象都发生在大脑中负责理性思维和其他负责智力发展、身体生长和社会能力发展的区域。此外，运动还可以降低应激激素皮质醇的水平，从而增加神经递质(如血清素和去甲肾上腺素)的数量。

神经发生

科学家曾经认为我们的大脑中只有大约860亿个固定数量的神经元(神经细胞)。但最近研究证明，神经发生(新神经元的产生)是可能的，并且可以在海马体等对学习和记忆重要的区域发生。更重要的是，运动可以提高神经营养因子的水平，促进神经发生和提高神经可塑性(见下文)。

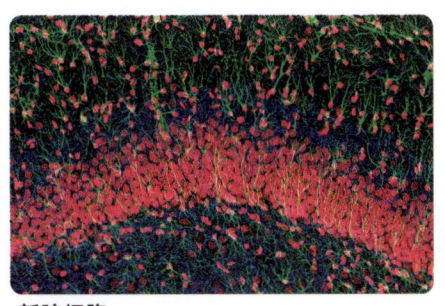

新脑细胞
如图所示，在大脑海马体显微图像中，神经元细胞被染成了粉红色。HIIT训练可以促进新神经元的产生。

 身心联系

在进行训练时，最好的方法是：有训练重点，但不规定训练方向。让这种训练思路得以实现的一种方法就是加强身心联系。身心相连意味着你要专注于你正在训练的肌肉——注视着那块肌肉，并感受它是如何运动的。研究表明，这种方法可以增强特定肌肉的力量并促进其生长。这是一种有意识的阻力训练方法。

神经可塑性

运动与神经可塑性的增强是密切相关的，神经可塑性就是指大脑适应环境、掌握新技能以及存储记忆和信息的能力。你越勤用脑，大脑中的通路就会变得越持久。越是频繁地学习或使用新学习的技能，大脑中的通路就越强悍。所以训练身体的同时，大脑也会相应地得到训练。

神经化学

在两个神经元相遇的地方会有一个间隙，这个间隙就是突触。为了传输电信号，你的大脑会应用到一种名为神经递质的化学物质系统，它会传导电信号，让其通过突触，并在下一个神经元中启动信号。HIIT训练可以提高某些神经递质(例如多巴胺和血清素)的水平，这就是运动后你会感到快乐和轻松的原因。

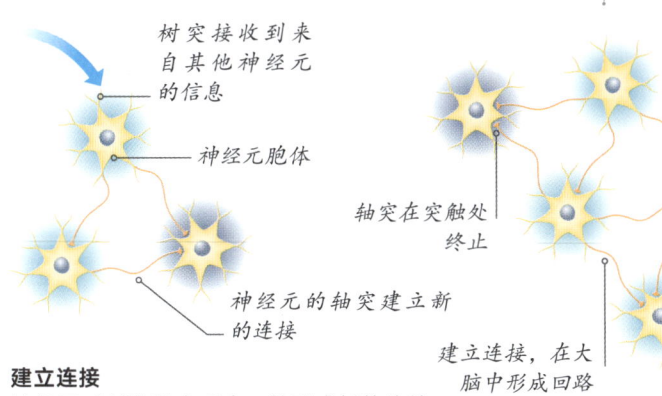

建立连接
神经元对刺激做出反应，并形成新的连接。不断重复的刺激可以强化大脑的连接方式。

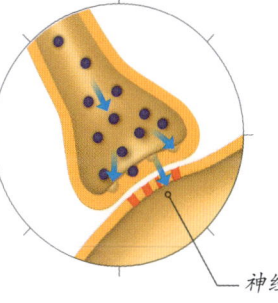

近距离观察下的突触
神经元发出的信号促使神经递质分子在大约1毫秒内流过突触，并将信号传达给下一个相连的神经元。

HIIT训练与饮食

即使你进行HIIT训练的主要目的是减肥，吃饱、吃好也至关重要，这样才能为每次训练提供适当的能量，并获得长期性体质增强。为此，你就需要多吃天然食物，丰富食物种类，并健康平衡地摄入碳水化合物、蛋白质和脂肪。

营养要素

常量营养素即三大类营养物质：碳水化合物、蛋白质和脂肪。碳水化合物提供不同复杂程度的糖类化合物，随后被人体转化为葡萄糖并储存为糖原（人体主要的能量来源）。蛋白质由氨基酸组成，人体利用氨基酸构建和修复身体组织（包括器官和肌肉），并维持身体机能。脂肪是重要能量来源之一，对激素的产生也至关重要。

微量元素

尽管人体对维生素和矿物质的摄入量很少，但无论是加强免疫力，还是更新细胞，抑或是生成能量，它们几乎从未缺席。与补充剂相比，天然食物中的微量元素可以更好地被吸收和利用。

保持摄入平衡

碳水化合物应该占我们食物摄入量的大部分，但这并不意味着我们可以毫无顾忌地食用甜甜圈、薯条和含糖饮料等。不妨考虑一下含有纤维和微量营养素的"天然食物"，例如全谷物、蔬菜、水果（但注意不可过量食用含糖量高的水果）和香草，它们需要更长的时间来分解。蛋白质应占每日摄入量的 20% 左右，你不仅可以从低脂豆类、坚果等植物中获取蛋白质，肉类、鱼类和奶制品也是不错的选择。我们不需谈"脂"色变，单不饱和脂肪酸或多不饱和脂肪酸同样是很好的选择。

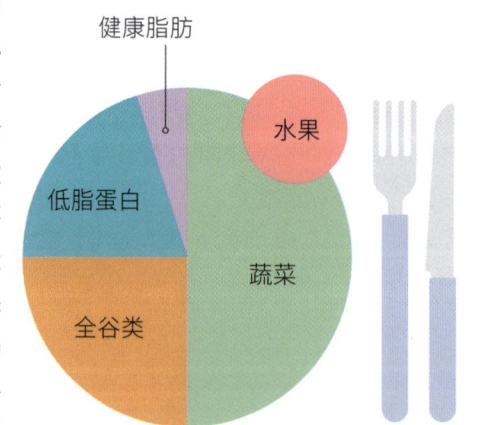

健康餐盘

左图是我们一天中每顿主餐应摄入的各种食物比例和营养组合。

计算分量

请遵循以下指南，并用双手作为现成的比例尺，计算出主餐的最大分量。

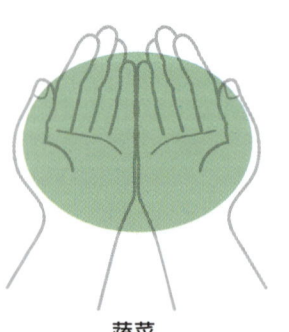

蔬菜
（一捧）

全谷类
（一拳）

水果
（一拳）

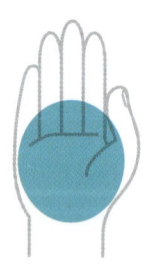

蛋白质
（一掌）

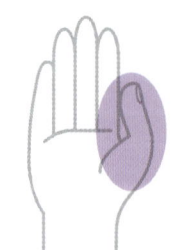

脂肪
（15~30 毫升 /1~2 汤匙）

训练前后的营养摄入

在训练日,请务必规律进食,保证身体的营养供给,从而促进新陈代谢,这样便可以将训练结束后的"后燃效应"最大化(见第10~11页),同时促进身体适应性的有效恢复(例如增加肌肉质量和糖原储存)。尽管人各有异,但尽量不要在训练前或训练期间进食,可以在训练结束后为恢复体能而吃点零食。

什么时候吃什么

是否有必要在训练后,立即摄入蛋白质以避免肌肉过度分解呢?人们始终对于这个问题争论不休。不过,有证据表明这样的摄入量有助于支持肌肉合成,如果你在训练时是空腹状态,则可以适当摄入蛋白质。

训练前进食
训练前吃一顿饭或吃点零食可以帮助补充能量储备,让你为肌肉恢复做好准备。但是,应该在训练前2~3小时进食一顿正餐,或在1小时前进食零食,这样才能正常消化食物,不会与训练发生冲突。

空腹训练
对于一些训练者而言,空腹训练有助于燃烧更多脂肪(例如在早晨睡醒的自然空腹状态下),这是因为此时身体可利用的糖原储备已经耗尽,故不得不选择燃烧脂肪。这只是个人喜好而已,你也许会发现训练前进食更适合自己。

训练后进食
训练后,你需要摄入碳水化合物来补给能量,摄入蛋白质来促进肌肉恢复。你可以自行决定在训练后多久进食,但不要间隔太久,也不要为了补充能量而疯狂摄入精制高糖零食。选择复合碳水化合物、优质蛋白并保持营养均衡,才是明智的做法。

训练前 — 3小时 — 2小时 — 1小时 — 30分钟 — **训练中** — 1小时 — 2小时 — 3小时 — **训练后**

- 不要在训练前1小时内进食
- 有一些训练者会在训练前喝点苹果醋或咖啡来提高运动表现
- 训练后直接喝蛋白粉
- 训练后1~2小时摄入均衡膳食

体液平衡

身体中水的含量高达60%,而水合作用在很多方面都能够影响运动表现。身体中的水通过出汗调节体温、输送营养物质、清除新陈代谢产生的垃圾并维持血流量和血容量,从而为肌肉提供富氧血液来进行有氧呼吸(见第6~9页)。因此,你应注意补充水分,但不要过度,尤其是运动后出汗过多时,避免超额消耗钠元素。

50公斤体重	70公斤体重	100公斤体重
1.5~2 升	2.1~2.8 升	3~4 升
=	=	=
每天 6~8 杯水	每天 8~11 杯水	每天 12~16 杯水

每日饮水量

目前建议按体重每日饮用30~40毫升/公斤的水,但也要根据排汗量、活动水平和环境因素进行动态调整。

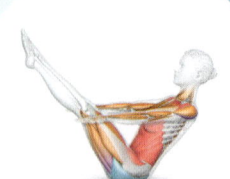
核心训练

上半身训练

下半身训练

弹跳训练

全身训练

HIIT 训练

本章包含95个动作，包括46个主动作和49个增加了难度或变化的变式动作。 训练时，你需要交替进行30~60秒的高强度运动和30~60秒的体能恢复。通过改变训练的强度和身体恢复的时间安排和/或训练的持续时间，就可以进行无限的组合搭配。这些动作针对不同的肌肉群，因此你可以更具针对性地训练某一个肌肉群。

训练介绍

以下章节的训练动作可以同时提高心肺和肌肉的力量及耐力。每个训练动作都针对特定肌肉群（已在插图中标注），此外，正确的练习方式和呼吸技巧也有清晰的描述。请仔细按照说明进行实训，保证训练能够安全进行。

主动作及其变式动作

本书中介绍的训练动作将以身体部位为顺序排列，其后是可以提升速度和力量的弹跳训练，以及为提高身体灵活性并兼顾有氧运动的全身训练，而每类训练动作又细分为主动作及其变式动作。每个主动作都针对一个或多个肌肉群，这些主动作可以经过变化生成变式动作，使其难度降低或针对性地微调。有些变式动作本身就是主动作的分解动作。

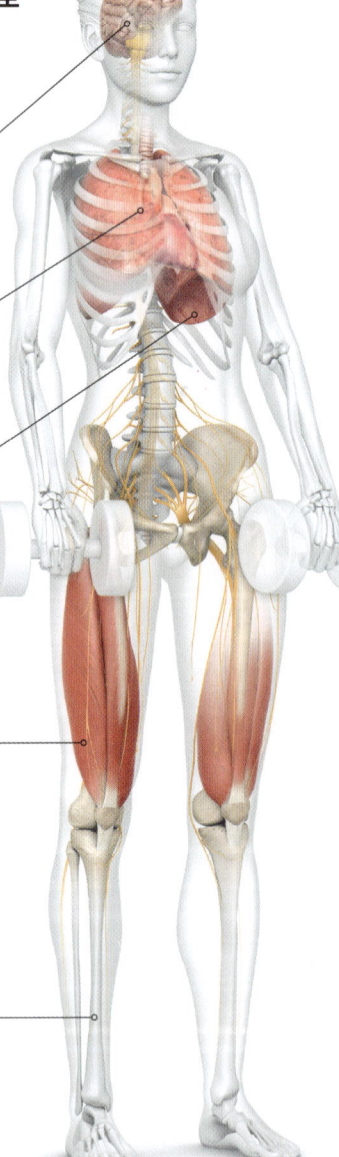

大脑和神经系统
大脑与人体神经的关联有助于锁定目标肌肉并提升协调性

心血管系统
心血管系统携带富含氧气的血液，为身体和肌肉提供能量

呼吸系统
正确的呼吸方式能够增加可用氧气，可以利用呼吸的节奏来辅助调节运动的节奏

肌肉系统
采用正确的训练方式后，张力和压力都会被施加到目标肌肉上

骨骼系统
肌肉附着在骨骼上，以收缩和舒张的形式牵动骨骼，从而产生运动。正确的训练方式可以将压力精准地施加到正确的骨骼区域上，进而保证训练的安全性

> **! 常见错误**
> 所有动作的说明页都有"常见错误"的解析，解析中会列出该动作最常犯的错误。一定要牢记，你应基于自身当前的技能和体能水平来选择训练计划，先从低强度和短时间的动作入门，直到充分掌握该动作，再挑战下一个动作。绝对不要为了增加训练难度而忽视了训练方式。

正确的训练方式

在采用了正确姿势的前提下，你才能够顺利地进行训练。方式正确不仅能够确保将张力施加到目标肌肉上，同时也能避免受伤。

动作术语

这些是本书的常用术语。

重复次数

重复次数代表着完成 1 次练习所要进行的动作次数。你可以指定重复次数,但通常需要基于时间确定,即在 30、45 或 60 秒内你能完成的次数。

组

由规定时间内相继进行的一系列动作组成,通常是 4 或 5 个,完成动作的过程中有无休息均可。完成一组后通常会有一段休息时间,然后再开始下一组。

训练计划

训练计划描述了完整的训练过程,包括动作的数量、动作的选择和动作的顺序,以及要完成的组数、运动的时长、间歇的时长和休息的时间。

呼吸的重要性

呼吸系统负责为人体提供大部分能量消耗所需的氧气,并清除能量转换产生的二氧化碳废弃物(见第6~11页)。呼吸还能调节身心连接,有助于控制身体,并积极调动核心力量。

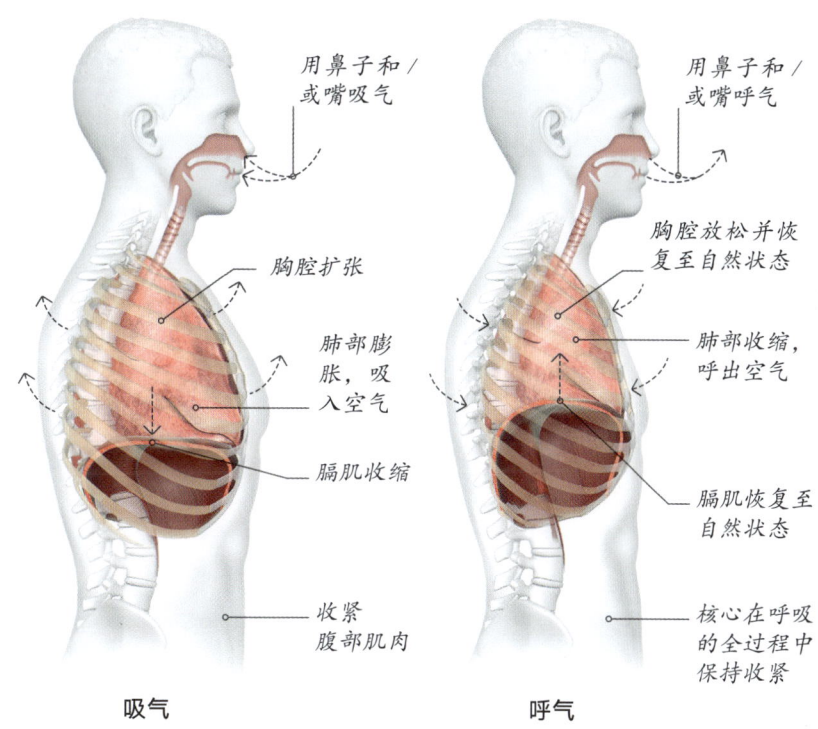

吸气　　　　　　呼气

健身器械

本书中介绍的训练大多不需要器械,但使用健身器械也能有意外收获:健身垫可以提升地板运动舒适度;健身球可以削弱身体的稳定性,让不同肌肉参与协调身体平衡,从而提升训练难度;而阻力带和哑铃可以增加负重和训练强度。

哑铃

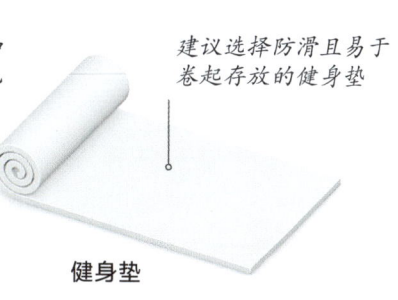

健身垫

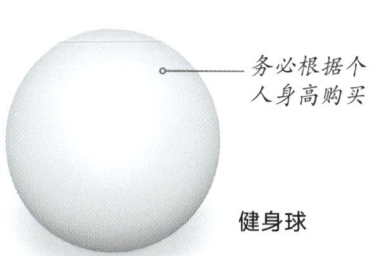

阻力带

健身球

术语指南

人体的关节可以产生大范围的运动，此处对描述这些运动的专业术语做出了解释。其中许多术语用于描述训练动作，在阅读本书过程中，可以随时回顾这些表述。

脊柱

脊柱不仅能支撑上半身，还可以在上半身和下半身之间转移负重。它可以进行伸展、屈曲、转体和侧屈，以及以上动作的组合。

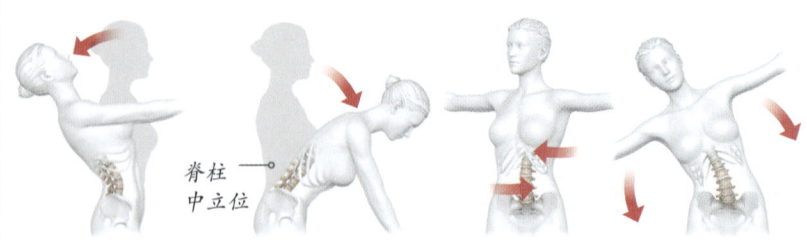

伸展 弯曲腰部，向后仰身

屈曲 弯曲腰部，向前俯身

转体 以身体中线为轴，向左右转身

侧屈 以身体中线为轴，向左右侧倾

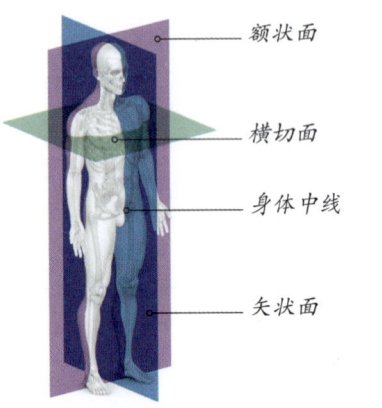

运动平面

3个假想的面穿过身体形成运动平面。向前和向后的运动发生在矢状面上，分为左半部分和右半部分。额状面分为前后面，是侧向运动的平面。横切面形成1个水平切面，旋转运动的方向平行于这个面。

肘关节

手肘参与手部抗阻运动和特定的手臂运动。

伸展 手臂伸直，肘关节角度扩大

屈曲 手臂弯曲，肘关节角度减小

手腕

手腕保持中立位（与小臂呈一条直线，除非另有指示）。

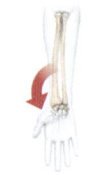 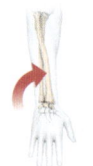

外旋 旋转前臂，使手掌朝前

内旋 旋转前臂，使手掌朝后

髋关节

如图所示，在保持一条腿直立的情况下，髋关节能进行多平面大幅度运动。

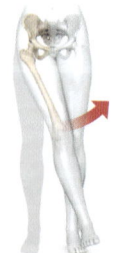 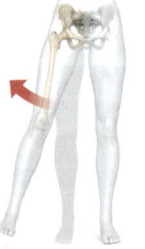 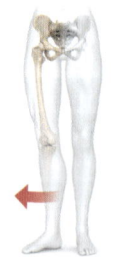 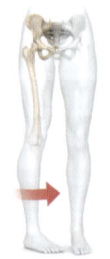 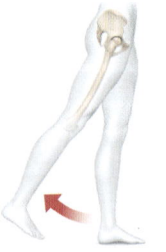 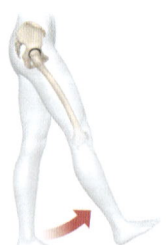

内收 大腿向内移向中线

外展 大腿向外移远离中线

外旋 大腿向外旋转

内旋 大腿向内旋转

伸展 大腿向后抬起，臀部以下后伸

屈曲 大腿向前抬起，臀部以下前伸

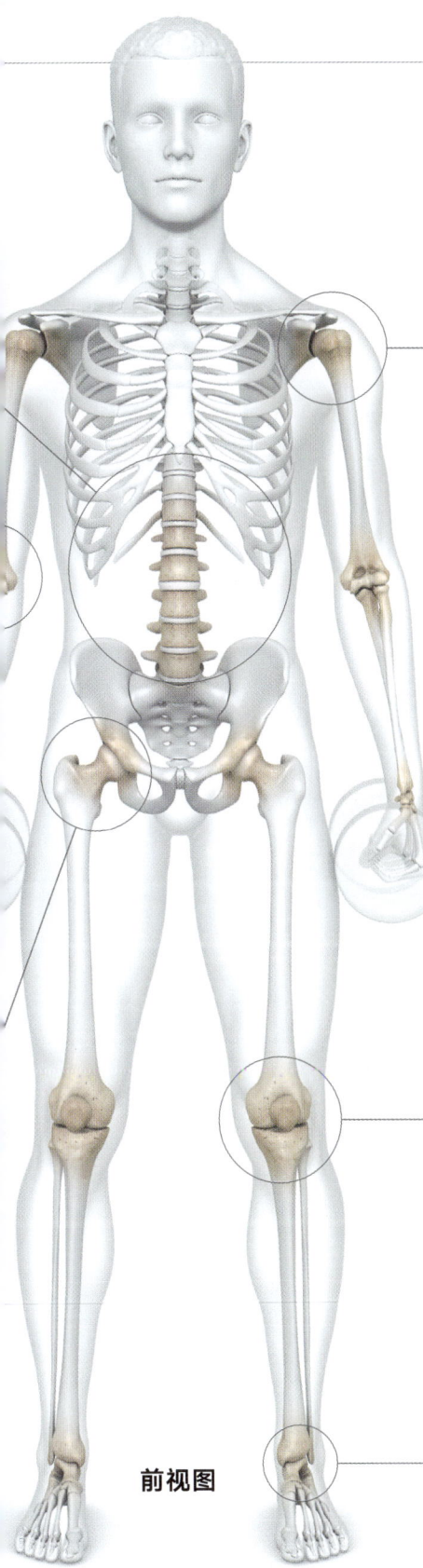

前视图

肩关节

肩关节是一个复杂关节，可进行多平面大幅度运动。它能让手臂前后移动，以及在侧面上下移动，肩关节自身也能进行转动。

屈曲
手臂向肩前侧抬起

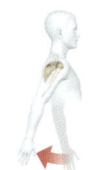
伸展
手臂向肩后侧抬起

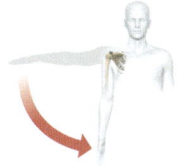
内收
手臂移向身体内侧

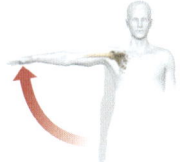
外展
手臂从体侧向外抬起

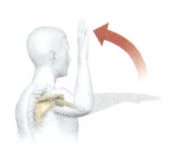
外旋
手臂从肩部向上侧旋转

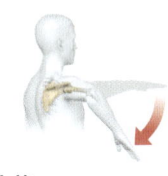
内旋
手臂从肩部向下侧旋转

膝关节

膝关节可以承受高达体重10倍的负荷，主要进行屈膝和伸膝的动作。

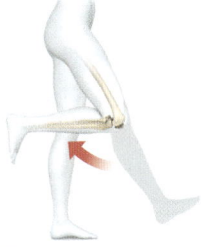
屈膝
弯曲膝盖，膝关节角度减小

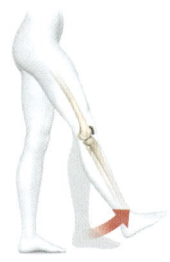
伸膝
伸直膝盖，膝关节角度增大

踝关节

在HIIT运动中，踝关节主要进行的动作为背屈和跖屈。

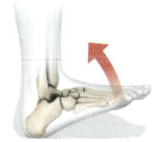
背屈
弯曲脚踝，脚趾向上勾起

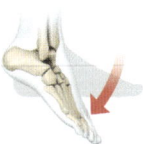
跖屈
弯曲脚踝，脚趾指向下方

核心训练

本节重点关注腹部肌肉的训练，包括腹横肌、腹直肌，以及腹内、外斜肌（以下简称为"腹斜肌"）。本节包含的动作解说清晰明了，能够确保将运动效果最大化，将运动风险最小化。此外，本节也介绍了许多相关拓展训练。

HIIT运动解剖学

高位到低位平板支撑

这个动作能够锻炼到腹部、背部、臀部和胸部肌肉，以及股四头肌。最重要的是，高位到低位平板支撑属于上下运动，也可以锻炼到肱三头肌。我们在进行训练时，核心肌肉可以为背部提供支撑，进而被动地参与到训练中。

动作点睛

这个动作仅需一个健身垫就能进行。在整个训练过程中，由下到上推起身体，让头部和颈部始终保持在同一条直线上，也要记得保持核心发力（即有意识地将肚脐向脊柱的方向收缩）。初学者可以从运动30秒休息30秒开始，逐步将运动时间增加到45秒，最终增至60秒。

图例
- ●-- 关节
- ○— 肌肉
- ● 向心收缩的肌肉
- ● 离心收缩的肌肉
- ● 无张力下被拉长的肌肉
- ● 等长收缩的肌肉

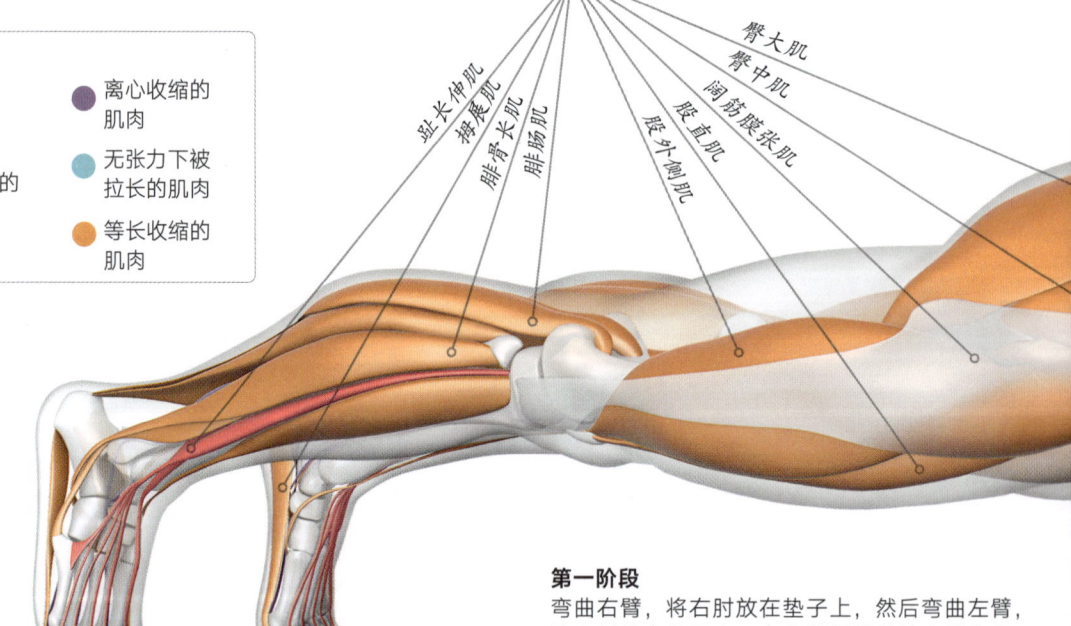

头顶向前延伸
脚向后蹬
保持脊柱处于中立位，收紧核心

预备阶段
从高位平板支撑姿势开始：双臂分开与肩同宽，双脚分开与髋同宽，头部、颈部和脊柱保持在同一条直线上。五指伸开撑在地面上，脚趾背屈用力蹬地。收紧臀部，不要弓腰。

腿部
腘绳肌发力，将你的身体保持在同一条水平线上。臀大肌、内收肌和外展肌保持紧绷和收缩状态，大腿内侧肌肉与臀肌同时向内收缩，使骨盆不会弓起，由此身体能够保持在同一条直线上。

臀大肌
臀中肌
阔筋膜张肌
股直肌
股外侧肌
趾长伸肌
拇展肌
腓骨长肌
腓肠肌

第一阶段
弯曲右臂，将右肘放在垫子上，然后弯曲左臂，将左肘放在垫子上，充分发挥前臂的支撑作用。通过收紧核心（将肚脐收向脊柱），尽量减少臀部左右晃动。

! **注意**
如果姿势不正确，可能会导致腰部和手腕受伤，一定要确保核心全程收紧。

上半身
这项等长收缩的腹部训练还能锻炼到斜方肌、大小菱形肌、胸肌、前锯肌、三角肌、肱二头肌和肱三头肌。腹斜肌和竖脊肌需要共同发力来保持臀部稳定。

双脚分开与髋同宽，脚趾背屈蹬地

髋部发力以稳定大腿和臀部

双臂伸直，但肘部放松

第二阶段
伸展右肘，用手掌支撑身体，随后伸展左手肘部回到高平板支撑位置，收紧核心，背部放平。重复该项练习。

胸锁乳突肌
斜方肌
胸大肌
大圆肌
三角肌
肱三头肌
肱桡肌
背阔肌
腹直肌
腹外斜肌

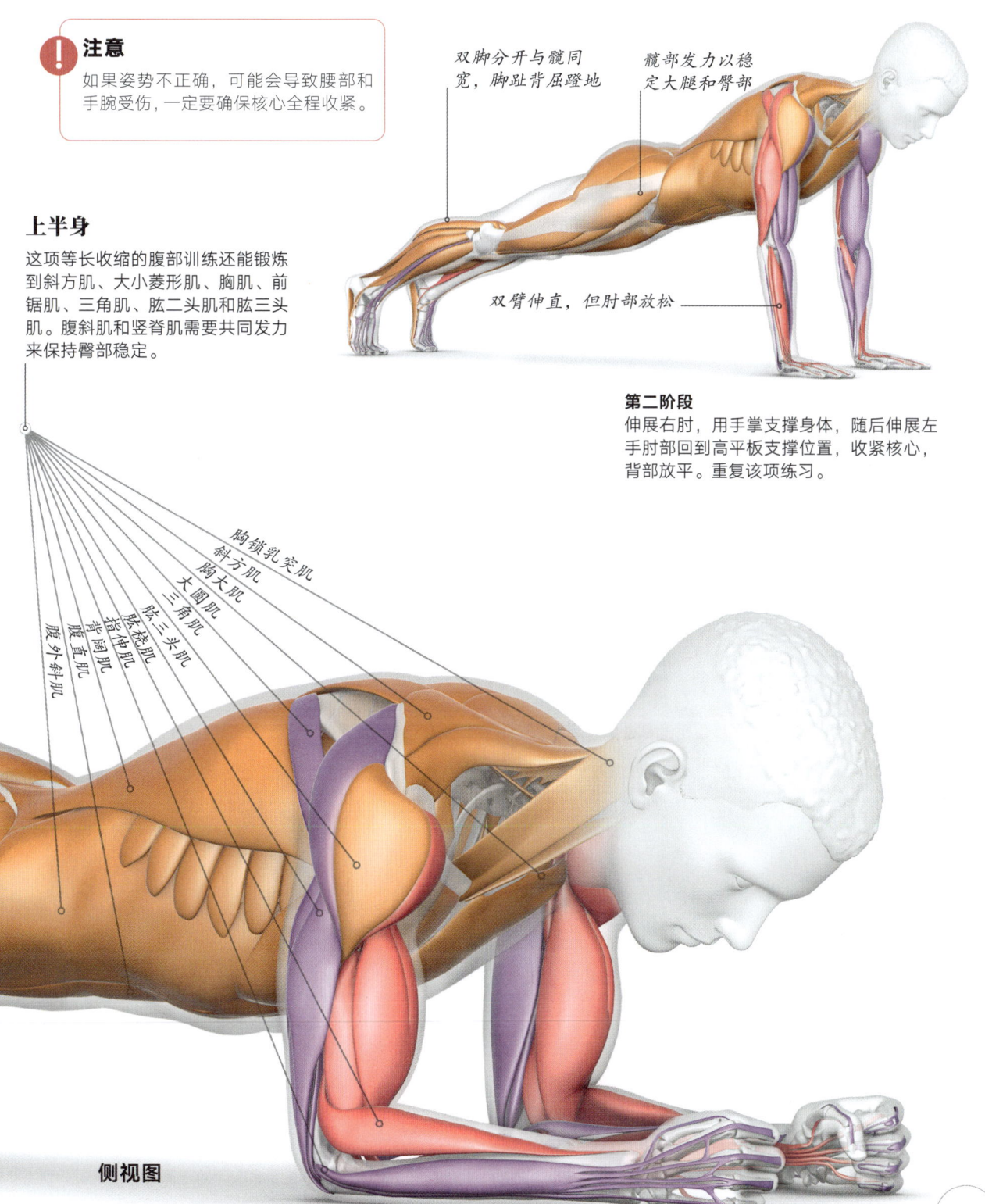

侧视图

》变式动作

平板支撑的变式动作包括低位平板支撑和跪姿平板支撑,以及更高级的海豚式平板支撑,它们都针对腹横肌和腹直肌进行训练。要想强化腹直肌或形成"六块腹肌",必须首先训练腹横肌。

> 平板支撑的变式动作可以增强你的核心力量,提高灵活性,并有助于减轻背部疼痛。

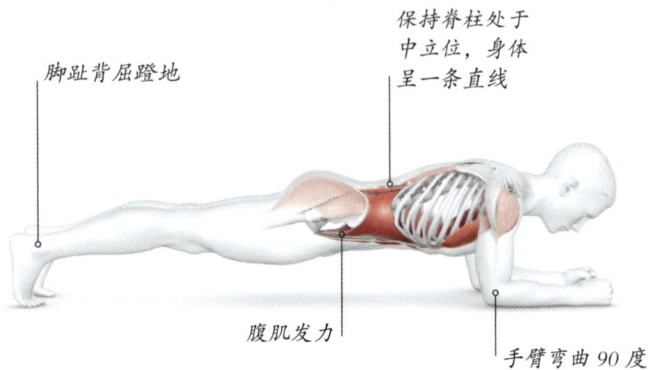

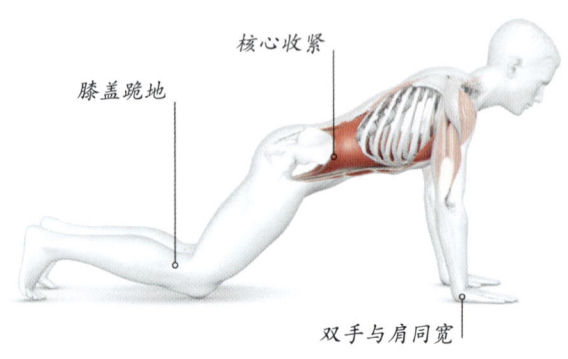

低位平板支撑

这个变式就是保持低位平板支撑的姿势。为避免腰部、肩膀、颈部和髋部受伤,请务必收紧腹部、腿部和肩部肌肉。

预备阶段 / 第一阶段
面朝地板,进入低位平板的姿势,保持头部处于中立位,前臂撑地,脚趾蹬地,双腿伸直,背部平放。将肘部置于肩膀正下方,前臂向前伸出。头部保持放松,目光注视地板。收紧臀部,并用力夹紧臀大肌。保持该姿势30秒。

跪姿平板支撑

如果你有腰部不适的情况或者你是HIIT训练的初级训练者,那么跪姿平板支撑是你的最佳选择。它可以让你在不增加脊柱压力的情况下获得最佳的核心训练效果。

预备阶段
从高位平板支撑姿势开始,双手分开与肩同宽,双脚分开与髋同宽,头部、颈部和脊柱保持在一条直线上。

第一阶段
保持背部平直,收紧臀部,然后膝盖下跪,同时保持背部不下塌,保持该姿势30秒。

图例
● 主要目标肌肉　● 次要目标肌肉

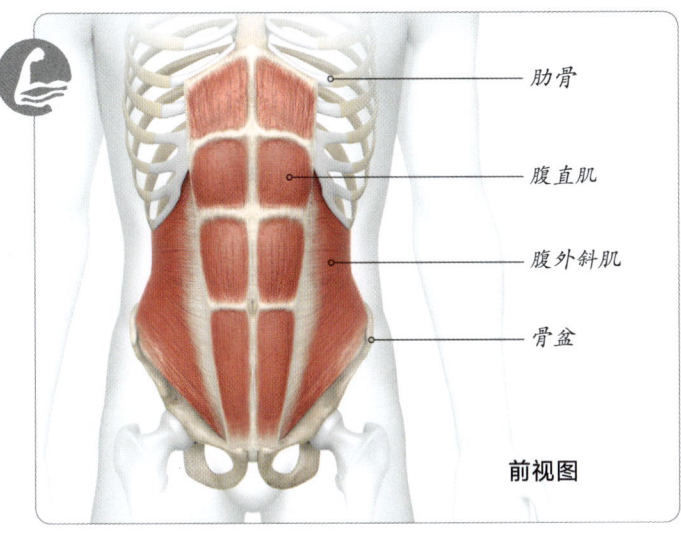

核心肌群

在进行仰卧起坐的过程中，你的腹肌会进行向心收缩。在腹肌收缩时，胸腔和骨盆的间距减小。然而，当你在仰卧起坐的最高点，开始将身体后躺至地板时，腹部肌肉则处于离心收缩状态，在张力作用下变长。

海豚式平板支撑

海豚式平板支撑是一项可以增强手臂和肩膀力量的全身运动，需要腹部和核心肌群同时发力来保持稳定。你的腘绳肌和小腿能够充分得到伸展，但要格外注意在后跳时保持背部平直。

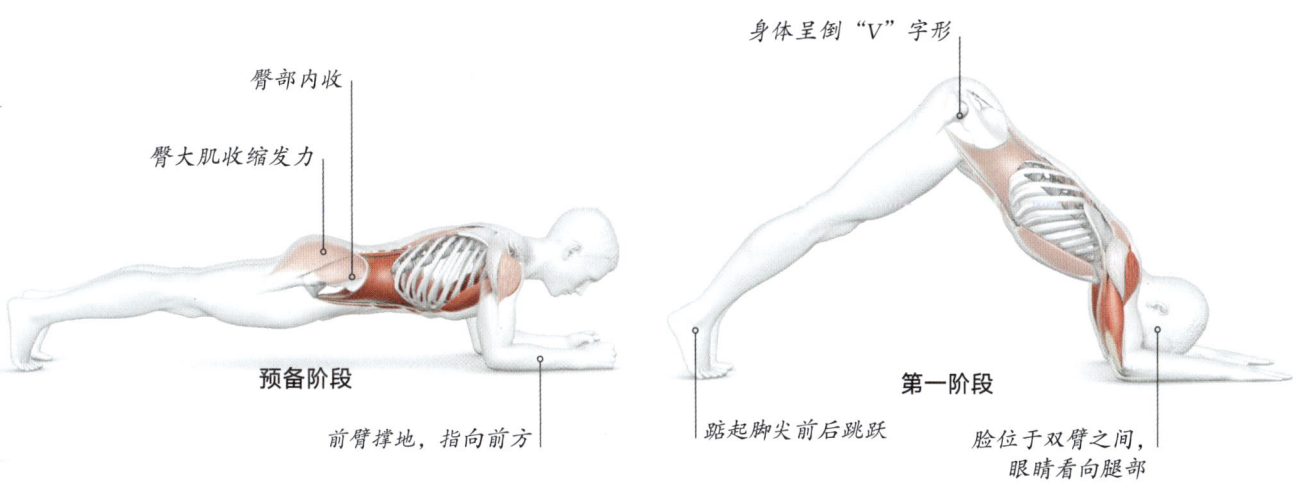

预备阶段

从低位平板支撑位置开始，保持头部处于中立位，面朝地板，前臂撑地，脚趾蹬地。将肘部置于肩膀正下方，前臂向前伸出。

第一阶段

呼气并用脚尖进行前跳，同时抬起臀部并使你的身体呈倒"V"字形，前臂保持原位。

第二阶段

收紧臀大肌，脚趾蹬地轻轻后跳（保持脚趾着地），吸气并还原至初始位置。这就是海豚式平板支撑的基本过程。

泳姿平板支撑

泳姿平板支撑是一项能够锻炼腹部、背部和肩部肌肉的全身运动。在做此动作时,主要的发力肌肉有:竖脊肌、腹直肌和腹横肌。

动作点睛

同大部分核心训练一样,泳姿平板支撑不会对腰部及颈部造成过大压力。该动作包含侧平板支撑动作,所以它属于平衡性训练,在训练中你能够提高平衡性和协调性。训练过程中需要保持鼻吸嘴呼。每次做4组,每组重复8次,确保左右两侧练习数量相同。

核心 / 腿部

虽然该动作主要锻炼腹肌,但你的臀中肌和臀大肌也需要发力以保持臀部稳定。在"游泳"过程中,臀部应保持前压,保证脊柱位于中立位。

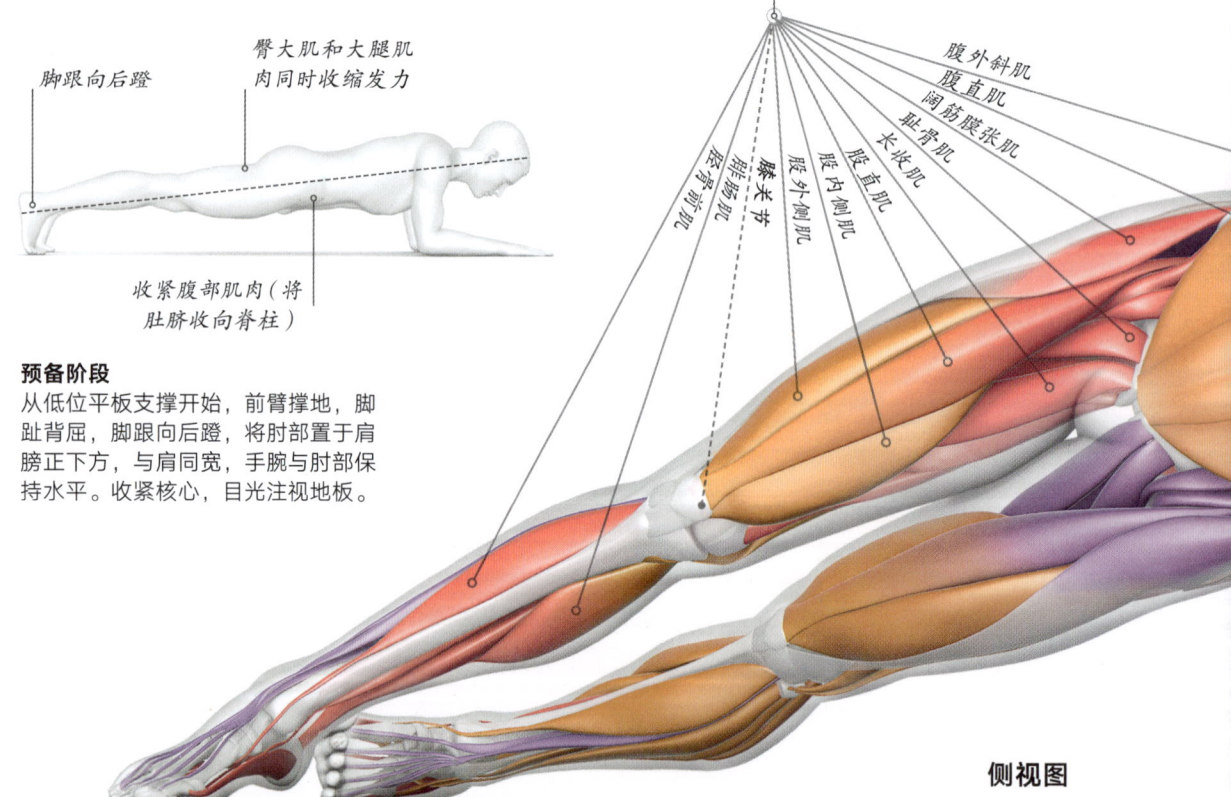

髋部向前摆回至与地面平行

脚跟向后蹬

臀大肌和大腿肌肉同时收缩发力

收紧腹部肌肉(将肚脐收向脊柱)

预备阶段
从低位平板支撑开始,前臂撑地,脚趾背屈,脚跟向后蹬,将肘部置于肩膀正下方,与肩同宽,手腕与肘部保持水平。收紧核心,目光注视地板。

腹外斜肌
腹直肌
阔筋膜张肌
耻骨肌
股直肌
股外侧肌
腓肠肌
膝关节
胫骨前肌

侧视图

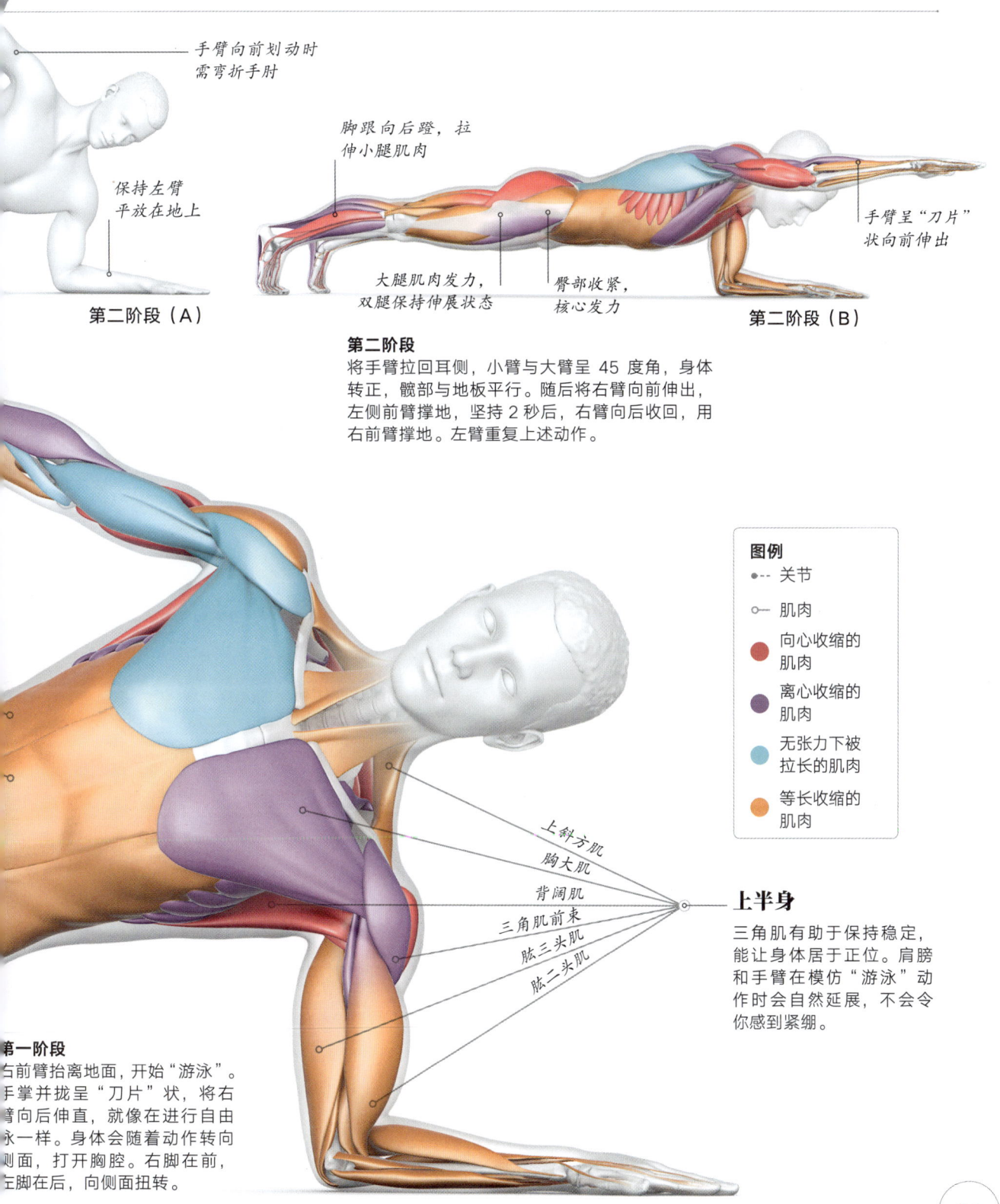

手臂向前划动时需弯折手肘

保持左臂平放在地上

第二阶段（A）

脚跟向后蹬，拉伸小腿肌肉

大腿肌肉发力，双腿保持伸展状态

臀部收紧，核心发力

手臂呈"刀片"状向前伸出

第二阶段（B）

第二阶段
将手臂拉回耳侧，小臂与大臂呈 45 度角，身体转正，髋部与地板平行。随后将右臂向前伸出，左侧前臂撑地，坚持 2 秒后，右臂向后收回，用右前臂撑地。左臂重复上述动作。

图例
- 关节
- 肌肉
- 向心收缩的肌肉
- 离心收缩的肌肉
- 无张力下被拉长的肌肉
- 等长收缩的肌肉

上斜方肌
胸大肌
背阔肌
三角肌前束
肱三头肌
肱二头肌

上半身
三角肌有助于保持稳定，能让身体居于正位。肩膀和手臂在模仿"游泳"动作时会自然延展，不会令你感到紧绷。

第一阶段
右前臂抬离地面，开始"游泳"。手掌并拢呈"刀片"状，将右臂向后伸直，就像在进行自由泳一样。身体会随着动作转向侧面，打开胸腔。右脚在前，左脚在后，向侧面扭转。

HIIT运动解剖学

俯身登山

俯身登山（也被称为"平板支撑转胯"）可以同时锻炼多个肌肉群和关节，强化你的手臂、背部、肩膀、核心和腿部。同时调用多个肌肉群还有一个好处，那就是可以提高心率，消耗更多卡路里。股四头肌在这个动作中也能得到很好的锻炼。

核心和双臂

在进行此动作时，核心肌群（腹直肌、腹横肌、腹斜肌）收紧，为背部提供支撑。手臂和肩膀静止不动，但肌肉会处于紧张状态，肱三头肌会锁住肘部。

动作点睛

做这个动作时，你的肩膀、手臂和胸部肌肉会共同发力来稳定上半身，而你的核心肌群则负责稳定身体其他部分。一旦进入平板支撑姿势，在将单侧膝盖带过身体并回到起始动作时，下意识将身体保持在一条直线上。如果感觉吃力，可以试着将膝盖直接抬向胸部，不一定非要做到标准动作，确保左右两侧练习次数相同即可。

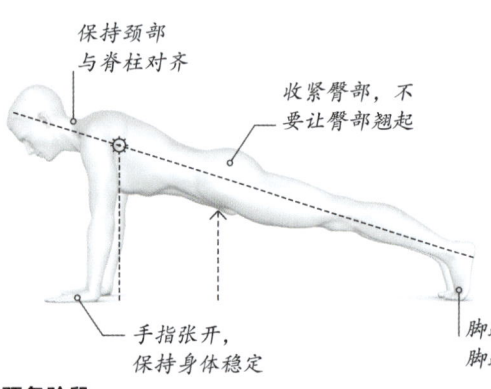

预备阶段

从高位平板支撑动作开始，确保身体重量均匀分布在双手和脚趾上。双手分开与肩同宽，将手腕置于肩膀下方，颈部和脊柱在一条直线上，保持头部处于中立位，保持背部平直，腹肌收紧。臀部内收，不要翘起臀部。

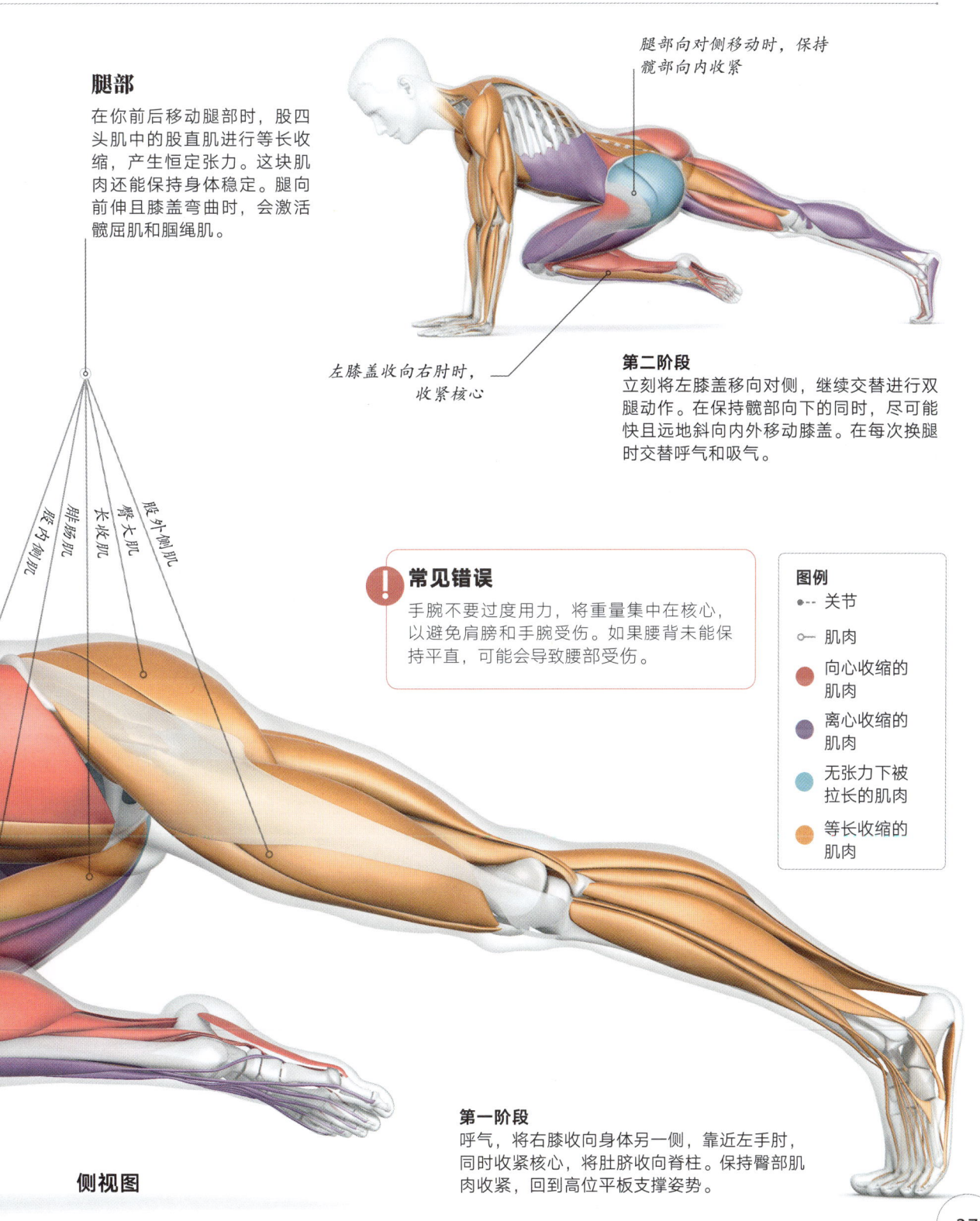

腿部

在你前后移动腿部时,股四头肌中的股直肌进行等长收缩,产生恒定张力。这块肌肉还能保持身体稳定。腿向前伸且膝盖弯曲时,会激活髋屈肌和腘绳肌。

腿部向对侧移动时,保持髋部向内收紧

左膝盖收向右肘时,收紧核心

第二阶段
立刻将左膝盖移向对侧,继续交替进行双腿动作。在保持髋部向下的同时,尽可能快且远地斜向内外移动膝盖。在每次换腿时交替呼气和吸气。

股外侧肌
臀大肌
长收肌
腓肠肌
股内侧肌

! 常见错误
手腕不要过度用力,将重量集中在核心,以避免肩膀和手腕受伤。如果腰背未能保持平直,可能会导致腰部受伤。

图例
- ●-- 关节
- ○— 肌肉
- ● 向心收缩的肌肉
- ● 离心收缩的肌肉
- ● 无张力下被拉长的肌肉
- ● 等长收缩的肌肉

侧视图

第一阶段
呼气,将右膝收向身体另一侧,靠近左手肘,同时收紧核心,将肚脐收向脊柱。保持臀部肌肉收紧,回到高位平板支撑姿势。

》变式动作

"俯身登山"的变式动作可以调动斜方肌和所有核心肌肉，包括腹直肌和腹横肌。这些变式动作还可以激活臀部和背部肌肉，如果动作正确，还可以强化腰部力量。

俯身跨步登山

这个爆发式动作需要良好的身体素质和协调性。请确保背部保持平直，与颈部和头部呈一条直线。不要抬起臀部，交替换脚时要保持骨盆向内收紧。

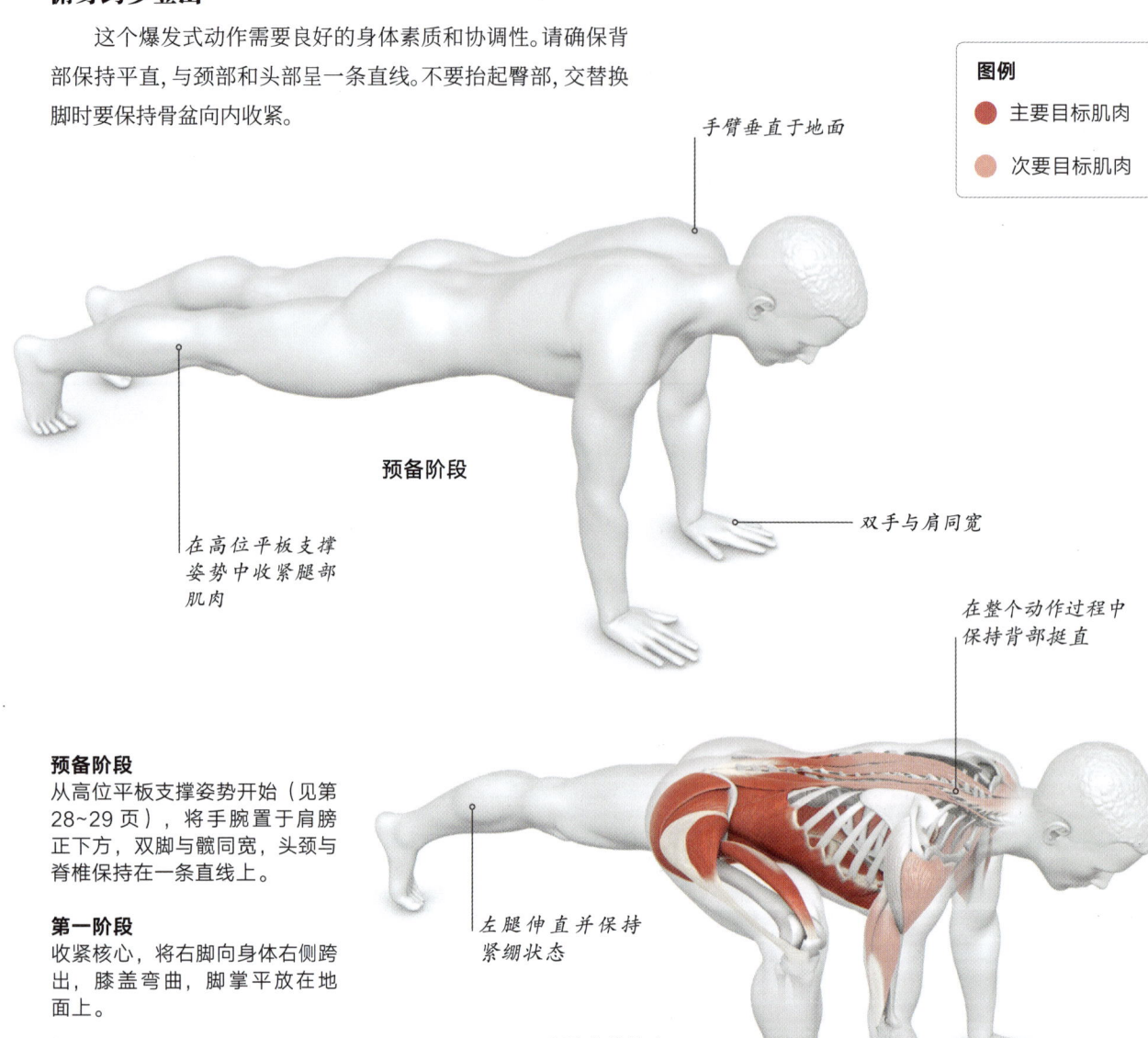

手臂垂直于地面

图例
● 主要目标肌肉
● 次要目标肌肉

预备阶段

双手与肩同宽

在高位平板支撑姿势中收紧腿部肌肉

在整个动作过程中保持背部挺直

左腿伸直并保持紧绷状态

右腿向前移动

第一阶段

预备阶段
从高位平板支撑姿势开始（见第28~29页），将手腕置于肩膀正下方，双脚与髋同宽，头颈与脊椎保持在一条直线上。

第一阶段
收紧核心，将右脚向身体右侧跨出，膝盖弯曲，脚掌平放在地面上。

第二阶段
右脚弹回起始位置，几乎与左脚并拢，同时立即将左脚踏向身体左侧。以自己的节奏继续交替双脚。

当你进行俯身登山的变式动作时，要注意手腕和背部姿势。

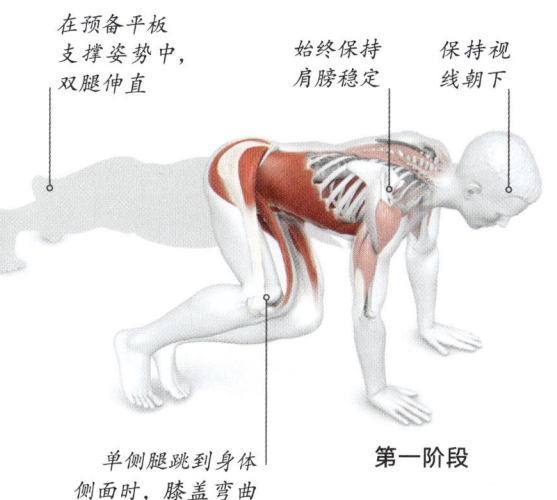

在预备平板支撑姿势中，双腿伸直

始终保持肩膀稳定

保持视线朝下

单侧腿跳到身体侧面时，膝盖弯曲

第一阶段

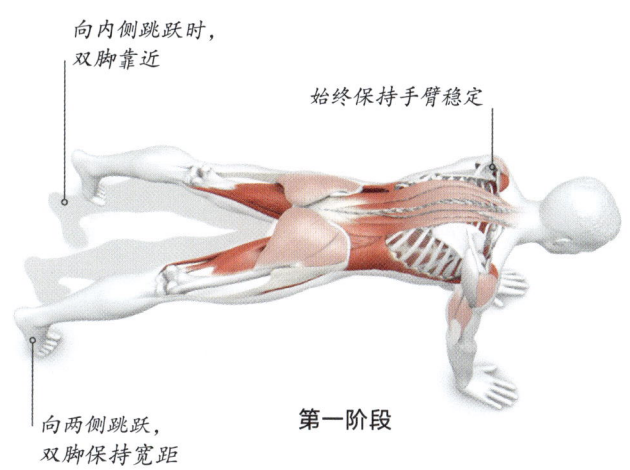

向内侧跳跃时，双脚靠近

始终保持手臂稳定

向两侧跳跃，双脚保持宽距

第一阶段

平板支撑收腹侧跳

该侧跳是一个很好的有氧变式动作，它不仅能强化上下腹部肌群和左右斜肌的力量，还可以提高稳定性，消耗卡路里，减少脂肪。

预备阶段
从高位平板支撑姿势开始（见第30~31页），双手腕部与肩部对齐，双脚与髋部同宽，头部、颈部和脊椎保持对齐。

第一阶段
弯曲膝盖并向前跳，将双膝跳到身体的右侧。

第二阶段
跳跃回到起始位置。弯曲膝盖并向前跳，将双脚跳到身体的左侧。重复进行30~60秒，每侧跳跃次数相同。

平板开合跳

平板开合跳是一个基于平板支撑的跳跃动作，有助于增强胸部、背部、肩部和手臂的力量，也能有效锻炼核心力量。如果手腕疼痛，可以改用前臂支撑来完成动作。

预备阶段
从高位平板支撑的姿势开始（见第30~31页），伸展手臂，将手掌放在肩膀下方，双脚并拢。身体应保持在同一条直线上。

第一阶段
双脚跳跃打开，像做水平跳跃一样。保持预备阶段的平板支撑姿势。

第二阶段
在保持平板支撑姿势的同时，快速将双脚跳回并拢，跳回时收紧核心。继续向外跳出并跳回，保持背部平直，不要让臀部下沉，双臂保持稳定。最初可以进行10~20秒，逐渐增加到60秒或加快跳跃速度以增加难度。

熊式平板支撑

这个动作可以强化腹部和核心肌群，减少腰部疼痛的症状和受伤风险。它也有助于提高身体平衡能力。除了锻炼腹肌外，熊式平板支撑还可以锻炼臀中肌、臀大肌、腰肌、股四头肌，以及肩部和手臂肌肉。

动作点睛

进行熊式平板支撑时，尽量保持目光注视地面，这样可以使颈部处于中立位，向天花板或前方看会给颈部带来额外压力。不要来回晃动臀部，在这项等长收缩运动中，保持静止非常重要。此外，要确保肌肉始终处于激活状态（核心收紧）。随着锻炼的进展，可以增加熊式平板支撑的持续时间。

图例
- ●--- 关节
- ○— 肌肉
- 🔴 向心收缩的肌肉
- 🟣 离心收缩的肌肉
- 🔵 无张力下被拉长的肌肉
- 🟠 等长收缩的肌肉

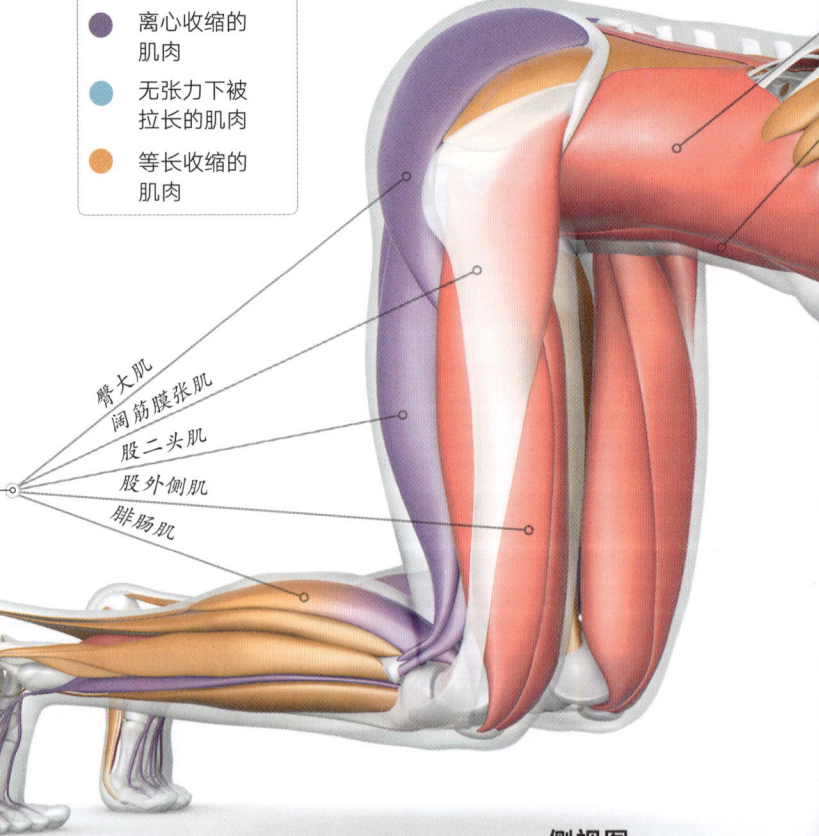

预备阶段
从四肢着地的跪姿开始，确保背部平直。双手与肩同宽，将手腕置于肩膀正下方。双膝与髋同宽，脚趾背屈，脚趾着地。

保持背部平直，脊柱中立

双臂伸直，与肩同宽

腿部
熊式平板支撑可以锻炼股四头肌，使其保持等长收缩状态。股四头肌能稳定身体，并支撑将膝盖抬离地面的重量。膝盖弯曲还能激活髋屈肌和腘绳肌。

- 臀大肌
- 阔筋膜张肌
- 股二头肌
- 股外侧肌
- 腓肠肌

❗ 注意
进行熊式平板支撑时，不要让腰部塌陷，否则将会给腰部的肌肉带来压力。要保持核心收紧，背部平直，脊柱处于中立位。

侧视图

上半身

为了保持脊柱处于中立位,需要收缩腹部肌肉,包括腹横肌、腹直肌和腹斜肌。此外,背部的竖脊肌和髋部的腰大肌也有助于保持这种等长肌肉收缩。

腹外斜肌
腹直肌
前锯肌
胸大肌
三角肌
肱二头肌
头半棘肌

熊式平板支撑是一种等长收缩运动,即在不运动的情况下,使肌肉处于紧张状态。

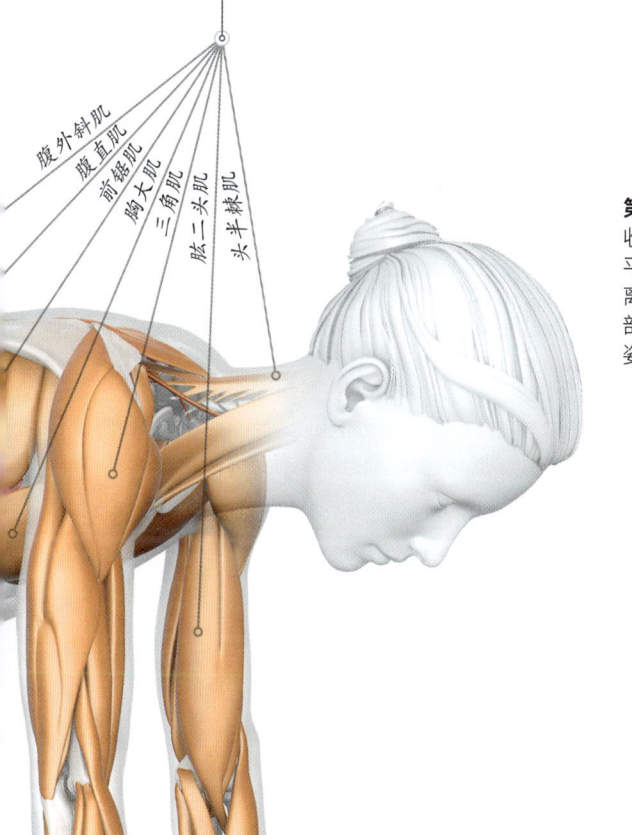

第一阶段
收紧核心(将肚脐收向脊柱),保持背部平直,呼气并将手掌推向地面,将双膝抬离地 8~15 厘米。保持脚趾背屈蹬地,臀部与肩同高。根据个人体能情况,保持该姿势 30~60 秒。

眼睛看向地面

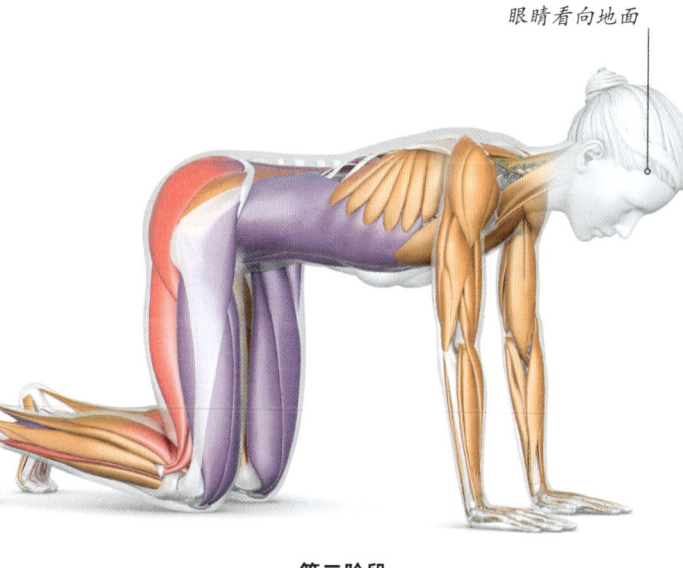

脚趾背屈,脚跟向后蹬

第二阶段
将膝盖放回地面,恢复预备姿势。

》变式动作

熊式平板支撑的变式动作为基本动作提供了替代方案以及升级训练。与原始的熊式平板支撑一样,它们可以锻炼多个肌肉群,主要针对核心肌群、臀肌、腘绳肌、髋屈肌和肩部肌群。

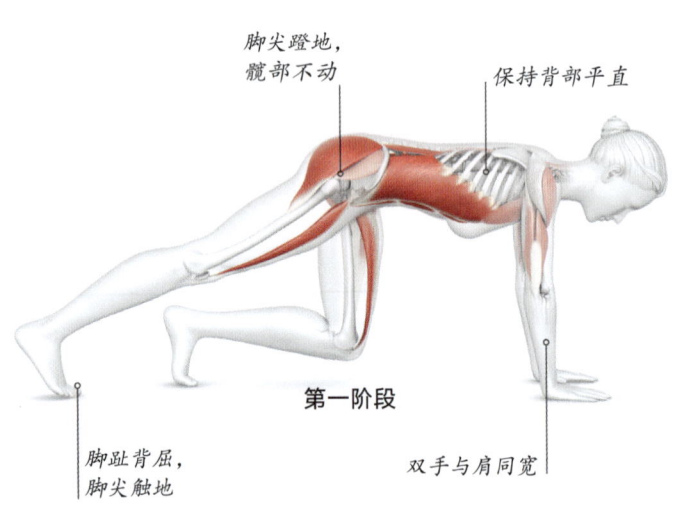

第一阶段

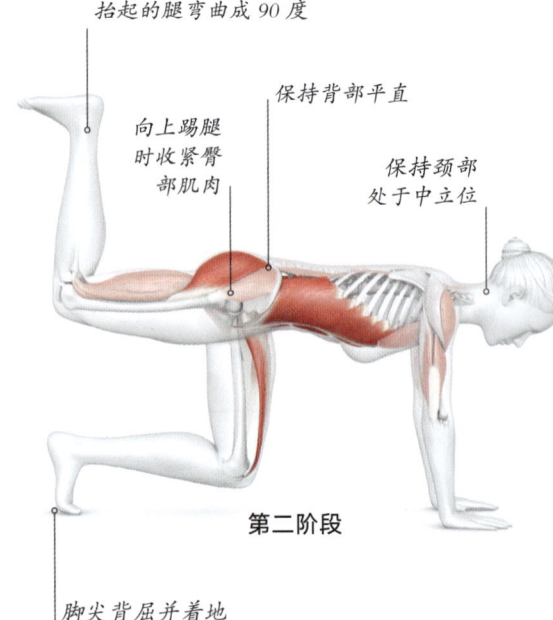

第二阶段

腿部伸展脚尖触地

腿部伸展脚尖触地动作可以提高关节的活动性和身体的敏捷性,强化臀中肌、臀大肌、腰大肌、股四头肌,以及肩部和手臂肌肉,同时也能很好地训练腹肌。

预备阶段
从四肢着地的跪姿开始(参见第40~41页),确保背部平直。双手与肩同宽,将手腕置于肩膀正下方,双膝与髋同宽,脚趾背屈,脚尖着地。

第一阶段
采取熊式平板支撑姿势,双膝离地8~15厘米。向后伸直一条腿,脚尖触地。

第二阶段
将脚收回,换另一侧重复动作,臀部保持不动,不要左右晃动。未触地的腿保持熊式平板支撑,膝盖离地。每次换腿保持30~60秒。

驴踢

驴踢在保持腹肌等长收缩的同时,可以更好地激活臀部肌肉。一条腿向后上方踢出,同时另一条腿保持膝盖稍微离地的状态。重要的是保持未踢起的腿静止不动,这样可以让核心肌群持续激活。缓慢进行两条腿的交替动作,以避免髋部左右摆动。

预备阶段
从四肢着地的跪姿开始(参见第40~41页),确保背部平直。双手与肩同宽,将手腕置于肩膀正下方,双膝与髋同宽,脚趾背屈,脚尖着地。

第一阶段
双膝离地8~15厘米,进入熊式平板支撑姿势,确保臀部与肩同高。保持目光注视地面,并确保核心发力,背部平直,保持脊柱处于中立位。

第二阶段
将一条腿向后踢出,进行驴踢动作。让未踢起的腿保持熊式平板支撑姿势,膝盖离地。交替进行两条腿的驴踢动作,持续30~60秒。

图例
- 主要目标肌肉
- 次要目标肌肉

> 当你抬起手或哑铃的时候,确保臀部不会左右摇摆,尽可能保持静止。

熊式平板交替划船

此动作有助于提高关节的活动性和身体的敏捷性,在保持等长收缩动作并锻炼腹肌的同时锻炼背部。你可以在该动作中加入哑铃进行进阶训练,但如果你是初学者,则不必使用哑铃。在进行此动作时,需要重复进行30~60秒。

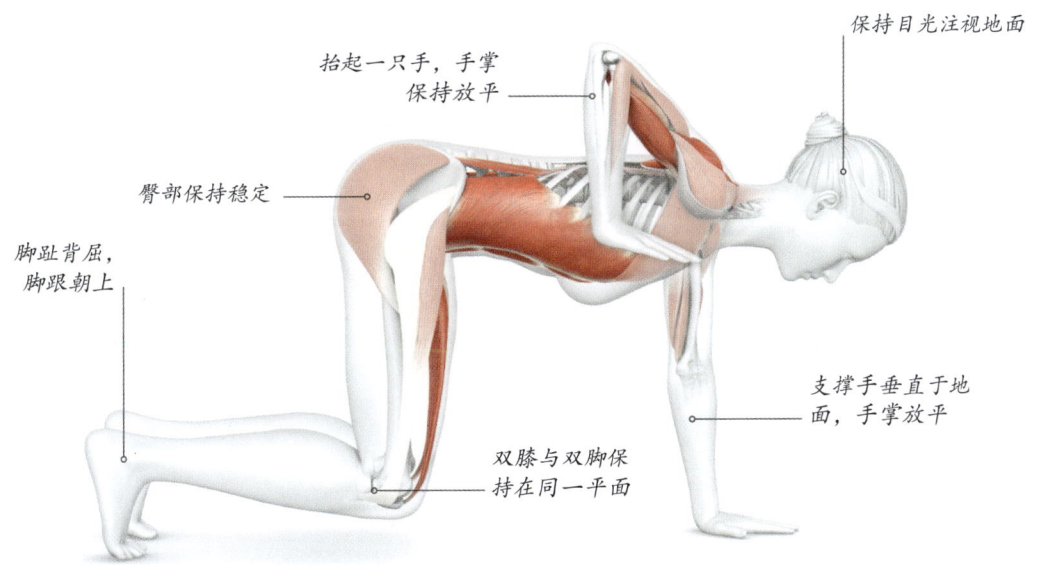

抬起一只手,手掌保持放平

保持目光注视地面

臀部保持稳定

脚趾背屈,脚跟朝上

支撑手垂直于地面,手掌放平

双膝与双脚保持在同一平面

预备阶段
从四肢着地的跪姿开始(参见第40~41页),背部保持平直。双手与肩同宽,手掌平放于地面。若使用哑铃,则将双手撑在哑铃上。双手位于肩膀正下方,双膝与双脚同宽。脚趾背屈,脚尖蹬地。

第一阶段
双膝抬起,与地面相距8~15厘米,进入熊式平板支撑的姿势。确保臀部与肩同高。同时收紧核心,背部保持平直,保持脊柱处于中立位,这将使你的颈部也处于中立位。保持髋部稳定,双膝离地。

第二阶段
吸气,收紧核心,然后呼气并抬起右手(或哑铃),向着胸腔方向划动,挤压肩胛骨。髋部和肩膀平行于地面,不要让髋部移动。然后将右手(或哑铃)放回地面,再换另一侧重复此动作。

仰卧起坐

这个动作可以锻炼并强化核心肌群,特别是腹直肌、腹横肌和腹斜肌,同时也能锻炼髋屈肌、胸肌和颈部肌肉。它还能通过锻炼腰部和髋部肌肉来改善体态。

> **注意**
> 避免"伸长脖子",这可能会导致颈部和背部拉伤。此外,注意下放身体时的控制力度,不要让身体砸向地板,否则会造成脊柱损伤。

动作点睛

仰卧起坐会用到髋屈肌,但需要注意,避免让髋屈肌去承担"所有的工作",因为很多时候我们会用髋屈肌而不是腹肌来让躯干离开地面。你需要始终保持核心收紧,可以将手臂放在头两侧或向前伸直。刚开始进行此动作时,可以进行3组训练,每组10次。

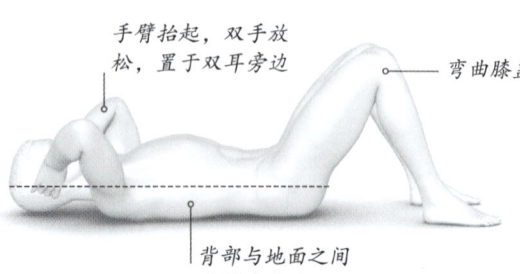

手臂抬起,双手放松,置于双耳旁边
弯曲膝盖
背部与地面之间应没有空隙

预备阶段
仰卧于地面上,弯曲膝盖,将脚掌平放并踩稳地面。如果腹部肌肉比较弱,最好将脚塞在长凳下或用其他方式固定。如果有搭档或教练一起锻炼,可以让他们按住你的脚。

上半身与髋部
仰卧起坐会用到腹直肌、腹横肌和腹斜肌,同时也涉及髋屈肌、胸肌和颈部肌肉。正确的仰卧起坐动作需要移动脊柱中的每个椎骨。屈髋时会用到髂腰肌和股直肌,阔筋膜张肌也会被激活。

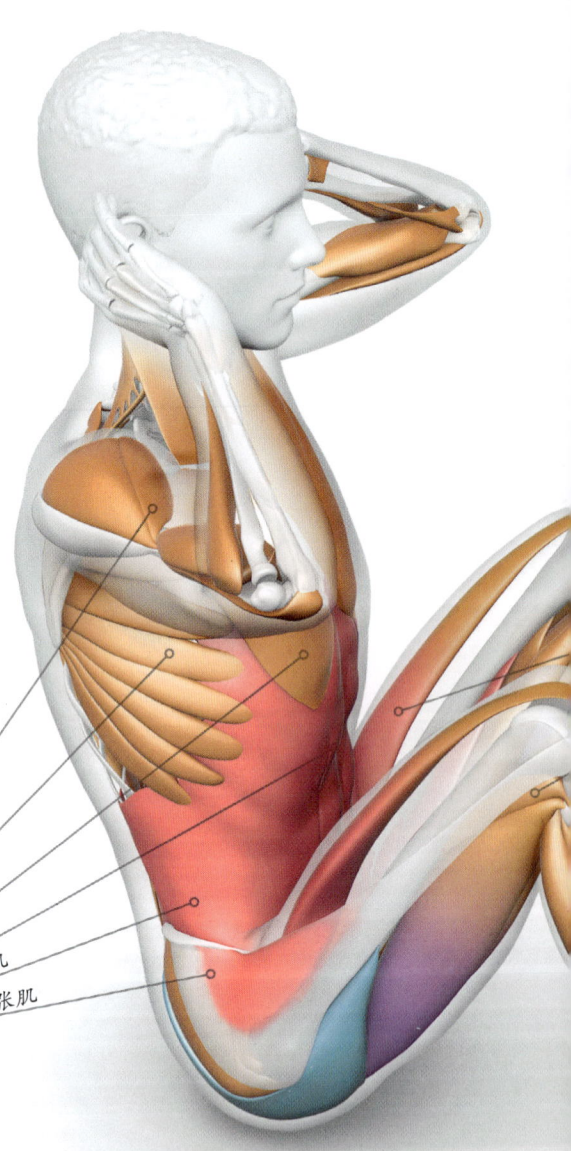

三角肌
前锯肌
胸大肌
腹直肌
腹外斜肌
阔筋膜张肌

第一阶段
利用腹肌发力将背部抬离地面,尾骨和髋部保持不动,紧贴地板,直到完全坐直。不要一次性抬起整个背部,而应该让脊椎骨一节一节上抬起。

图例
- ●-- 关节
- ○— 肌肉
- ● 向心收缩的肌肉
- ● 离心收缩的肌肉
- ● 无张力下被拉长的肌肉
- ● 等长收缩的肌肉

腹斜肌
腹内斜肌和腹外斜肌的肌纤维相互垂直，二者协同发力作用于躯干进行转体运动。"俯身登山"动作（见第 36~37 页）就很好地利用了这种转体运动。

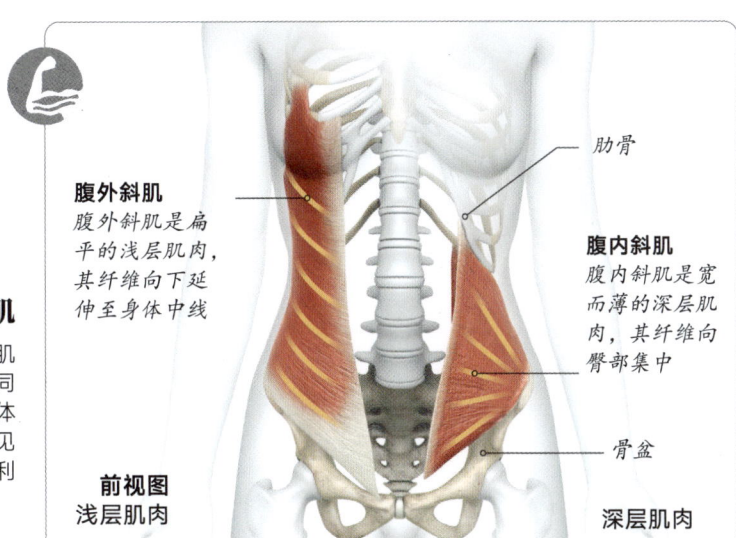

腹外斜肌
腹外斜肌是扁平的浅层肌肉，其纤维向下延伸至身体中线

腹内斜肌
腹内斜肌是宽而薄的深层肌肉，其纤维向臀部集中

肋骨

骨盆

前视图
浅层肌肉

深层肌肉

腿部
因为你的髋屈肌在发力，所以股四头肌中的股直肌和缝匠肌也被激活了。胫骨前肌位于胫骨附近，可以控制和背曲足部，有助于稳定下半身。

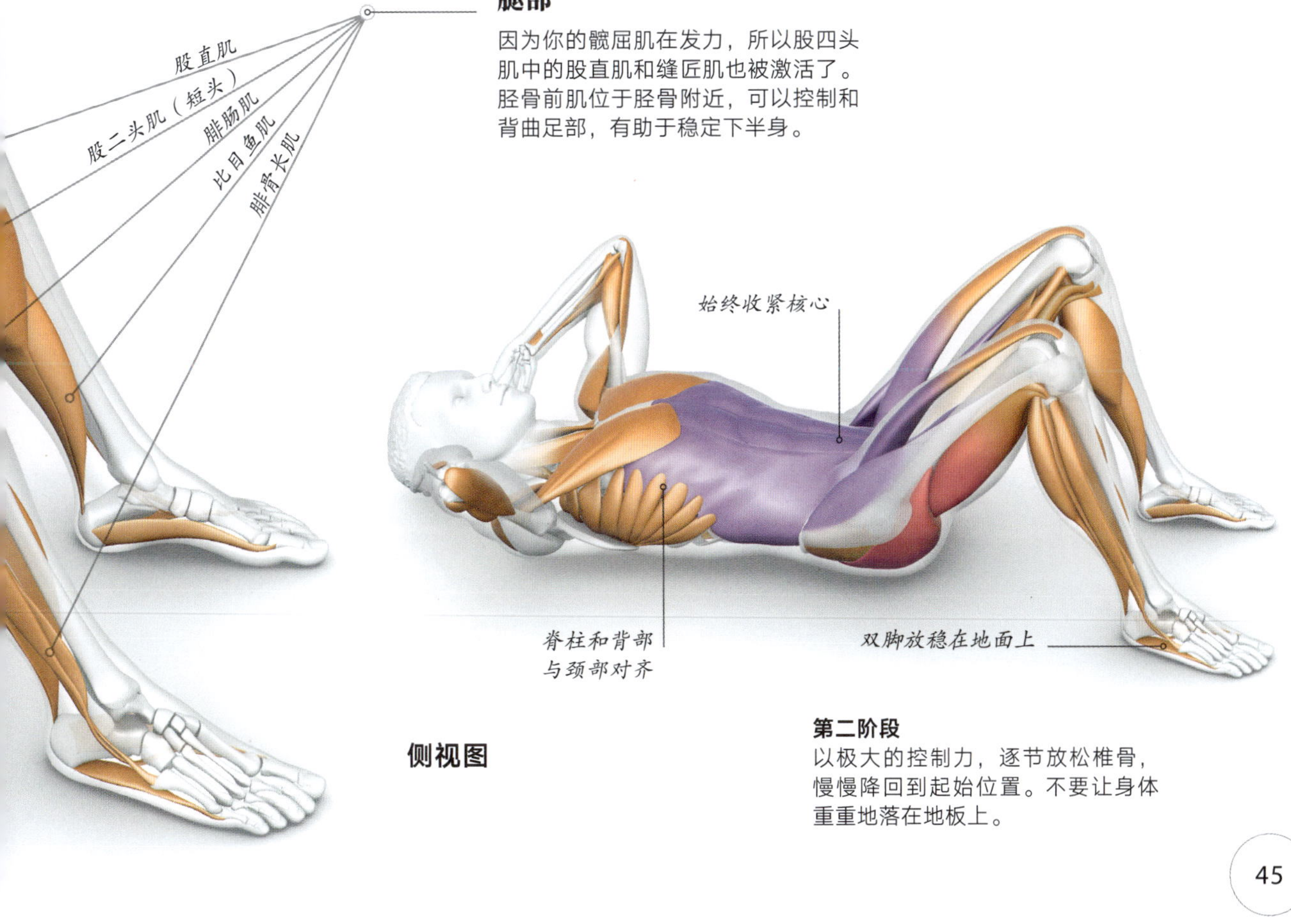

股直肌
股二头肌（短头）
腓肠肌
比目鱼肌
腓骨长肌

始终收紧核心

脊柱和背部与颈部对齐

双脚放稳在地面上

侧视图

第二阶段
以极大的控制力，逐节放松椎骨，慢慢降回到起始位置。不要让身体重重地落在地板上。

卷腹

卷腹是最常见也是最受欢迎的腹部训练之一,可以有效地锻炼腹直肌,也就是常说的腹部正面的"六块腹肌",体脂率低的群体会有十分明显的腹直肌。训练这块肌肉可以增强核心肌群的稳定性和运动表现。

> **! 注意**
>
> 人们在运动疲劳时最常见的错误就是"伸脖子",拉扯颈部会让卷腹无法再锻炼到腹肌,还可能导致你的颈部与脊柱无法对齐,最终导致颈部拉伤或受伤。将拳头放在下巴下方可以有效地防止颈部移动。

动作点睛

身体控制对于卷腹很重要。在卷起的过程中要控制好你的身体,在下落的过程中,不要让身体自由落下。在整个运动过程中保持核心收紧会更有效。始终保持脊柱处于中立位,不要让其弯曲或弓起。保持下巴内收,核心收紧,颈部、脊柱与头部呈一条直线。刚开始进行此动作时,可以试着完成3组,每组10次。然后根据个人进度增加组数和次数。

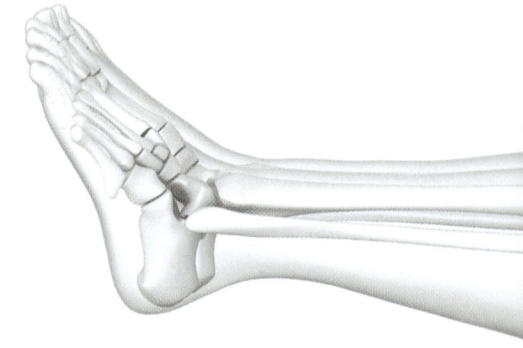

膝盖弯曲成90度角

双手放在耳后或在胸前交叉

收紧核心

大收肌
股直肌
阔筋膜张肌

预备阶段

仰卧在地面上,弯曲膝盖,并将小腿抬至与地面平行,将双手放在耳后或胸前。如果放在耳后会让你容易弯曲颈部的话,那么最好将手臂交叉置于胸前或向前伸直。收紧核心,准备开始。

下半身和腿部

下半身保持桌面式姿势(大腿与地面垂直,小腿与地面平行),并处于放松状态,以确保腰部和骨盆肌肉紧贴地面。如果你感到髋屈肌紧绷,则可能需要对其进行拉伸以缓解紧绷感。

第一阶段

呼气,收缩腹部肌肉,下巴内收,将肩胛骨抬离地面3~5厘米。下巴始终与胸部呈45度角。在动作的最高点保持数秒钟,保持呼吸。

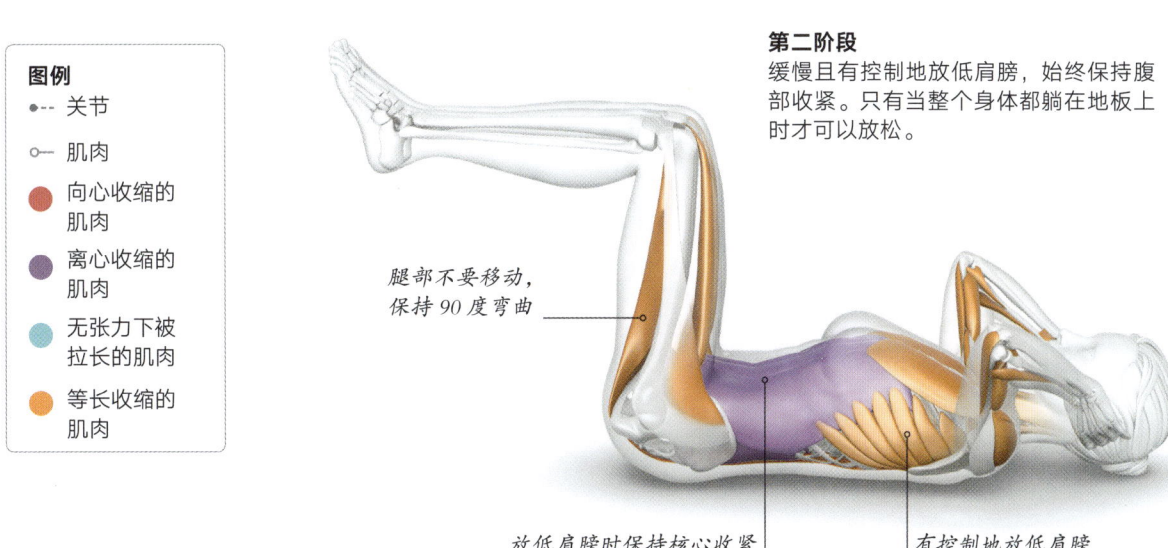

图例
- ●-- 关节
- ○- 肌肉
- ● 向心收缩的肌肉
- ● 离心收缩的肌肉
- ● 无张力下被拉长的肌肉
- ● 等长收缩的肌肉

第二阶段
缓慢且有控制地放低肩膀，始终保持腹部收紧。只有当整个身体都躺在地板上时才可以放松。

腿部不要移动，保持90度弯曲

放低肩膀时保持核心收紧

有控制地放低肩膀

核心和上半身
在进行这项等张收缩运动时，你实际上是在绷紧肌肉。腹直肌与腹横肌（腹部侧面最深的肌肉）会同时进行收缩，腹斜肌也会被激活。

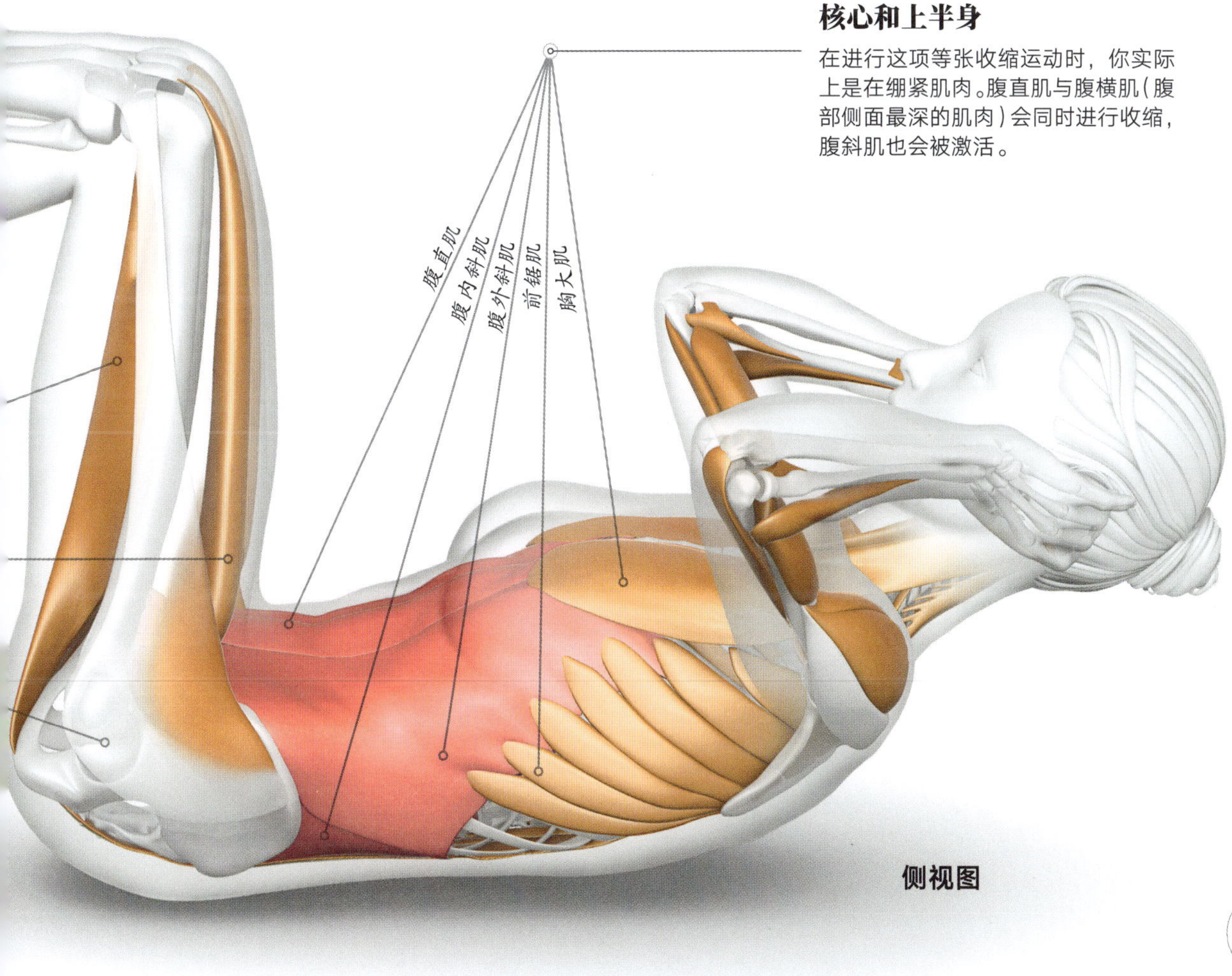

腹直肌
腹内斜肌
腹外斜肌
前锯肌
胸大肌

侧视图

47

》变式动作

这些卷腹动作的变式动作可以提高腹部的燃脂效果,它们可以有效地锻炼腹斜肌、腹横肌和腹直肌。这些动作适合各种健身水平的人群,初学者可以从30秒开始,随着训练逐渐增加到60秒。

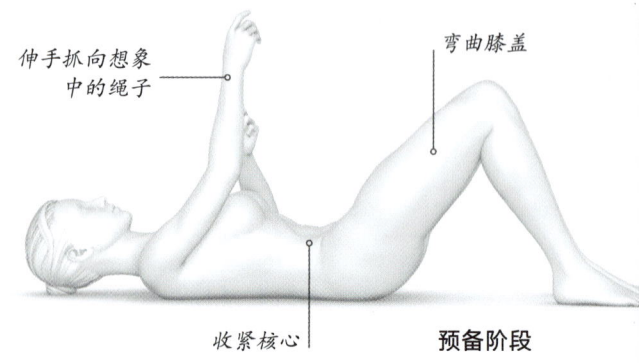

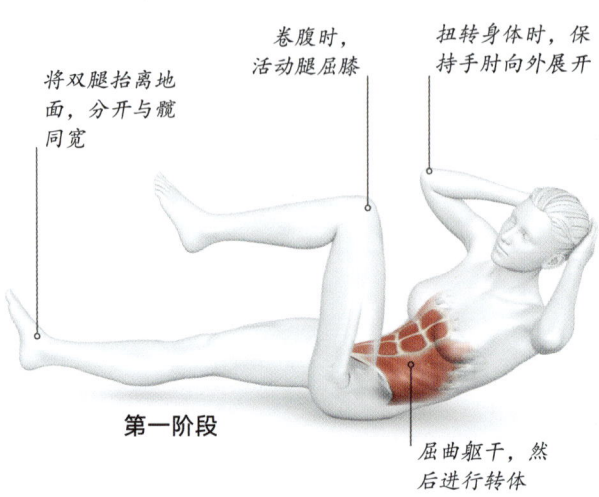

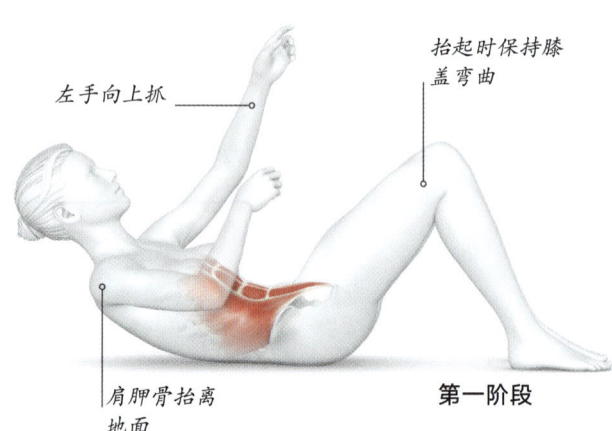

自行车卷腹

自行车卷腹得名于该动作模仿了骑自行车时的动作,你的双腿在运动时会来回"骑行"。如果要增加难度,则可以在最高位置保持1秒,并在整个过程中将双腿抬高。

预备阶段
仰卧,将双手轻轻放在头后,双腿在髋部和膝盖处略微弯曲。将头部稍稍抬离地面。

第一阶段
吸气并收紧核心,然后呼气,抬起左膝,并将对侧右肘靠向左膝。弯曲躯干并将上半身转向左腿。

第二阶段
呼气,有控制地让身体回到起始位置。然后换边重复该动作,抬起另一条腿和肘部,身体两侧的重复次数要保持一致。

攀绳卷腹

无论是在上升还是在下降的过程中,拉绳动作都需要很好的控制力。这个动作主要靠腹肌发力,假装拉绳将自己抬起并放下。

预备阶段
仰卧,双膝弯曲,双脚平放在地面上,双臂放在身体两侧,收紧核心,准备开始。假装有一根绳子悬在你的鼻子上方。

第一阶段
右手向左伸手去抓"绳子",同时将身体抬离地面。然后,左手伸到右手上方,稍微向右倾斜,抓住"绳子",将身体进一步抬高。

第二阶段
保持"手握绳子",然后双手交替下移,缓慢而有控制地将你的身体落回地面。用上腹部的肌肉集中发力。

双向卷腹

双向卷腹需要同时激活腿部和胸部肌肉，它能针对锻炼多处核心肌肉，包括腹直肌、股直肌和腹斜肌。

预备阶段
仰卧，双膝弯曲，双脚平放在地面上，与髋同宽，将指尖轻放于头部两侧。

第一阶段
收紧腹部，稳定核心。慢慢抬起双膝，直到大腿刚好与地板呈 90 度角。同时，将头部和肩膀抬离地面，使胸部抬向膝盖。在动作的极限位置，你的前额应距离膝盖约 15 厘米。

第二阶段
反向运动，让肩膀、背部和双脚回到起始位置，然后重复该动作。

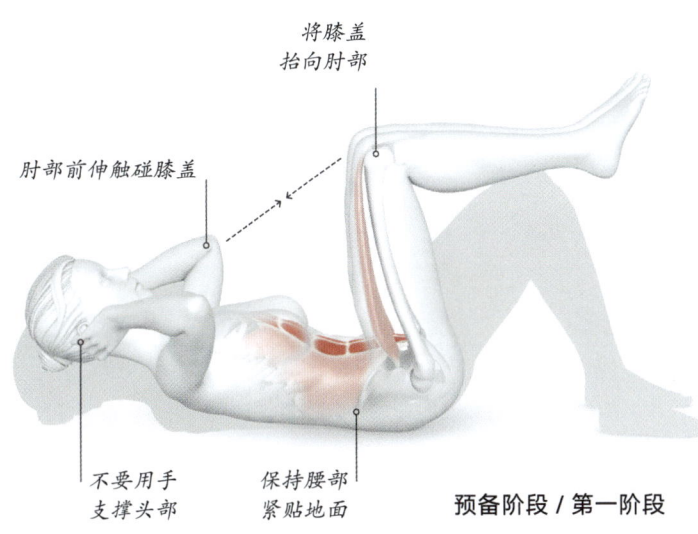

预备阶段 / 第一阶段

双向卷腹保持接扭转

双向卷腹保持动作主要锻炼腹直肌和股直肌，而扭转动作则锻炼腹斜肌。

图例
● 主要目标肌肉　● 次要目标肌肉

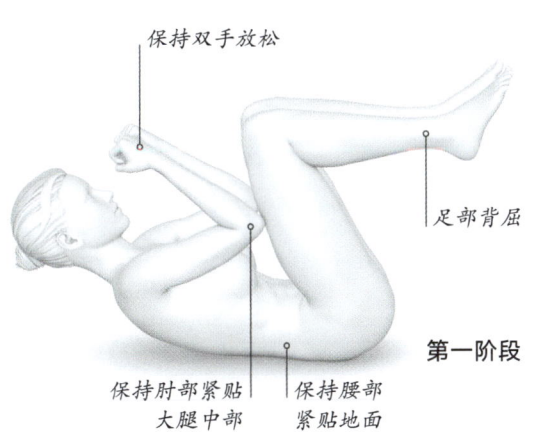

第一阶段

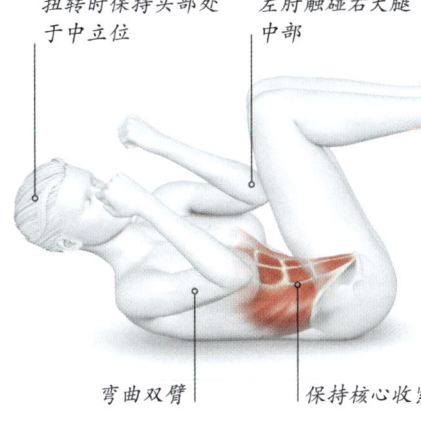

第二阶段

预备阶段
仰卧，双膝弯曲成 90 度角，呈桌面式姿势，脚趾指向天花板。将前臂靠向脸部，手臂在肘部弯曲。

第一阶段
将头部和肩膀抬离地面，同时将双腿向内收，使肘部触碰大腿中部。尽可能久地保持该姿势，理想情况是达到 60 秒。

第二阶段
保持肩胛骨悬空，缓慢地向左和向右扭转身体，肘部轻擦大腿。左肘触碰右大腿中部，右肘触碰左大腿中部。

健身球卷腹

该动作主要锻炼腹部肌群，包括位于腹直肌深层的腹横肌。虽然"六块腹肌"是由腹直肌构成的，但如果你想获得真正强壮的腹肌，则需要同时锻炼腹直肌和腹横肌。

动作点睛

为了进行这个卷腹动作，你需要准备一个直径为55~65厘米的健身球。健身球可以提供不稳定的表面，从而增加运动时肌肉的激活程度，帮助你锻炼到所有主要的腹肌，包括腹斜肌和用于稳定脊柱的小肌肉。

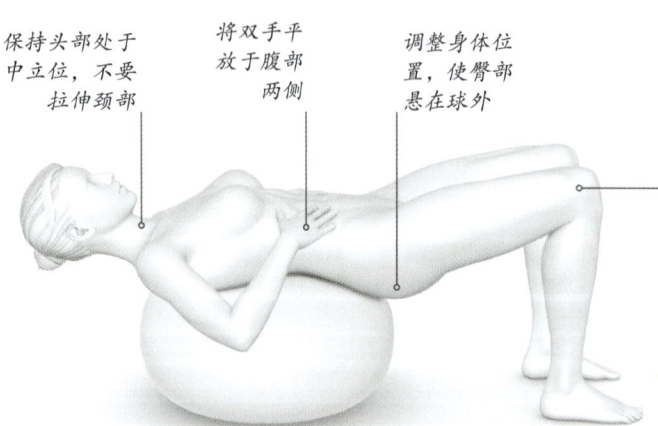

保持头部处于中立位，不要拉伸颈部

将双手平放于腹部两侧

调整身体位置，使臀部悬在球外

膝盖垂直于脚踝正上方

预备阶段
先坐在球上，仅腰部接触球，双脚与肩同宽，平放在地面上，撑住身体不要滑动。然后缓慢地放低上半身，直至身体处于仰卧姿势。

第一阶段
吸气，收紧腹肌并稳定核心。呼气，运用腹肌的力量让脊柱弯曲，开始做卷腹动作。在腹肌完全收紧且呼气结束后，即完成了一次动作。卷腹时只需要略微抬起躯干，而不是屈髋向上坐起。你也可以尝试增加难度，在最高点位置保持1秒。

三角肌
胸大肌
肱肌
前锯肌
腹直肌
腹横肌
腹内斜肌
腹外斜肌

上半身与腹肌

在这个动作中，腹肌承担了所有的发力工作。在开始卷腹动作之前，腹横肌（它是腹部最深层的肌肉，像束身内衣一样环绕在你的腹部内侧）就已经开始发挥作用。在激活核心时，腹横肌还会进一步收紧。腹直肌和腹斜肌也会持续收紧，使腹部卷曲。

> **! 注意**
>
> 在进行此动作时，如果呼吸方式不对，对核心的锻炼效果就会大打折扣，产生的张力也会被分散到身体各处。要让动作的效果最大化并防止在训练中受伤，请务必遵循正确的呼吸方式。

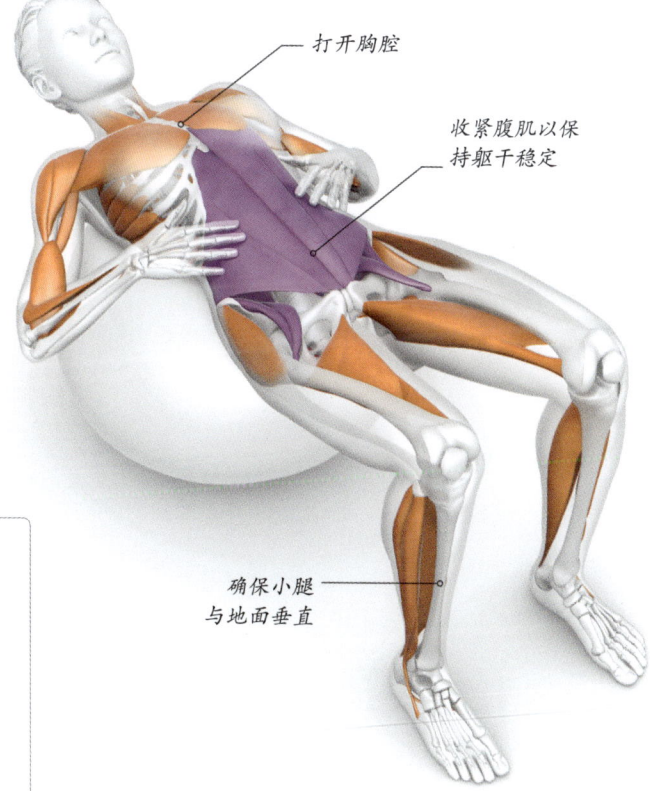

打开胸腔

收紧腹肌以保持躯干稳定

确保小腿与地面垂直

侧前俯视图

图例
- ●-- 关节
- ○— 肌肉
- ● 向心收缩的肌肉
- ● 离心收缩的肌肉
- ● 无张力下被拉长的肌肉
- ● 等长收缩的肌肉

第二阶段

在保持腹肌等长收缩的同时开始吸气，并缓慢地放低身体，让整个躯干恢复到开始时的位置。以此重复第一阶段和第二阶段。

HIIT运动解剖学

V形支撑

这是一种基于力量训练的运动，因动作的形状类似于字母"V"而被称为"V形支撑"，这个动作可以运用身体重量来训练核心区域。它可以锻炼腹部肌群，塑形斜方肌并强化背部肌肉。同时，它也可以锻炼股四头肌和腘绳肌，并帮助提高平衡能力。

动作点睛

这个动作不需要任何器械，你只需要仰卧在地面上，并确保腰部与地面之间没有缝隙。在做这个动作时，保持身体的平衡和协调是非常重要的。在身体离开地面时，保持背部挺直，利用腹肌和坐骨保持平衡和稳定。如果你觉得将这个动作完整做下来太具挑战性，可以先将双膝弯曲成90度并向胸部靠拢，待动作稳定后再伸直双腿。如果你想增加难度，可以试着在不稳定的表面上进行V形支撑，例如在半圆平衡球或平衡盘上进行。

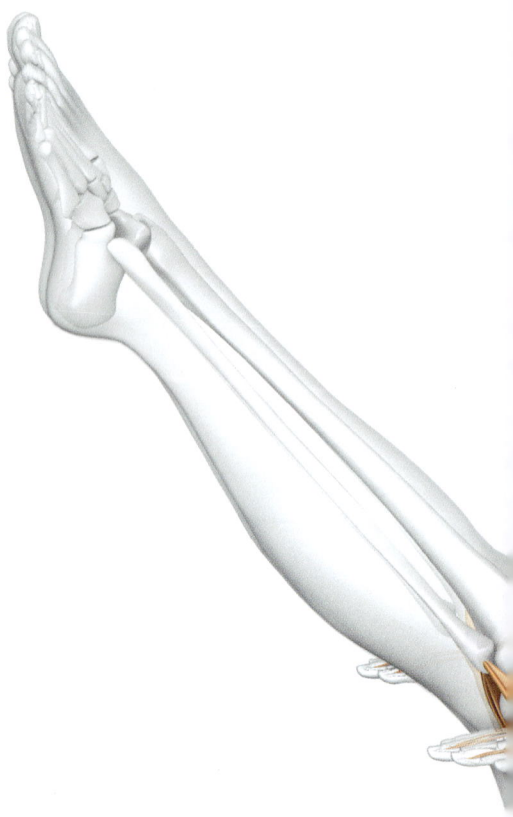

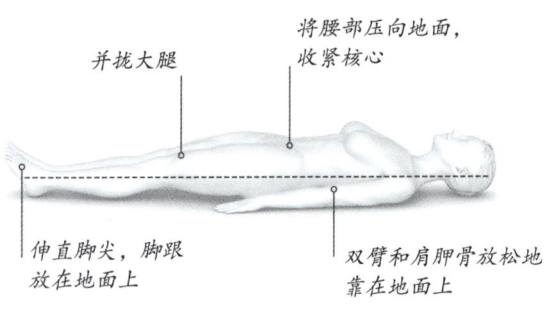

并拢大腿

将腰部压向地面，收紧核心

伸直脚尖，脚跟放在地面上

双臂和肩胛骨放松地靠在地面上

预备阶段
仰卧，保持腰部紧贴地面。确保双腿伸直，双臂沿身体两侧伸直。保持头部和脊柱处于中立位。

> **! 常见错误**
> 如果你的背部没有保持平直，你可能会感到腰部疼痛，同时还可能拉伤髋屈肌。

第一阶段
同时抬起你的躯干和腿，保持双腿伸直，并向前伸展你的手臂。你的躯干和大腿应该形成一个"V"字。确保在抬升过程中将背部推离地面以收紧核心。当你抬升躯干时，保持手臂与地面平行，不要让手指指向脚趾。

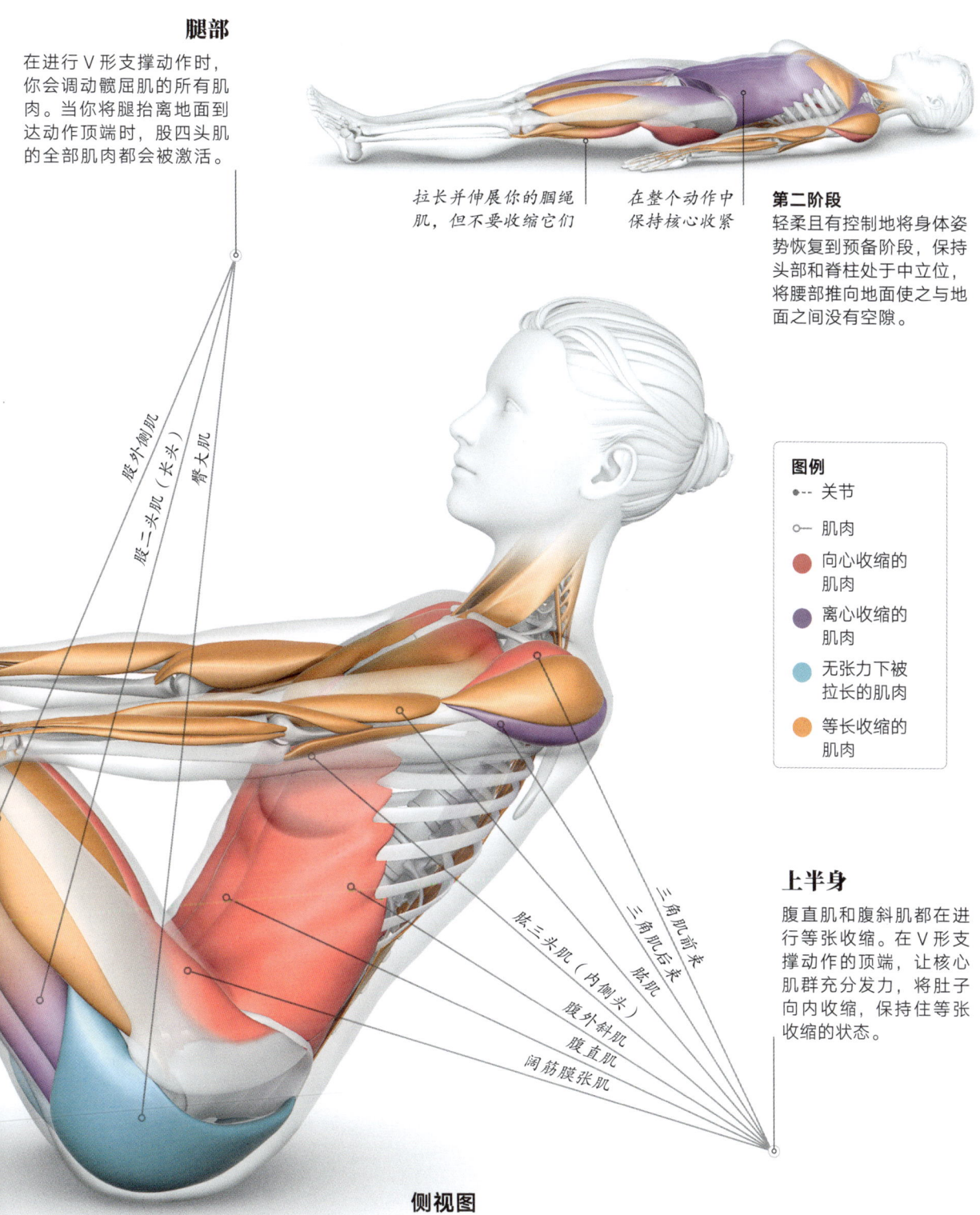

腿部
在进行V形支撑动作时，你会调动髋屈肌的所有肌肉。当你将腿抬离地面到达动作顶端时，股四头肌的全部肌肉都会被激活。

拉长并伸展你的腘绳肌，但不要收缩它们

在整个动作中保持核心收紧

第二阶段
轻柔且有控制地将身体姿势恢复到预备阶段，保持头部和脊柱处于中立位，将腰部推向地面使之与地面之间没有空隙。

股外侧肌
股二头肌（长头）
臀大肌

图例
- ●-- 关节
- ○— 肌肉
- ● 向心收缩的肌肉
- ● 离心收缩的肌肉
- ● 无张力下被拉长的肌肉
- ● 等长收缩的肌肉

三角肌前束
三角肌后束
肱肌
肱三头肌（内侧头）
腹外斜肌
腹直肌
阔筋膜张肌

上半身
腹直肌和腹斜肌都在进行等张收缩。在V形支撑动作的顶端，让核心肌群充分发力，将肚子向内收缩，保持住等张收缩的状态。

侧视图

》变式动作

侧卧V形支撑是一种专门针对腹肌的训练。主要训练的肌肉包括腹斜肌和腹直肌。剪刀踢的姿势可以帮助加强核心肌群、躯干和髋部的其他肌群。圆旋V形支撑结合了基本V形支撑和侧卧V形支撑。这些变式动作是针对腹肌的HIIT训练日或以下肢或上肢为重点的HIIT训练日的完美补充。

V形支撑变式动作是腹肌训练的绝佳补充,而且你不需要任何器械就可以开展训练。

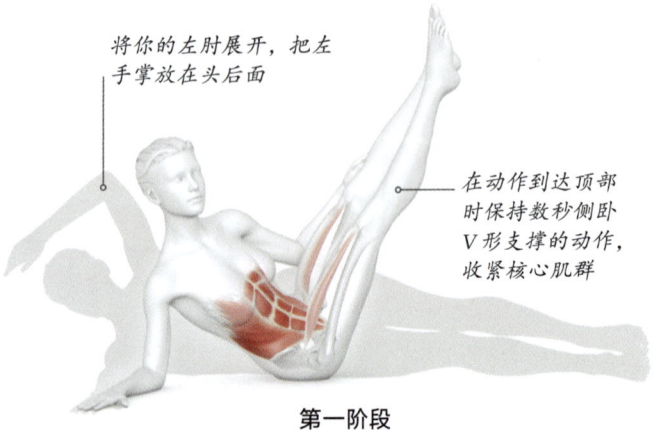

将你的左肘展开,把左手掌放在头后面

在动作到达顶部时保持数秒侧卧V形支撑的动作,收紧核心肌群

第一阶段

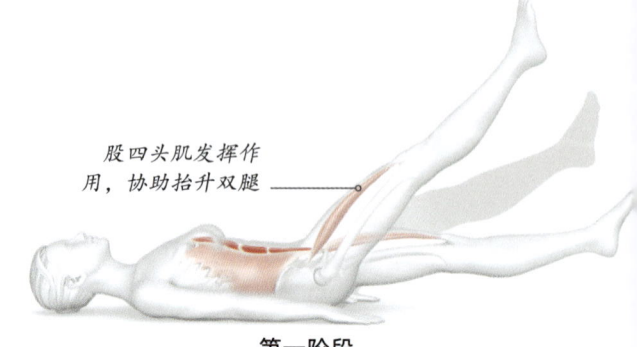

股四头肌发挥作用,协助抬升双腿

第一阶段

侧卧V形支撑

侧卧V形支撑是一种基于力量的训练,可以利用自重来训练核心区域。从右到左进行V形支撑训练可以有效训练腹肌,尤其是对应的腹斜肌。它还可以训练你的股四头肌和腘绳肌,同时帮助稳定平衡并增强髋部和脊柱的灵活性。

预备阶段
从右侧躺地开始,右臀部着地,右肘撑地。保持臀部向下(此时盆骨处于倾斜状态),双腿伸直,一只脚放于另一只的上面。将左臂上举,在头顶上形成倒置的"V"字。

第一阶段
髋部发力将双腿同时抬离地面,并且在双腿抬起时将左臂贴靠在腿旁。从侧面看,你的躯干和大腿应该形成一个"V"字。请保持背部挺直,并使用着地的手臂来保持稳定。

第二阶段
将双腿放回起始位置,将身体转向左侧,用左肘撑地,重复第一阶段中的动作。

剪刀踢

剪刀踢可以增强核心肌群、臀大肌、股四头肌和内收肌。充分发挥核心肌群的作用是支撑你上下"晃动"双腿的关键。核心肌群包括腹直肌、腹斜肌、腹横肌和髋屈肌。

预备阶段
背部挺直,平躺在地面上,双腿伸直,平放在面前的地板上。将手臂放在身体两侧,掌心向下,后背下部紧贴地面。你也可以将手垫在臀部下方,保持掌心向下,以此来降低动作的难度。

第一阶段
将双腿抬离地面约45度角的同时呼气,保持核心收紧、颈部放松。将一条腿放下,另一条腿抬起。

第二阶段
换另一边的腿重复第一阶段中的动作,继续进行"剪刀"运动。同时要保持头部、颈部和脊柱在同一条直线上,将后背下部贴在地板上。如果这个动作的难度较大,则可以酌情减少剪刀踢的次数。

圆旋 V 形支撑

圆旋V形支撑将左右两侧的V形支撑与基础V形支撑相结合，创造了一项不间断运动的高强度训练。每次圆旋运动都需要良好的髋关节灵活性，同时，头部、颈部和脊柱都要位于居中位置，髋骨则在下方保持紧缩。核心也应保持收紧，双脚保持并拢。重复第一阶段、第二阶段和第三阶段，按照这个顺序循环两组。

预备阶段 / 第一阶段

身体右侧躺地，右肘支撑在地板上。保持髋骨在下方收紧，双腿伸直。将左臂伸过头顶，呈倒"V"字形。腿和躯干同时抬升，让身体从侧面看呈"V"字形。重复以上动作，然后进入第二阶段。

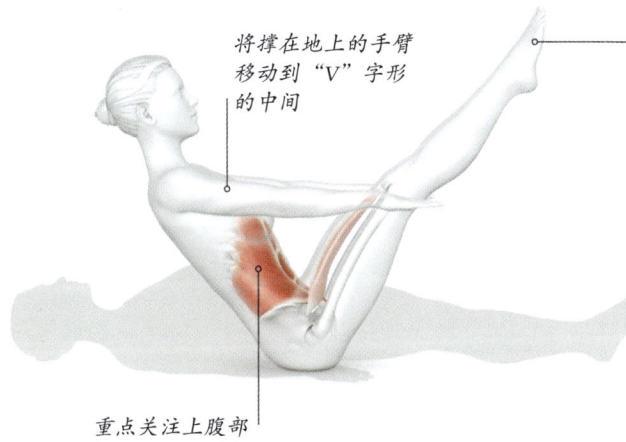

- 踢腿时，夹紧股四头肌可以帮助提高稳定性
- 确保提供支撑力的手臂肘部垂直于肩部
- 将撑在地上的手臂移动到"V"字形的中间
- 脚尖绷直
- 重点关注上腹部

第二阶段

将身体转到正位，进行基础的正面 V 形支撑。同时抬升身体和双腿，并将双臂伸向前方。你的躯干和大腿呈"V"字形。双臂处于此位置时，应平行于地面。重复这一动作，然后进入第三阶段。

第三阶段

将身体转到左侧，进行左侧的 V 形支撑。重复两次左侧 V 形支撑后，将身体转到右侧，再次重复第一至第三阶段。

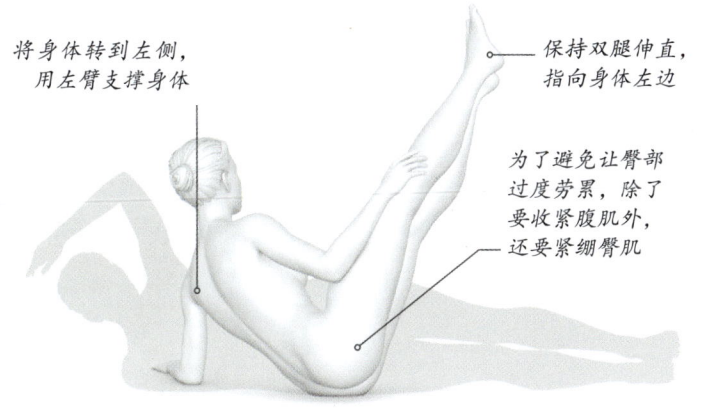

- 将身体转到左侧，用左臂支撑身体
- 保持双腿伸直，指向身体左边
- 为了避免让臀部过度劳累，除了要收紧腹肌外，还要紧绷臀肌

图例
- ● 主要目标肌肉
- ● 次要目标肌肉

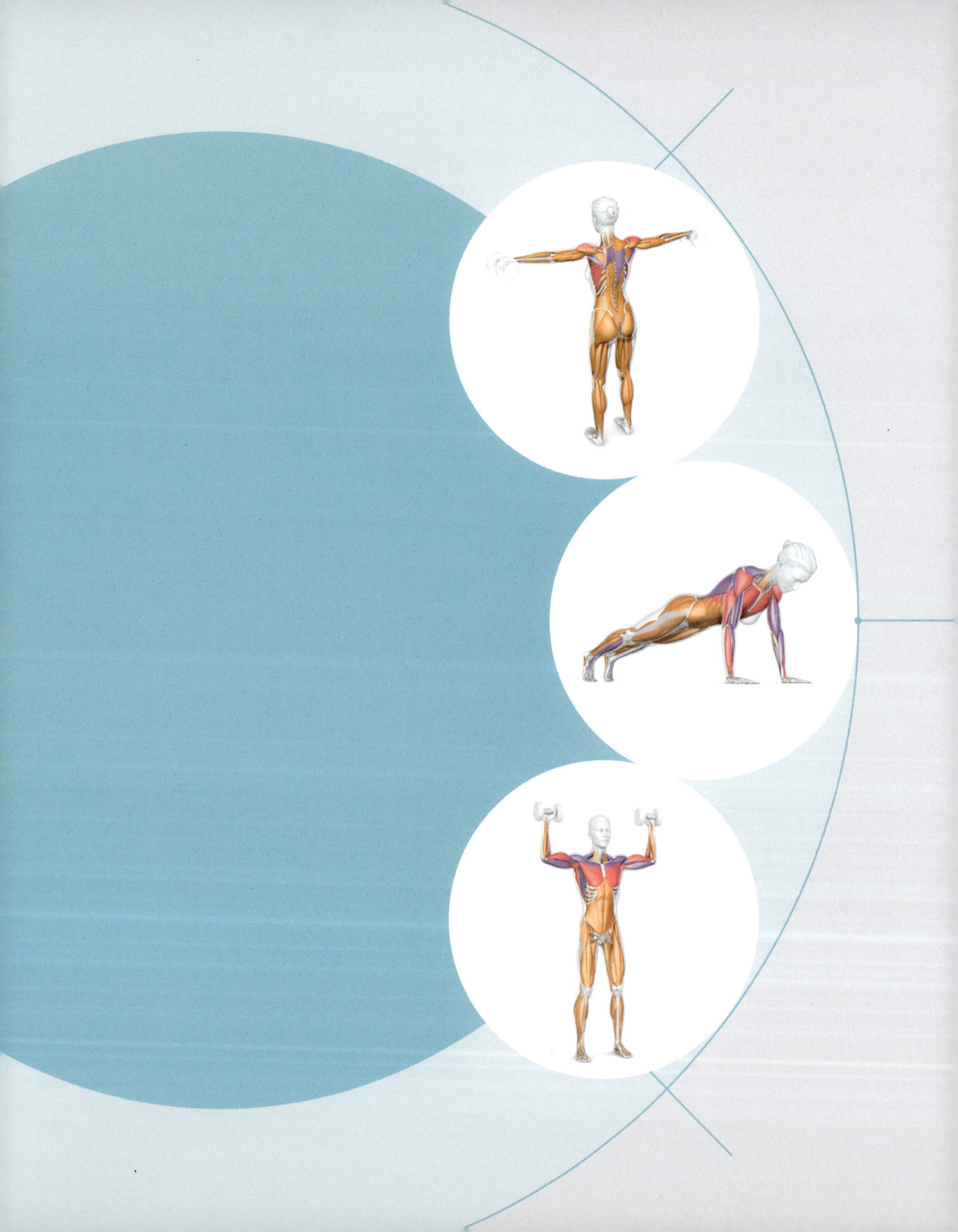

上半身训练

　　本章节的训练聚焦于上半身，重点在于激活和加强肱二头肌、肱三头肌、肩部、背部和胸部的肌肉。 大多数训练动作都包含不同的变式动作，且可以针对不同的健身水平进行调整。通过阅读本章节，你将了解到如何执行每个动作，从而让训练的效果最大化、风险最小化。

HIIT 运动解剖学

俯卧撑

该动作可以锻炼胸大肌、三角肌、肱三头肌（位于手臂后侧）、腋下的"翼状"前锯肌和腹直肌。而腿部则起到了稳定作用，防止脊柱下沉或弓起。

动作点睛

俯卧撑绝不仅仅是训练胸肌的动作，实际上其所涉及的肌肉非常广泛。在进行俯卧撑时，姿势和控制是至关重要的。在下降的过程中，一定要控制好身体，不要让身体直接落在地上。确保腹肌始终保持收紧状态。初学者刚开始做俯卧撑时，可以做4组，每组重复5～6次动作，也可以尝试不同的俯卧撑变体（见第60～61页）。

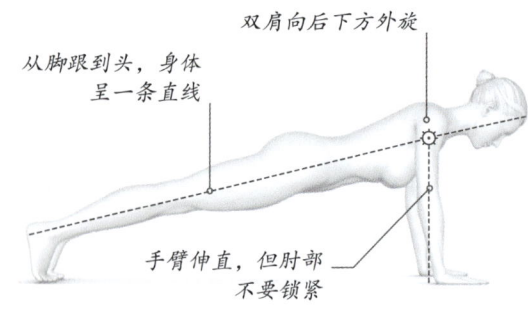

预备阶段
首先，双手撑地，略宽于肩，保持颈部处于中立位。双肩向后下方外旋，收紧核心肌群，收紧骨盆，背屈脚趾，将脚跟向后蹬，使身体保持高位支撑的姿势。

> **!注意**
> 必须始终收紧腹肌，让肚脐向脊柱收缩，以避免脊柱弓起并对下背部和关节施加压力。

图例
- ●-- 关节
- ○— 肌肉
- ● 向心收缩的肌肉
- ● 离心收缩的肌肉
- ● 无张力下被拉长的肌肉
- ● 等长收缩的肌肉

下半身
臀大肌负责稳固髋部，可以避免髋部前倾并带动脊柱下沉。此时，股直肌（股四头肌）处于等长收缩状态。

腓骨长肌　腓肠肌　髂胫束　胫外侧肌　股大肌　臀中肌

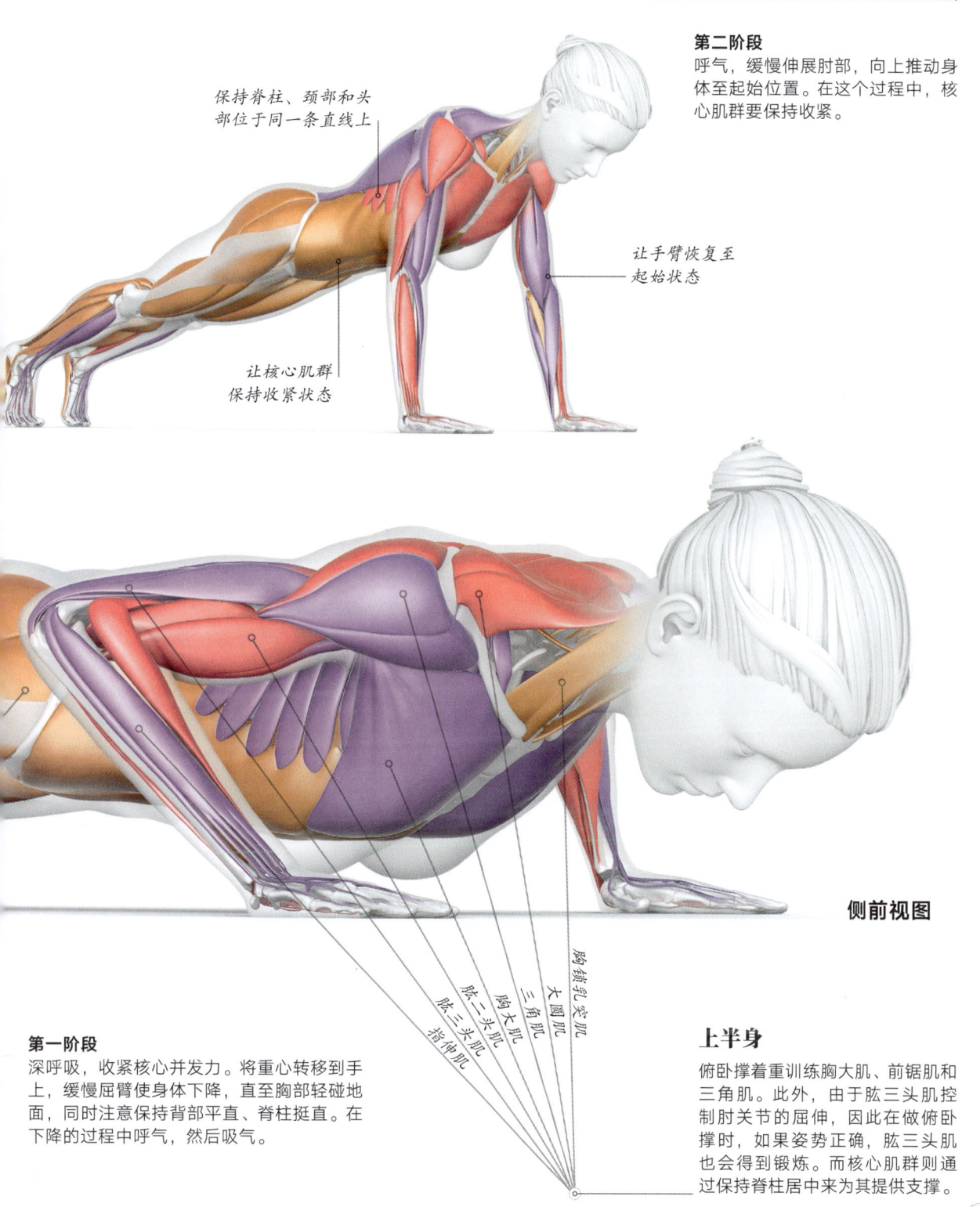

第二阶段
呼气，缓慢伸展肘部，向上推动身体至起始位置。在这个过程中，核心肌群要保持收紧。

保持脊柱、颈部和头部位于同一条直线上

让手臂恢复至起始状态

让核心肌群保持收紧状态

侧前视图

胸锁乳突肌
大圆肌
三角肌
胸大肌
肱三头肌
指伸肌

第一阶段
深呼吸，收紧核心并发力。将重心转移到手上，缓慢屈臂使身体下降，直至胸部轻碰地面，同时注意保持背部平直、脊柱挺直。在下降的过程中呼气，然后吸气。

上半身
俯卧撑着重训练胸大肌、前锯肌和三角肌。此外，由于肱三头肌控制肘关节的屈伸，因此在做俯卧撑时，如果姿势正确，肱三头肌也会得到锻炼。而核心肌群则通过保持脊柱居中来为其提供支撑。

变式动作

不同的俯卧撑变式动作可以将不同的肌肉群分组,并依据分组对其进行重点训练。本书选择了其中几种变式动作,从而有针对性地训练肱三头肌、胸肌和肩部肌肉。

图例
● 主要目标肌肉
● 次要目标肌肉

窄距俯卧撑

窄距俯卧撑是一种综合性训练,可以训练到全身的肌肉群,但其训练重点仍旧着眼于肱三头肌。在进行窄距俯卧撑时,你需要调整手、手臂的位置并调整手臂的移动路径,从而提升训练效果。

保持脊柱处于中立位

手应放置在肩膀的正下方

分开双脚,与髋部同宽

让膝盖与脚踝位于同一水平线上

将手臂弯曲,角度为 25~40 度

第一阶段

预备阶段
双手放在肩膀正下方,保持颈部和脊柱位于中立位,双脚分开与髋部同宽,以高位支撑(见第 30~31 页)的姿势做好准备。

第一阶段
收紧核心,吸气、屈臂,并让手臂紧贴肋骨,向着地面放低身体。

第二阶段
呼气,伸直肘部将身体向上推起,恢复到高位支撑的状态。完成动作后,重复第一和第二阶段。

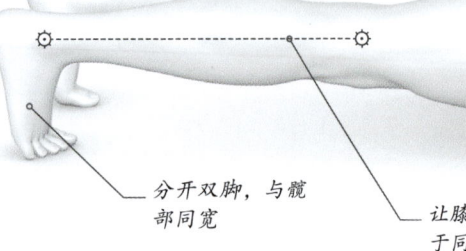

肩胛骨
肱三头肌长头
肱三头肌外侧头
肘肌
浅层视图

后视图
肱骨
肱三头肌内侧头
尺骨
深层视图

进一步了解肱三头肌

肱三头肌(又称三头肌)是位于手臂背部的一块大肌肉。它由三个部分组成:附着在肱骨和手肘上的外侧头和内侧头;附着在肩胛骨上的长头。有些肱三头肌训练可以同时训练这三个部分,而有些运动则只训练其中的一个或两个部分。如果你对每个部分的附着情况都有所了解,就可以理解为什么某些运动在训练肱三头肌方面更有效果了。

侧向俯卧撑

侧向俯卧撑的动作主要训练胸大肌,同时运用腹肌进行稳定。在进行侧向俯卧撑时,你会交替进行身体左右两侧的俯卧撑,所以在动作的任何一个时刻,你的身体都只受到单侧上肢的支撑,因此,必须紧绷身体并做好控制。

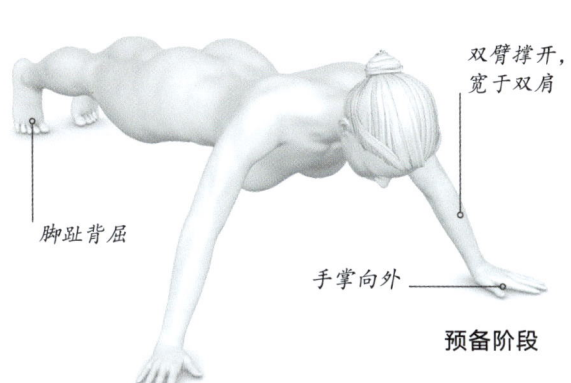

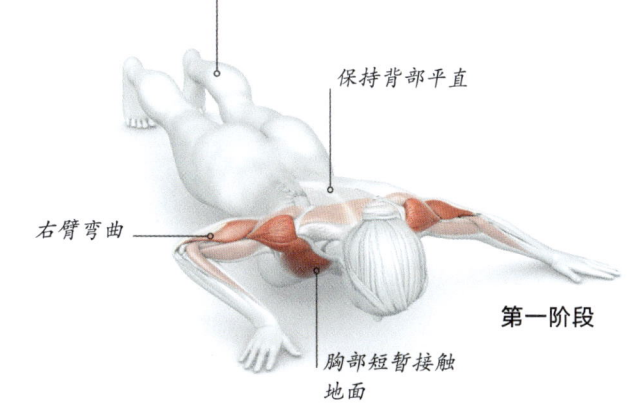

预备阶段
从高位支撑(见第30~31页)的姿势开始,但手臂撑开的距离要宽于双肩,手指指向身体外侧,同时保持身体挺直。

第一阶段
弯曲右肘,将左臂向左伸直,向右下方降低身体,让胸部短暂接触地面。返回起始位置。

第二阶段
弯曲左肘,将右臂向右伸直,向左下方降低身体,让胸部短暂接触地面。

钻石俯卧撑

钻石俯卧撑可以集中训练肱三头肌,它的名称也非常形象:在做钻石俯卧撑时,你的双手要形成钻石的形状,它可以集中训练肱三头肌。

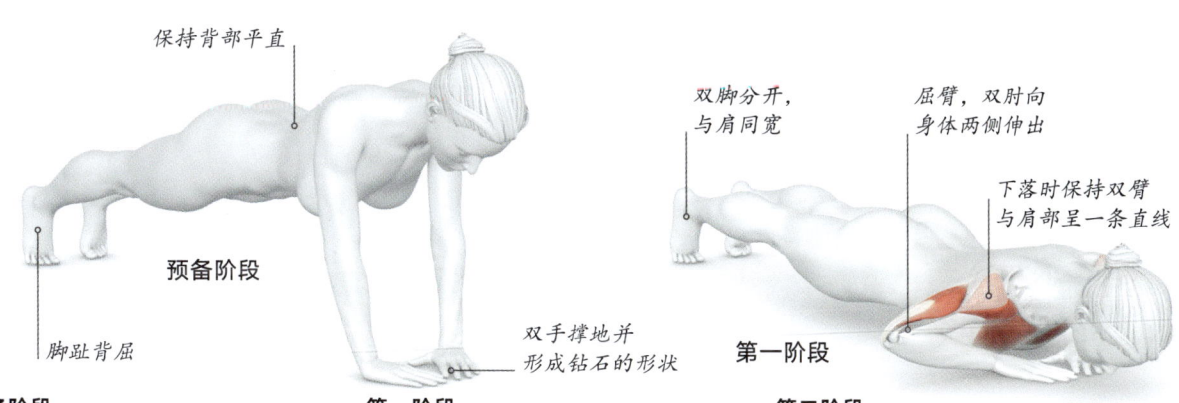

预备阶段
从高位支撑的动作开始(见第30~31页),收紧骨盆,头部与颈部保持中立,双手撑地并在胸部下方比出钻石的形状。

第一阶段
收紧核心,缓慢屈肘,让手肘向身体两侧伸展并与肩膀保持在同一条直线上。让身体缓缓下降,直到轻触双手。

第二阶段
让身体在最低位置保持2秒,然后在伸展手臂的同时呼气,直到恢复到初始的姿势(在整个动作过程中,双手应始终保持钻石的形状)。重复该项练习。

HIIT运动解剖学

过顶哑铃臂屈伸

在进行此动作时，你可以使用各种各样的器械：哑铃、壶铃、阻力带甚至是瓶装水。过顶哑铃臂屈伸能够单独训练上臂后侧的肌肉。肱三头肌的三个"头"（长头、外侧头和内侧头）都会协同发力，以伸展前臂。

图例

- ----- 关节
- ○ 肌肉
- ● 向心收缩的肌肉
- ● 离心收缩的肌肉
- ● 无张力下被拉长的肌肉
- ● 等长收缩的肌肉

⚠ 注意

一定要让头部保持稳定，并与颈部和背部呈一条直线。需要注意的是，在训练的过程中，只有肘关节是运动的。此外，也会导致受伤。肘部的位置应尽量靠近耳朵：请将手臂伸过头顶，让肱三头肌靠近耳朵。

动作点睛

目光前视，保持头部与胸部的中线对齐，胸部与髋部对齐，头部不可下垂。在进行动作时，整个动作的流程应该是完整圆满的：在放下器械时，你的小臂和大臂应该呈90度角，然后将器械完全抬起。刚开始进行此动作时，可以重复4组，每组8次。请阅读第64～65页，了解更多的过顶哑铃臂屈伸动作的变式动作。

上半身

组成肱三头肌的三块肌肉作为主力，可以帮助稳定肩部和肘部；而肩部作为辅助，进一步稳定了肘部。在每次动作做到极限时，三角肌都会收缩变短。如果在直立时进行此动作，那么长收缩肌也会被激活，以等长收缩的方式维持身体稳定。

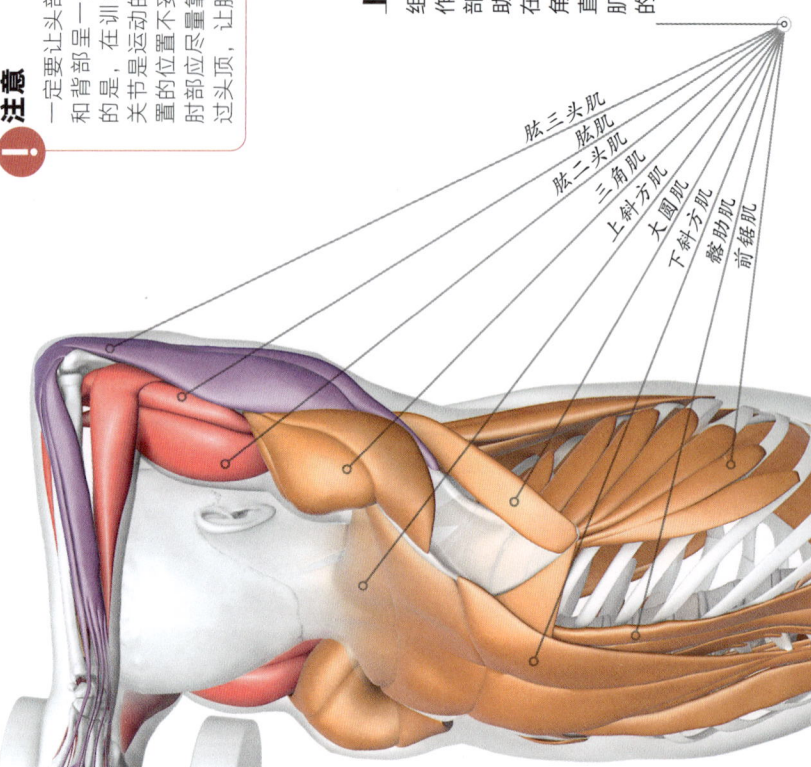

肱三头肌
肱肌
肱二头肌
三角肌
上斜方肌
大圆肌
下斜方肌
菱形肌
前锯肌

侧后视图

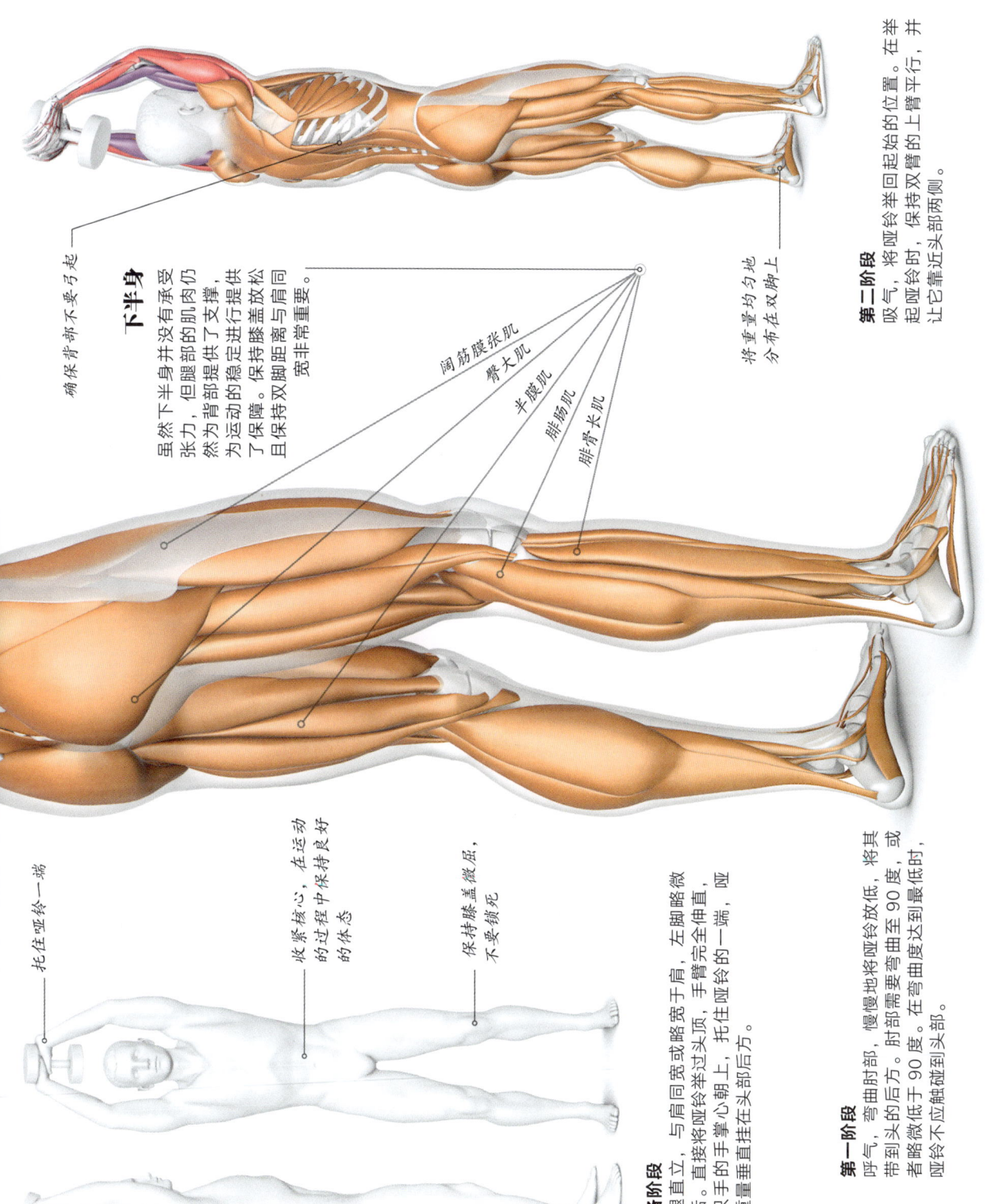

下半身

确保背部不要弓起

虽然下半身并没有承受张力,但腿部的肌肉仍然为背部提供了支撑,为运动的稳定进行提供了保障。保持膝盖离松且保持双脚距离与肩同宽非常重要。

- 阔筋膜张肌
- 臀大肌
- 半膜肌
- 腓肠肌
- 腓骨长肌

第二阶段

吸气,将哑铃举回起始的位置。在举起哑铃时,保持双臂的上臂平行,并让它靠近头部两侧。

将重量均匀地分布在双脚上

第一阶段

呼气,慢慢地将哑铃放低,将其带到头部的后方。肘部需要弯曲至90度,或者略微低于90度。在弯曲度达到最低时,哑铃不应触碰到头部。

保持膝盖微屈,不要锁死

收紧核心,在运动的过程中保持良好的体态

预备阶段

双腿直立,与肩同宽或略宽于肩,左脚完全伸直,靠后。直接将哑铃举过头顶,手臂完全伸直,一只手的手掌心朝上,托住哑铃的一端,哑铃重垂直挂在头部后方。

托住哑铃一端

63

》变式动作

所有这些过顶哑铃臂屈伸的变式动作都可以单独训练肱三头肌。每种变式动作都可以有效地训练肱三头肌的三个"头"。你可以使用任何器械（哑铃或阻力带）来进行这些动作。

在进行屈腿仰卧后撑动作时，保持脊柱挺直至关重要。如果脊柱弯曲，那么背部则会承受更大的压力。

俯身哑铃臂屈伸

俯身哑铃臂屈伸主要锻炼肱三头肌的外侧头，也可以锻炼腹肌、肩部和臀部。

图例
● 主要目标肌肉　● 次要目标肌肉

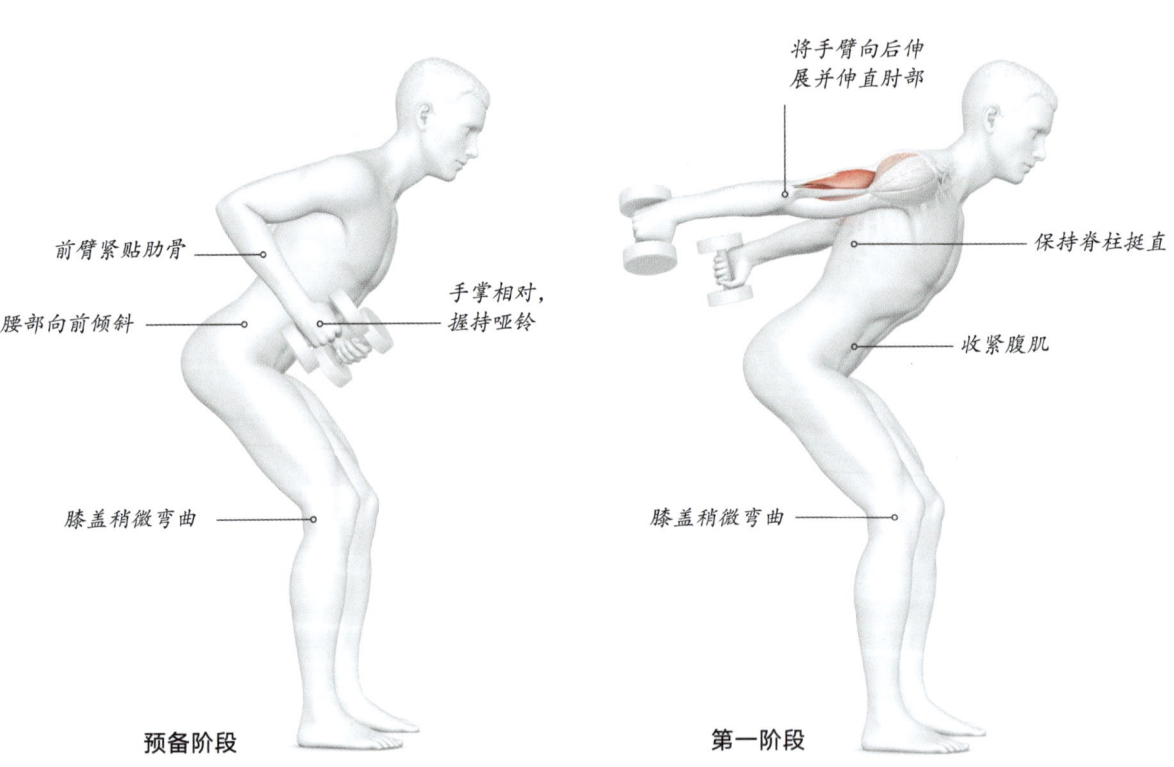

预备阶段

第一阶段

预备阶段
双脚分开，与肩同宽，双手各持一只哑铃。腰部向前倾斜45度，向后上方拉肘，让肘部始终保持90度。

第一阶段
头部与脊柱保持在同一条直线上，略微回收下巴，呼气并向后牵引肘部，收紧肱三头肌。

第二阶段
保持上臂不动，仅向后移动前臂。完成动作后暂停并吸气，将哑铃下放至起始位置。

屈腿仰卧后撑

屈腿仰卧后撑同样可以训练肱三头肌的三个"头"。在逐渐熟练此动作后,你可以尝试坐在椅子、台阶或长凳的边缘,双手握住边缘,然后向前滑动以进行撑地的动作。

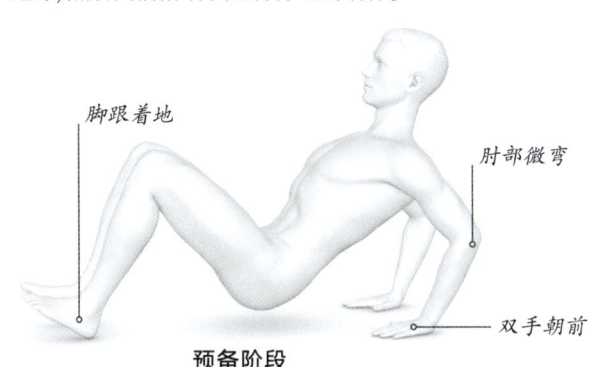
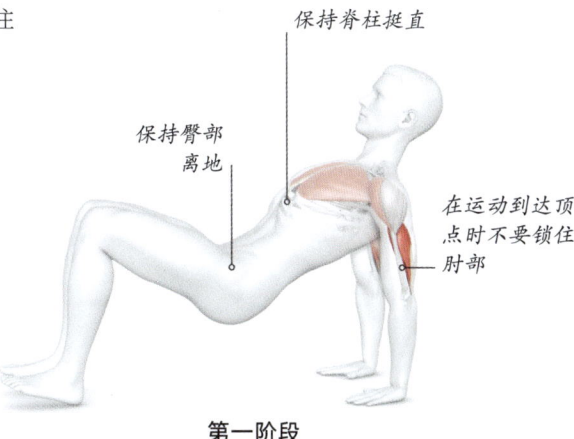

预备阶段
坐在地上,双膝弯曲并分开,与髋部同宽。脚趾朝前,脚跟着地。将手掌放在身后,手指指向脚跟。

第一阶段
肘部稍弯曲,手掌向下施力,利用双臂带动身体,进而抬起臀部。

第二阶段
慢慢放低身体,但不要让臀部触地,直接再次抬升身体。然后再次重复整个动作流程,要注意对身体的控制。

后撑交替摸脚(蟹式摸脚)

后撑交替摸脚是一种可以训练全身(臀部、腘绳肌、股四头肌和核心肌群)的动作。它可以训练平衡、核心力量和多个肌肉群,非常适合在短时间内进行的自重循环训练。

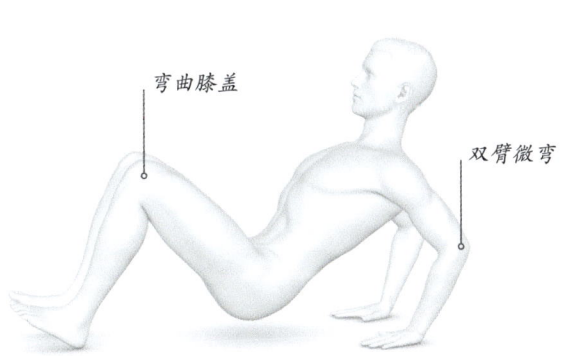

预备阶段
坐于地面,采用与屈腿仰卧后撑的预备阶段相同的姿势,双膝弯曲,将手撑在身后的地面上。

第一阶段
抬起臀部,向上蹬出左腿并用右手轻触脚趾,左手保持撑地。

第二阶段
将左腿放回地面,恢复后撑姿势,然后再次抬起臀部并换边重复整个动作。

HIIT运动解剖学

哑铃肱二头肌弯举

坐姿或站立姿势下进行的肱二头肌弯举，能够隔离并训练位于上臂前侧的肱二头肌及前臂的肱肌和肱桡肌。

动作点睛

通过这项训练，你可以增强上臂肌肉的力量，学会如何正确地使用手臂肌肉，同时还可以了解如何借助核心肌群来保持身体平衡。在进行训练时，你需要根据自己的健身水平选择适当的重量，如果重量过重，则会导致身体受伤。学会保持正确的背部姿势和核心状态也有助于避免肌肉拉伤。初学者应从较轻的重量开始练习。

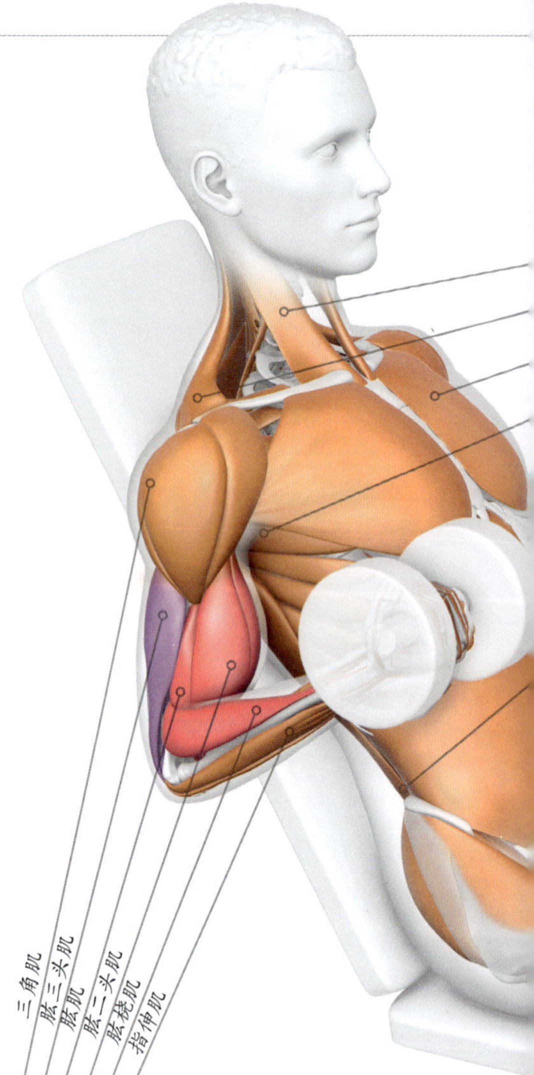

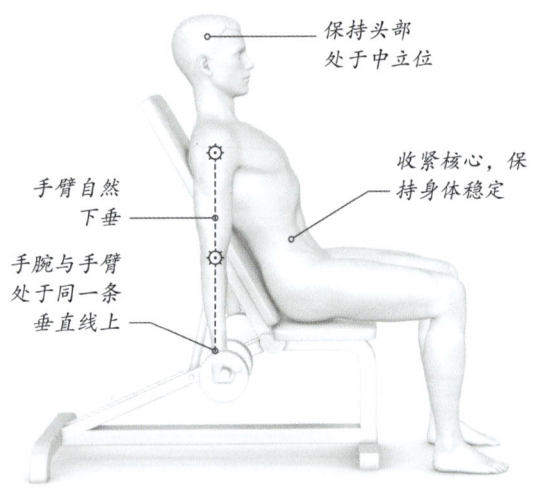

保持头部处于中立位

手臂自然下垂

收紧核心，保持身体稳定

手腕与手臂处于同一条垂直线上

预备阶段
坐在椅子上，双脚、双膝分开，与髋部同宽，背部紧贴椅背，肩膀向后靠。反握住哑铃，手掌朝前，让手臂自然下垂。

三角肌
肱三头肌
肱肌
肱二头肌
肱桡肌
指伸肌

手臂
进行肱二头肌弯举时，会调用手臂上的三角肌前束、肱二头肌、肱肌、肱桡肌和前臂上的屈肌和伸肌等肌肉。这些肌肉中的大部分都可以稳定肩膀、手腕和肘部，而前臂上的肌肉则可以控制握力。

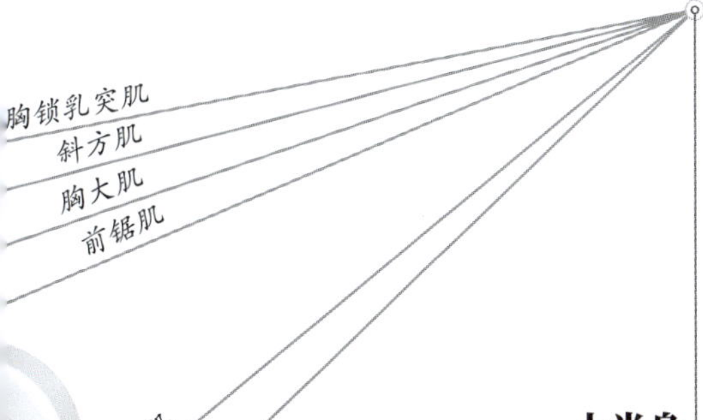

胸锁乳突肌
斜方肌
胸大肌
前锯肌

背阔肌
腹横肌

激活后背上部的肌肉以稳定肩胛骨

背部紧贴座椅垫

始终保持臀部和后背下部静止不动

将自重均匀地分布在双脚上

上半身

腹部肌群可以为背部提供支撑，保持身体的稳定。而后背上部不仅可以反向支撑腹部肌群，还可以保持脊柱、颈部和头部处于中立位。在进行此动作的训练时，应始终保持核心收紧，让背部与椅子或长凳保持接触。

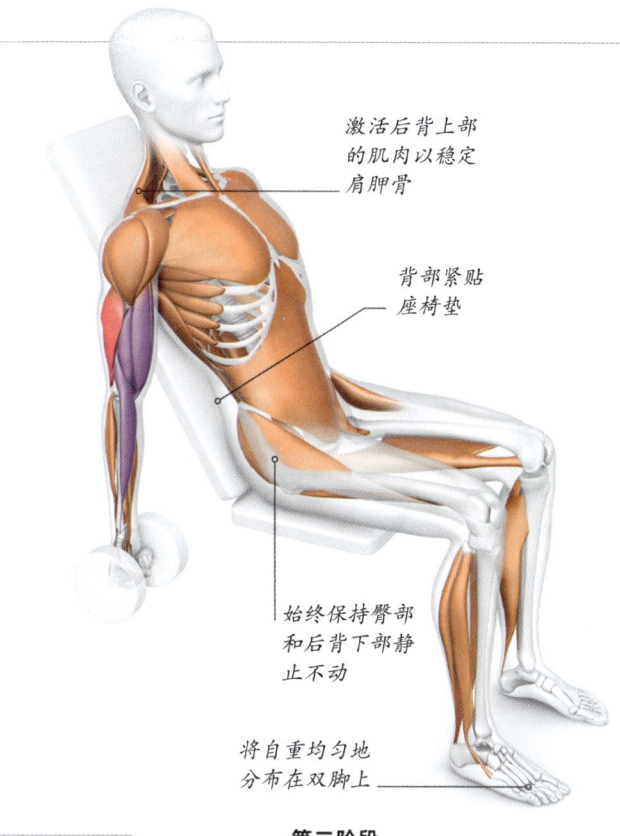

侧前视图

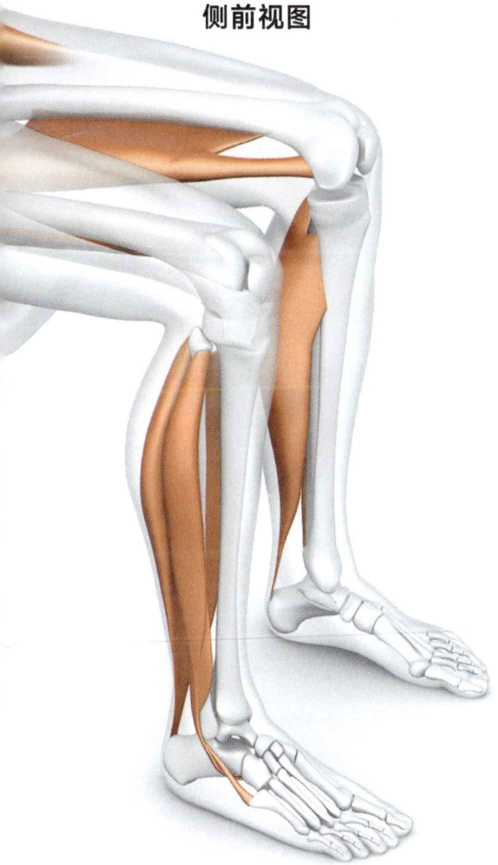

图例
•-- 关节
○-- 肌肉
● 向心收缩的肌肉
● 离心收缩的肌肉
● 无张力下被拉长的肌肉
● 等长收缩的肌肉

第二阶段

在屈臂到顶点时，保持2秒，然后缓慢地将哑铃降回至起始位置。在这个过程中要注意控制，保持稳定。在此之后，重复第一阶段和第二阶段。

第一阶段

呼气，保持上臂稳定，放松肩膀，弯曲肘部，让哑铃接近肩部。肘部应紧贴肋骨。

❗ 常见错误

在举重时，请选择适合自己健身水平的重量。如果重量太大，那么身体就会为了推举起哑铃而变得扭曲。还需要注意的是，在弯举的过程中要保持匀速，如果速度太快，就会给肘部带来压力。

》变式动作

这些肱二头肌弯举的变式动作可以有针对性地训练肱二头肌的不同部位。锤式弯举主要训练肱二头肌的长头、肱肌和肱桡肌。宽距弯举则可以训练肱二头肌内侧,也就是短头。

> 选择适合自己健身水平的重量。重量过大则可能会造成肌肉受伤。

宽距肱二头肌弯举

宽距肱二头肌弯举是一种单独训练肱二头肌的动作。该动作重点训练肱二头肌的短头,除此之外还可以训练到肩部和腹肌。

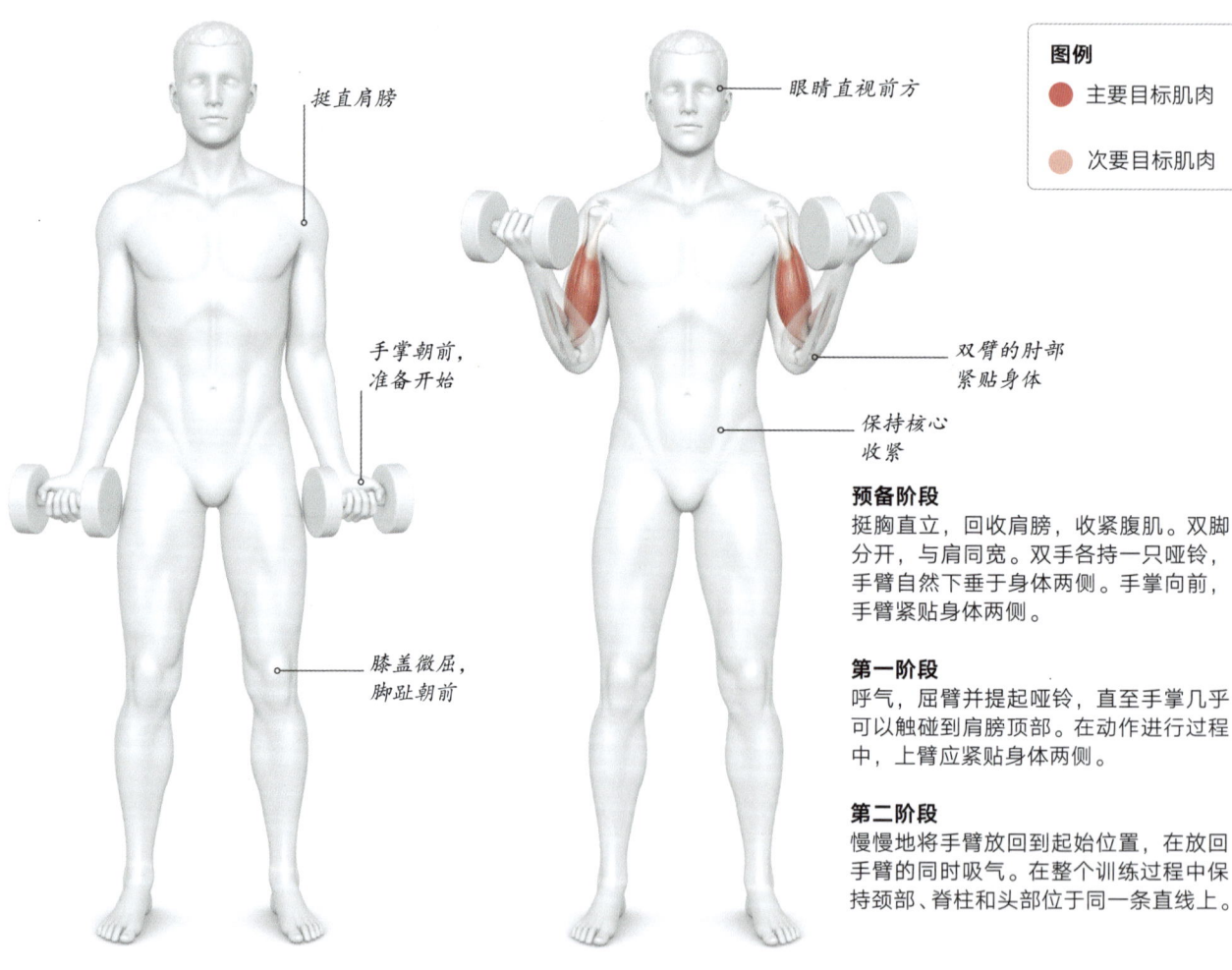

图例
● 主要目标肌肉
● 次要目标肌肉

预备阶段
挺胸直立,回收肩膀,收紧腹肌。双脚分开,与肩同宽。双手各持一只哑铃,手臂自然下垂于身体两侧。手掌向前,手臂紧贴身体两侧。

第一阶段
呼气,屈臂并提起哑铃,直至手掌几乎可以触碰到肩膀顶部。在动作进行过程中,上臂应紧贴身体两侧。

第二阶段
慢慢地将手臂放回到起始位置,在放回手臂的同时吸气。在整个训练过程中保持颈部、脊柱和头部位于同一条直线上。

预备阶段　　　　第一阶段

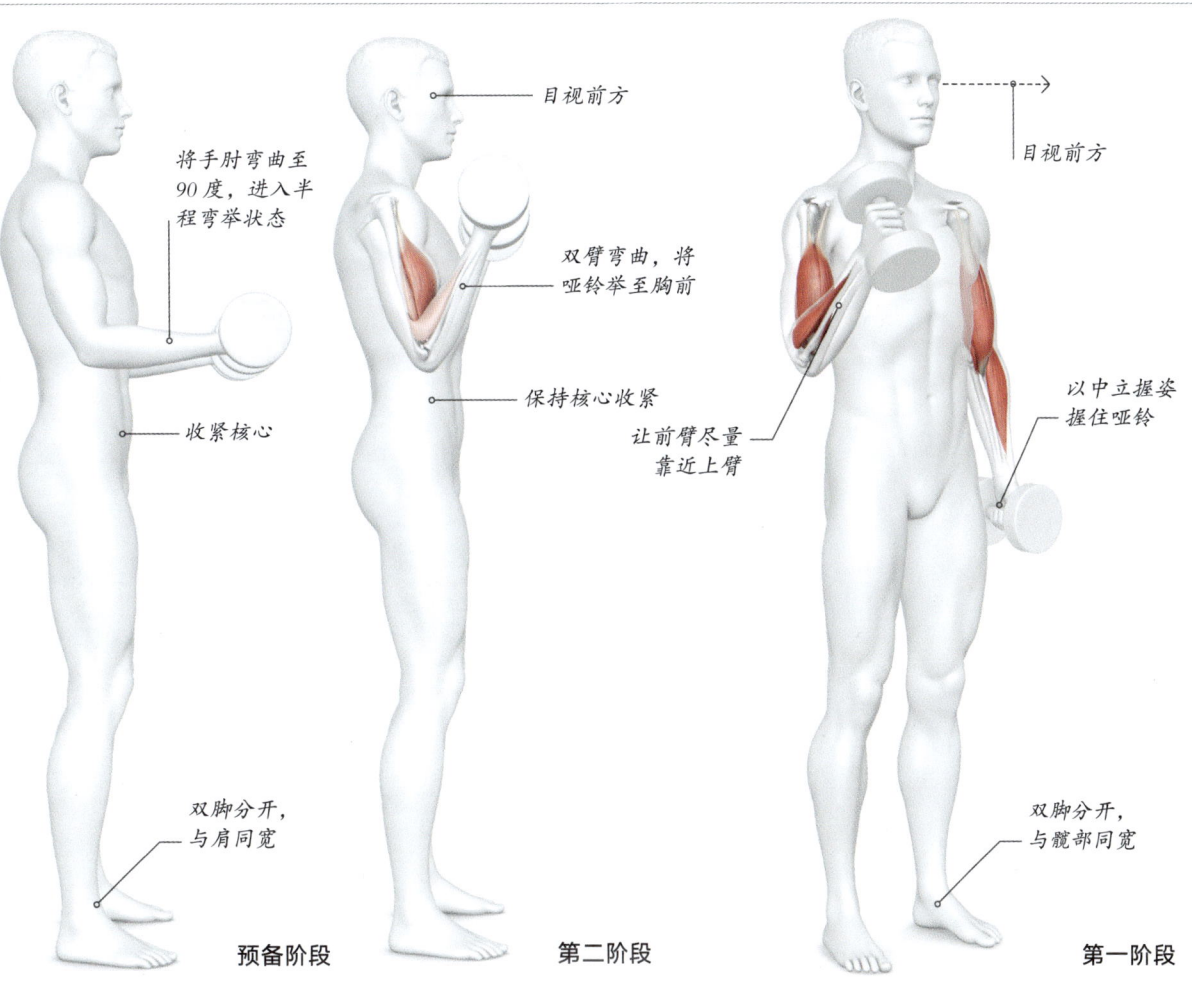

肱二头肌半程弯举

肱二头肌半程弯举是一个独立锻炼肱二头肌的动作。你可以选择肱二头肌弯举的前半程或后半程进行训练,这两者都可以增强上臂前侧的肱二头肌和后背下部的肌肉力量。

预备阶段
双手各握一只哑铃,手背朝外,双脚分开,与肩同宽。放松膝盖,挺直肩膀,让头部和脊柱保持中立。

第一阶段
弯曲肘部,让手肘贴近肋骨,将哑铃举到 90 度角并在此处暂停。

第二阶段
慢慢地将手臂放回起始位置。此动作还可以进一步变化:先将手臂举至 90 度角处,再将哑铃举到肩部,然后将其返回到中间位置。

锤式弯举

这个变式动作不仅可以锻炼肱二头肌,还可以锻炼其他的肘屈肌群,如肱桡肌和肱肌。在进行此动作时,既可以单臂训练,也可以双臂同时训练。在达到动作顶点时保持 1~2 秒。

预备阶段
双臂自然下垂,双手各持一只哑铃,手腕放松。

第一阶段
吸气并收紧核心,然后呼气并弯曲肘部,将哑铃弯举至顶点。

第二阶段
吸气并放下手臂,然后重复第一阶段和第二阶段。如果采用了单臂训练的方式,则需确保两只手臂的训练次数一致。

哑铃前平举

哑铃前平举是一种单独训练三角肌(三角肌是肩部的主要肌肉)的动作。同时，此动作还可以训练大胸肌(上胸肌)。

动作点睛

哑铃前平举是非常适合初学者的训练动作。在开始训练前，一定要选择适合自己的重量，对于新手而言，应该从较轻的哑铃开始。在训练时，可以进行3组，每组训练包含10～12次前平举。在举起哑铃时，心中默数"1——2——3"，然后以同样的速度放下哑铃。

常见错误

在做这个练习动作时，不要晃动身体。如果只有摇晃身体才能帮助你举起哑铃，就说明重量可能太大了。为了防止发生这种情况，一定要保持核心收紧，让核心为背部提供支持，进而保持背部挺直。

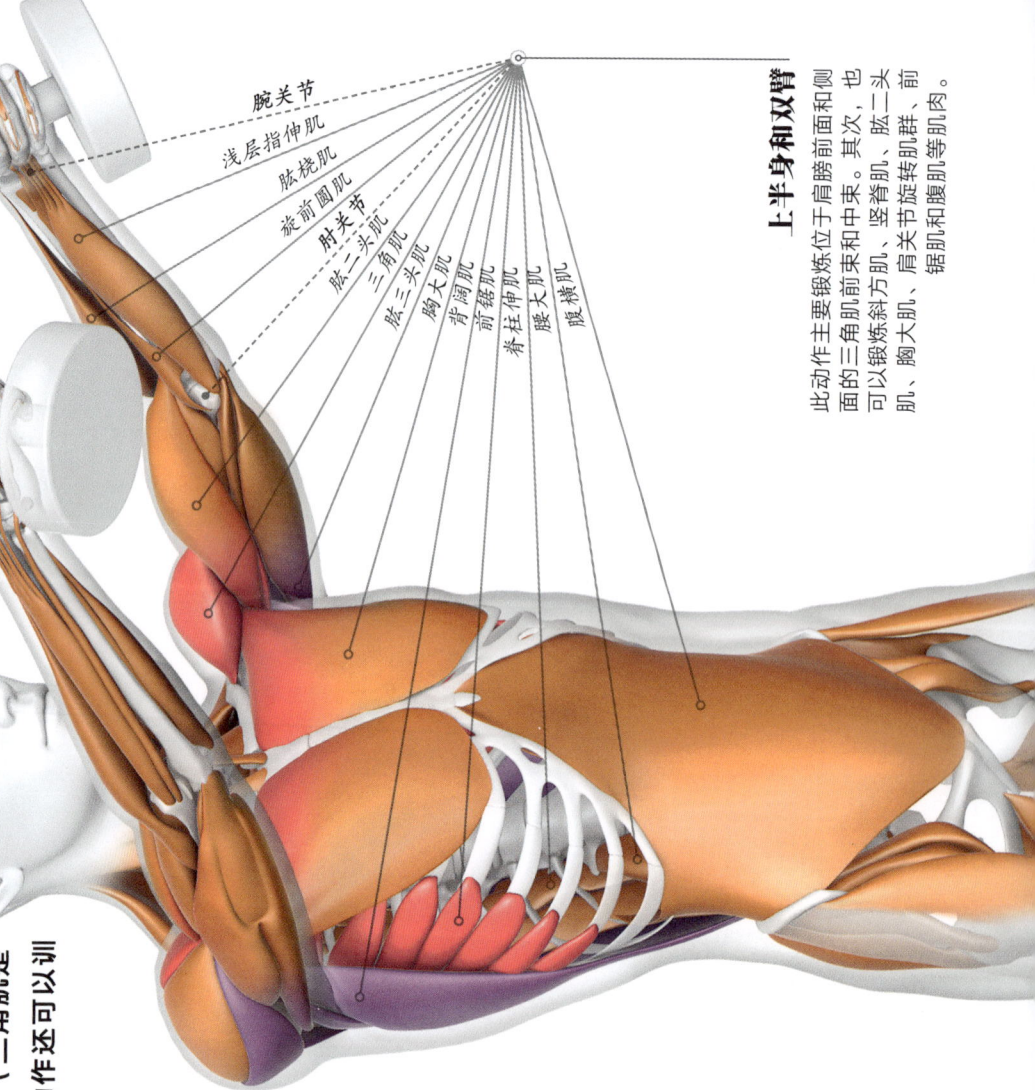

腕关节
浅层指伸肌
肱桡肌
旋前圆肌
肘关节
肱二头肌
三角肌
三头肌
肱三头肌
背阔肌
前锯肌
竖脊肌
腰大肌
腹横肌

上半身和双臂

此动作主要锻炼位于肩膀前面和侧面的三角肌前束和中束。其次，也可以锻炼斜方肌、竖脊肌、肱二头肌、胸大肌、肩关节旋转肌群、前锯肌和腹肌等肌肉。

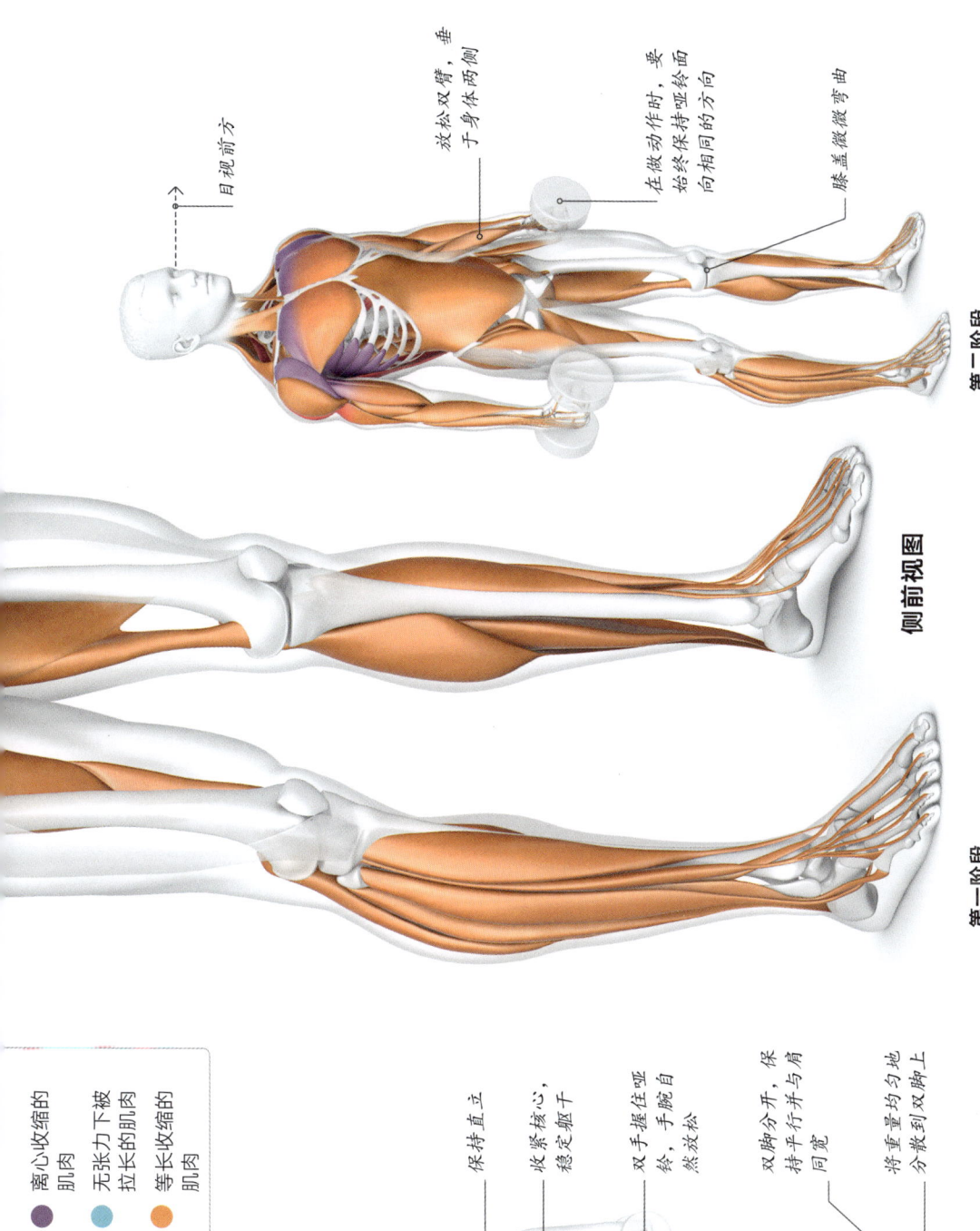

预备阶段

双脚分开，与肩同宽，保持背部挺直，脚要稳稳地踩在地面上。双手握住哑铃，水平地放在大腿两侧，手掌朝向大腿。收紧核心。

- 保持直立
- 收紧核心，稳定躯干
- 双手握住哑铃，手腕自然放松
- 双脚分开，保持行并与肩同宽
- 将哑铃均匀地分装到双脚上

第一阶段

吸气，慢慢地向上提举哑铃，将双臂伸直到身前。肘部微微弯曲，这样可以减轻关节的压力。在双臂与地面水平时停顿，无须将哑铃提举过高。在提举到的最高点停顿 2 秒。

侧前视图

第二阶段

呼气，慢慢地将哑铃放回到起始位置，保持腹部肌肉收紧。

- 目视前方
- 放松双臂，垂于身体两侧
- 在做动作时，要始终保持哑铃面向相同的方向
- 膝盖微微弯曲

图例

- ●--- 关节
- ⌐ 肌肉
- ● 向心收缩的肌肉
- ● 离心收缩的肌肉
- ● 无张力下被拉长的肌肉
- ● 等长收缩的肌肉

》变式动作

哑铃前平举的变式动作可以将前平举替换为"划船"的动作,这样可以专注于训练背部肌肉,同时提高核心的稳定性。此外,肩膀和手臂上的肌肉也会得到训练。变体动作主要训练的肌肉包括背阔肌、菱形肌、斜方肌、三角肌后束、竖脊肌和肱二头肌。

俯身哑铃划船

做此动作时可以选择做单侧划船或双侧划船。如果选择做单侧划船,则需要将对侧腿支撑在长凳上;如果选择做双侧划船,则双腿要保持平行站立,髋部需要屈至90度。若要提高动作难度,在达到动作顶点时保持2秒即可。

预备阶段
对侧腿弯曲,膝盖撑在长凳上,同侧腿着地,让臀部与地面平行。背部保持平直,头部、脊柱和颈部处于一条直线上。深呼吸,激活核心,为背部提供支持。

第一阶段
呼气,回缩肩胛骨并抬起手臂。将肘部弯曲至30~75度,这样可以帮助改变肌肉的偏向。

第二阶段
吸气并将哑铃放低。注意控制力度,保持核心稳定。然后重复第一和第二阶段的动作。

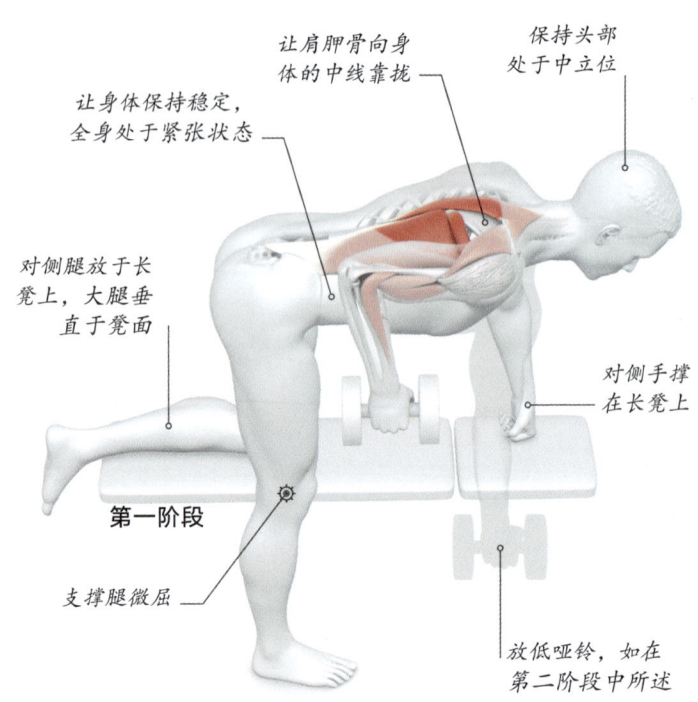

脊柱伸肌

脊柱伸肌附着在脊柱的后部,可以帮助人站立和举起物品。脊柱伸肌包括从脊柱处延伸出来的外层大肌,这些大肌统称为竖脊肌,能够帮助支撑脊柱。而内层肌肉则包括可以为竖脊肌提供支撑的旋转肌,竖脊肌同时也具有稳定骨盆的作用。强化这些肌肉有助于为身体提供更强大的支撑力,还可以改善体态,缓解腰酸背痛。

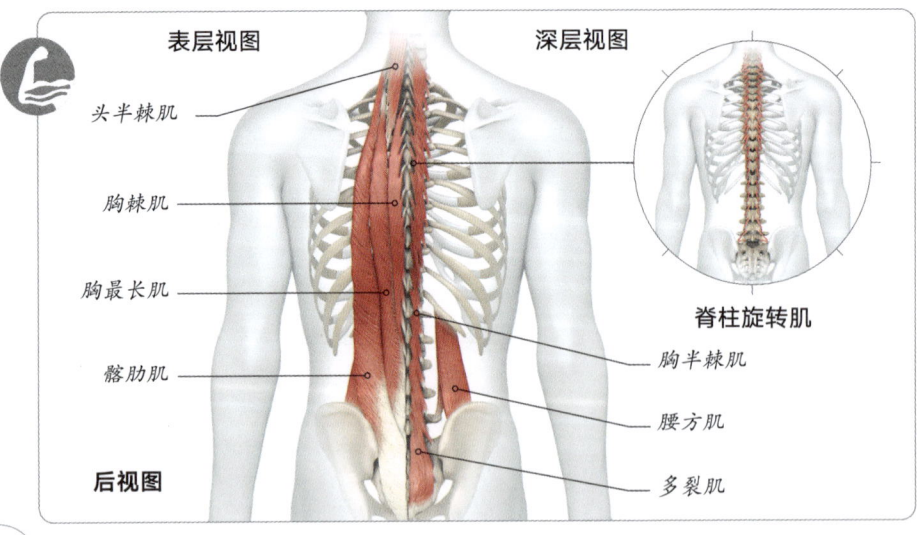

图例
● 主要目标肌肉　● 次要目标肌肉

阻力带提拉

此变式动作使用阻力带来提供阻力。不同型号的阻力带可以提供不同程度的阻力，你需要选择适合当前健身水平的阻力带。在到达动作顶点时保持2秒。

训练上斜方肌

上斜方肌（完整斜方肌的一部分）可以为手臂提供支持并帮助提起肩胛骨，而中部和下部的斜方肌则对肩胛骨后缩、下沉和旋转等动作尤为重要。耸肩、举手等其他动作都需要斜方肌的参与，因此，斜方肌的训练不容忽视。

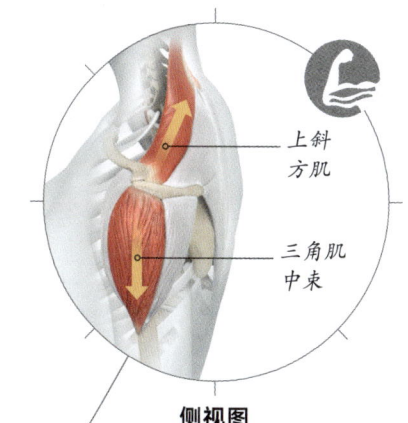

上斜方肌
三角肌中束
侧视图

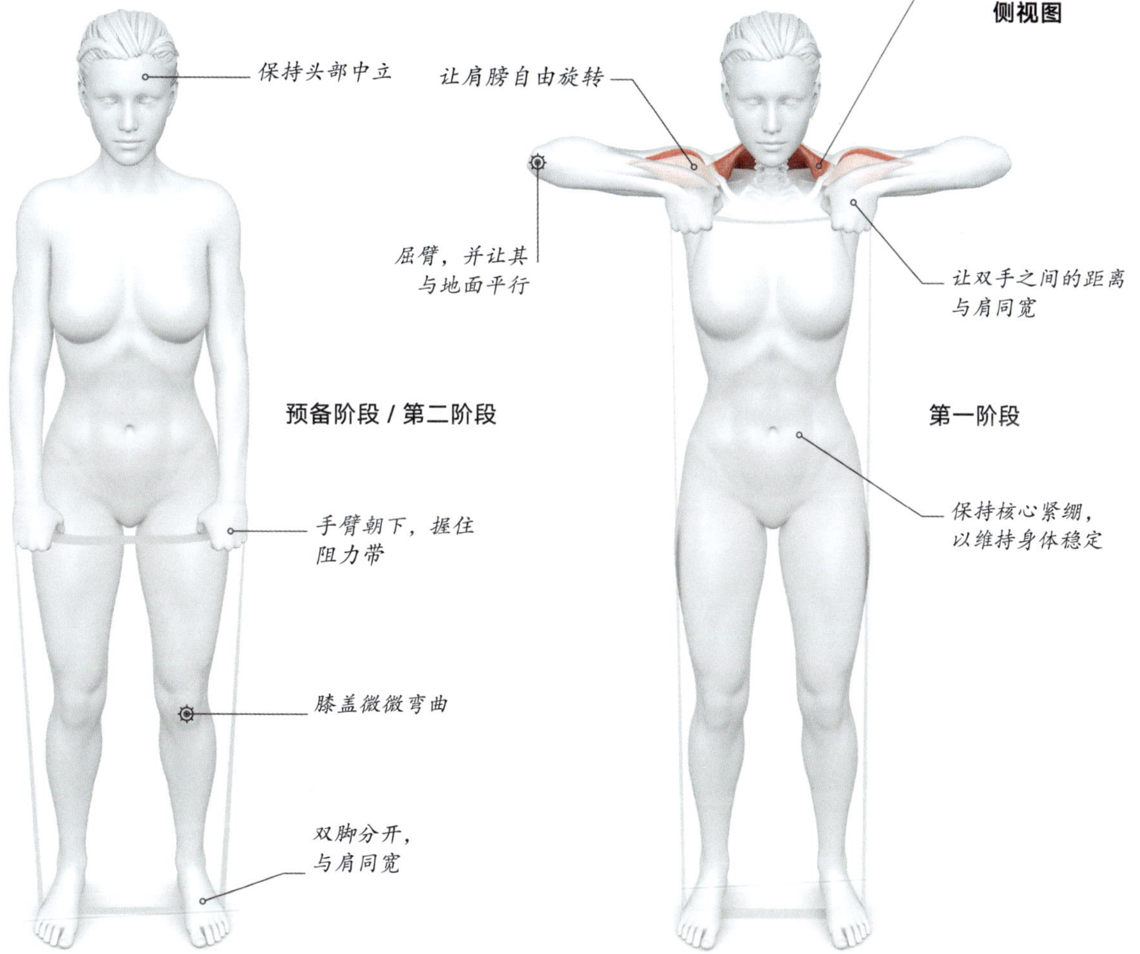

预备阶段 / 第二阶段
- 保持头部中立
- 手臂朝下，握住阻力带
- 膝盖微微弯曲
- 双脚分开，与肩同宽

第一阶段
- 让肩膀自由旋转
- 屈臂，并让其与地面平行
- 让双手之间的距离与肩同宽
- 保持核心紧绷，以维持身体稳定

预备阶段
身体站直，将阻力带踩在脚下。双手握住阻力带，双手间的距离和双脚间的距离保持一致，膝盖略微弯曲。

第一阶段
吸气，激活腹肌。呼气，将双肩向上提，同时抬起双手并屈曲肘部。

第二阶段
慢慢将肩膀放下的同时吸气，伸展手臂，让其恢复到起始状态。然后重复第一阶段和第二阶段。

哑铃侧平举

哑铃侧平举主要训练肩部三角肌中间的三角肌中束。三角肌前束、三角肌后束、上斜方肌、脊上肌（肩袖肌的一种）和前锯肌（沿着腋下肋骨分布的肌肉）也会参与到此动作中。如果经常练习该动作，你就可以获得宽阔的肩膀。

> **常见错误**
> 如果负重过大，你就不得不使用一种猛然摆动的方式来举起哑铃，在这种助力下，你的肩膀并不能得到训练，还容易受伤。因此，请务必让脊柱在运动过程中保持中立位。

动作点睛

收紧核心，控制用力，慢慢地抬起和放下双臂，特别是在放下哑铃时，不要让其突然下落。对于初学者而言，应该使用重量较轻的哑铃，连续进行3组动作，每组10~12次。

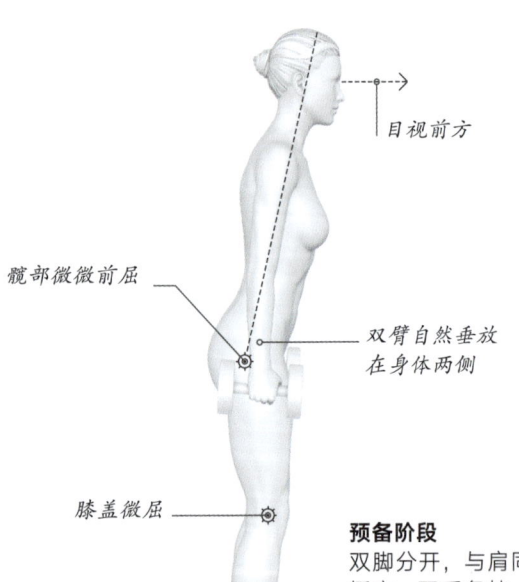

预备阶段
双脚分开，与肩同宽，保持身体挺立。双手各持一只哑铃，将手臂放在身体两侧，手心向内。在这一阶段，要检查自己的预备姿势，确保肩膀挺直，核心收紧，目光直视前方。

- 目视前方
- 髋部微微前屈
- 双臂自然垂放在身体两侧
- 膝盖微屈

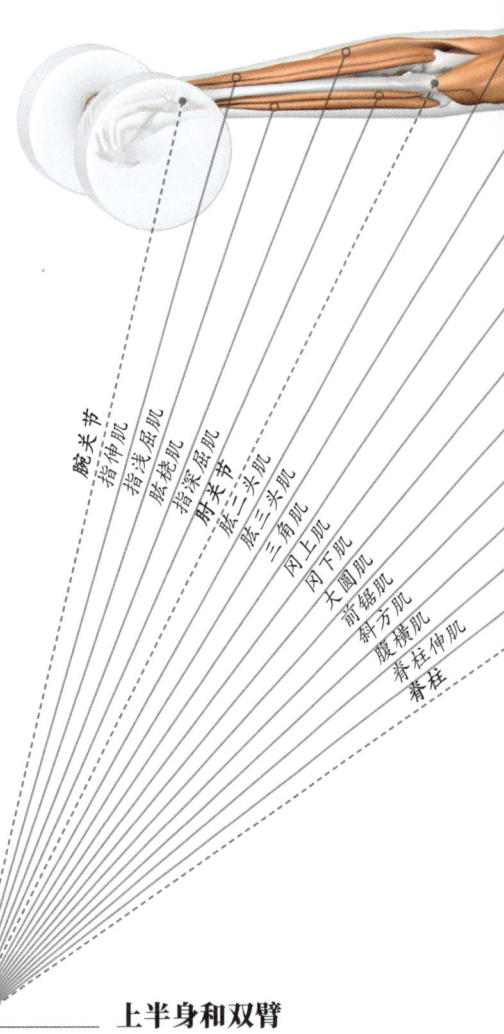

标注：腕关节、指浅屈肌、指深屈肌、肱桡肌、肱三头肌、三角肌、冈上肌、冈下肌、大圆肌、前锯肌、斜方肌、腹横肌、脊柱伸肌、脊柱

上半身和双臂
在进行此动作时，三角肌前束、冈上肌和斜方肌与三角肌外侧头协同工作。三角肌前束位于肩膀前侧；冈上肌则在肩膀的后侧发挥作用；而斜方肌则负责抬起肩膀。

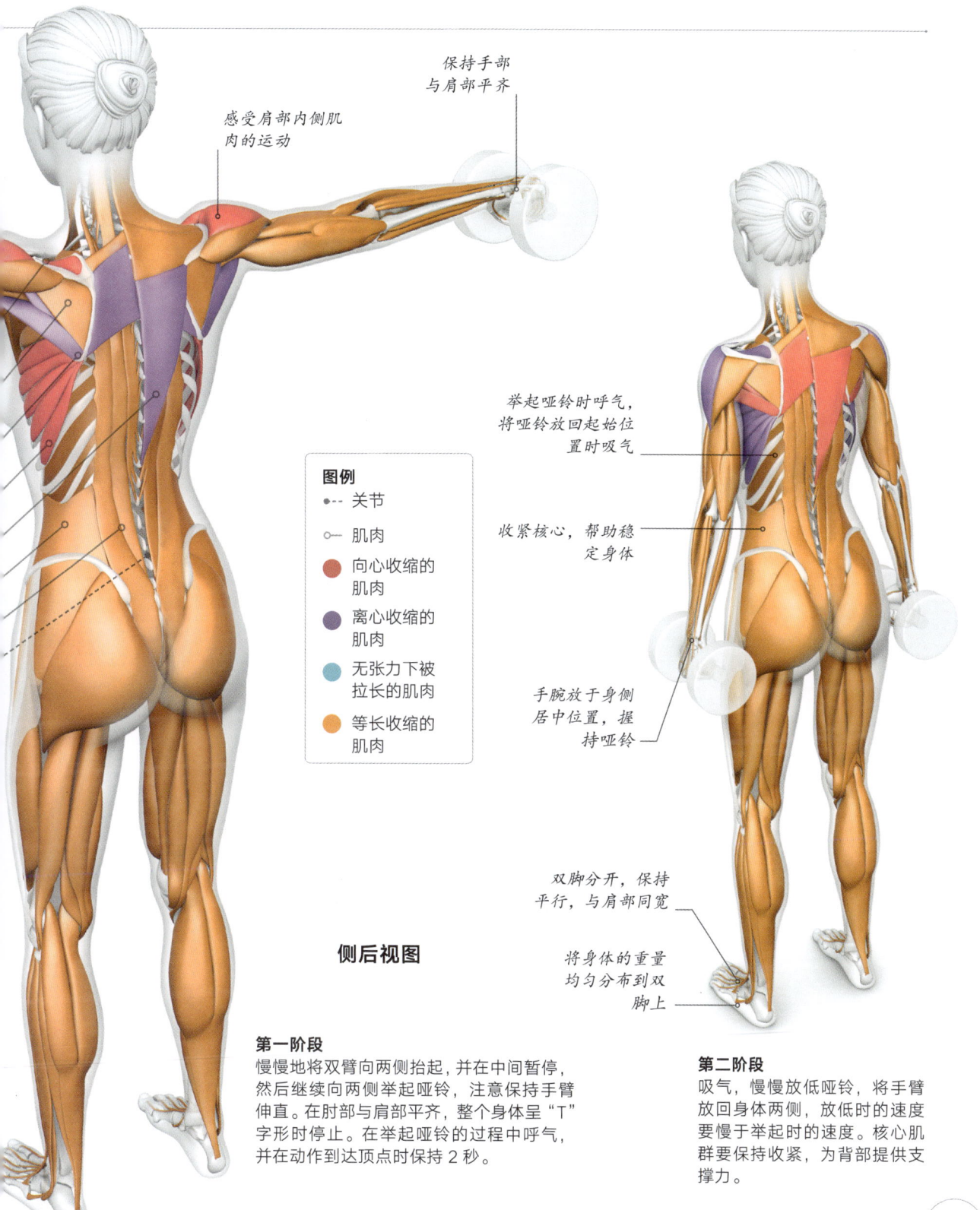

军事推举

此动作可以强化胸肌、三角肌、肱三头肌和斜方肌。由于在站立时也需要保持平衡，因此该动作也会训练到核心肌群和下背肌。当然，你也可以采用坐姿来进行此动作。

上半身

在进行向上推举的动作时，你需要使用三角肌的前束和中束，同时使用胸大肌的上部肌肉，此动作也会激活手臂后侧的肱三头肌和背部的斜方肌。

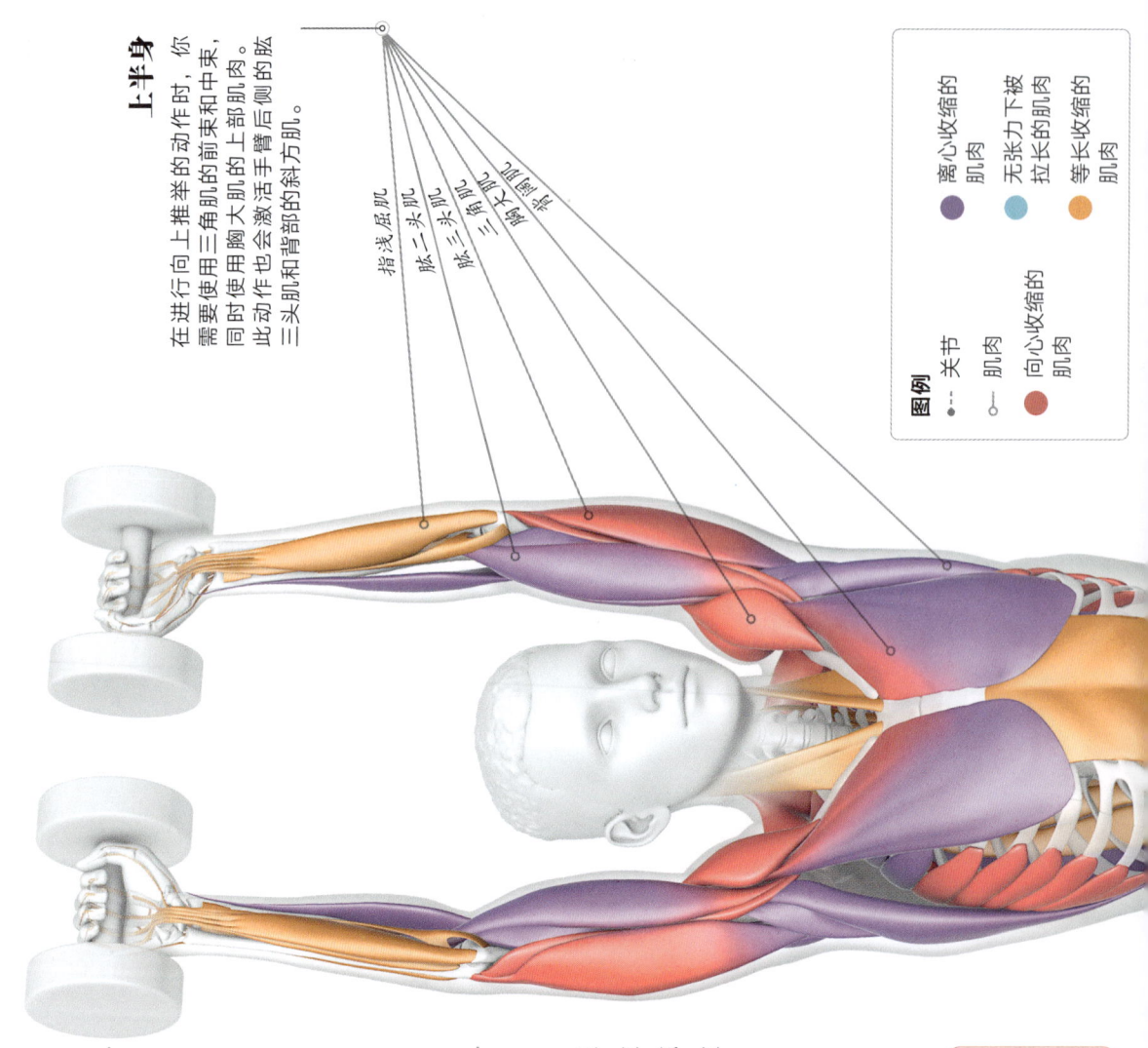

指浅屈肌
肱二头肌
肱三头肌
三角肌
胸大肌
斜方肌

图例
- ---● 关节
- ─○ 肌肉
- ● 向心收缩的肌肉
- ● 离心收缩的肌肉
- ● 无张力下被拉长的肌肉
- ● 等长收缩的肌肉

动作点睛

将哑铃举过头顶时，让肘部保持在手腕正下方或稍微向内，无须将肘部锁死，同时需要收紧核心和臀部，这样有助于稳定脊柱。刚开始练习此动作时，可以只做1组，其中包含8~10次重复。

⚠ 注意

如果负重过重，可能会导致下背部弓起并引发下背部疼痛。在提起哑铃时也要小心，尽量屈膝和弯腰以避免受伤。

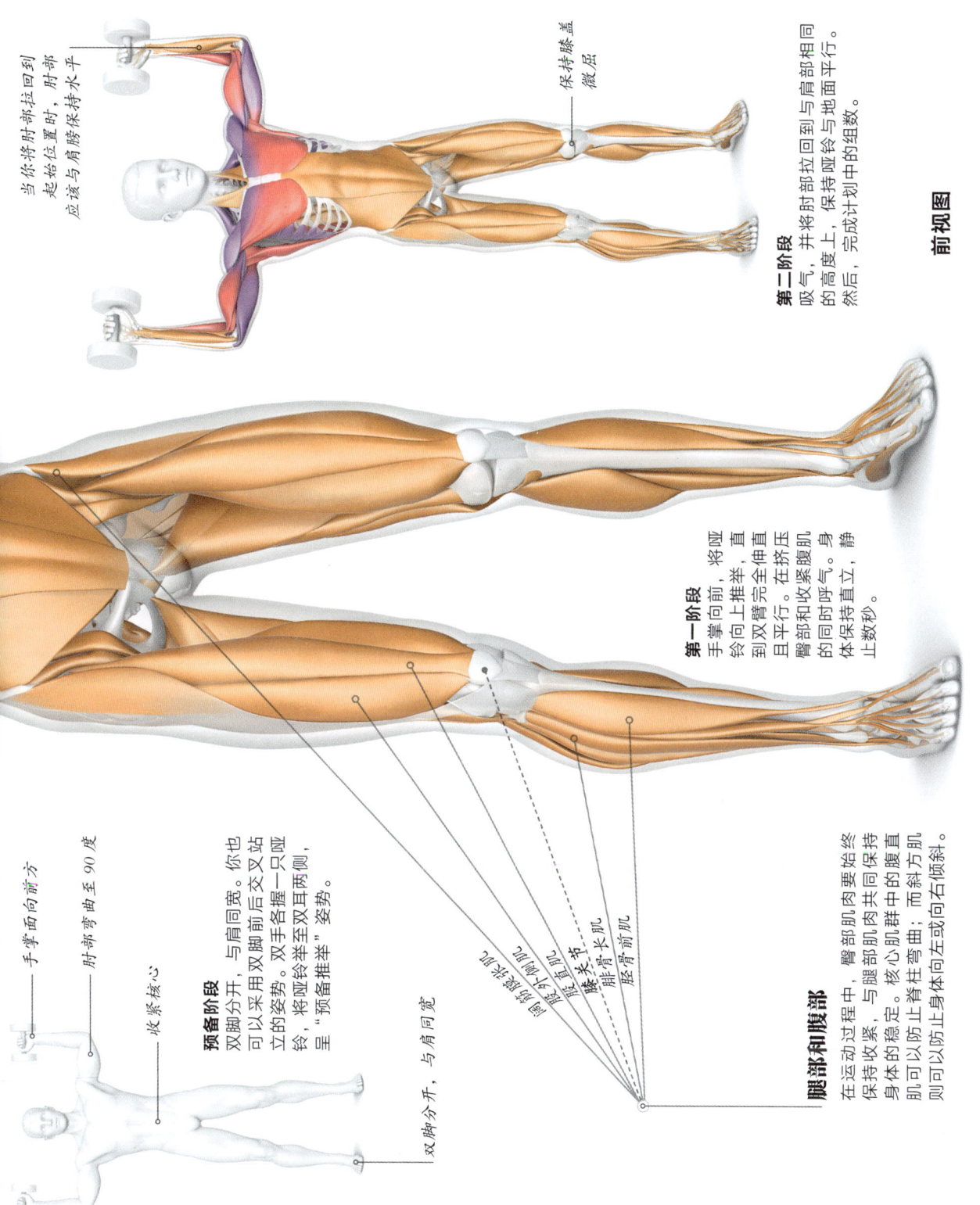

》变式动作

在做推举动作时主要用到的肌肉是三角肌，三角肌由三角肌前束、三角肌中束和三角肌后束组成。这些变式动作练习可以训练三角肌的不同部位。采用对握的方式将哑铃举过头顶时，主要训练的是三角肌前束和三角肌中束；而阿诺德推举（此动作以阿诺德·施瓦辛格的名字命名）则可以同时训练三角肌的三个部位。

图例	
● 主要目标肌肉	● 次要目标肌肉

哑铃对握推举

这个变式动作可以单独训练三角肌前束和三角肌中束。在进行此动作时，双手（以中立姿势握持哑铃）举起时掌心相对，这样可以针对三角肌的不同肌肉进行训练。

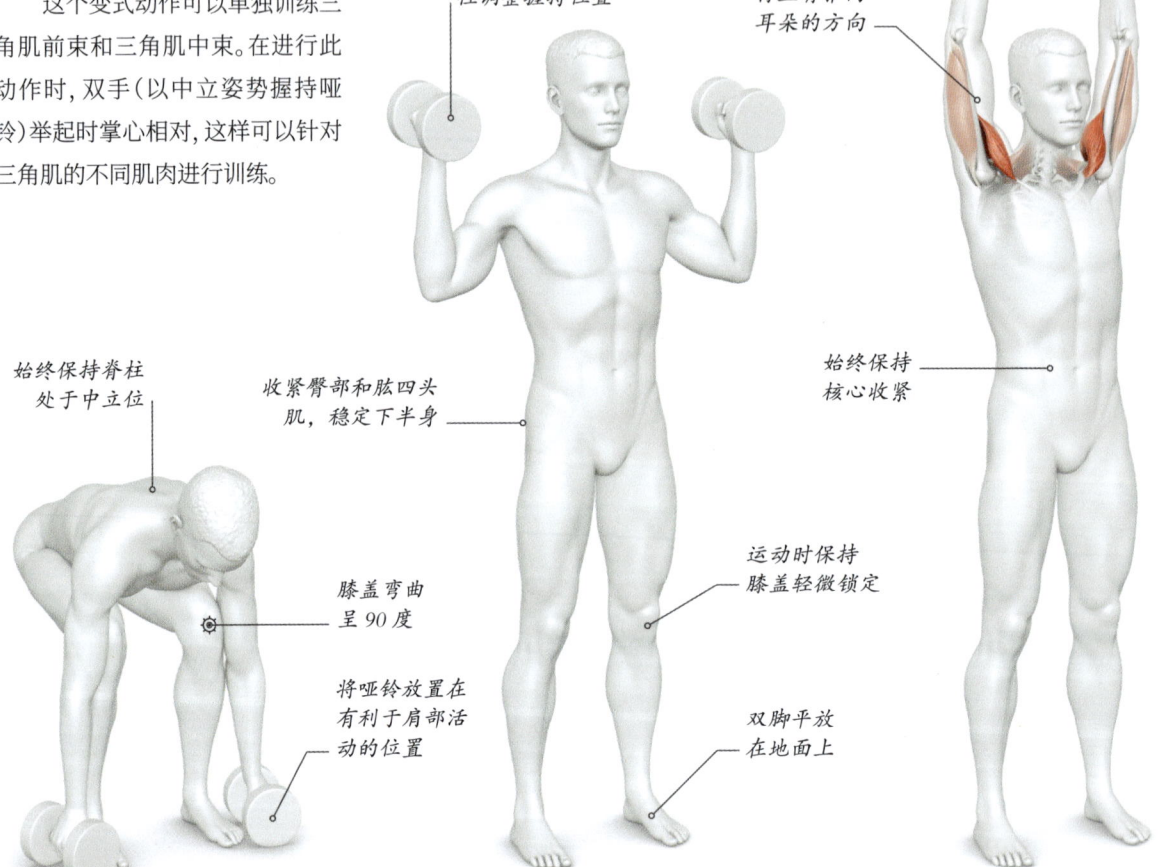

- 将哑铃推举至顶点，双手掌心相对
- 根据肩关节活动性调整握持位置
- 将上臂推向耳朵的方向
- 始终保持脊柱处于中立位
- 收紧臀部和肱四头肌，稳定下半身
- 始终保持核心收紧
- 膝盖弯曲呈90度
- 运动时保持膝盖轻微锁定
- 将哑铃放置在有利于肩部活动的位置
- 双脚平放在地面上

安全拿取哑铃
双脚分开，与髋同宽或与肩同宽。膝盖和髋部弯曲，拿取哑铃。哑铃需放置在双脚的外侧。

预备阶段 / 第二阶段
膝盖伸直，提起哑铃，其高度要超过肩部，进入"准备推举"的姿势。在这个阶段要保持核心收紧。

第一阶段
吸气，收紧腹肌，然后呼气并将哑铃向上推举，此时掌心相对。吸气并回到第二阶段。重复这两个阶段。

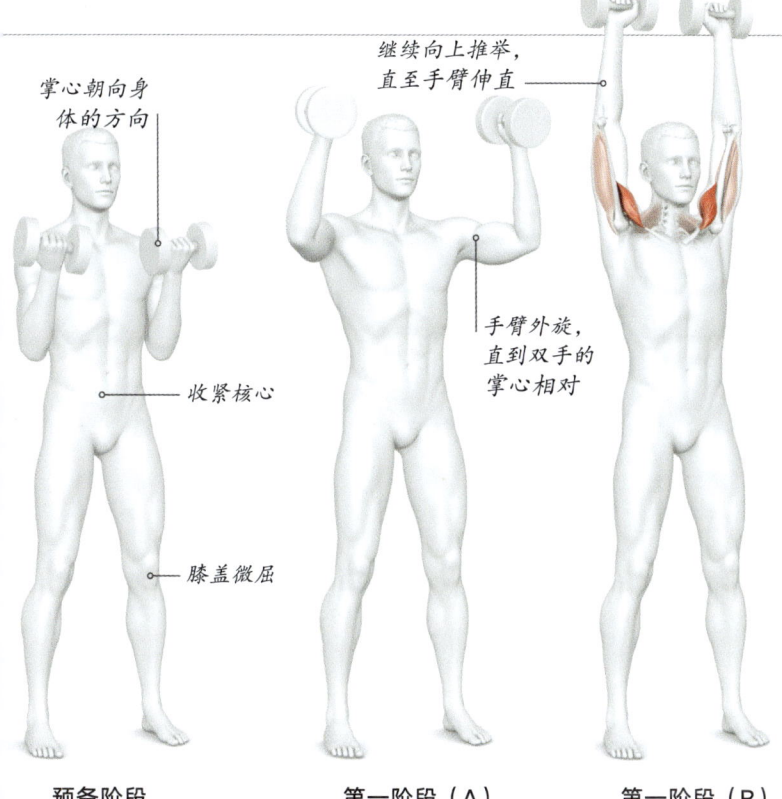

阿诺德推举

阿诺德推举是一种非常有效的肩部肌肉强化动作，它可以锻炼到肩部三个部位的肌肉，包括三角肌前束、三角肌中束和三角肌后束，这些肌肉在上臂的顶部形成一个圆形肌肉群。

预备阶段
手握哑铃，手掌朝向身体的方向，将哑铃举至肩部的高度。双脚分开，与肩同宽，膝盖微屈，身体保持挺直。

第一阶段
将哑铃慢慢推升，高度超过肩部，同时将手掌外旋，使其与身体平行。然后慢慢地将哑铃举过头顶，同时外旋手腕，直到手掌面向前方且双臂完全伸直。

第二阶段
在动作到达顶点时不要停顿，而是立即将哑铃放回起始的位置。同时旋转掌心，让其再次面向身体。根据健身计划重复该动作。

折刀俯卧撑

折刀俯卧撑是基本俯卧撑的一种变式动作，可以增强胸部、肩部和肱三头肌的力量。倒置的角度更加强调肩部和肱三头肌的作用，而较少强调胸部的作用。

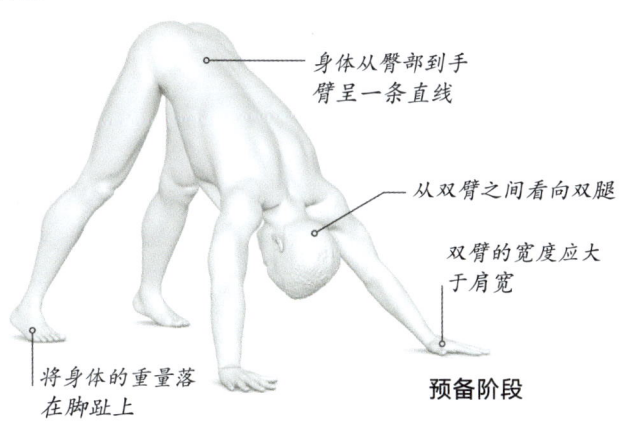

预备阶段
双手分开，撑于地面，抬起臀部，让身体呈现倒立的"V"字形。

第一阶段
肘部弯曲至90度，降低上半身直到头部几乎接触到地面。

第二阶段
呼气，将身体向上推，直到身体回到起始位置。在整个动作过程中，保持头顶朝向地板。

俯身哑铃反向飞鸟

> **! 常见错误**
> 使用过重的哑铃会导致耸肩或驼背，从而给脊柱带来压力。保持下巴微收，并收紧核心以维持脊柱的中立位置。

俯身哑铃反向飞鸟可以训练后肩（三角肌）和后背上部的主要肌肉（包括斜方肌）。斜方肌可以帮助肩胛骨内缩（即将肩胛骨向后背中缝牵拉），强化这些肌肉有助于修正不良体态，改善站姿，提高身体的平衡能力。

动作点睛

初学者可以先不带负重进行练习，然后在准备尝试完整动作流程时再添加较轻的负重。注意控制好哑铃的上下运动，然后让哑铃自然回落。如果你是初学者，则可以尝试较轻的负重。

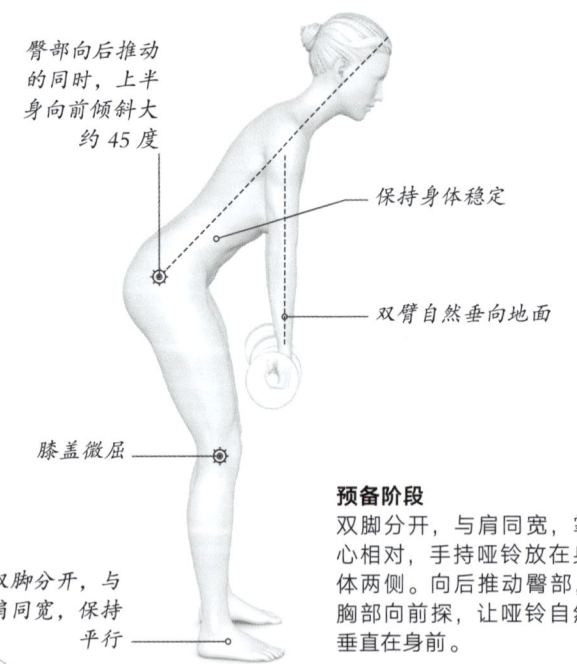

臀部向后推动的同时，上半身向前倾斜大约45度

保持身体稳定

双臂自然垂向地面

膝盖微屈

双脚分开，与肩同宽，保持平行

预备阶段
双脚分开，与肩同宽，掌心相对，手持哑铃放在身体两侧。向后推动臀部，胸部向前探，让哑铃自然垂直在身前。

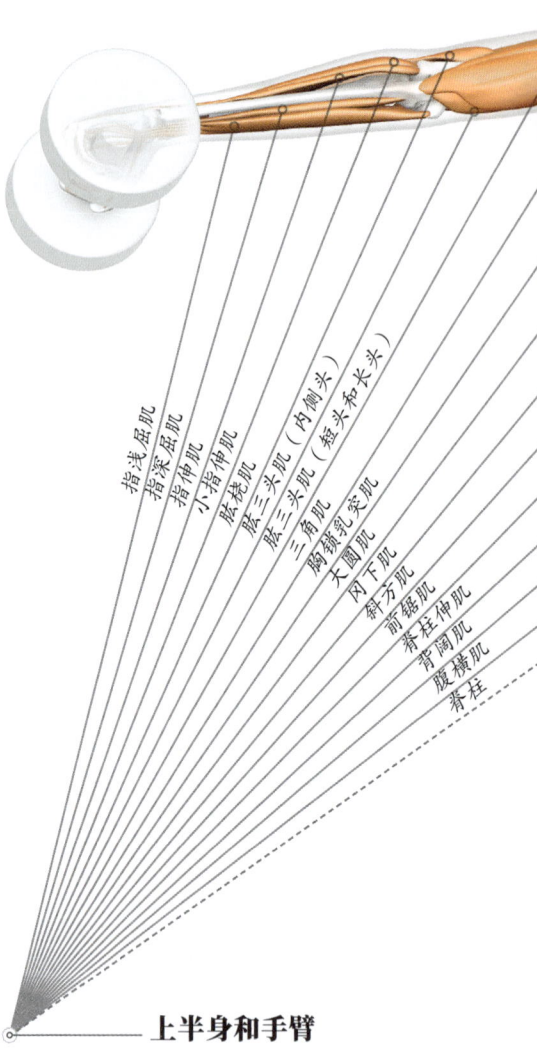

指浅屈肌
指深屈肌
指伸肌
小指伸肌
肱桡肌
肱三头肌（内侧头）
肱三头肌（短头和长头）
三角肌
胸锁乳突肌
大圆肌
冈下肌
斜方肌
前锯肌
脊柱伸肌
背阔肌
腹横肌
脊柱

上半身和手臂
此动作会在三角肌后束、菱形肌和中斜方肌上施加张力。菱形肌位于上背部和肩部，是反向飞鸟中主要发力的肌肉。进行此动作时，要确保动作的姿势得当、重量适宜。

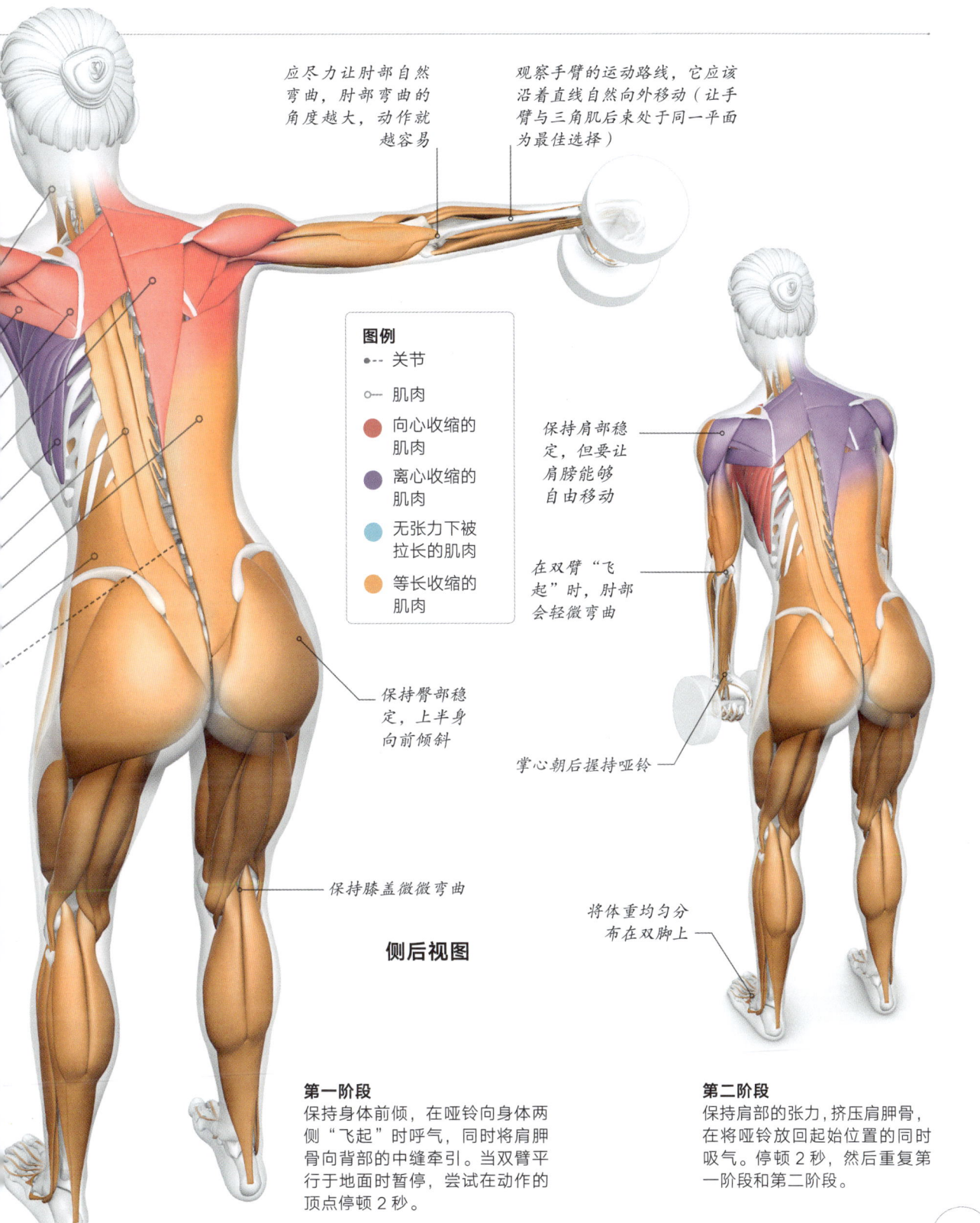

第一阶段
保持身体前倾,在哑铃向身体两侧"飞起"时呼气,同时将肩胛骨向背部的中缝牵引。当双臂平行于地面时暂停,尝试在动作的顶点停顿2秒。

第二阶段
保持肩部的张力,挤压肩胛骨,在将哑铃放回起始位置的同时吸气。停顿2秒,然后重复第一阶段和第二阶段。

》变式动作

这些俯身哑铃反向飞鸟的变式动作可以训练背部的不同区域：宽距划船可以训练斜方肌、菱形肌和三角肌后束等肌肉，还可以训练背阔肌；仰卧哑铃过顶举则能够单独训练背阔肌和胸大肌。这两种变式动作也能够单独训练腹部肌群，使其一直处于收紧状态。

图例
- 主要目标肌肉
- 次要目标肌肉

俯身宽距划船

此划船动作可以训练后背上部和中部的肌肉、上臂肌肉和肩旋转肌，后背上部的肌肉帮助下拉和后拉肩膀。训练这些肌肉可以改善上半身的对称性，同时可以帮助你挺直身体并保持正确的身姿。

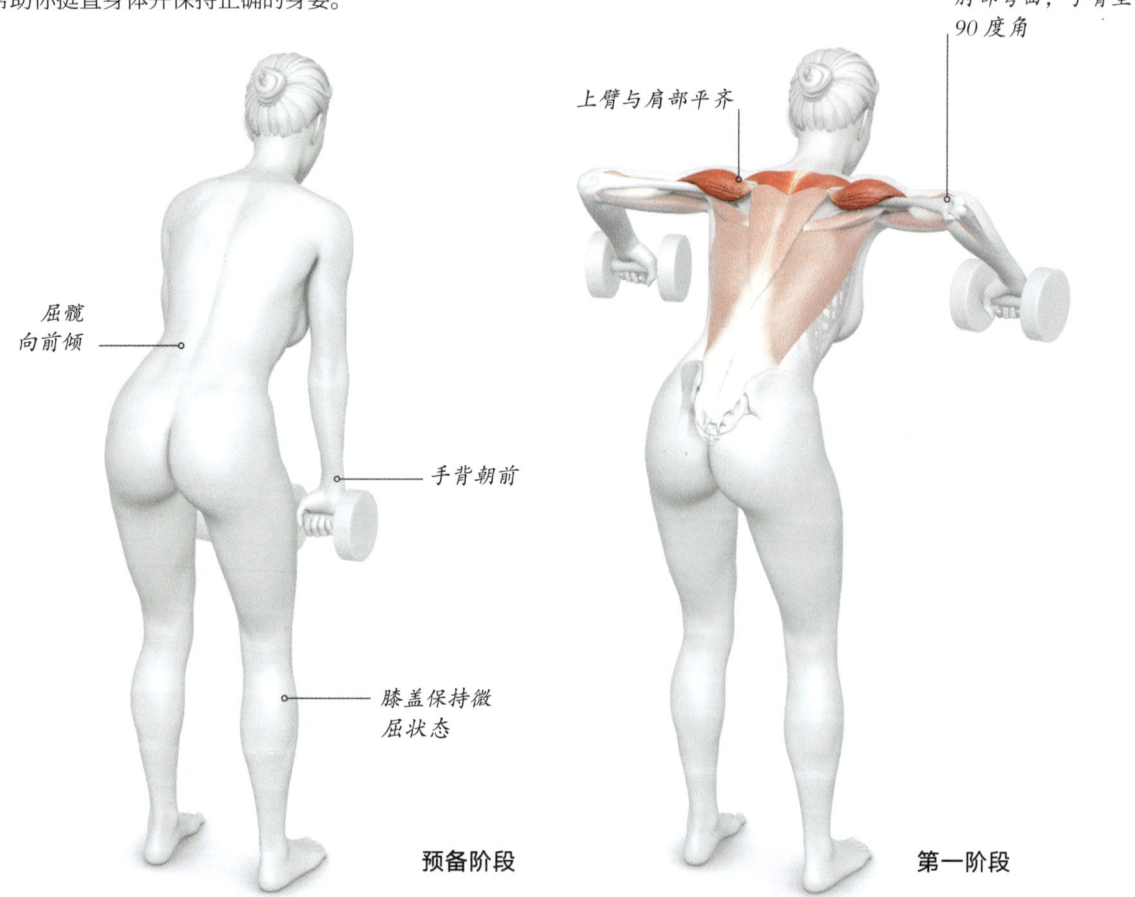

- 屈髋向前倾
- 手背朝前
- 膝盖保持微屈状态
- 上臂与肩部平齐
- 肘部弯曲，手臂呈90度角

预备阶段　　　　　　　第一阶段

预备阶段
双手握持哑铃，放于大腿前方，手背向前。双脚分开，与肩同宽，收紧核心，身体向前倾。

第一阶段
将哑铃拉向胸部，保持手臂的距离大于肩宽，上臂应与肩部平行。向后背的中缝处挤压肩胛骨。

第二阶段
将哑铃下放回起始位置（可以将第一阶段和第二阶段视为一次完整的动作）。然后按照计划完成预定的次数。

仰卧哑铃过顶举

仰卧哑铃过顶举是一项非常高效的练习,因为它既可以训练身体前面的肌肉也可以训练身体后面的肌肉:基础的仰卧哑铃过顶举能够增强胸肌(胸大肌)和背部的"翼"状肌肉(背阔肌)的力量。通过对运动姿势进行调整,同样可以训练核心肌群和上臂后侧的肌肉(肱三头肌)。

> 稳定的核心有助于防止背部受伤。如果负重过大,那么在运动时就会难以收紧核心。

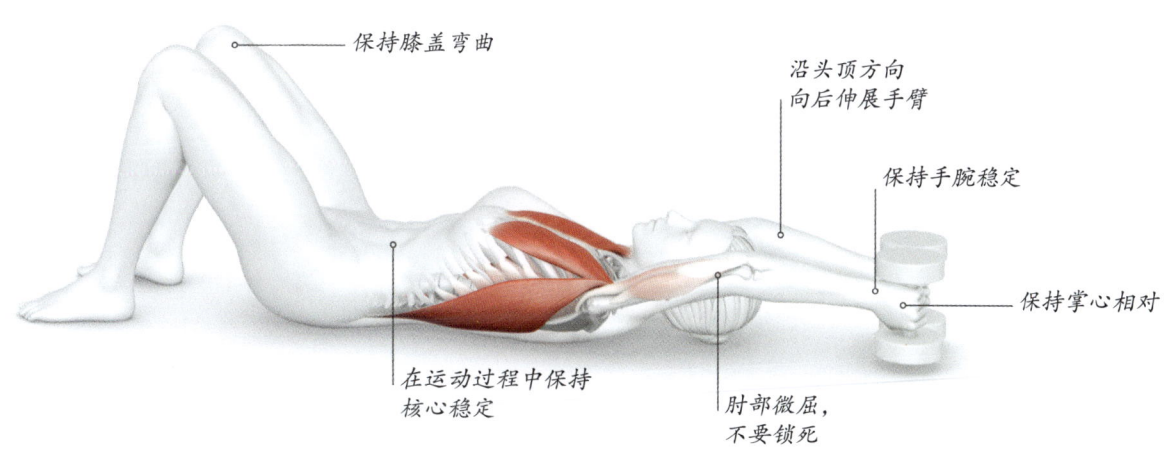

预备阶段
躺在地板上,双脚分开,与髋同宽,膝盖弯曲。下背部紧贴地面,双手握举哑铃,置于胸口上方。

第一阶段
保持背部挺直,收紧核心,吸气并向头部后方推举哑铃。

第二阶段
下落至头部顶端后,慢慢呼气并将手臂恢复到起始位置。然后重复进行动作 30~60 秒。

哑铃卧推

哑铃卧推可以训练胸部的胸大肌,同时也能够训练肩部三角肌前束、上臂肱三头肌、前臂和腹肌。

动作点睛

可以在地板上或长凳上完成这个动作:在地板上进行时,双脚分开与髋同宽,膝盖弯曲,背部应该紧贴地板或长凳,收紧核心。向上推动哑铃,下放哑铃时要注意控制。在上推和下放哑铃时都要保持身体和腿部静止和稳定。对于新手而言,应该选用质量较轻的哑铃,可以选择做3组训练,每组重复10~12次。

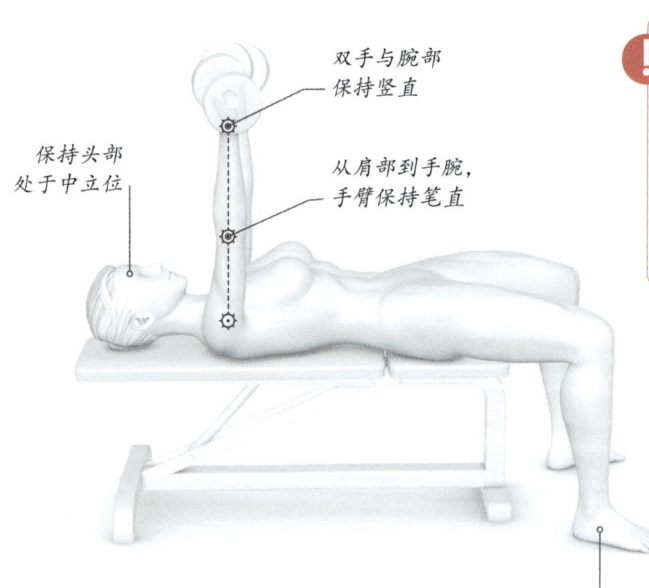

保持头部处于中立位

双手与腕部保持竖直

从肩部到手腕,手臂保持笔直

双脚分开,宽于髋部

预备阶段

平躺在长凳上,双脚平放于地面。正握哑铃,并将哑铃放在大腿上。缓慢向上推动哑铃的同时呼气,肘部不要锁定,双臂伸直。

常见错误

为避免在做胸部卧推训练时对肩关节或肘关节造成过度的拉伤,请让手臂按照指定的路径运动。此外,请选择适宜的重量,否则在推举哑铃时身体就会发生扭曲。

肱桡肌
肱二头肌
胸锁乳突肌
背阔肌
胸大肌
三角肌
腹横肌

上半身和手臂

哑铃卧推主要训练的是胸肌(胸大肌),还可以训练到三角肌(即三角肌前束,它可以帮助将手臂向上推送)。此外,肱三头肌、前锯肌和肱二头肌都会相应地受到训练,而腹肌则可以为脊柱提供支撑,并保持躯干稳定。

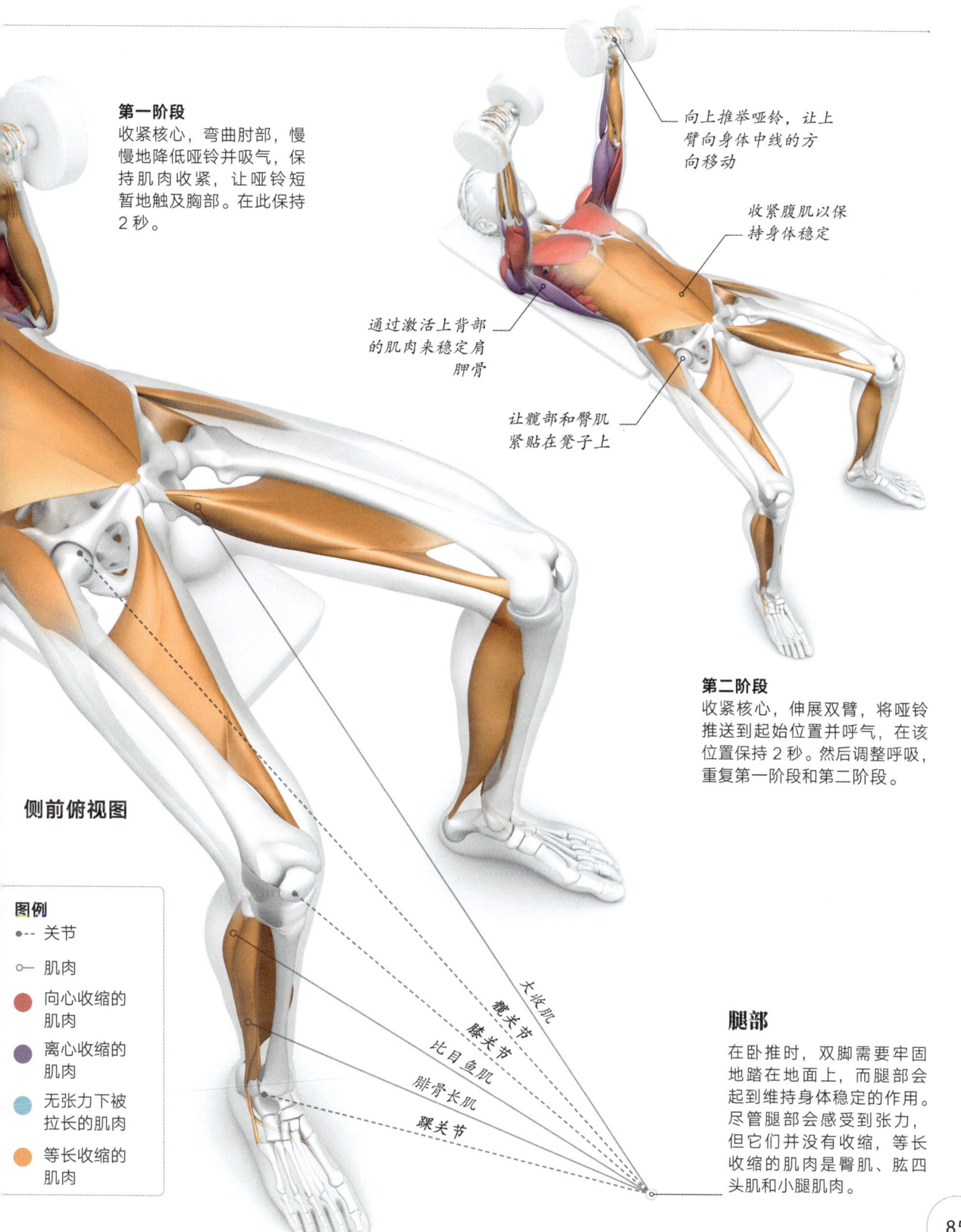

第一阶段
收紧核心,弯曲肘部,慢慢地降低哑铃并吸气,保持肌肉收紧,让哑铃短暂地触及胸部。在此保持2秒。

向上推举哑铃,让上臂向身体中线的方向移动

收紧腹肌以保持身体稳定

通过激活上背部的肌肉来稳定肩胛骨

让髋部和臀肌紧贴在凳子上

第二阶段
收紧核心,伸展双臂,将哑铃推送到起始位置并呼气,在该位置保持2秒。然后调整呼吸,重复第一阶段和第二阶段。

侧前俯视图

图例
- 关节
- 肌肉
- 向心收缩的肌肉
- 离心收缩的肌肉
- 无张力下被拉长的肌肉
- 等长收缩的肌肉

大腿肌
髋关节
膝关节
比目鱼肌
腓骨长肌
踝关节

腿部
在卧推时,双脚需要牢固地踏在地面上,而腿部会起到维持身体稳定的作用。尽管腿部会感受到张力,但它们并没有收缩,等长收缩的肌肉是臀肌、肱四头肌和小腿肌肉。

哑铃飞鸟

此单关节动作主要训练胸部肌肉，也能够训练到三角肌、肱三头肌和肱二头肌。胸部哑铃飞鸟可以打开胸部肌肉，缓解胸部的紧缩感，进而改善体态。

动作点睛

在做哑铃飞鸟动作时，掌握正确的动作技巧是非常重要的。应该慢慢地推举、下放，并注意控制，进而避免肌肉和关节扭伤。对于初学者而言，应该先从较轻的重量入手，重复3组动作，每组重复10~12次。

第一阶段
收紧核心。保持肘部微屈的同时吸气，然后呼气并慢慢将哑铃向两侧下放，在感到胸部深度伸展后停止，保持约2秒。

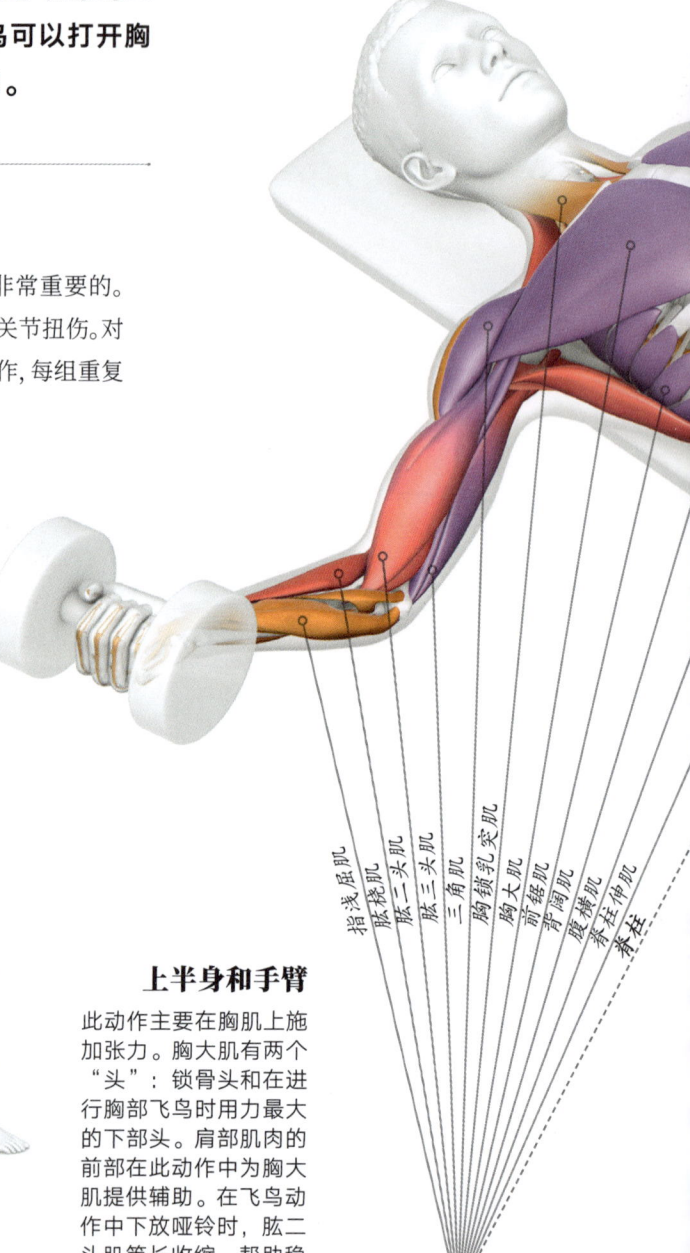

指浅屈肌　肱桡肌　肱二头肌　肱三头肌　三角肌　胸锁乳突肌　胸大肌　前锯肌　背阔肌　腹横肌　竖脊肌　脊柱伸肌

预备阶段
躺在长凳上（也可以躺在地上），双脚踏于地面并分开，与肩同宽。双手握持哑铃，手臂伸直，手掌相对。让头部、颈部和脊柱位于身体中线上。

- 保持手腕居中
- 头部完全靠在长凳上，仰望天花板
- 双手握持哑铃，哑铃与身体平行
- 双臂垂直于地面

上半身和手臂
此动作主要在胸肌上施加张力。胸大肌有两个"头"：锁骨头和在进行胸部飞鸟时用力最大的下部头。肩部肌肉的前部在此动作中为胸大肌提供辅助。在飞鸟动作中下放哑铃时，肱二头肌等长收缩，帮助稳定肩关节和前臂。

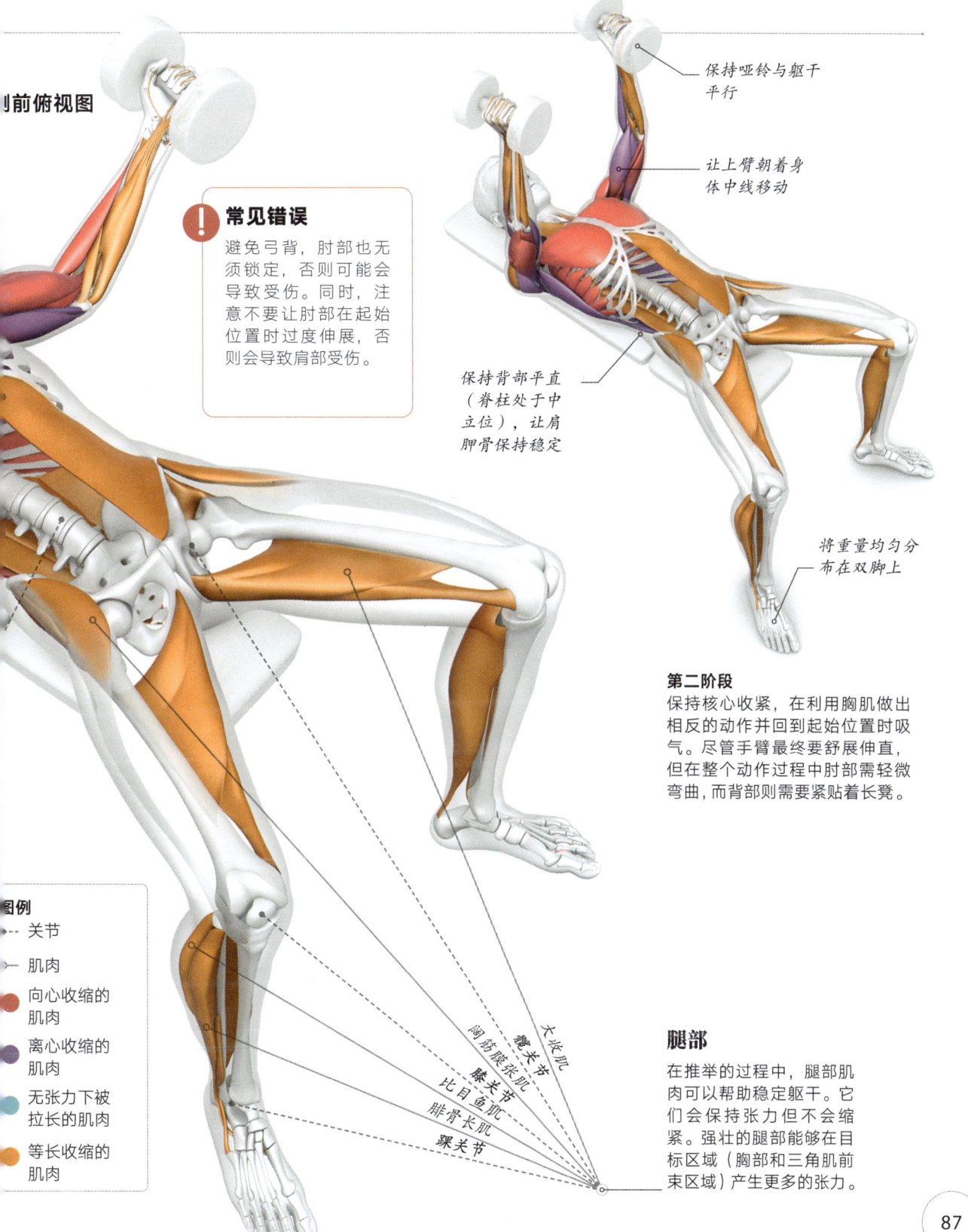

保持哑铃与躯干平行

让上臂朝着身体中线移动

> **! 常见错误**
> 避免弓背，肘部也无须锁定，否则可能会导致受伤。同时，注意不要让肘部在起始位置时过度伸展，否则会导致肩部受伤。

保持背部平直（脊柱处于中立位），让肩胛骨保持稳定

将重量均匀分布在双脚上

第二阶段
保持核心收紧，在利用胸肌做出相反的动作并回到起始位置时吸气。尽管手臂最终要舒展伸直，但在整个动作过程中肘部需轻微弯曲，而背部则需要紧贴着长凳。

大腿肌
阔筋膜张肌
膝关节
比目鱼肌
腓骨长肌
踝关节

图例
- 关节
- 肌肉
- 向心收缩的肌肉
- 离心收缩的肌肉
- 无张力下被拉长的肌肉
- 等长收缩的肌肉

腿部
在推举的过程中，腿部肌肉可以帮助稳定躯干。它们会保持张力但不会缩紧。强壮的腿部能够在目标区域（胸部和三角肌前束区域）产生更多的张力。

下半身训练

本节中的训练动作将聚焦于下肢的肌肉：**股四头肌、腘绳肌、小腿肌肉、臀大肌、内收肌和外展肌**。本节在介绍一些训练动作的同时，也提供了这些动作的变式动作和改进建议。请参照这些指导和建议来进行各个动作，力求训练效果最大化、受伤风险最小化。

深蹲

此动作有助于增强腿部和臀部的大肌肉群,包括难以锻炼到的区域,如股四头肌、臀大肌和腘绳肌。它可以提升下肢的活动性,改善骨骼和关节的健康。同时,它还能针对核心肌群进行锻炼。

动作点睛

深蹲是一种"复合"运动,因为它涉及臀部、膝盖和脚部的多处肌肉。在做动作时,要确保膝盖向前不要超过脚趾,姿势错误可能导致膝盖和下背部受伤。同时要避免膝盖向内弯曲、弓背、脚跟离地或由膝盖发力。在运动安排方面,可以先进行4组训练,每组8~10次(请参考第92~93页上的变式动作)。

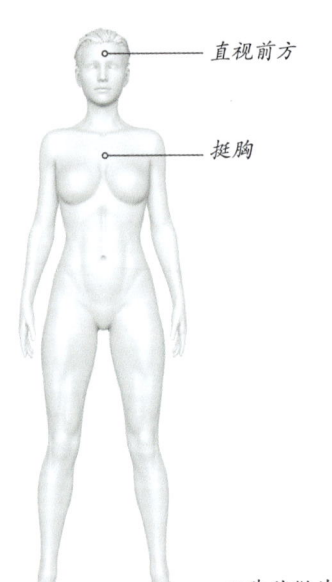

- 直视前方
- 挺胸
- 双脚稍微外旋

预备阶段
双脚分开,略宽于髋部,双脚稍微向外旋。将大部分体重集中在脚跟上。

第一阶段
将重心转移到脚跟上,同时将臀部向后移,身形调整为坐姿状态,手臂向前伸展,双手自然放松。降低臀部,直到大腿与地面平行或近似于平行,感受大腿和臀部的发力。保持膝盖与脚趾的垂直状态,但不要向前超过脚趾。

侧前视图

上半身

腹肌（腹直肌、腹横肌和前锯肌）应该保持收紧状态。激活腹肌，让其为背部提供支撑，并将脊柱保持在中立位。在下蹲时保持脊柱的张力。

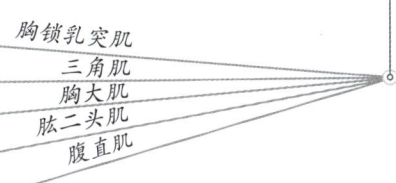

胸锁乳突肌
三角肌
胸大肌
肱二头肌
腹直肌

下半身

股四头肌和内收肌是承担运动的主要肌肉，而腘绳肌和小腿肌肉则有助于稳定骨盆和膝盖。深蹲是一种离心运动，需要在运动时保持正确的姿势，否则会给下肢的关节带来很大的压力。

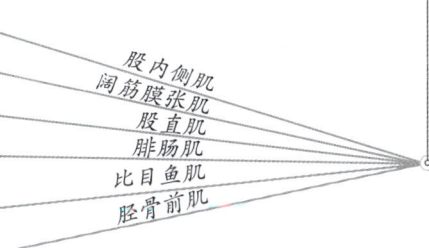

股内侧肌
阔筋膜张肌
股直肌
腓肠肌
比目鱼肌
胫骨前肌

图例
- 关节
- 肌肉
- 向心收缩的肌肉
- 离心收缩的肌肉
- 无张力下被拉长的肌肉
- 等长收缩的肌肉

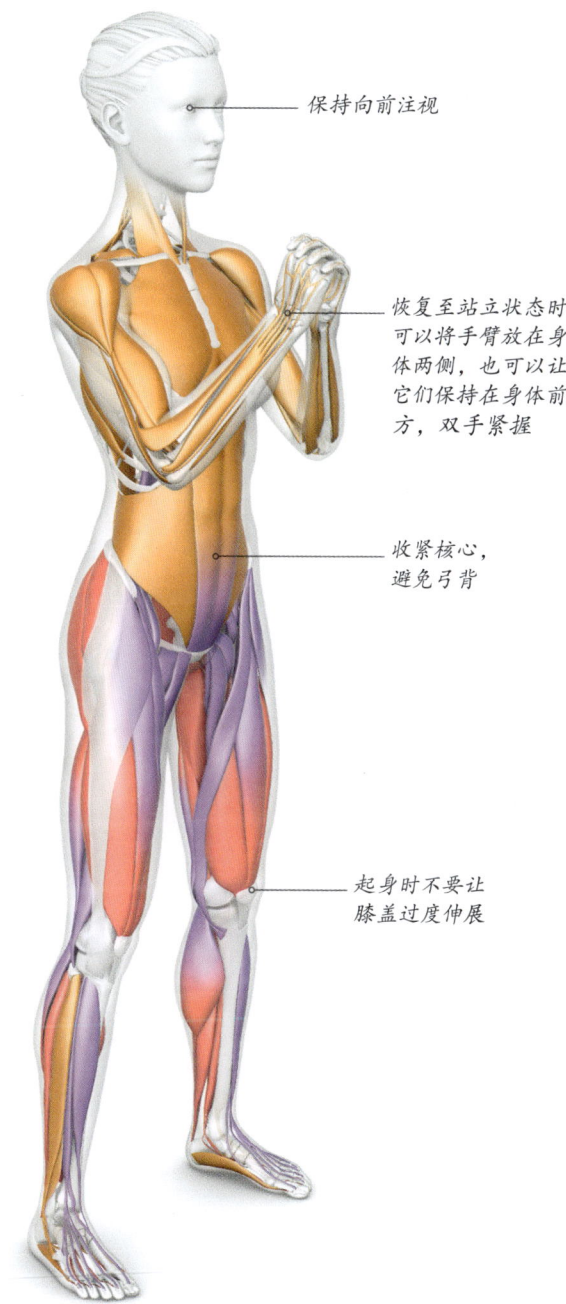

保持向前注视

恢复至站立状态时，可以将手臂放在身体两侧，也可以让它们保持在身体前方，双手紧握

收紧核心，避免弓背

起身时不要让膝盖过度伸展

第二阶段

呼气，收紧核心，双脚踩地并将身体向上推起，恢复至原始姿势，保持胸部挺直，颈部、头部与脊柱保持在同一条直线上。向上推举身体时，膝盖不要过度伸展而向后弯曲。

变式动作

深蹲的变式动作可以针对训练腿部不同部位的肌肉:椅式深蹲主要训练股四头肌、腘绳肌和臀部的所有肌肉;相扑深蹲和相扑飞鸟则主要训练臀部肌肉(臀中肌和臀大肌)以及髋部、内收肌、股四头肌、腘绳肌和小腿肌肉;高脚杯深蹲则可以训练所有的下肢肌肉。

> 在深蹲中,如果臀部力量较弱或髋部肌肉过紧,膝盖可能会向内转动。

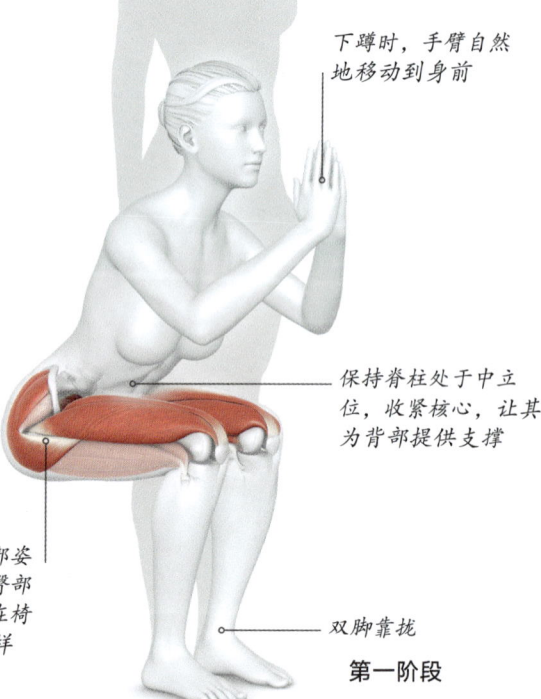

下蹲时,手臂自然地移动到身前

保持脊柱处于中立位,收紧核心,让其为背部提供支撑

调整臀部姿势,让臀部仿佛坐在椅子上一样

双脚靠拢

第一阶段

椅式深蹲

椅式深蹲可以增强股四头肌、臀大肌和大收肌,同时还可以训练腘绳肌和腹部肌群的肌肉力量。在椅式深蹲时,竖脊肌可以保持脊柱的稳定性。

预备阶段
双脚分开站立,双脚间距略窄于肩宽(与基础深蹲不同,做基础深蹲时,双脚间的距离会更大)。放松双臂,吸气。

第一阶段
像坐在椅子上一样,慢慢地屈髋、屈膝,尽量下蹲,让臀部略低于大腿与地面平行的位置。

第二阶段
慢慢地收紧臀部、伸直膝盖,同时呼气并站直身体,直到膝盖和臀部都完全伸直。

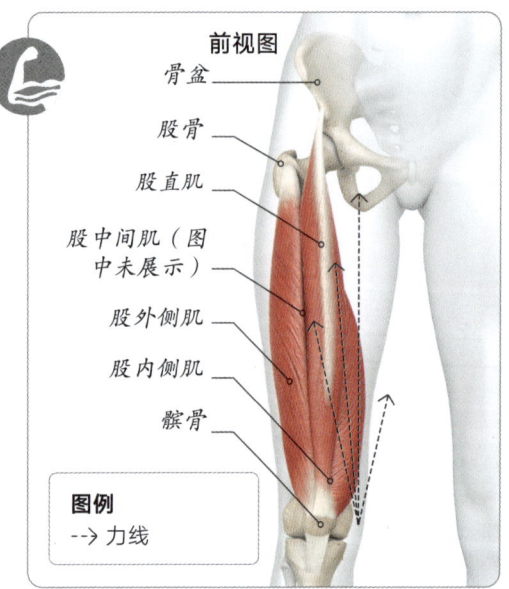

前视图:骨盆、股骨、股直肌、股中间肌(图中未展示)、股外侧肌、股内侧肌、髌骨

图例
--> 力线

了解股四头肌

股四头肌由大腿前侧的四块肌肉组成,每块肌肉都有不同的力线:股外侧肌沿着大腿外侧向下连接股骨和髌骨;股内侧肌位于大腿内侧,连接股骨和髌骨;最深层的股中间肌位于其他两块股肌之间;股直肌则从髌骨一直延伸到髌骨。

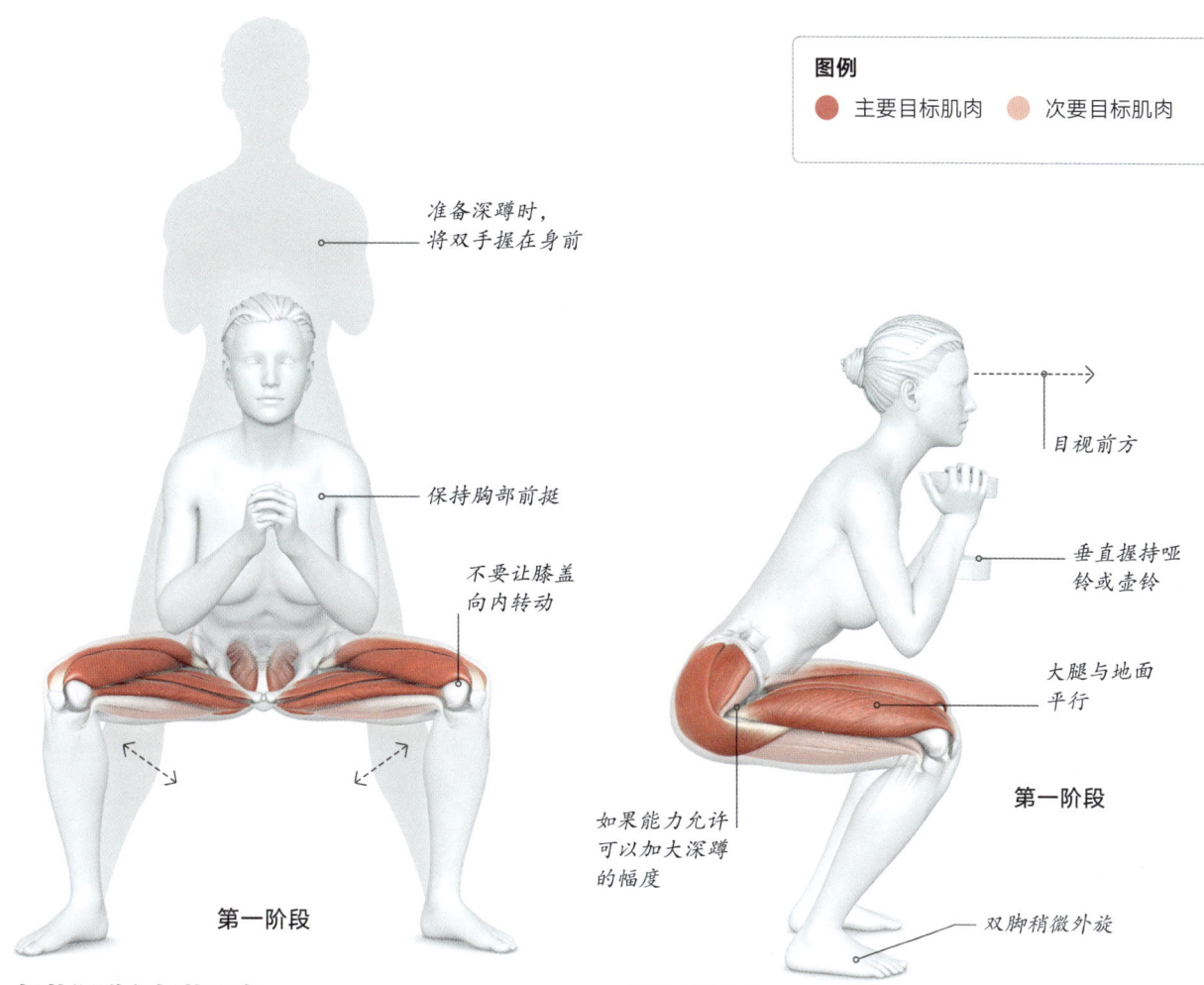

相扑深蹲和相扑飞鸟

此动作可以增强臀肌、股四头肌、腘绳肌、髋屈肌、小腿肌肉和核心肌群;而相扑飞鸟的"摆动"动作则可以让臀部肌肉和大腿内侧的内收肌得到极大的强化。

预备阶段
双脚分开站立,脚趾向外转45度。头部和颈部处于中立位,与脊柱保持在同一条直线上,身体的重心处于平衡状态。

第一阶段
从髋部和膝盖处开始弯曲,将臀部慢慢地向后推动。放低身体,直到大腿与地面平行,然后做出"摆动"的动作,让膝盖内外转动。

第二阶段
直立身体,回到初始位置并确保膝盖不要向内转动,同时保持脊柱和颈部处于中立位。

高脚杯深蹲

高脚杯深蹲是一项全身性的动作:它可以训练下肢所有的主要肌肉群,包括股四头肌、臀大肌和腘绳肌。将哑铃或壶铃置于身体前方时,能够高效地激活股四头肌。

预备阶段
双脚分开站立,略宽于髋部,脚尖稍稍向外。双手就像握酒杯一样握住哑铃或壶铃。

第一阶段
后推臀部,弯曲膝盖,在进行深蹲的同时吸气。注意在深蹲时要保持胸部挺直。将体重均匀地分散到双脚上。

第二阶段
呼气,脚后跟用力推动身体直立起来,让身体恢复到起始位置。在深蹲的动作到达顶点时,向前推臀部以激活臀大肌。

箭步深蹲

箭步深蹲是一种单腿训练的动作，它可以强化下肢的肌肉，提高身体的平衡性、稳定性和髋关节的活动性，同时还可以增强腘绳肌、股四头肌、臀大肌和核心肌群的力量。在下蹲阶段，腘绳肌可以保持身体的平衡与稳定，进而强化其他肌肉的力量。

动作点睛

专注地训练一条腿时，训练的效果会更加突出，受伤的概率也会降低。进行箭步深蹲时，要注意站姿，双腿的距离既不可以太近，也不可以太远。保持肩部向后，不要弯腰驼背。核心肌群要始终处于收紧状态，前伸腿的膝盖不要越过脚趾。对于初学者而言，可以先做1组包含8~12次动作的训练，然后换腿重复此动作。逐渐熟悉这个动作后，可以将组数提高到3组。如果要进一步加大难度，可以每只手持1只哑铃进行训练。

上半身

腹肌是上半身主要的发力肌肉。斜方肌和腹直肌可以稳定核心并支撑脊柱，进而让髋部在深蹲时充分发挥作用。如果因平衡性或稳定性较差而产生了旋转力，则核心肌群会发挥作用来抵消这部分的力。使用哑铃可以增加手臂的张力。

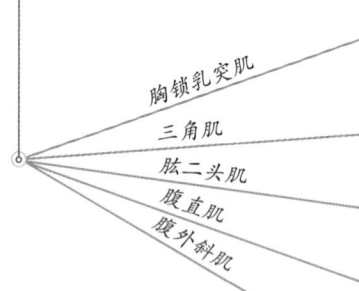

胸锁乳突肌
三角肌
肱二头肌
腹直肌
腹外斜肌

下半身

在进行动作时，臀大肌可以帮助髋部伸展，并在双腿分开站立时稳定骨盆；股四头肌收缩以伸展膝关节，并与膝关节协同进行箭步深蹲；腘绳肌收缩进而保持身体的平衡与稳定，在降低身体时提供辅助作用。在动作过程中，小腿肌肉也被激活。

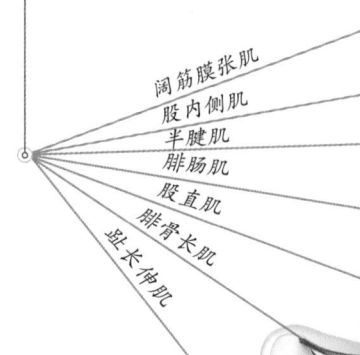

阔筋膜张肌
股内侧肌
半腱肌
腓肠肌
股直肌
腓骨长肌
趾长伸肌

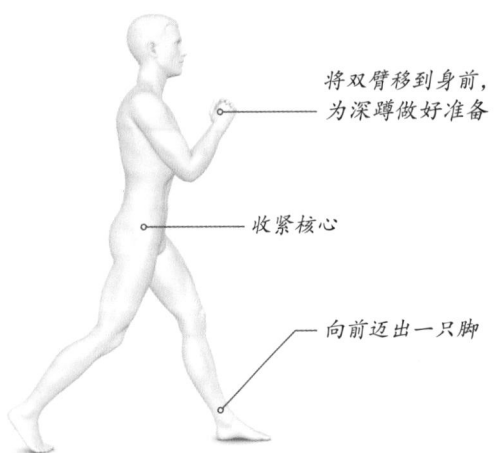

将双臂移到身前，为深蹲做好准备
收紧核心
向前迈出一只脚

预备阶段
双手轻握，置于胸前。双脚前后分开，距离与肩同宽，脚趾朝前。调整双脚间的距离，让身体保持平衡，然后收紧核心。

第一阶段
吸气，慢慢下蹲，保持胸部略微抬起，直到后腿的膝盖几乎触及地面时停止。后腿脚跟抬起，并以脚趾为支点保持平衡。在整个运动的过程中尽量保持核心收紧，前腿的膝盖保持90度角。完成动作后，保持几秒钟。

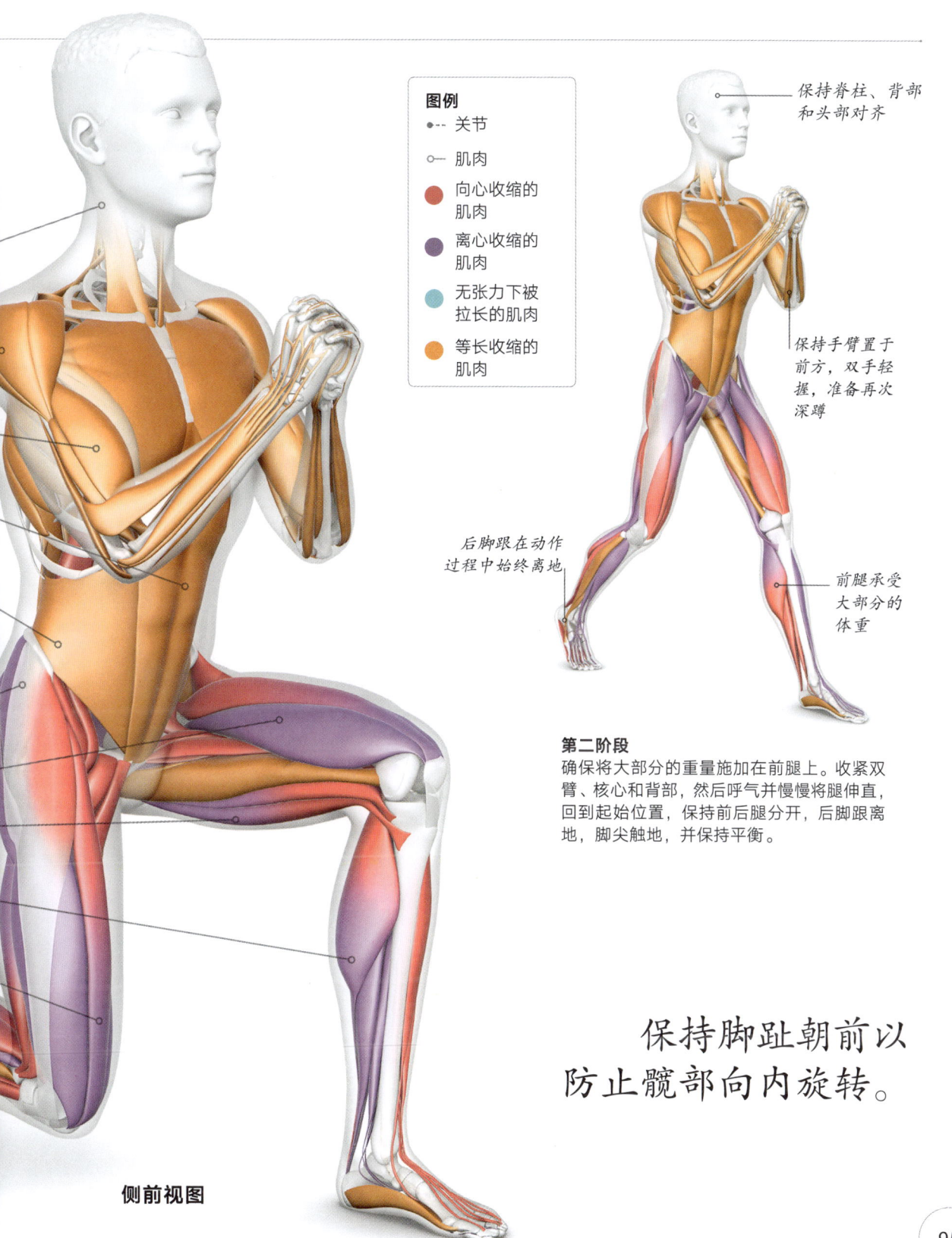

图例
- 关节
- 肌肉
- 向心收缩的肌肉
- 离心收缩的肌肉
- 无张力下被拉长的肌肉
- 等长收缩的肌肉

保持脊柱、背部和头部对齐

保持手臂置于前方,双手轻握,准备再次深蹲

后脚跟在动作过程中始终离地

前腿承受大部分的体重

第二阶段
确保将大部分的重量施加在前腿上。收紧双臂、核心和背部,然后呼气并慢慢将腿伸直,回到起始位置,保持前后腿分开,后脚跟离地,脚尖触地,并保持平衡。

侧前视图

保持脚趾朝前以防止髋部向内旋转。

》变式动作

箭步深蹲主要训练了臀部肌肉和腹肌,而交替屈膝深蹲则单独训练了股四头肌和臀部肌肉;交替深蹲后踢腿可以训练做深蹲动作时所要用到的所有肌肉,同时在进行每次踢腿动作时还会进一步训练臀部肌肉。

交替屈膝深蹲

交替屈膝深蹲可以强化股四头肌和臀部肌肉。当腿向后交叉过去时,静止腿的臀中肌便开始发力。髋外展肌也会收紧,使大腿得到锻炼。而在起身时,小腿后肌则会被激活。

> 在下蹲时,不要让前腿膝盖的位置超过前腿脚踝的位置,否则将会给膝盖和股四头肌带来巨大的压力。

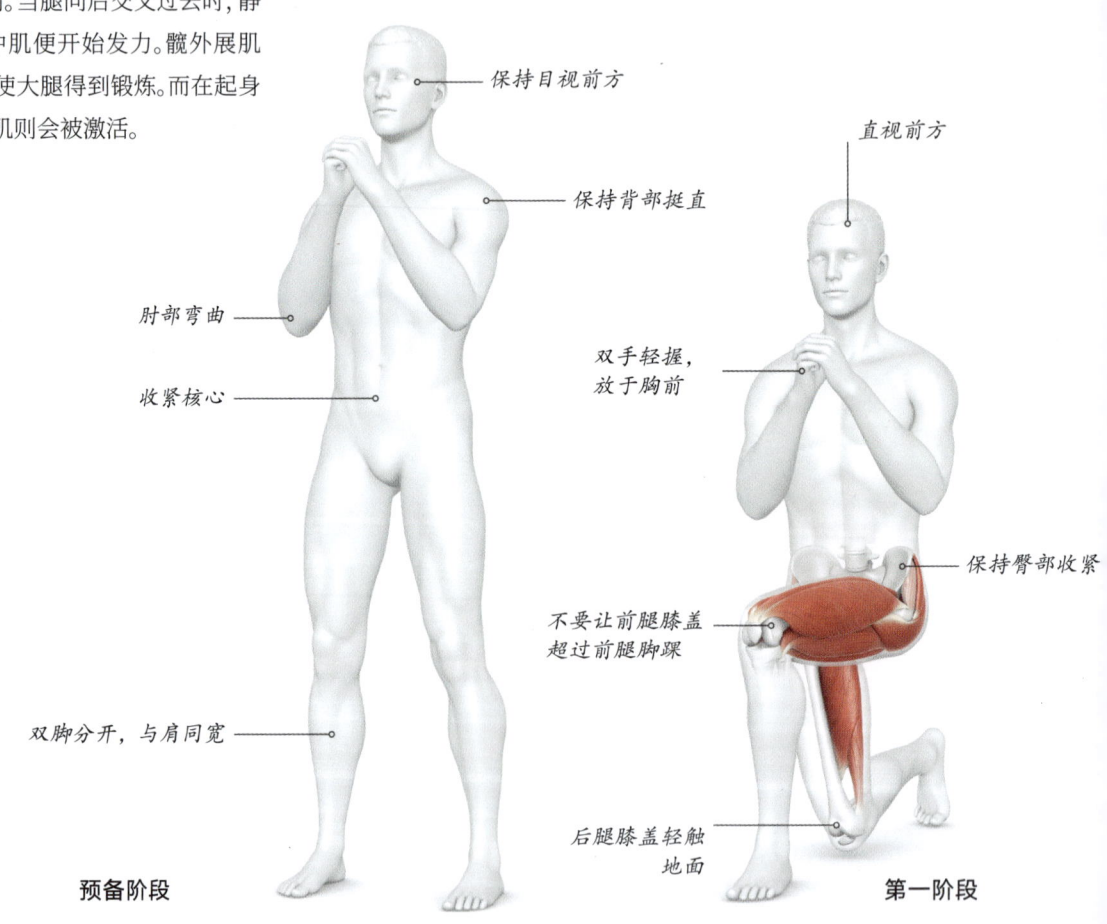

预备阶段

第一阶段

预备阶段
挺直胸部与背部,将双臂放在身前,掌心向内,双脚分开,与肩同宽。

第一阶段
将左脚放在身体的正前方,右脚向左后方撤步,置于左脚后方。双膝弯曲,此时双腿将"交叉"起来。

第二阶段
收紧核心,回到站立姿势,注意控制躯干。然后,换右脚在前,左腿屈膝。完成动作后,继续左右腿交替进行深蹲。

交替深蹲后踢腿

在进行交替深蹲后踢腿时,双腿各需进行一次深蹲和一次踢腿。这个动作可以充分训练腘绳肌和臀大肌。重复进行深蹲和踢腿的动作,持续30~60秒。

图例
- 主要目标肌肉
- 次要目标肌肉

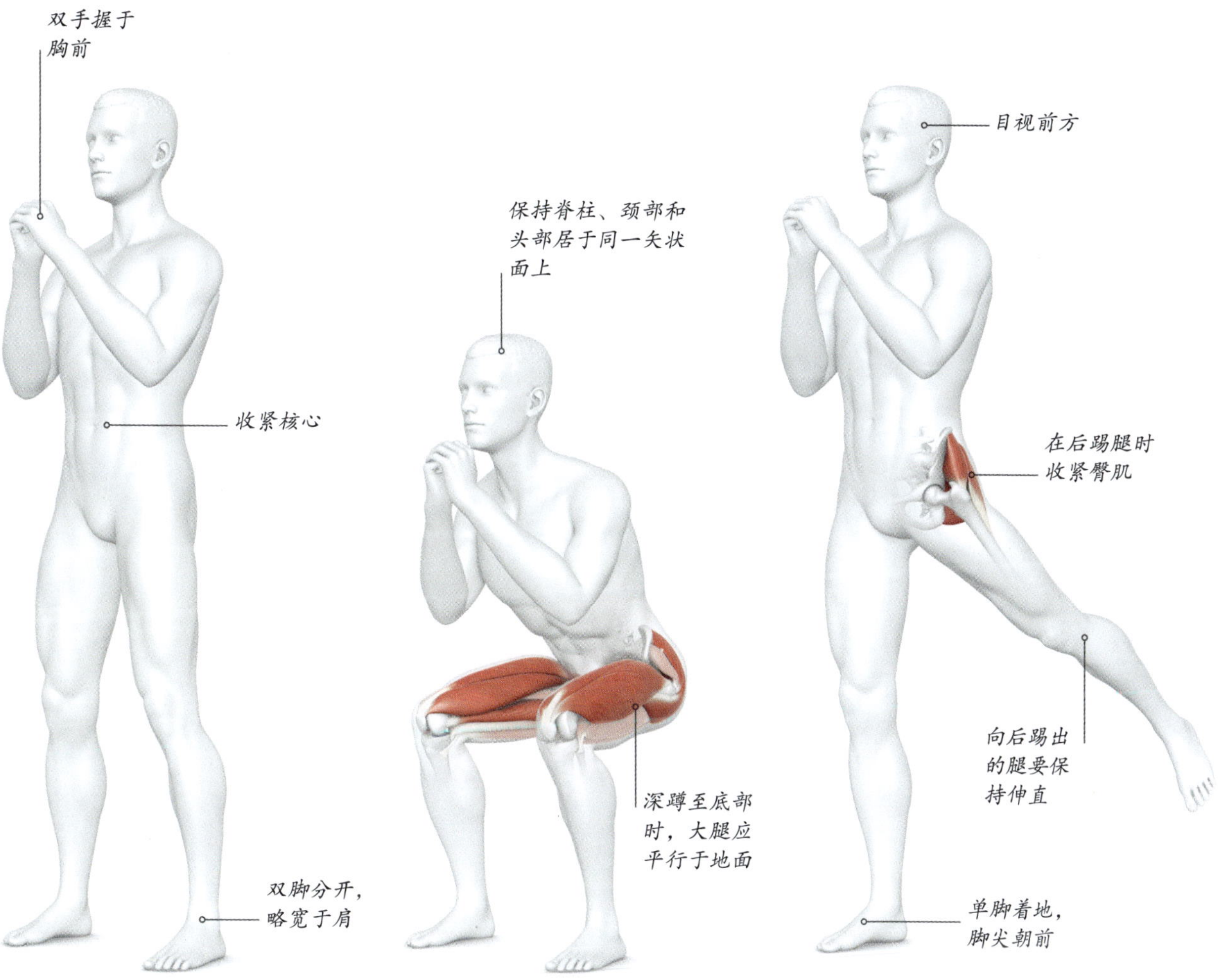

双手握于胸前

收紧核心

双脚分开,略宽于肩

保持脊柱、颈部和头部居于同一矢状面上

深蹲至底部时,大腿应平行于地面

目视前方

在后踢腿时收紧臀肌

向后踢出的腿要保持伸直

单脚着地,脚尖朝前

预备阶段
双脚分开,略宽于肩。双手轻握,手心相对,置于胸前。

第一阶段
收紧核心,吸气,慢慢屈膝深蹲。保持胸部微微抬起,脊柱、颈部和头部居于同一矢状面上。不要让膝盖的位置越过脚趾的位置。

第二阶段
起身,呼气,将身体的重心转移到右腿上。将左腿向后踢出,保持2秒,然后返回到深蹲的姿势。然后交替进行后踢腿的动作。

蟹步走

这个侧向的"蟹行"动作可以充分地训练臀部和髋部外展肌群，同时也可以强化髋部、大腿和小腿的所有主要肌肉。它可以提高你的身体柔韧性和稳定性，预防运动损伤，对于那些需要奔跑、跳跃和扭转等动作的人群来说尤其有益。

动作点睛

半蹲动作介于全蹲和直立之间，贯穿蟹步走动作的全过程。如果你的半蹲动作是正确的，那么你应该会感受到臀中肌的收缩。在半蹲时，双膝弯曲并保持膝盖与脚的中心位于同一条垂直线上，这可以确保你锻炼到正确的肌肉且不会对膝盖施加过度的压力。如果刚开始练习，可以尝试进行30秒的训练，之后逐渐增加到60秒。每次进行3~4组的训练并确保每只脚的步数相同。

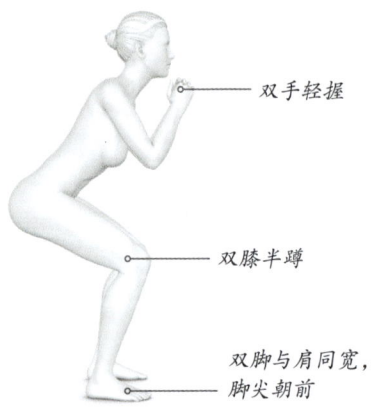

— 双手轻握

— 双膝半蹲

— 双脚与肩同宽，
— 脚尖朝前

预备阶段
双脚分开，与肩同宽。膝盖微微弯曲，做出半蹲的姿势以激活臀中肌。将身体的重量均匀分布到双脚上。收紧核心并稍微挺起胸部。

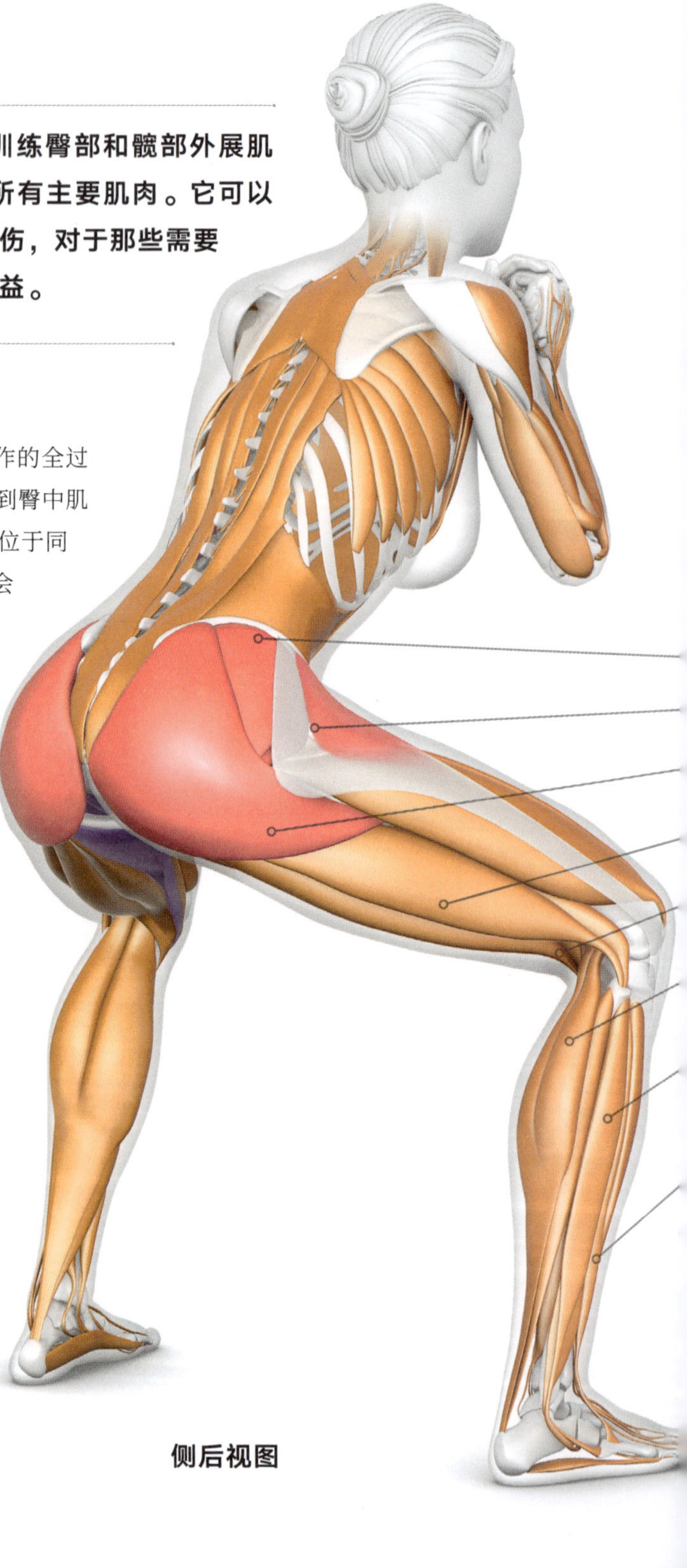

侧后视图

> **! 注意**
> 在半蹲动作中，为避免膝盖受到过度压力，应将膝盖弯曲并使其对齐脚掌的中心，这样便可以确保你能够训练到正确的肌肉。尽量平稳地移动，避免晃动或跳跃，否则会影响对目标肌肉的训练，还可能会给臀部增加额外的压力。

图例
- ●-- 关节
- ○— 肌肉
- ● 向心收缩的肌肉
- ● 离心收缩的肌肉
- ● 无张力下被拉长的肌肉
- ● 等长收缩的肌肉

下半身
伸展膝盖时，股四头肌各个部分都会发挥作用。外展肌与臀中肌和臀大肌合力将大腿向侧面抬起。它们包括阔筋膜张肌、上孖肌、下孖肌和梨状肌。

- 臀中肌
- 阔筋膜张肌
- 臀大肌
- 股二头肌（长头）
- 半腱肌
- 腓肠肌
- 腓骨长肌
- 趾长伸肌

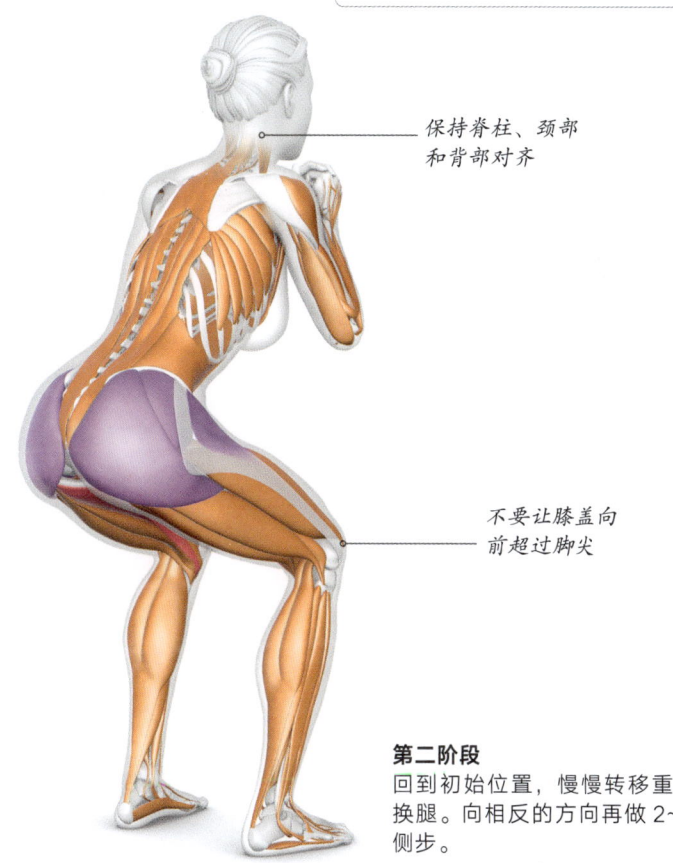

- 保持脊柱、颈部和背部对齐
- 不要让膝盖向前超过脚尖

第二阶段
回到初始位置，慢慢转移重心并换腿。向相反的方向再做 2~4 个侧步。

第一阶段
首先，从半蹲姿势开始，将一条腿向右边迈出，接着用另一条腿向同一方向侧步。重复这个侧向动作 2~4 次，同时保持臀部平衡稳定。让身体始终处于较低的位置，目视前方，背部挺直。

强壮的臀中肌可以稳定臀部并减少膝盖的侧向压力。

HIIT运动解剖学

交替抓举

也称为单臂哑铃抓举，这是一种强有力的复合运动，可以锻炼全身。在提高速度和敏捷性的同时，还可以强化股四头肌、腘绳肌和臀大肌，也可以训练背部和肩部肌肉。

动作点睛

除了激活肌肉外，哑铃或壶铃抓举还可以帮助提高心肺功能。在将重量转移至另一只手时，要在臀部处倾斜并弯曲膝盖，但不要弯曲背部或低头。注重弯曲膝盖，但不要弯曲背部或低头。注重利用起身惯性来辅助提起哑铃，而不是依赖肩膀和手臂。对于初学者而言，可以先进行1组训练，每组包含8~12次动作。

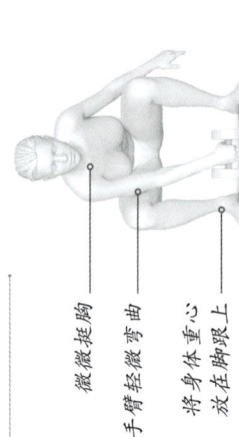

- 微微挺胸
- 手臂轻微弯曲
- 将身体重心放在脚跟上
- 收紧核心
- 脚尖朝前

预备阶段

双脚分开与肩同宽，哑铃放在双脚之间的地面上。屈膝并挺起臀部，降低身体至深蹲的姿势，握住哑铃，在起身前向外旋转肘部和肩部。

第一阶段

保持肩膀后缩，胸部略微挺起，眼睛直视前方。将重心放在脚跟上，迅速站起身来，右手举起哑铃。

上半身和核心

背阔肌会在举起哑铃时发力，而竖脊肌则在整个动作中通过臂部伸展维持脊柱的稳定性。肩部的旋转袖肌和三角肌共同发力，将哑铃举过头顶。核心肌群在整个动作中处于活跃状态并保持身体的稳定。

- 肱二头肌
- 肱三头肌
- 背阔肌
- 胸大肌
- 腹外斜肌
- 腹直肌

图例

- ●--- 关节
- ○— 肌肉
- ● 向心收缩的肌肉
- ● 离心收缩的肌肉
- ● 无张力下被拉长的肌肉
- ● 等长收缩的肌肉

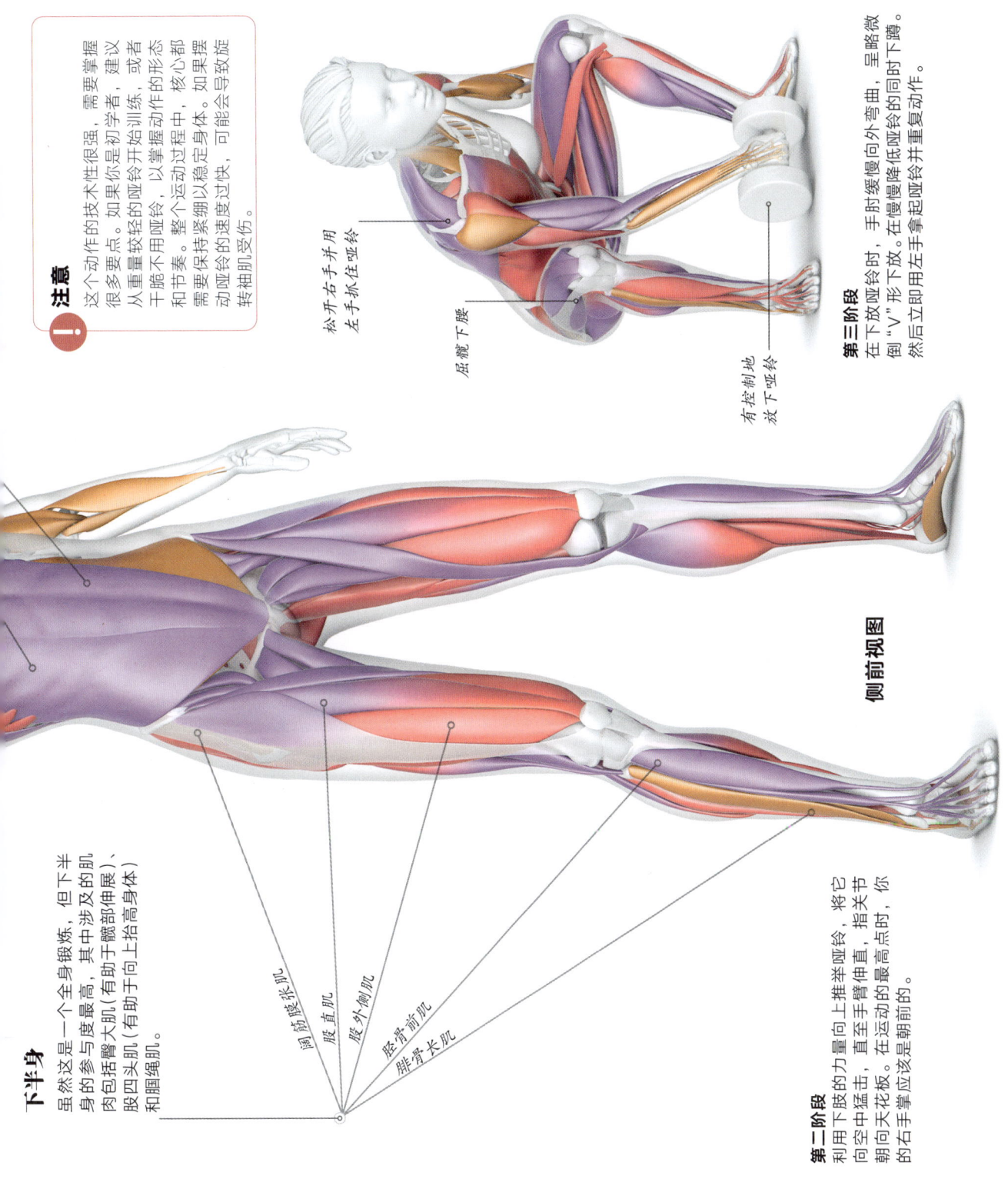

!注意

这个动作的技术性很强，需要掌握很多重量点。如果你是初学者，建议从重量较轻的哑铃，以掌握动作的形态和节奏。整个练习过程中，核心都需要保持紧绷以稳定身体。如果摆动哑铃的速度过快，可能会导致旋转袖肌受伤。

松开右手并用左手抓住哑铃

屈髋下腰

有控制地放下哑铃

第三阶段

在下放哑铃时，手肘缓慢向外弯曲，呈略微倒"V"形下放。在慢慢降低哑铃的同时，然后立即用左手掌起哑铃并重复动作。

下半身

虽然这是一个全身锻炼，但下半身的参与度最高，其中涉及的肌肉包括臀大肌（有助于髋部伸展）、股四头肌（有助于向上抬高身体）和腘绳肌。

阔筋膜张肌
股直肌
股外侧肌
胫骨前肌
腓骨长肌

第二阶段

利用下肢的力量向上推举哑铃，将它向空中猛击，直至手臂伸直，指关节朝向天花板。在运动的最高点时，你的右手掌应该是朝前的。

侧前视图

交替侧弓步

这个动作可以提高平衡性、稳定性和力量。侧向弓步与其他弓步不同,这个动作不仅可以训练肱四头肌、髋部和腿部肌肉,还可以训练内外侧大腿肌肉。侧向弓步同时还能训练臀大肌,提高运动表现和灵敏度。

动作点睛

避免弓背,不要过分向前倾。膝盖的位置不应该超过脚趾的位置。为了加强训练强度,你可以在保持其他动作不变的情况下增加重量,以增加锻炼的阻力。可以通过背负杠铃或双手各握一个哑铃来进行这个进阶练习。

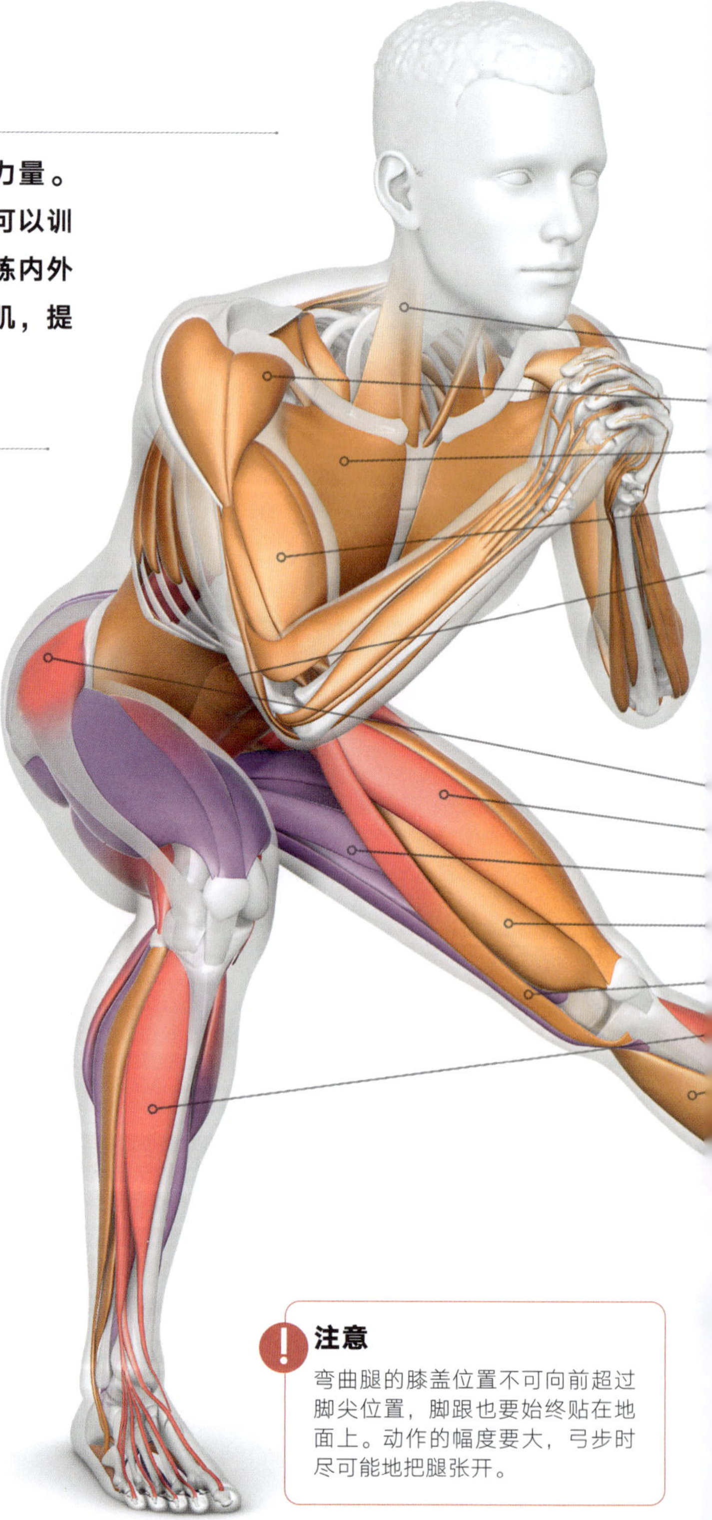

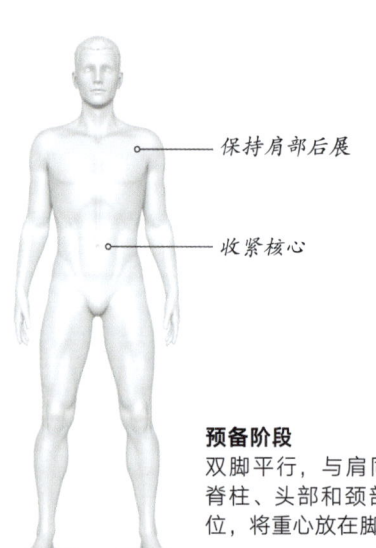

— 保持肩部后展

— 收紧核心

预备阶段
双脚平行,与肩同宽。保持脊柱、头部和颈部处于中立位,将重心放在脚跟上。

> **! 注意**
> 弯曲腿的膝盖位置不可向前超过脚尖位置,脚跟也要始终贴在地面上。动作的幅度要大,弓步时尽可能地把腿张开。

上半身

收紧腹肌,这样可以为脊柱提供支撑,并让脊柱保持中立位。胸部挺直(不要超过45度角),为后背下部提供保护。

- 胸锁乳突肌
- 三角肌
- 胸大肌
- 肱二头肌
- 腹直肌

下半身

这个动作的训练目标是臀大肌以及较小的臀部肌肉。当膝盖弯曲时,腘绳肌可以帮助控制髋关节,而大腿的内收肌与股四头肌和腘绳肌则共同控制膝盖和髋部的运动。当你将重量下放并再次回归直立状态时,股四头肌就会发力。

- 阔筋膜张肌
- 股直肌
- 长收肌
- 股内侧肌
- 缝匠肌
- 胫骨前肌
- 腓肠肌

图例

- ●--- 关节
- ○— 肌肉
- ● 向心收缩的肌肉
- ● 离心收缩的肌肉
- ● 无张力下被拉长的肌肉
- ● 等长收缩的肌肉

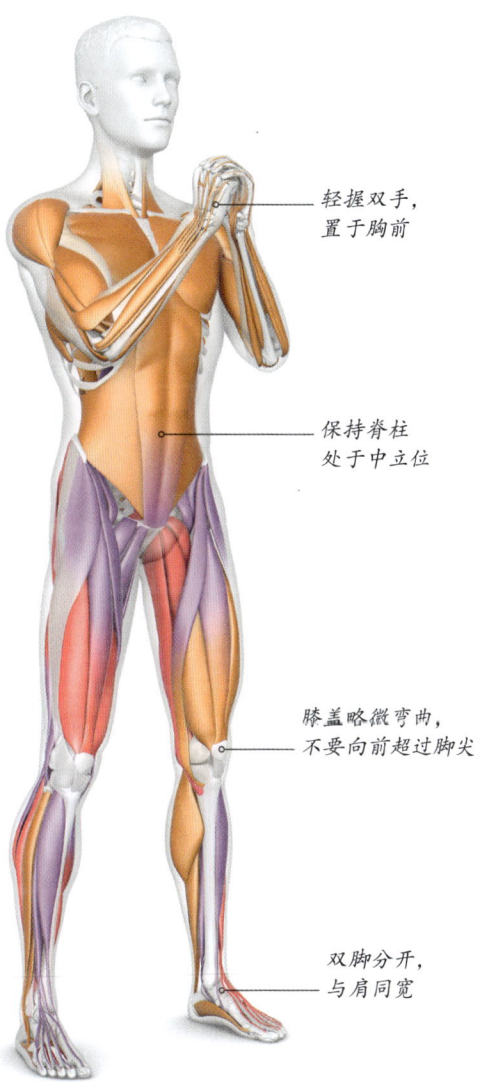

- 轻握双手,置于胸前
- 保持脊柱处于中立位
- 膝盖略微弯曲,不要向前超过脚尖
- 双脚分开,与肩同宽

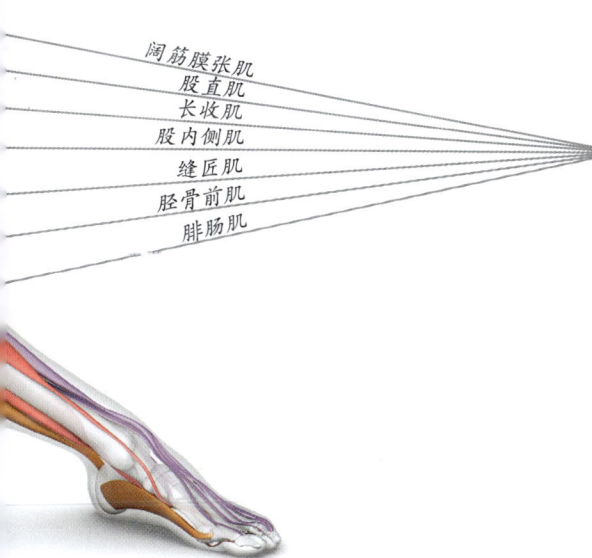

第一阶段

向右大步迈出,尽量保持躯干直立。身体向右侧下沉,将臀部向后推,只弯曲右膝。下蹲至膝盖大约弯曲90度时,另一条腿伸直向另一侧。下蹲的同时,双手向前握拳。

第二阶段

推起身体,将重心从右腿转移到中心位置。回到起始位置,并在左侧重复这个动作,保持相同的姿势。

》变式动作

因为角度的关系,侧向弓步对髋内收肌(用于将大腿并拢)和髋外展肌(用于让腿向外运动并在髋部旋转)的训练非常有效。这些变式动作可以激活同样的肌肉群,并为原本的训练增加更多的挑战。

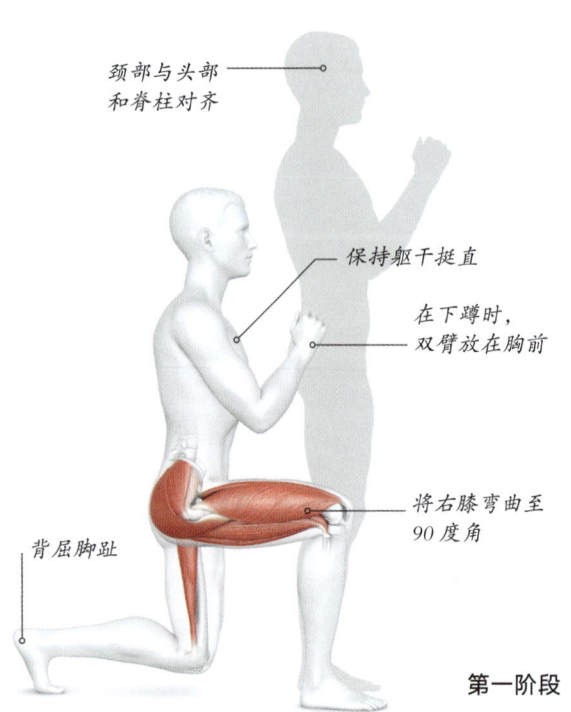

第一阶段

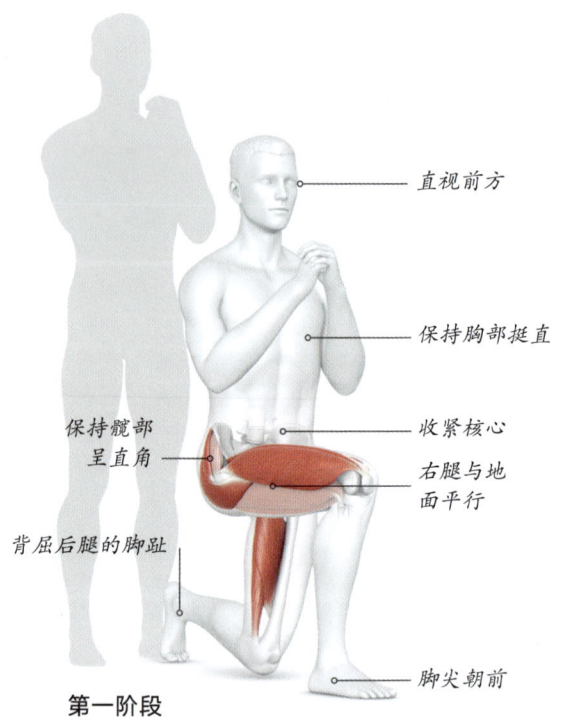

第一阶段

交替后撤箭步蹲

交替后撤箭步蹲可以增强大腿前侧的股四头肌。随着健身水平的提高,你可以在做动作时增加重量,但要确保选择的重量符合你的健身水平。

预备阶段
双脚分开,与肩同宽,脚尖指向正前方,挺直腰背,双手在胸前轻握。

第一阶段
将右腿慢慢向身体后方移动,就像要跪下一样,但要保持膝盖离地。同时,弯曲右膝并降低臀部。保持躯干挺直,当右膝盖弯曲成 90 度且右腿与地面平行时停止,确保膝盖的位置不要超过脚趾的位置。在此处暂停,然后右腿用力,收紧臀部并站起,同时将左腿恢复到起始位置。然后换左腿练习。

斜向箭步蹲

斜向箭步蹲可以很好地训练下半身的力量和稳定性:它可以训练股四头肌、臀大肌、髋外展肌和股内侧肌。臀中肌在斜向箭步蹲中也得到了很好的训练。

预备阶段
双脚分开,与肩同宽。双臂放在身前,双手紧握在胸前。

第一阶段
将身体的重心转移到左脚上,右脚向前迈出,并置于左膝前,做一个前屈膝动作,保持脊柱对齐。当右腿与地面平行时停止。

第二阶段
伸直右腿,脚跟用力以推起身体,同时让右脚和左脚同时返回到起始位置。然后换另一侧重复练习。

哑铃行进箭步蹲

此变式为固定式深蹲练习增加了难度，要求更高的身体协调性。刚开始练习时，可以使用自重进行训练，逐渐熟悉动作后，可以使用哑铃来增加难度。

图例
- ● 主要目标肌肉
- ● 次要目标肌肉

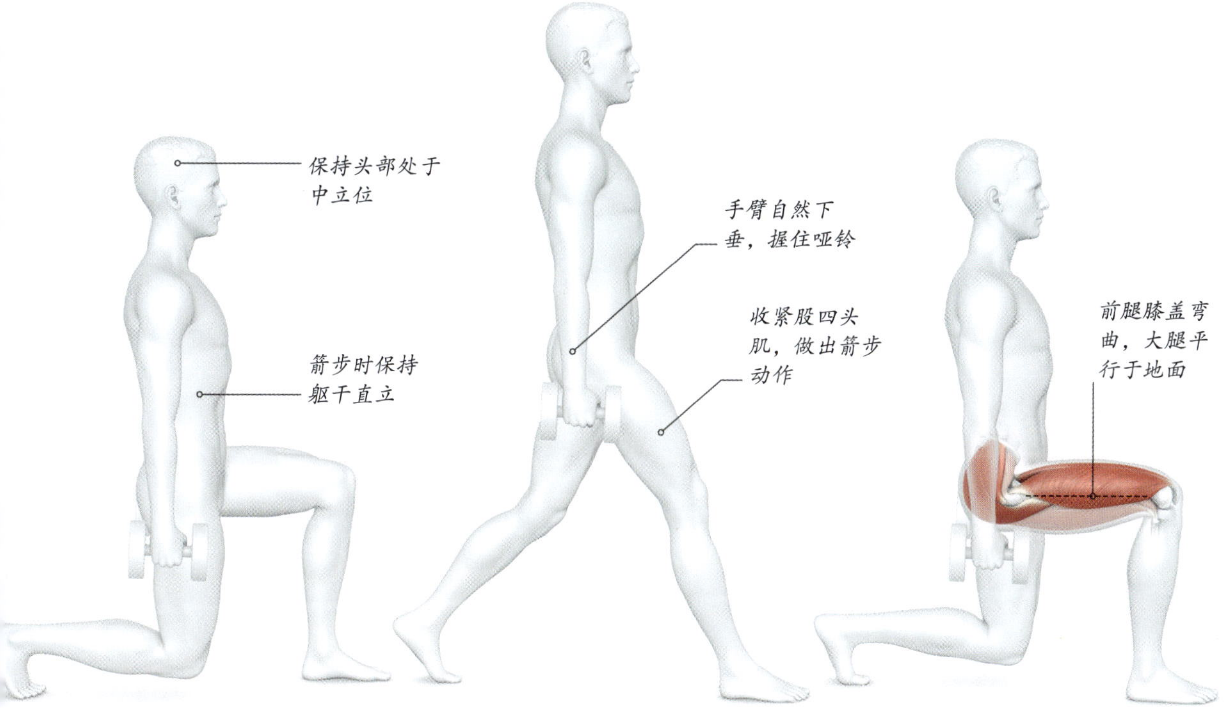

保持头部处于中立位

箭步时保持躯干直立

手臂自然下垂，握住哑铃

收紧股四头肌，做出箭步动作

前腿膝盖弯曲，大腿平行于地面

预备阶段
双脚分开，与肩同宽。吸气，向前迈出一大步，进入箭步姿势，然后膝盖微弯，和地面保持较近的距离。

第一阶段
呼气，用力从箭步姿势中站起来，立即让另一条腿向前迈一步。保持身体挺直，腹肌收紧。

第二阶段
吸气，将臀部下沉，前腿的膝盖向前弯曲，后腿的膝盖随之弯曲，与之前的动作一样。重复整个动作，行进时交替双腿进行训练。

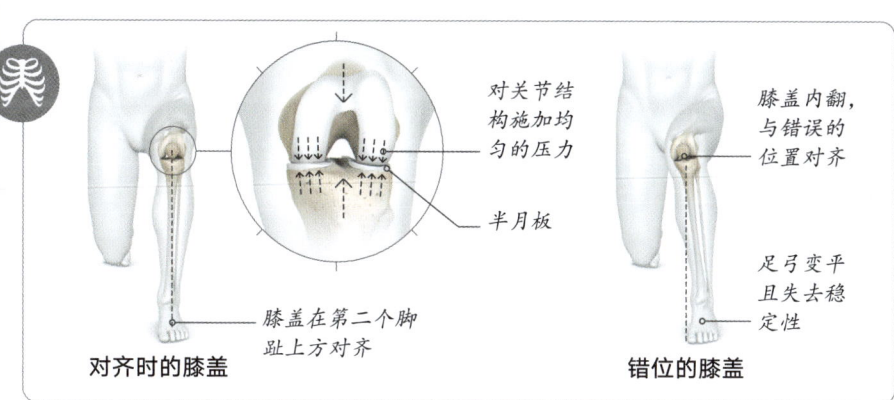

对关节结构施加均匀的压力

半月板

膝盖内翻，与错误的位置对齐

膝盖在第二个脚趾上方对齐

足弓变平且失去稳定性

对齐时的膝盖　**错位的膝盖**

膝盖对齐

进行箭步动作时，膝盖应该在脚的上方，髌骨与外侧两个脚趾对齐。双膝应呈90度角。常见的错位是膝盖向内倾斜，朝向身体的中线，这种现象即为内翻。这种错误会对关节造成不均衡的压力，长期出现此错误可能会导致关节疼痛和损伤。

HIIT运动解剖学

负重提踵

负重提踵训练可以有效地训练小腿肌肉，特别是腓肠肌。屈膝的动作可以训练到膝关节下方的比目鱼肌。强健而灵活的小腿肌肉可以帮助膝盖保持健康状态，也可以提升脚踝力量。

动作点睛

提踵是个低强度动作，非常适合初学者。你可以使用提踵机进行练习，也可以站在墙壁前方，利用手指尖保持平衡。无论采用哪种方法，确保在踮起脚尖的同时保持脚掌平衡。还需注意膝盖要略微弯曲，双脚分开与肩同宽，脚趾平行。对于初学者而言，请先使用较轻的重量进行1组训练，一共做3组，每组10~12次动作。

图例

- ●--- 关节
- ○— 肌肉
- ● 向心收缩的肌肉
- ● 离心收缩的肌肉
- ● 无张力下被拉长的肌肉
- ● 等长收缩的肌肉

上半身和手臂

上半身的肌肉主要负责保持身体平衡，而腹肌则以等长收缩的方式为脊柱提供支撑。运用手臂上的肌肉握住把手，帮助稳定身体。

! 常见错误

提踵运动可以加强踝关节的力量。然而，如果在运动时，踝关节与膝盖没有保持在同一条直线上，则可能会对跟腱造成压力。

背神肌
斜方肌
三角肌
脊柱伸肌
肱二头肌
前锯肌
肱三头肌
背阔肌
腹横肌

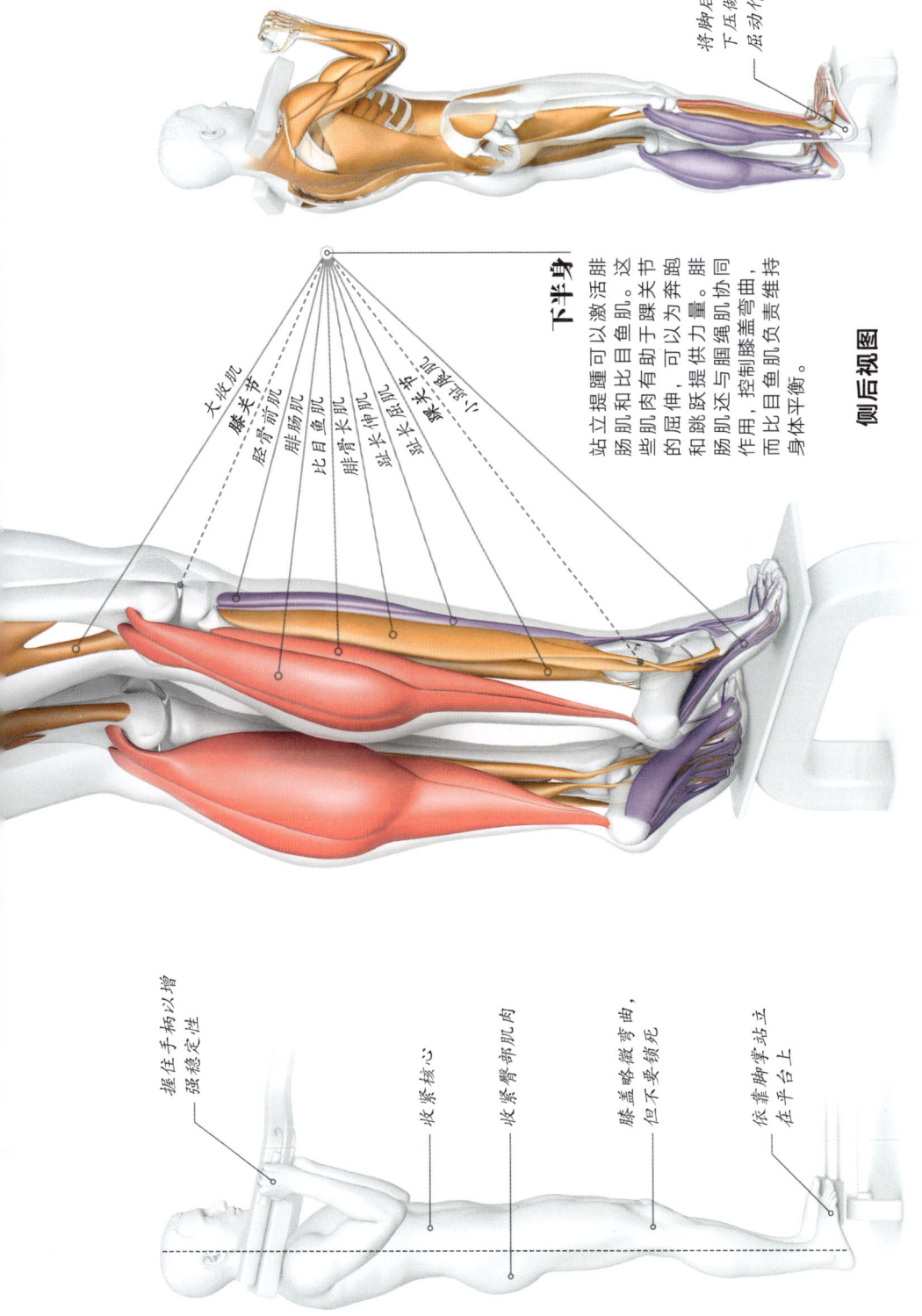

侧后视图

下半身

- 大收肌
- 膝关节
- 胫骨前肌
- 腓肠肌
- 比目鱼肌
- 腓骨长肌
- 趾长伸肌
- 踝关节
- 跗跖关节

站立提踵可以激活腓肠肌和比目鱼肌。这些肌肉有助于踝关节的屈伸，可以为奔跑和跳跃提供力量。腓肠肌还与腘绳肌协同作用，控制膝盖弯曲，而比目鱼肌负责维持身体平衡。

第一阶段

吸气并收紧腹肌。在呼气时，慢慢提起脚跟，保持膝盖伸直，但不要锁死。在脚跟提起的最高点处保持1~2秒。

第二阶段

吸气，慢慢地将脚后跟全部放下，维持1~2秒。调整姿势，然后重复第一和第二阶段的动作。

预备阶段

- 握住手柄以增强稳定性
- 收紧核心
- 收紧臀部肌肉
- 膝盖略微弯曲，但不要锁死
- 依靠脚掌站立在台上

选用适合当前健身水平的重量。将垫子放在肩膀上，依靠脚掌站在台阶边缘，双脚分开，与肩同宽并保持平行。收紧核心以保持身体平衡。慢慢将脚后跟放回起始位置。

107

HIIT运动解剖学

哑铃登阶

这个练习可以增强股四头肌和后侧链肌群，同时训练核心肌群。不论处于何种健身水平，这个动作都是很好的选择。

动作点睛

前腿是此动作的发力部位，但需注意，不要用脚跟发力上台阶的动作。初学者应该从较低的台阶开始进行徒手上台阶的练习，然后逐渐提升哑铃的重量。在开始运动之前，确保整个脚掌平踩在台阶上。对于初学者而言，可以同时逐步增加手持哑铃的重量。

先做3组，每组包含10~12个动作，可让双腿交替进行训练，也可以各做10个，然后轮替。

臀部和腿部

在上台阶的动作中，股四头肌是主要的发力肌肉，而腘绳肌则起到稳定膝关节和髋部的作用。臀部肌肉可以拉动大腿，使其与躯干呈一条直线，并帮助保持身体直立。臀大肌和臀中肌在运动中也同样发挥作用。

图例

- ● 关节
- ○ 肌肉
- ● 向心收缩的肌肉
- ● 离心收缩的肌肉
- ● 无张力下被拉长的肌肉
- ● 等长收缩的肌肉

上半身和腹部

当你上下迈步时，腹肌会收紧进而为背部提供支撑，这样你的身体就不会前倾或后仰。腹斜肌收紧可以帮助你稳定身体，避免左右摇晃。

胸锁乳突肌
斜方肌
三角肌
胸小肌
肱二头肌
肱三头肌
脊柱
腹直肌
腰方肌
腹横肌

臀中肌
阔筋膜张肌

侧前视图

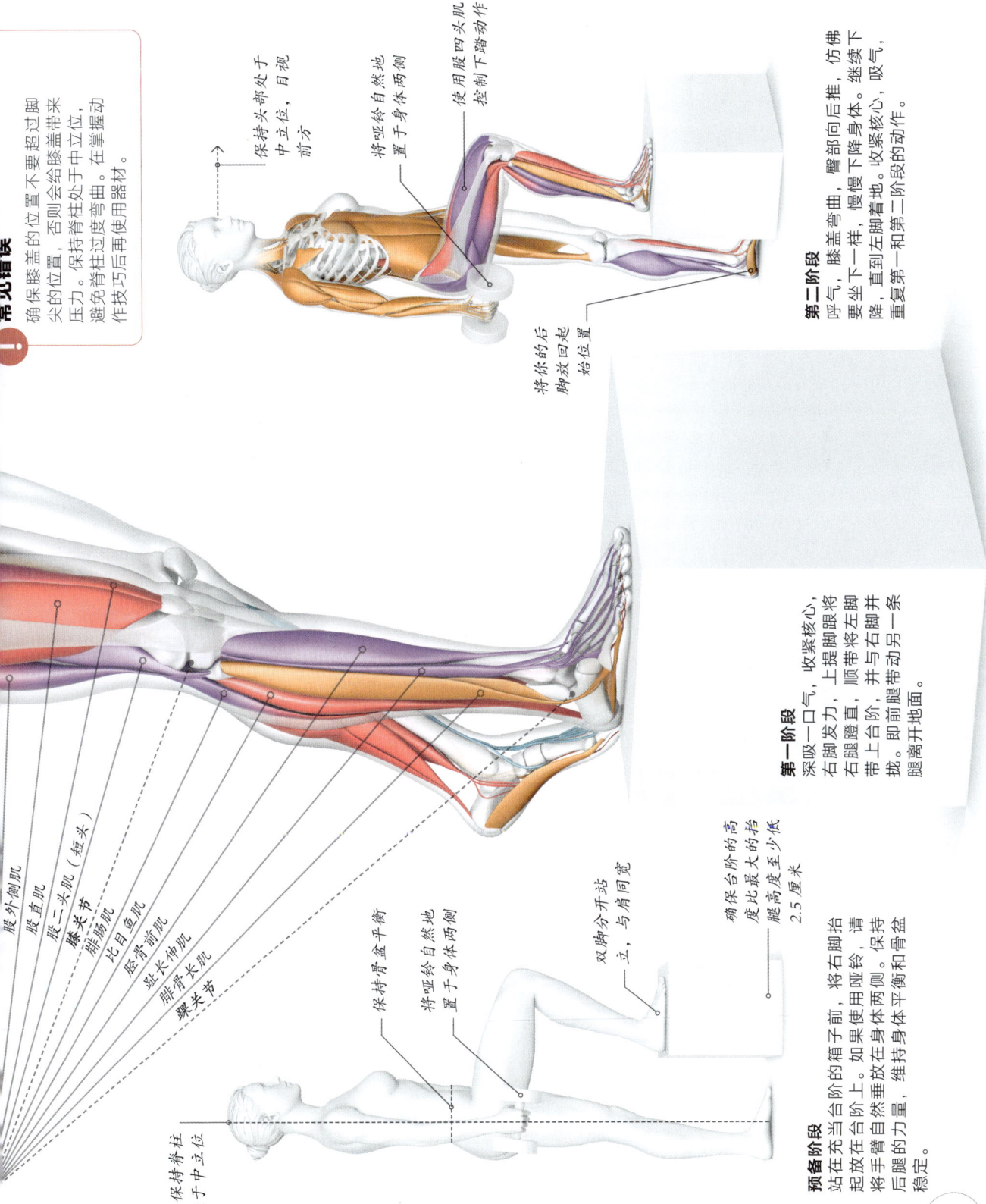

交替脚尖触地

这项有氧运动可以强化股四头肌、腘绳肌、小腿肌群、臀大肌和髋屈肌，同样也训练到了核心肌群。脚尖触地动作可以提高速度、敏捷性、耐力和整体运动表现。

动作点睛

选择适合当前健身水平的踏板、台阶或盒子来开始训练。训练核心肌群可以保持身体的平衡性和稳定性，同样也可以为身体提供支撑力。此动作还可以让膝盖更快、更有力地抬起。对于初学者而言，可以先从训练30秒开始，逐步进展到45秒，再到60秒，并稍微提高平台的高度。

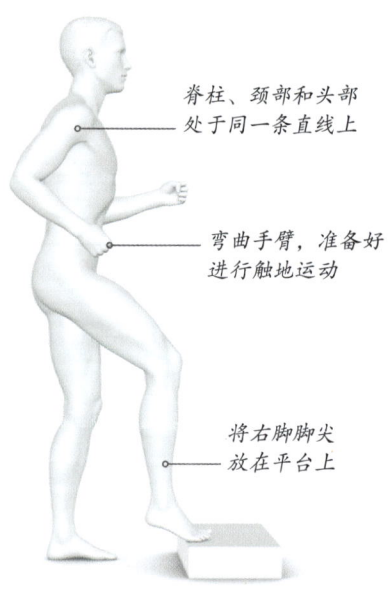

脊柱、颈部和头部处于同一条直线上

弯曲手臂，准备好进行触地运动

将右脚脚尖放在平台上

预备阶段
双脚分开，与肩同宽，双臂放于身体两侧。抬起右脚，将脚掌放在平台上。你的左脚支撑在地面上，手臂弯曲至 45~90 度，做好进行脚尖触地训练的准备。

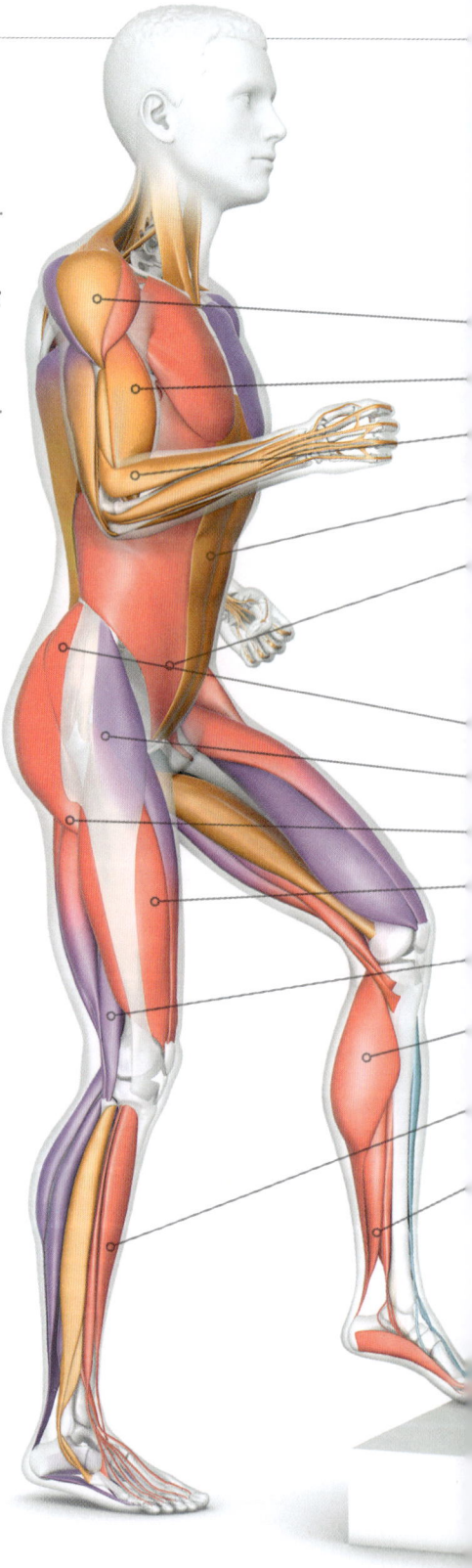

图例
- ●-- 关节
- ○— 肌肉
- ● 向心收缩的肌肉
- ● 离心收缩的肌肉
- ● 无张力下被拉长的肌肉
- ● 等长收缩的肌肉

侧前视图

腹肌和心血管耐力

交替脚尖触地是一种绝佳的有氧运动，可以增强心血管耐力。通过为脊柱提供支撑并保持脊柱处于中立位，腹肌（特别是腹直肌）可以稳定身体并保持身体直立。

- 三角肌
- 肱二头肌
- 肱桡肌
- 腹直肌
- 腹外斜肌

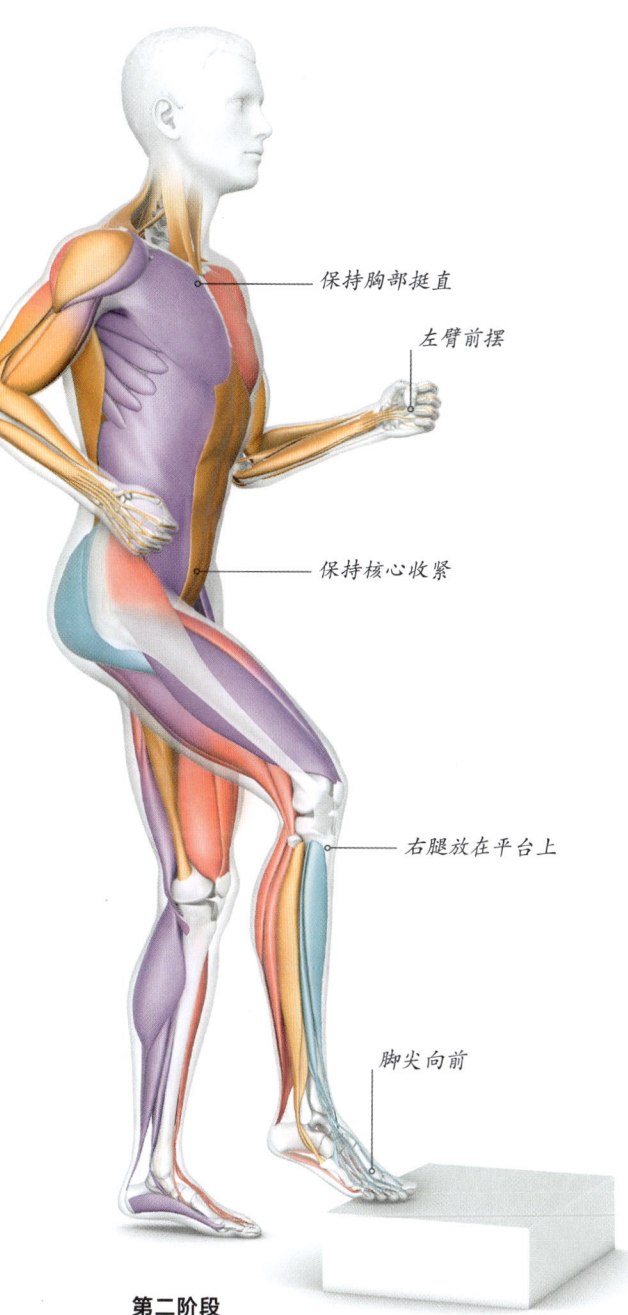

- 保持胸部挺直
- 左臂前摆
- 保持核心收紧
- 右腿放在平台上
- 脚尖向前

下半身

脚尖触地的动作可以训练到下肢的多处肌肉，这些肌肉包括股四头肌（帮助抬起膝盖进行脚尖触地）、腘绳肌（与臀大肌一起协助稳定髋部肌肉）、臀大肌、髋屈肌（防止臀部旋转），以及小腿肌肉。

- 臀中肌
- 阔筋膜张肌
- 腓肠肌
- 股外侧肌
- 股二头肌（短头）
- 臀大肌
- 胫骨前肌
- 比目鱼肌

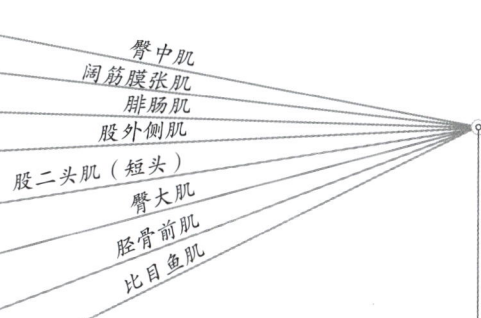

第一阶段

左脚离开地面，并在空中切换双脚的位置，让左脚踩在平台上，右脚支撑在地面上。保持手臂弯曲，前后交替摆动手臂，就像在原地奔跑一样，动作要迅速。

第二阶段

慢慢地重复练习，交替进行脚尖触地，直到充分掌握此动作，且在做动作时感到舒适自然。通过增加运动速度、运动时间和平台高度，可以加大卡路里的消耗量。

单腿硬拉

单腿硬拉是一种单侧训练（即一次训练一条腿），可以强化臀部的肌肉（臀大肌、臀中肌和臀小肌）。臀部肌肉是后链肌群的一部分，后链肌群还包括腘绳肌和下背部肌肉。所有这些肌肉都有助于保持直立的姿势，并维持身体平衡。

动作点睛

当你向前屈身进行硬拉时，身体应该是一条直线，不要弯曲或者弓起脊柱。脊柱、颈部和头部应该始终同一条直线上。两个步骤的动作都要慢速完成，并控制好力度。在刚开始训练时，单腿可以重复做5~10个动作。在逐渐熟悉动作后，可以增加训练的重量。

三角肌
肱二头肌
前锯肌
腹直肌
腹横肌

图例
- ●— 关节
- ○— 肌肉
- ● 向心收缩的肌肉
- ● 离心收缩的肌肉
- ● 无张力下被拉长的肌肉
- ● 等长收缩的肌肉

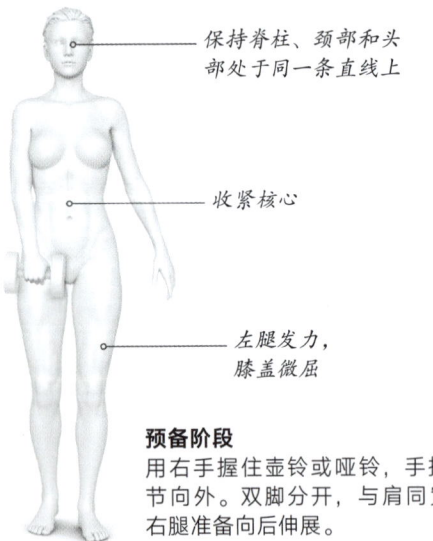

保持脊柱、颈部和头部处于同一条直线上

收紧核心

左腿发力，膝盖微屈

预备阶段
用右手握住壶铃或哑铃，手指关节向外。双脚分开，与肩同宽，右腿准备向后伸展。

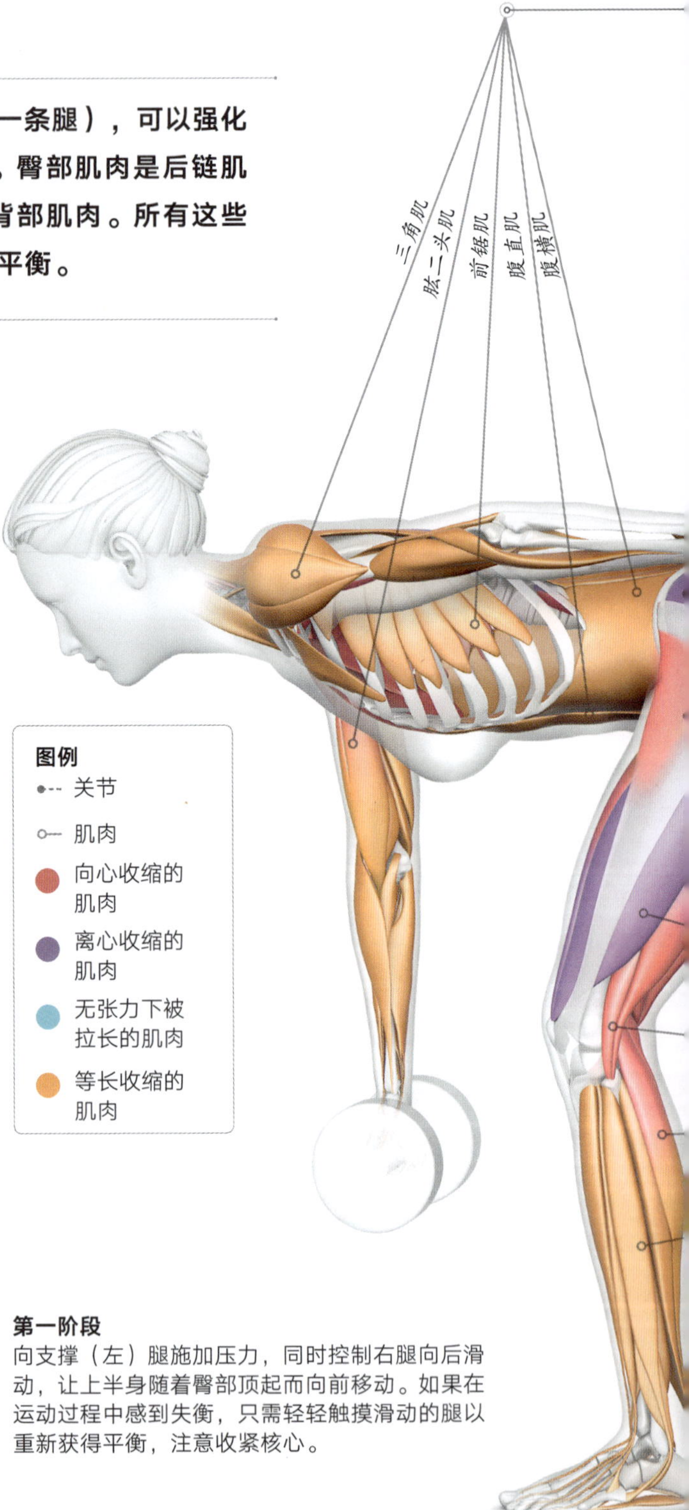

第一阶段
向支撑（左）腿施加压力，同时控制右腿向后滑动，让上半身随着臀部顶起而向前移动。如果在运动过程中感到失衡，只需轻轻触摸滑动的腿以重新获得平衡，注意收紧核心。

上半身和腹肌

这个动作可以训练到脊柱伸肌，有助于支撑脊柱并使其在多个方向上具有灵活性。斜方肌、前臂和后背中下部的肌肉会收缩以控制哑铃；腹肌和腹斜肌以等长收缩的方式稳定身体并为脊柱提供支撑，让脊柱位于中立位。

注意

如果背部弓起，则可能会导致背部受伤或背部疼痛。后腿应保持挺直，与脊柱位于同一条直线上，进一步让身体从颈部到脚跟呈一条直线。如果后腿弯曲，那么脊柱就会失去平衡。

> 单腿硬拉等单侧训练可以减少受伤的概率并增强下背部的肌肉。

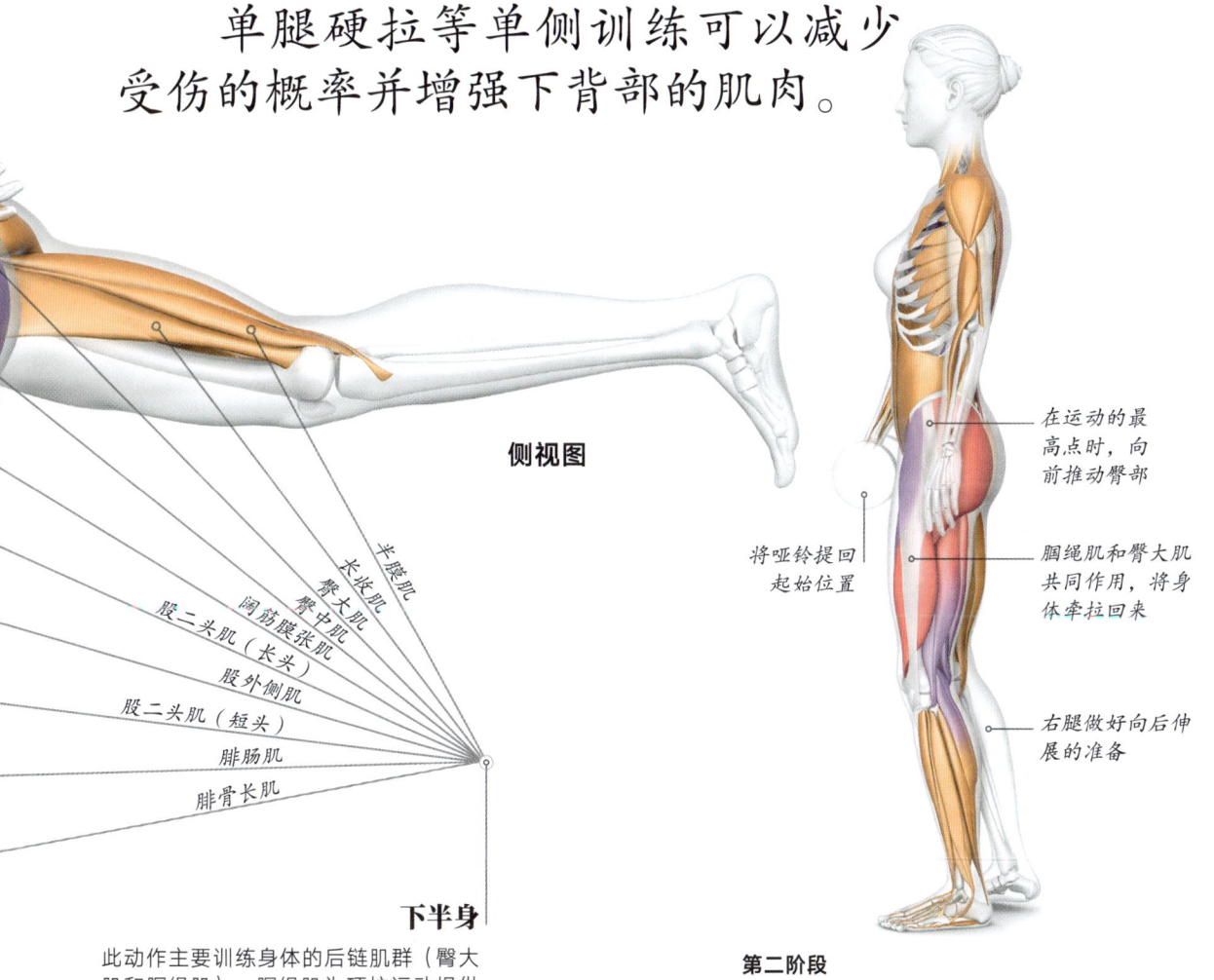

侧视图

半腱肌
长收肌
臀大肌
臀中肌
阔筋膜张肌
股二头肌（长头）
股外侧肌
股二头肌（短头）
腓肠肌
腓骨长肌

在运动的最高点时，向前推动臀部

将哑铃提回起始位置

腘绳肌和臀大肌共同作用，将身体牵拉回来

右腿做好向后伸展的准备

下半身

此动作主要训练身体的后链肌群（臀大肌和腘绳肌）：腘绳肌为硬拉运动提供力量支持；在臀部的肌肉中，臀大肌接受的训练最多，同时也是后链肌群的发力核心。

第二阶段

将哑铃向上拉起，并将抬起的腿放回起始位置。在此过程中，支撑腿要保持直立。完成动作后，换腿重复。

臀桥

臀桥不仅可以训练臀部，还可以增强腹直肌、斜方肌和股四头肌。此外，还可以训练竖脊肌（脊柱伸肌从颈部延伸到尾骨）。臀桥塑造出的强壮核心可以改善你的体态，并有助于缓解下背部疼痛。

动作点睛

在这个练习中，不要将臀部抬得太高，因为下背部压力过大，就可能会导致拉伤。保持腹部肌肉收紧可以确保背部挺直。如果在保持臀桥姿势时臀部向下移动，则需要将臀部降到地面并重新开始。初学者可以每次只保持几秒钟，每组重复8~12次。逐渐熟悉此动作后，就可以增加组数和保持时间。

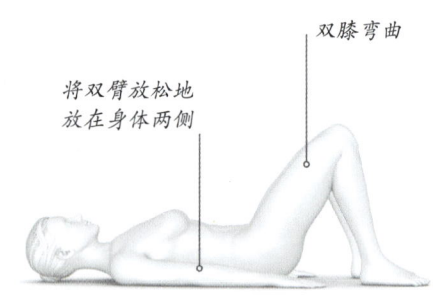

预备阶段
先仰卧在地上，双手放在身体两侧，手掌朝下，双膝弯曲，双脚平放在地上。在推起身体之前，将下背部贴向地面，收紧臀部肌肉，最终达到收紧腹部肌肉的效果。

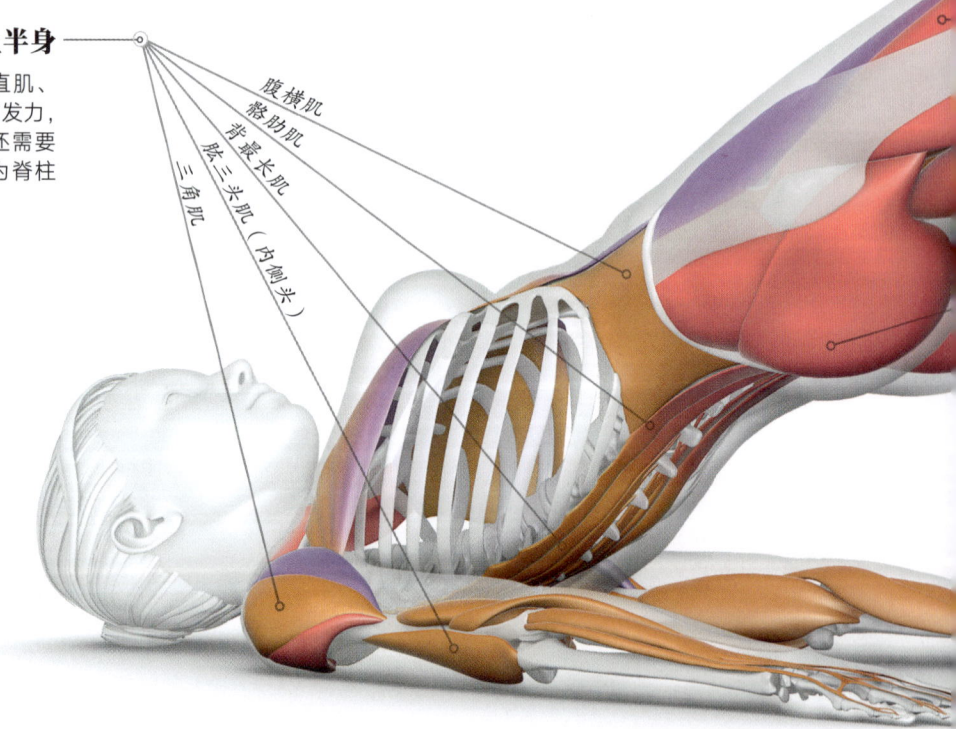

上半身
在做臀桥运动时，腹直肌、腹横肌以及腹斜肌协同发力，帮助稳定身体。同时还需要注意收紧核心，进而为脊柱提供支撑。

第一阶段
呼气，从脚跟发力，慢慢地将臀部抬起，让膝盖到肩膀呈一条直线。当臀部抬起时，双手放在地上。确保腹部肌肉收紧，肚脐收向脊柱。

图例
- ●-- 关节
- ○— 肌肉
- 🔴 向心收缩的肌肉
- 🟣 离心收缩的肌肉
- 🔵 无张力下被拉长的肌肉
- 🟠 等长收缩的肌肉

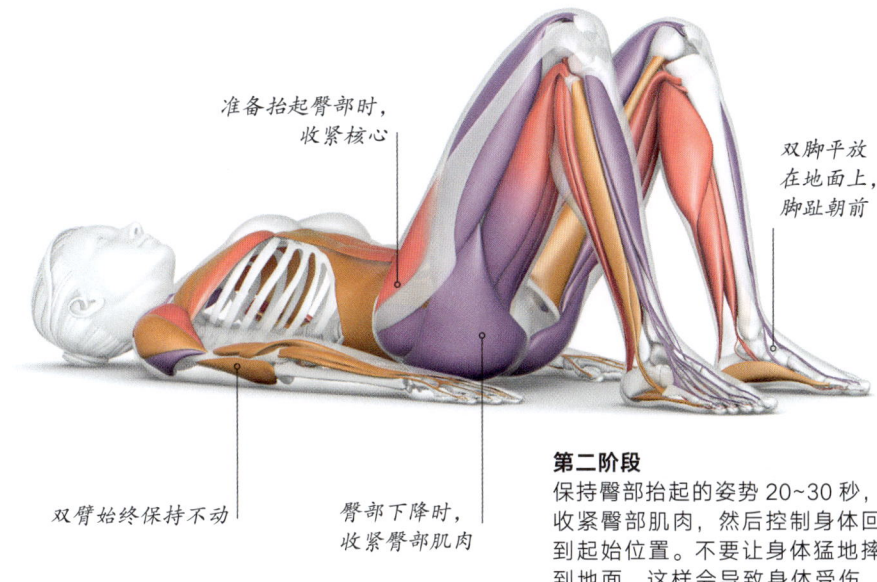

准备抬起臀部时，收紧核心

双脚平放在地面上，脚趾朝前

双臂始终保持不动

臀部下降时，收紧臀部肌肉

第二阶段
保持臀部抬起的姿势 20~30 秒，收紧臀部肌肉，然后控制身体回到起始位置。不要让身体猛地摔到地面，这样会导致身体受伤。重复进行抬臀动作。

股直肌
股外侧肌
股二头肌（长头）
臀大肌
腓肠肌
腓骨长肌
比目鱼肌

下半身
这个动作主要训练后链肌群中的臀大肌、臀中肌和臀小肌。同时也可以训练到腿后肌群和臀外侧肌群。股四头肌在运动时可以帮助稳定下半身，小腿肌肉也会参与到运动中。

> 如果采用正确的方式进行臀桥练习，背部有慢性病的患者也可以安全地进行训练。

侧视图

变式动作

基础的臀桥练习可以训练到臀部，主要是最大的臀部肌肉（即臀大肌）。其次，它会针对腘绳肌和腹横肌进行训练。这些变式动作可以增加原始训练的挑战性，同时刺激到相同的肌肉群。

> 臀部抬得过高会对下背部造成压力，可能会导致腰肌劳损。

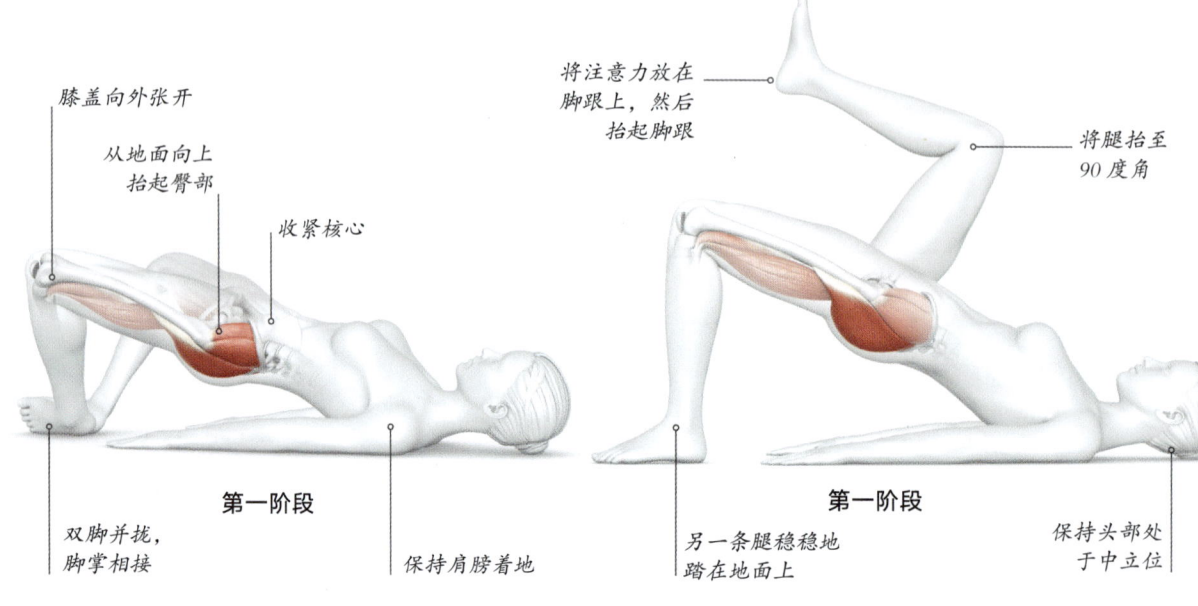

第一阶段
- 膝盖向外张开
- 从地面向上抬起臀部
- 收紧核心
- 双脚并拢，脚掌相接
- 保持肩膀着地

第一阶段
- 将注意力放在脚跟上，然后抬起脚跟
- 将腿抬至90度角
- 另一条腿稳稳地踏在地面上
- 保持头部处于中立位

蛙式臀桥

这个练习的效果非常出众，因为它可以训练臀部的所有肌肉。由于臀部的旋转动作，蛙式臀桥比普通臀桥更能刺激到肌肉。

预备阶段
从仰卧姿势开始，手臂伸直放在身体两侧，手掌朝下放在地上。将脚底并拢，双膝向两侧展开。在向上推之前，先收紧腹肌，将下背部向地面贴近并挤压臀大肌。

第一阶段
吸气，缓慢向上推髋屈肌，同时呼气。在推起时，向前推髋并将双膝向两侧推开，保持数秒。

第二阶段
吸气时，将臀部缓慢放回地面，同时收紧臀部肌肉。重复进行8次臀桥运动。

单腿屈膝臀桥

单腿屈膝臀桥是一种单侧运动，可以充分训练平衡能力。它可以训练到腿后肌群、髋部屈肌、下背部、腹肌和所有的臀肌。

预备阶段
从基础臀桥的起始姿势开始（见第114~115页），通过将下背部压向地面挤压臀部，来收紧腹部肌肉。

第一阶段
在抬起左腿的同时，抬起臀部，右腿在地面上保持不动。保持这个姿势，将左腿与臀部一起放下，先以脚后跟着地，直至左腿完全落下。

第二阶段
换另一侧，抬起右腿。在练习时，不要将臀部抬得太高。保持腹部肌肉收紧，避免过度弓背。

步伐式臀桥

这个动作主要锻炼身体背部的后链肌群,对腘绳肌和臀肌具有突出的训练效果。

图例
● 主要目标肌肉　○ 次要目标肌肉

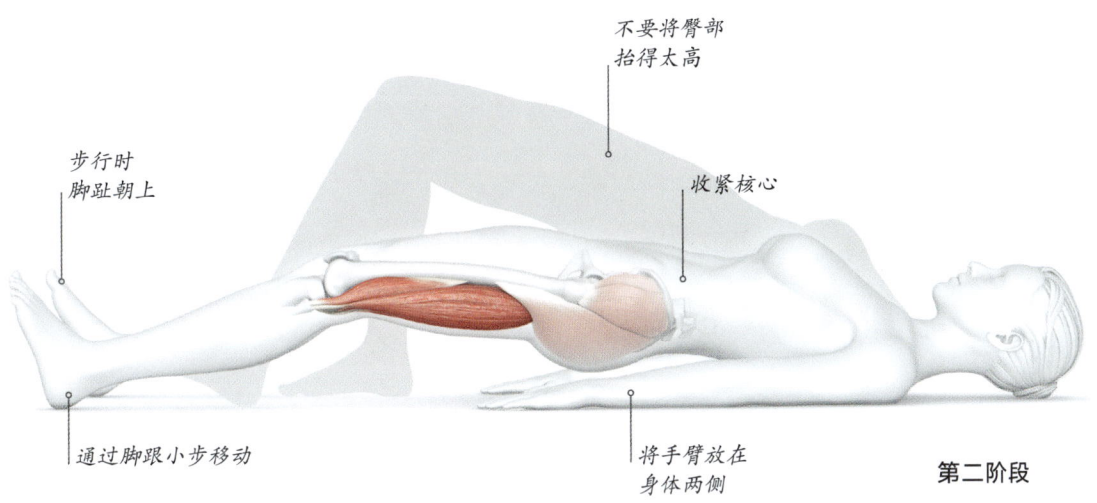

- 步行时脚趾朝上
- 通过脚跟小步移动
- 不要将臀部抬得太高
- 收紧核心
- 将手臂放在身体两侧
- 第二阶段

预备阶段
从基本臀桥(见第 114~115 页)的起始姿势开始。在向上推起身体之前,通过将下背部推向地面并挤压臀部肌肉来收紧腹部肌肉。

第一阶段
呼气,以等长收缩的方式向上推起并进行臀桥动作,收紧核心。

第二阶段
抬起脚趾,然后用脚跟慢慢地迈出几步,来回行走。保持臀桥姿势,再向外走 2~4 步,向内走 2~4 步。

臀肌

人的臀部由三块肌肉组成,分别是臀大肌、臀中肌和臀小肌。强化这 3 块肌肉可以增强身体的稳定性,预防受伤。强壮的臀肌还有助于增加髋关节的活动性。如果你的臀肌较弱,可能会出现膝盖问题、髋部问题和下背疼痛。

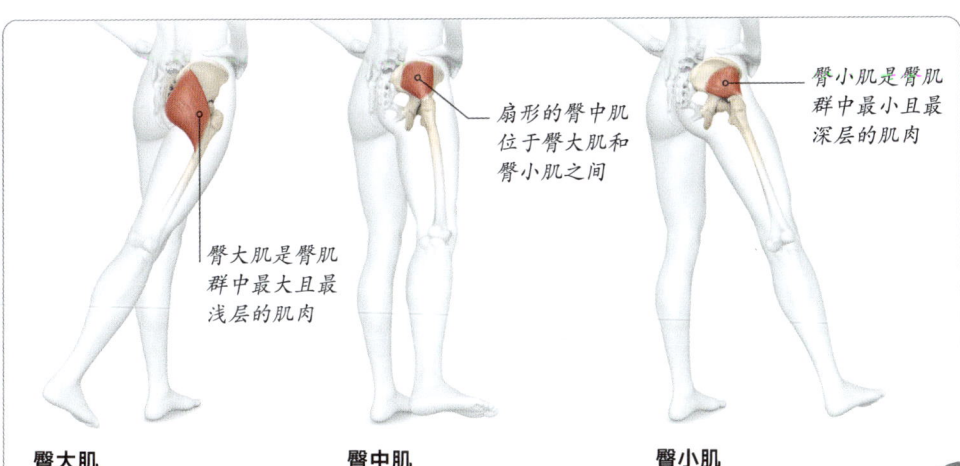

臀大肌
臀大肌可以向后伸展髋关节,以及旋转腿部。
(臀大肌是臀肌群中最大且最浅层的肌肉)

臀中肌
臀中肌协助臀大肌侧展髋关节,以及旋转腿部。
(扇形的臀中肌位于臀大肌和臀小肌之间)

臀小肌
臀小肌协助臀大肌将髋关节进一步向侧面伸展。
(臀小肌是臀肌群中最小且最深层的肌肉)

弹跳训练

弹跳训练是一种高强度、爆发性的快速训练，能够在短时间内发挥最大的力量。这种训练可以提高心率、增强稳定性、提升肌肉力量，还可以提高敏捷性、心血管耐力、柔韧性以及运动表现等。在进行弹跳训练之前，进行充分热身是非常重要的，否则可能会导致受伤。建议在进行HIIT训练的中间或末尾进行此类训练。

HIIT运动解剖学

滑雪跳

滑雪跳是一种较为高级的心血管改善运动，能够增强你的体力。此动作主要训练腿部肌肉，尤其是股四头肌和臀部，以及腘绳肌和小腿肌肉。该动作能够一直保持核心肌群的收紧，提高稳定性和平衡性，其运动重点是外侧的臀部肌肉。

动作点睛

在进行滑雪跳之前，请确保所选择的运动区域没有障碍物，并且确保尽可能远地跳到身体两侧，小幅度的跳跃是无效的。手臂的运动可以帮助你前后推动身体。还需注意，要让后腿保持在前腿的正后方。初学者可以尝试每次动作持续30~60秒。如果要提高训练的难度，则可以尝试在将脚收回时不用脚趾触地。

图例
- 关节
- 肌肉
- 向心收缩的肌肉
- 离心收缩的肌肉
- 无张力下被拉长的肌肉
- 等长收缩的肌肉

侧前视图

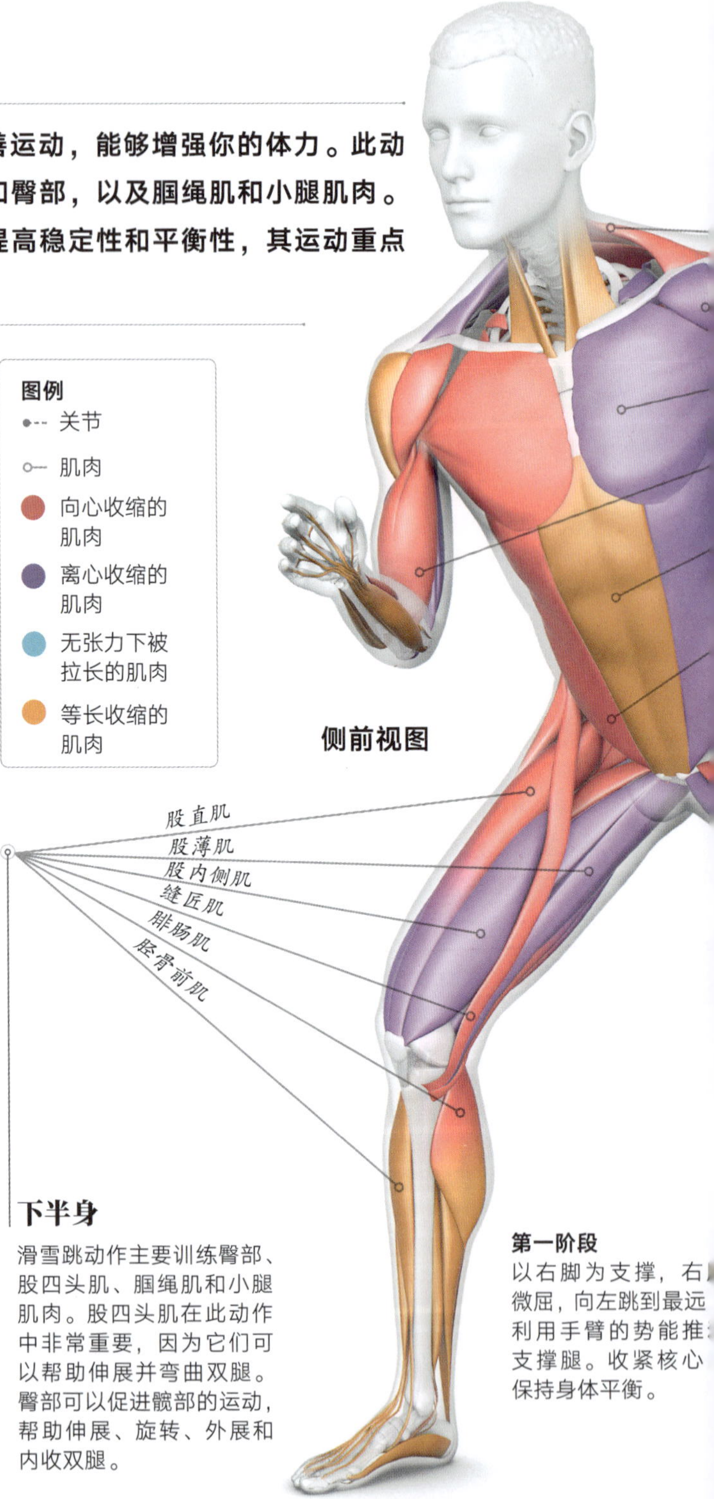

股直肌
股薄肌
股内侧肌
缝匠肌
腓肠肌
胫骨前肌

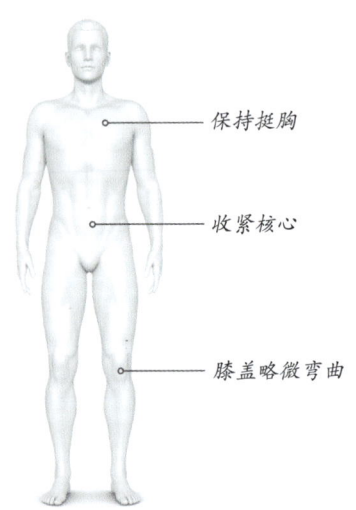

- 保持挺胸
- 收紧核心
- 膝盖略微弯曲

预备阶段
双脚分开与肩同宽，膝盖微屈，挺胸，目光直视前方，头、颈和脊柱处于一条直线上。双臂放松自然垂在身体两侧。如果你是站在健身垫的左侧的话，那么你需要向右跳跃。

下半身
滑雪跳动作主要训练臀部、股四头肌、腘绳肌和小腿肌肉。股四头肌在此动作中非常重要，因为它们可以帮助伸展并弯曲双腿。臀部可以促进髋部的运动，帮助伸展、旋转、外展和内收双腿。

第一阶段
以右脚为支撑，右微屈，向左跳到最远利用手臂的势能推支撑腿。收紧核心保持身体平衡。

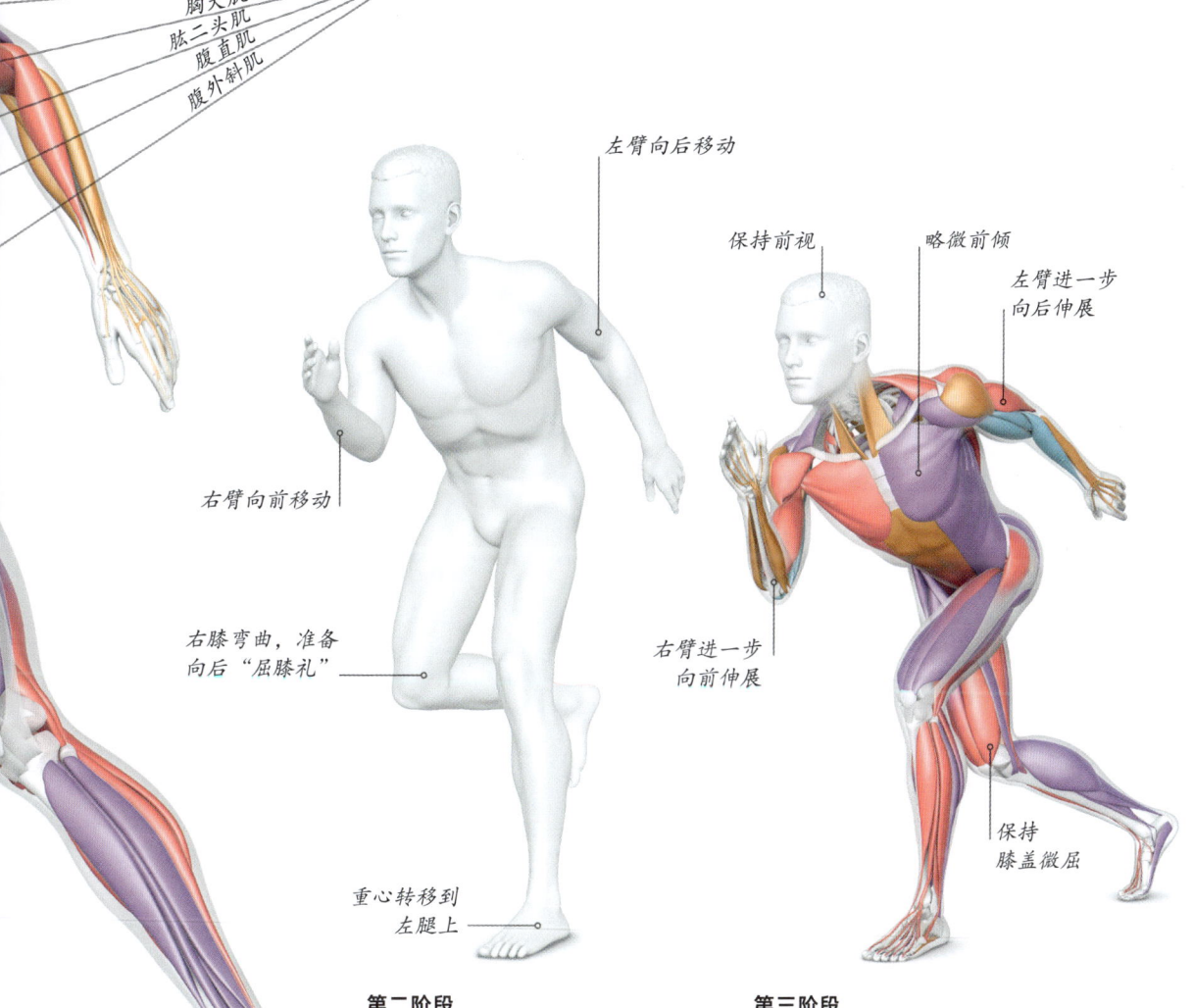

上半身和腹部

腹肌可以稳定身体并支撑脊柱，进而帮助保持高效的步幅。手臂的挥动还会训练到肩袖肌群。

- 斜方肌
- 三角肌
- 胸大肌
- 肱二头肌
- 腹直肌
- 腹外斜肌

降低身姿，在这类动作中，保持重心稳定非常重要。

- 左臂向后移动
- 保持前视
- 略微前倾
- 左臂进一步向后伸展
- 右臂向前移动
- 右臂进一步向前伸展
- 右膝弯曲，准备向后"屈膝礼"
- 保持膝盖微屈
- 重心转移到左腿上

第二阶段
将重心转移到左脚，确保着地的左脚面向正前方。弯曲右腿，将右腿带到左腿后面。左腿保持稳定，提供支撑力。

第三阶段
将右腿完全移到左腿后面，蹲成"屈膝礼"的姿势，并短暂地轻触地面。完成上述动作后身体会更向前倾。然后，立即向右跳，将左腿移到身后。换边时，要注意交替挥动手臂就像你在速滑一样。

121

HIIT运动解剖学

高抬腿

高抬腿是一种既能增强体力,又能锻炼心肺功能的动作,是HIIT训练中绝佳的热身练习。除了增强心肺耐力,此训练还能帮助你燃烧脂肪。

> **注意**
> 和所有的弹跳训练一样,请确保你的身体状况足以应对这种类型的动作。

图例
- 关节
- 肌肉
- ● 向心收缩的肌肉
- ● 离心收缩的肌肉
- ● 无张力下被拉长的肌肉
- ● 等长收缩的肌肉

动作点睛

开始时的速度要慢,然后逐渐增加速度以增强心血管耐力。保持背部挺直,头、脊柱和颈部在同一条直线上。当膝盖抬起时,背部挺直,胸部扩张,借助手臂的力量将膝盖尽量提高。像跑步一样,将手臂弯曲至90度,交替摆动,同时交替相反的手臂和膝盖,进行此动作30~60秒,随着身体水平的提高,可以逐渐加快速度。

上半身和腹部

双臂在运动时,你可能感觉到肩膀和手臂的张力。腹肌则可以在单腿站立时保持身体平衡。它们还有助于稳定身体,使脊柱保持中立位。

- 胸锁乳突肌
- 三角肌
- 胸大肌
- 肱二头肌
- 腹直肌
- 腹外斜肌

侧前视图

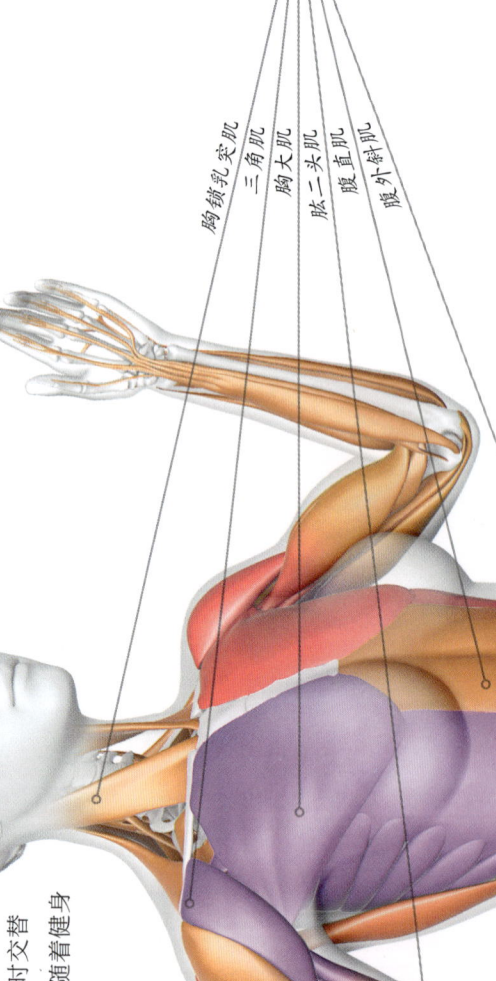

下半身

高抬腿动作可以激活髋屈肌、小腿肌肉、臀肌、股四头肌和腘绳肌。对于站立腿而言,小腿肌肉和臀肌都会等长收缩;对于抬起的腿而言,腘绳肌、小腿肌肉在脚离地时会得到收缩训练。

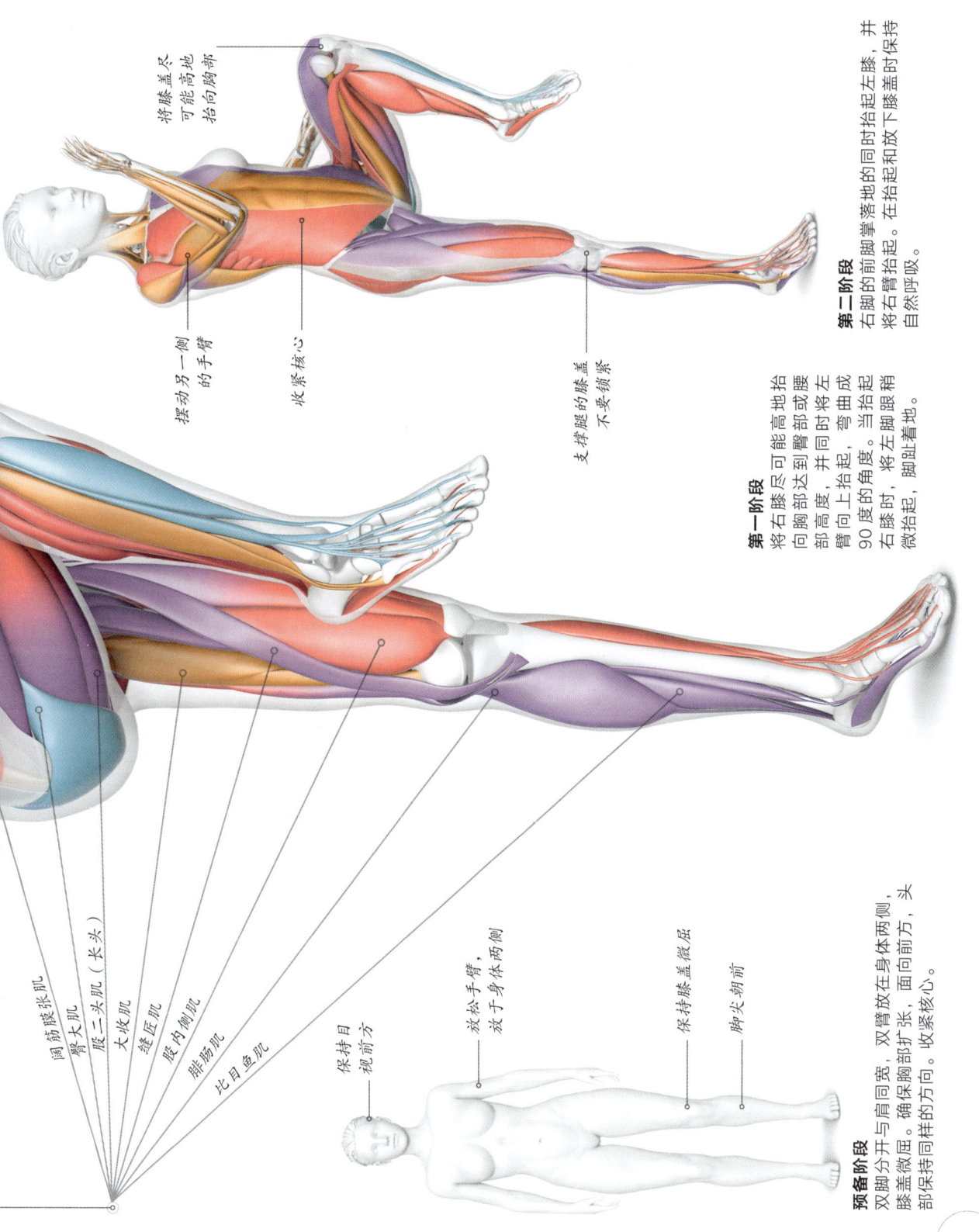

将膝盖尽可能高地抬向胸部

摆动另一侧的手臂

收紧核心

支撑腿的膝盖不要锁紧

第一阶段
将右膝尽可能高地抬向胸部达到臀部或腰部高度，并同时将左臂向上抬起，弯曲成90度的角度。当抬起右膝时，将左脚跟稍微抬起，脚趾着地。

第二阶段
右脚的前脚掌落地的同时抬起左膝，并将右臂抬起。在抬起和放下膝盖时保持自然呼吸。

阔筋膜张肌
臀大肌
股二头肌（长头）
大收肌
缝匠肌
股内侧肌
腓肠肌
比目鱼肌

保持目视前方

放松手臂，放于身体两侧

保持膝盖微屈

脚尖朝前

预备阶段
双脚分开与肩同宽，双臂放在身体两侧，膝盖微屈。确保胸部扩张，面向前方，头部保持同样的方向。收紧核心。

123

》变式动作

这些高抬腿动作是有氧强度很大的运动,旨在提高心率。该训练能够调动多个肌肉群,主要是核心肌群、髋屈肌、小腿肌群、股四头肌和腘绳肌。这些变式动作非常适合在训练前热身。如果增加跳绳的环节,则可以锻炼肱二头肌、前臂肌群和三角肌。

在较硬的地面上进行跳绳训练容易伤到膝盖和小腿,进而引发疼痛或导致受伤,请避免此类行为。

高抬腿跳绳

这是一项高级有氧耐力训练,可以加强腿部训练,尤其是小腿肌肉。你需要准备一根跳绳来进行此项运动。刚开始运动时,速度要放慢,找到自己的运动节奏。

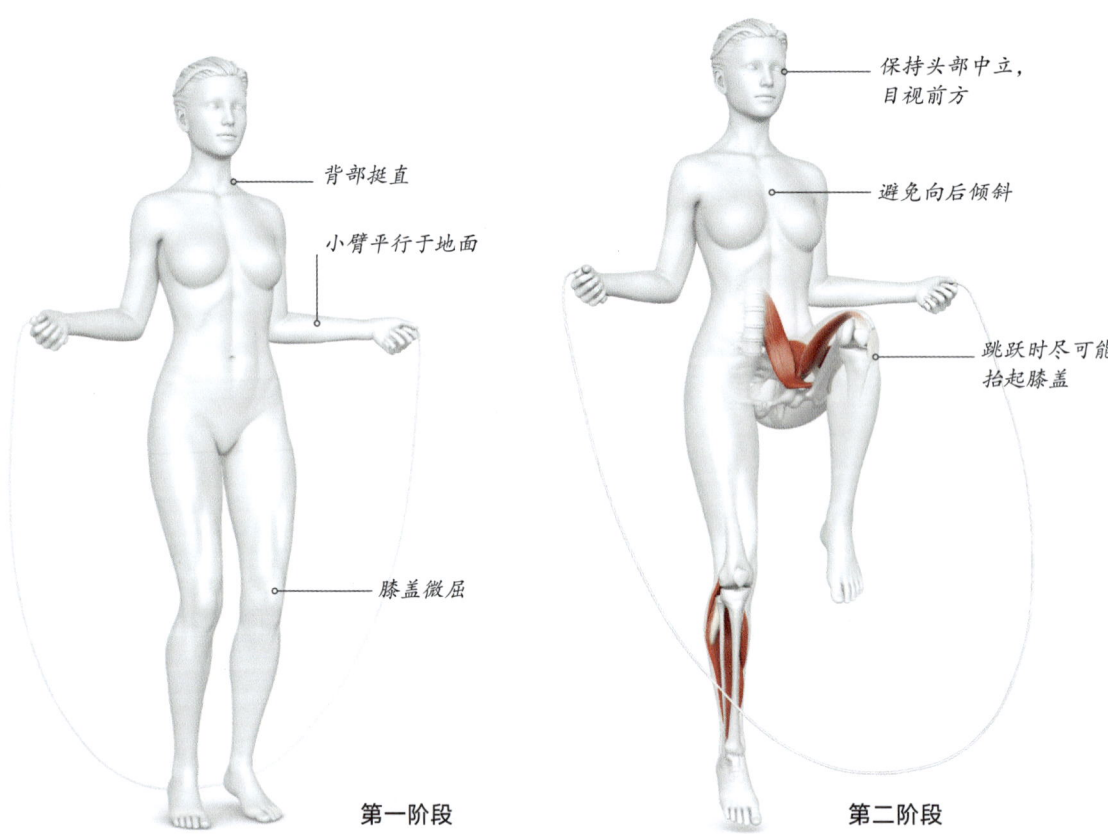

- 背部挺直
- 小臂平行于地面
- 膝盖微屈
- 保持头部中立,目视前方
- 避免向后倾斜
- 跳跃时尽可能地抬起膝盖

第一阶段　　　　　　　　第二阶段

预备阶段
站在健身垫上,双脚稍微分开。双手握住跳绳,站于绳前。

第一阶段
将肘部贴近身体,将双手向上摆动,把跳绳向上甩过头顶,然后单脚轮流跳起。

第二阶段
跳跃时尽可能高地抬起每个膝盖,每次跳绳交替抬腿,重复练习30~60秒。

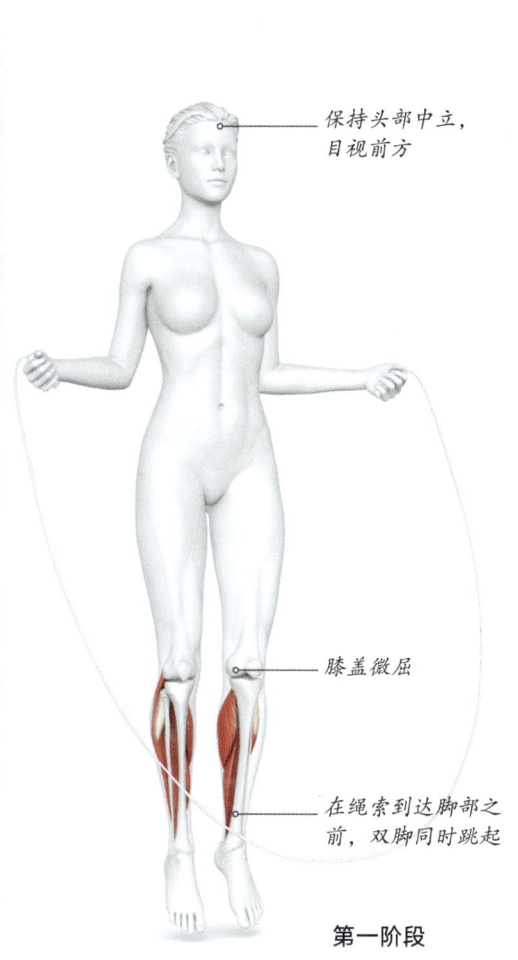
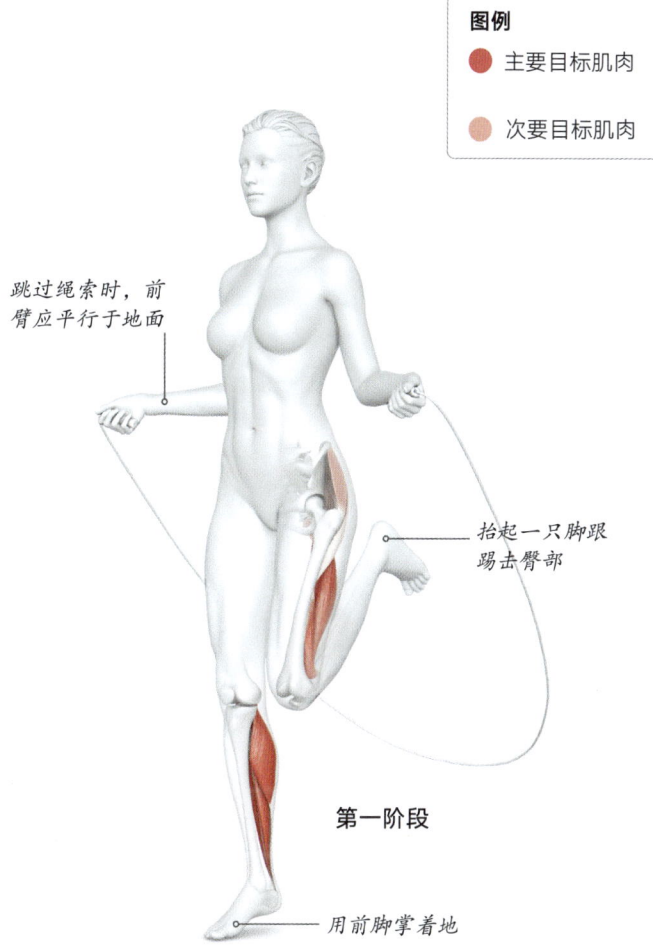

并脚跳绳

这个动作类似于高抬腿跳绳,不过这次需要双脚同时跳过绳子。

预备阶段
站在健身垫上,双脚略微分开。双手各持跳绳的绳柄,双脚站于绳前。

第一阶段
肘部贴紧身体两侧,双手抬起,使前臂与地面平行。将绳索向上甩过头顶,然后在绳子到达脚部前跳起,双脚同时离地。

第二阶段
重复这个动作 30~60 秒。

后踢腿跳绳

这个动作可以增加腿后肌收缩速度,提升跑步速度。在跳绳的同时,小腿肌肉也能进一步参与训练。

预备阶段
站在健身垫上,双脚稍微分开。双手握住跳绳把手,双脚站于绳前。

第一阶段
手肘贴紧身体两侧,双手抬起,使前臂与地面平行。将绳索向上挥起,然后双脚依次跳过绳索,当绳索接近时抬起脚跟踢击臀部。

第二阶段
尝试每次跳跃时都触碰臀部。重复进行 30~60 秒。

HIIT运动解剖学

深蹲跳

深蹲跳（又称为弹跳式深蹲）可以提高敏捷性、平衡性和爆发力，有助于提高运动者的垂直跳跃能力。它还可以强化臀部、腹部、大腿后侧和下背部肌肉。

动作点睛

该训练具有爆发性，因此在进行练习之前，一定要确保已经充分热身，不要在刚开始训练时就进行此动作。为避免对下背部造成过度的拉伸，请收紧核心。着地时，双腿均匀发力以抵抗身体重力。开始时可以进行1组5～10次的练习，然后慢慢增加到3组。

图例

- ┅┅ 关节
- ○ 肌肉
- ● 向心收缩的肌肉
- ● 离心收缩的肌肉
- ● 无张力下被拉长的肌肉
- ● 等长收缩的肌肉

上半身和腹部

竖脊肌帮助旋转和伸展脊柱和颈部。腹直肌、腹斜肌和腹横肌可以在跳跃时稳定躯干，将脊柱保持在同一条直线上。跳跃时的摆动动作能够增加手臂和肩膀的张力。

- 三角肌
- 肱二头肌
- 背阔肌
- 胸大肌
- 腹外斜肌
- 腹浅层肌
- 指浅屈肌
- 膝关节

下半身

股四头肌、膝关节伸肌和髋屈肌在共同作用下，可以稳定髋骨和膝关节。臀大肌协助髋关节的伸展、外展和旋转。腘绳肌参与膝关节伸展时的减速，并帮助膝关节屈曲、髋关节伸展。小腿肌肉中的腓肠肌可以帮助屈曲足

侧前视图

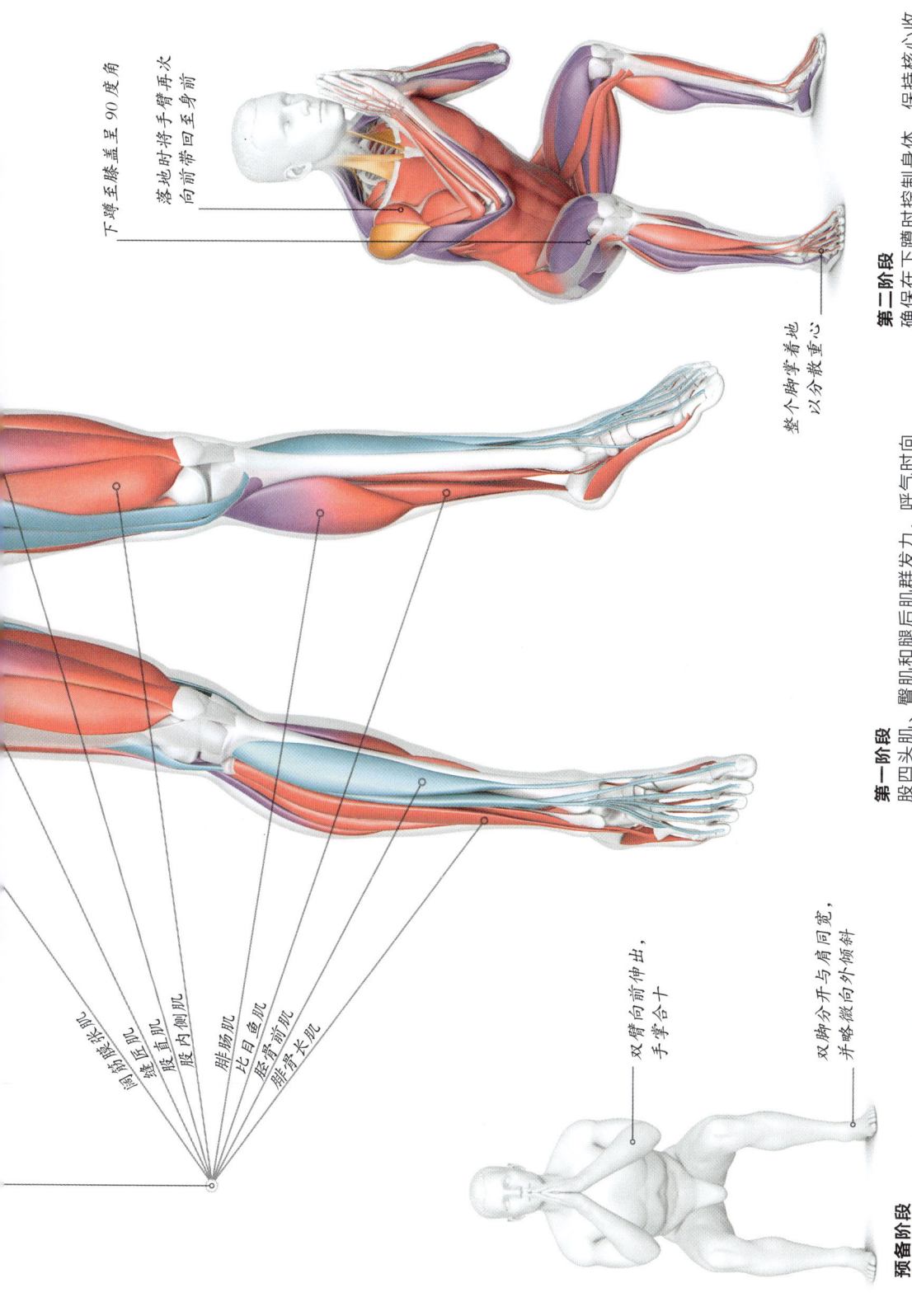

预备阶段

双脚与肩同宽,膝盖微屈。收紧核心,膝盖弯曲,下降至深蹲姿势,膝盖弯曲,大腿平行于地面。

- 阔筋膜张肌
- 缝匠肌
- 股直肌
- 股内侧肌
- 腓肠肌
- 比目鱼肌
- 胫骨前肌
- 腓骨长肌

双臂向前伸出,手掌合十

双脚分开与肩同宽,开略微向外倾斜

第一阶段

股四头肌、臀肌和腿后肌群发力,上爆发出跳跃动作,呼气时向全伸展,双脚离地。跳跃时将双臂向前完伸展,双腿伸展,同时伸展双腿,双臂向前伸出推动身体。并向两侧展开,帮助向上推动身体。

下蹲至膝盖呈90度角

落地时将手臂再次向前带回至身前

整个脚掌着地以分散重心

第二阶段

确保在下蹲时控制身体,保持核心收紧。脚底(脚趾、脚掌、足弓、脚后跟)有控制地落地。跳跃时下蹲进行爆发性跳跃。着陆后,立即重复跳跃。

》变式动作

这些深蹲跳跃的变式动作都是增强心肺功能和肌肉耐力的爆发力训练。在此过程中,你的腹肌、臀部、腿后肌群和下背部肌肉都会得到训练。但是无须每天都进行这些训练,应让身体有48~72小时的恢复时间。

> 在蛙跳和相扑跳中,如果起始时的双腿间距过大,则需要注意不要内扣膝盖。

图例
● 主要目标肌肉　● 次要目标肌肉

蛙跳

蛙跳是一种增强股四头肌、臀部、小腿、股二头肌、大腿内侧肌和髋屈肌的爆发力训练,能够增强肌肉含量、速度和敏捷性。

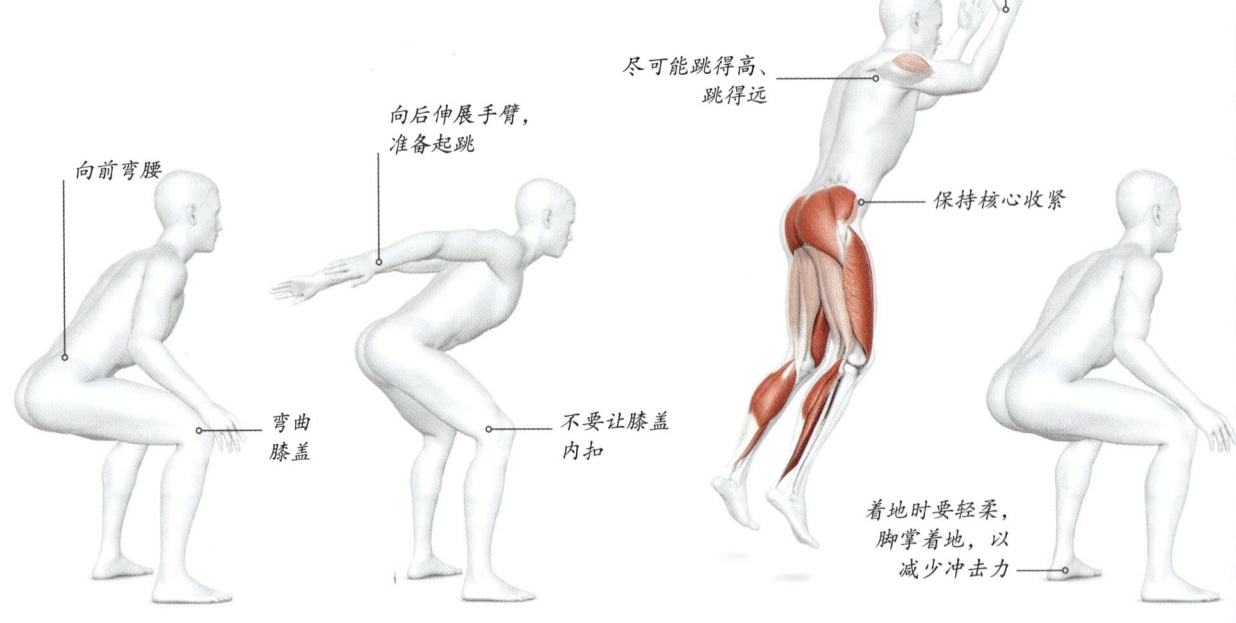

预备阶段
双脚分开,脚趾向前,确保前方足够宽敞,站在健身垫的一侧,下蹲进入宽距深蹲姿势。

第一阶段
首先收紧核心,准备向前跳。确保跳跃时,身体处于较低的位置,类似"青蛙"的姿势。

第二阶段
向前跳跃,身体尽可能向前推进,通过向前挥舞手臂来帮助自己增加动力。

第三阶段
先用脚趾着地,然后用脚掌着地,保持低蹲状态,类似青蛙的姿势。然后转身,以同样的方式跳回起跳的位置。

开合深蹲跳

该动作主要集中在速度、敏捷性和力量的训练上。它锻炼了腹肌、臀肌、腘绳肌和下背部肌肉。此外，它还锻炼了小腿内收肌和外展肌。

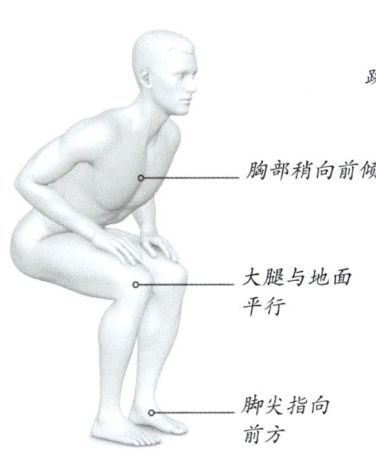
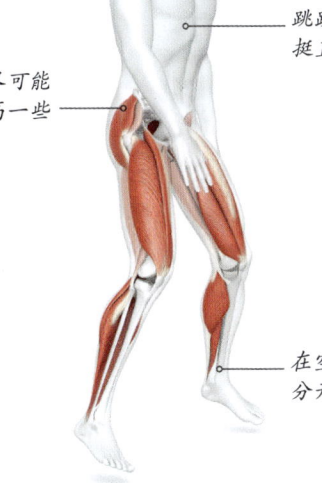
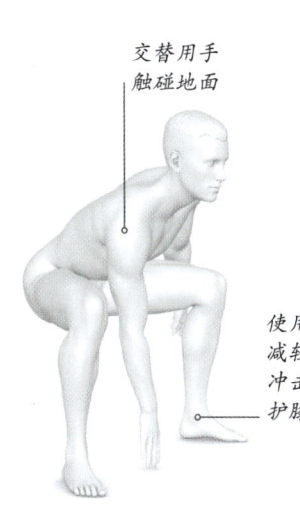

预备阶段：胸部稍向前倾；大腿与地面平行；脚尖指向前方

第一阶段：跳跃时胸部挺直；尽可能跳高一些；在空中分开双脚

第二阶段：交替用手触碰地面；使用脚掌来减轻着地的冲击力，保护膝盖

预备阶段
双脚并拢站立，膝盖稍微弯曲，手放在大腿前方。吸气，身体下沉进入椅子深蹲姿势（见第 92 页）。

第一阶段
迅速跳起，下落时在空中分开双脚。着地时双脚分开成宽蹲姿势，蹲下并用一只手触摸地面。

第二阶段
轻轻落地，脚尖、脚掌、脚跟依次着地。从蹲姿起跳，双脚并拢回到起始位置。

相扑深蹲

相扑深蹲可以塑造双腿和臀部的线条，同时训练臀肌、股内侧肌、股外侧肌、腹肌、下背部等肌肉。

预备阶段
双腿分开，脚尖朝外，缓慢地弯曲髋部和膝盖进入相扑深蹲姿势（见第 93 页）。

第一阶段
呼气，利用臀部、腿部、腹部肌肉的力量，向上跳起来，在空中拉直双腿和臀部，然后回到地面。

第二阶段
落地回到相扑深蹲的姿势。在着地时，确保膝盖微屈以避免受伤，同时使用脚掌来减轻着地的冲击力。重复动作 30~60 秒。

预备阶段：眼睛向前看；大腿与地面平行；膝盖外展；脚尖朝外

第一阶段：双臂伸直向前，双手轻轻握拳；收紧核心；跳跃时双腿伸直

HIIT运动解剖学

收腹跳

在收腹跳中，你需要利用自身体重和力量来同时收缩多块肌肉以跳向空中。这个动作需要力量和心血管耐力，并且能够增强股四头肌、臀肌、腘绳肌、小腿肌、髋屈肌、腹部肌群以及腹斜肌的力量。

动作点睛

不要在HIIT训练的开始阶段进行收腹跳或其他弹跳训练，需要先进行热身，否则可能会对膝盖和关节造成伤害。掌握正确的落地技巧也很重要：要确保你的脚、膝盖和臀部缓冲着地。跳跃时要充分利用身体的运动范围。初学者可完成1组4~8次跳跃。这是一种高难度的健身动作，因此每周训练不要超过两次，以避免对关节造成太大的压力。

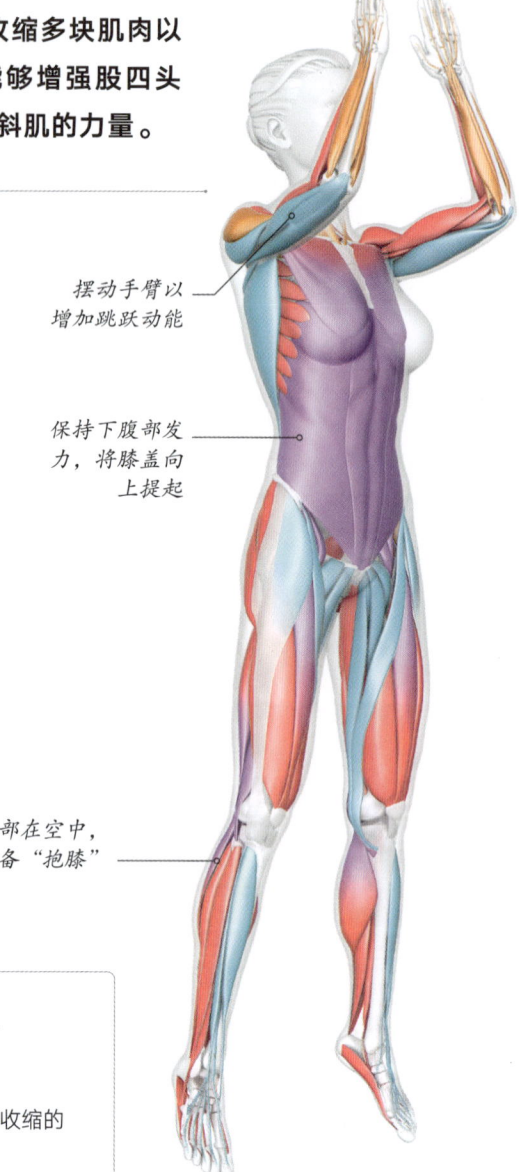

- 摆动手臂以增加跳跃动能
- 保持下腹部发力，将膝盖向上提起
- 腿部在空中，准备"抱膝"

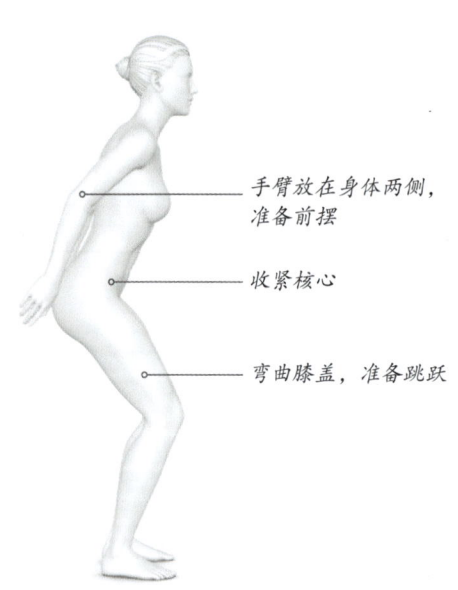

- 手臂放在身体两侧，准备前摆
- 收紧核心
- 弯曲膝盖，准备跳跃

图例
- ●-- 关节
- ○— 肌肉
- ● 向心收缩的肌肉
- ● 离心收缩的肌肉
- ● 无张力下被拉长的肌肉
- ● 等长收缩的肌肉

预备阶段
双脚与肩同宽，手臂放在身体两侧，膝盖微屈，核心收紧。稍微弯曲膝盖，准备将自己从地面上弹起。

第一阶段
用腿部肌肉推动身体，呼气并向上跳起，弯曲手臂并向前上方摆动。

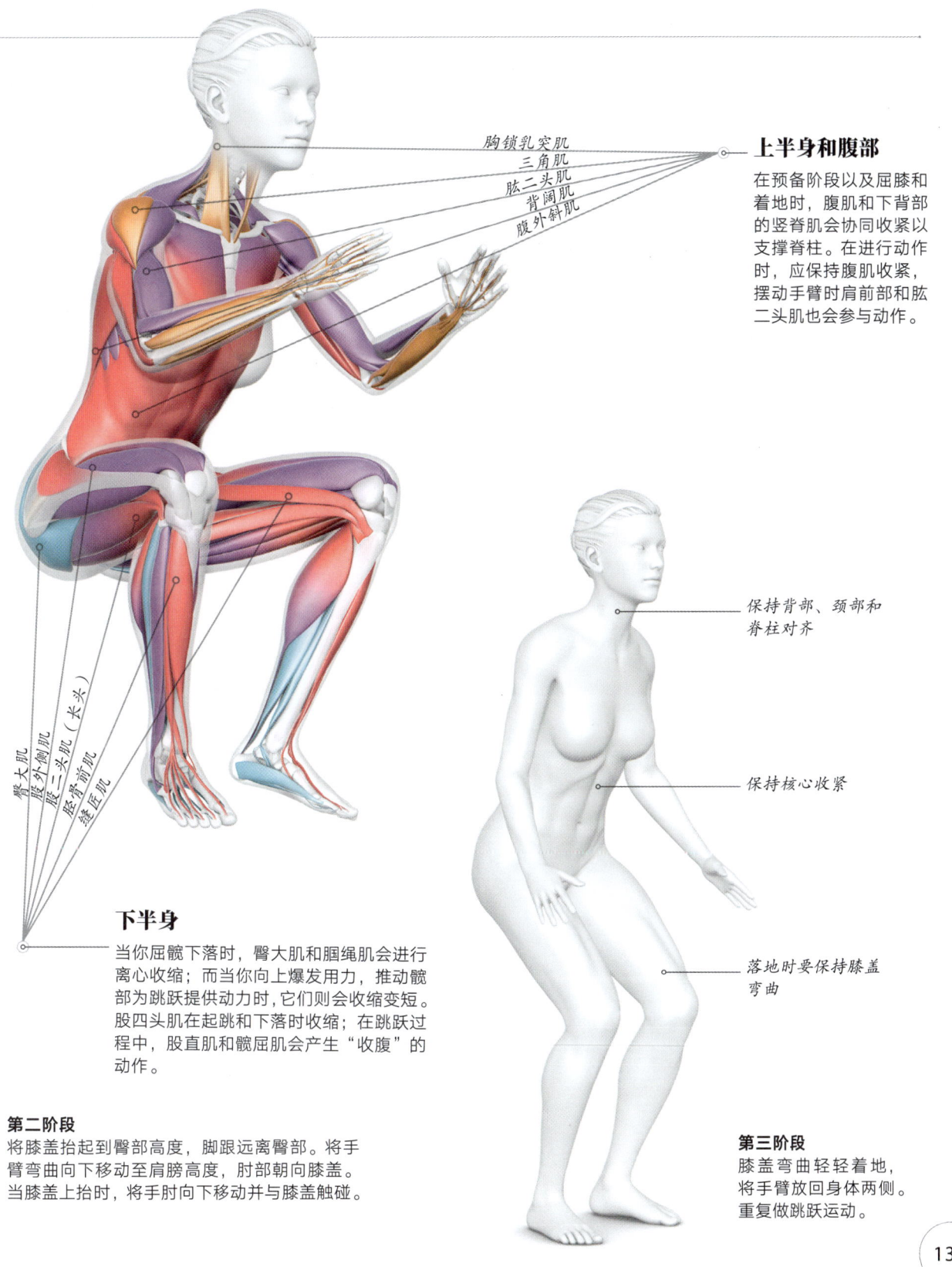

上半身和腹部

在预备阶段以及屈膝和着地时，腹肌和下背部的竖脊肌会协同收紧以支撑脊柱。在进行动作时，应保持腹肌收紧，摆动手臂时肩前部和肱二头肌也会参与动作。

胸锁乳突肌
三角肌
肱二头肌
背阔肌
腹外斜肌

臀大肌
股外侧肌
股二头肌（长头）
胫骨前肌
缝匠肌

下半身

当你屈髋下落时，臀大肌和腘绳肌会进行离心收缩；而当你向上爆发用力，推动髋部为跳跃提供动力时，它们则会收缩变短。股四头肌在起跳和下落时收缩；在跳跃过程中，股直肌和髋屈肌会产生"收腹"的动作。

保持背部、颈部和脊柱对齐

保持核心收紧

落地时要保持膝盖弯曲

第二阶段

将膝盖抬起到臀部高度，脚跟远离臀部。将手臂弯曲向下移动至肩膀高度，肘部朝向膝盖。当膝盖上抬时，将手肘向下移动并与膝盖触碰。

第三阶段

膝盖弯曲轻轻着地，将手臂放回身体两侧。重复做跳跃运动。

箱跳

箱跳是一种通过弹跳动作训练下肢肌肉群的爆发性训练。它能够针对臀肌、腘绳肌、股四头肌和小腿等下肢肌肉群进行有效训练。此外，由于在跳跃时还需要运用核心肌群和手臂的摆动动作，箱跳实际上是一项全身锻炼。

动作点睛

掌握箱跳训练的关键是确保使用适合你当前健身水平的跳箱。如果你是初学者，你应该从一个30厘米高的跳箱开始，这样你可以逐渐适应这个动作。当水平有所提高后，可以逐渐转向更高的跳箱。如果刚开始练习，可以每组重复10~12次，共3组。

第二阶段
通过脚掌向上爆发跃。在完全伸展膝和臀部的同时，向摆动双臂以获得最高度。跳跃到达顶时，将膝盖和髋部曲并向上拉，最后在跳箱顶部。

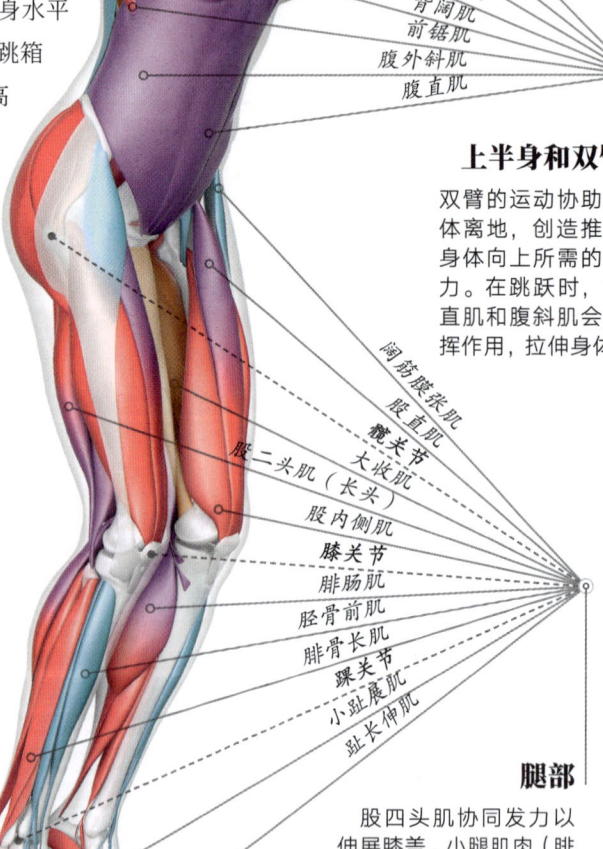

上半身和双臂
双臂的运动协助身体离地，创造推动身体向上所需的动力。在跳跃时，腹直肌和腹斜肌会发挥作用，拉伸身体。

腿部
股四头肌协同发力以伸展膝盖。小腿肌肉（腓肠肌和比目鱼肌）则帮助你在跳跃时产生"弹簧"运动。腘绳肌共同发力以屈曲膝盖和伸展髋部。臀肌可以帮助髋部伸展。

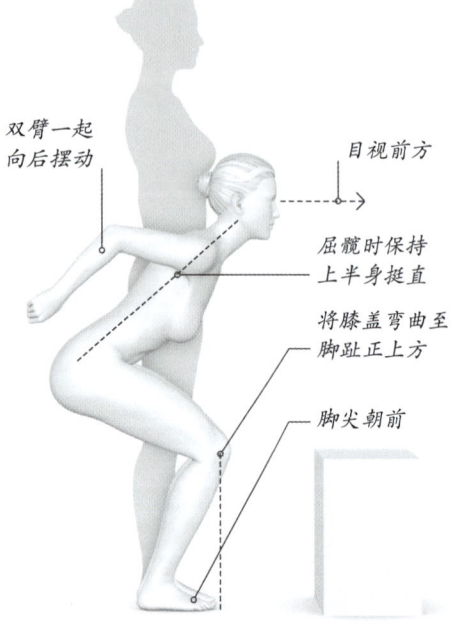

第一阶段
首先面对跳箱站立。双脚应与髋同宽，膝盖和髋部稍微弯曲，呈运动准备姿势。在将膝盖弯曲并将臀部向后移动的同时，向后摆动双臂。

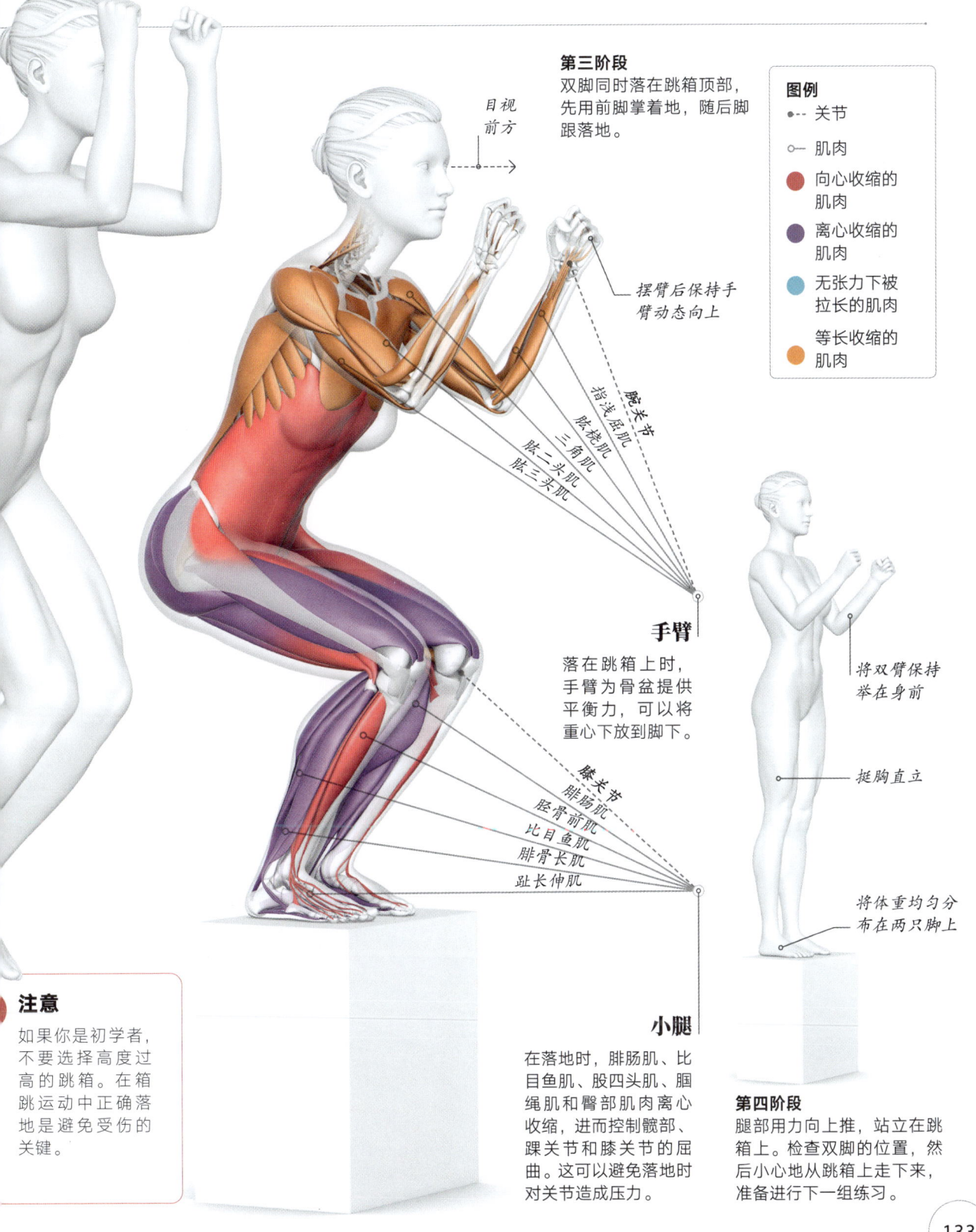

133

单腿前跳

单腿前跳可以增强小腿肌肉、髋屈肌、腘绳肌和股四头肌，进而提高敏捷性、速度、平衡和整体运动表现。

动作点睛

在开始这个练习之前，请确保训练区域没有障碍物。与所有跳跃一样，落地的方式是很重要的。避免膝盖和踝关节出现扭曲或侧向运动。一条腿完成3~10次跳跃后，再换另一条腿。类似这样的弹跳训练每周最多进行两次，为肌肉提供充分的恢复时间。

上半身和腹肌

腹横肌、腹直肌和腹斜肌有助于支撑脊柱，保持脊柱位于中立位，并稳定躯干。摆臂运动可以训练到肩前部、旋转袖肌群和肱二头肌。

斜方肌
三角肌
背阔肌
腹直肌
腹外斜肌

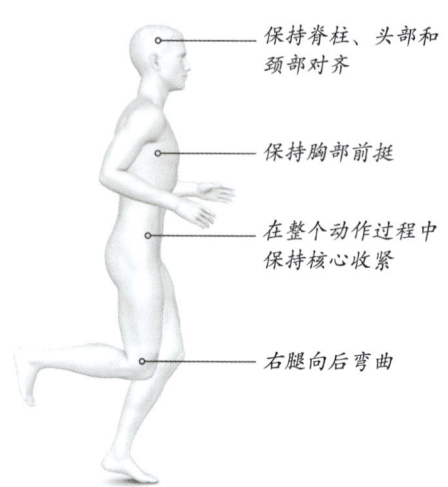

预备阶段
双腿分开，与肩同宽，保持背部挺直，挺胸。右腿离地，向后屈。稍微弯曲左膝盖，用力向地面蹬跳前进。

- 保持脊柱、头部和颈部对齐
- 保持胸部前挺
- 在整个动作过程中保持核心收紧
- 右腿向后弯曲

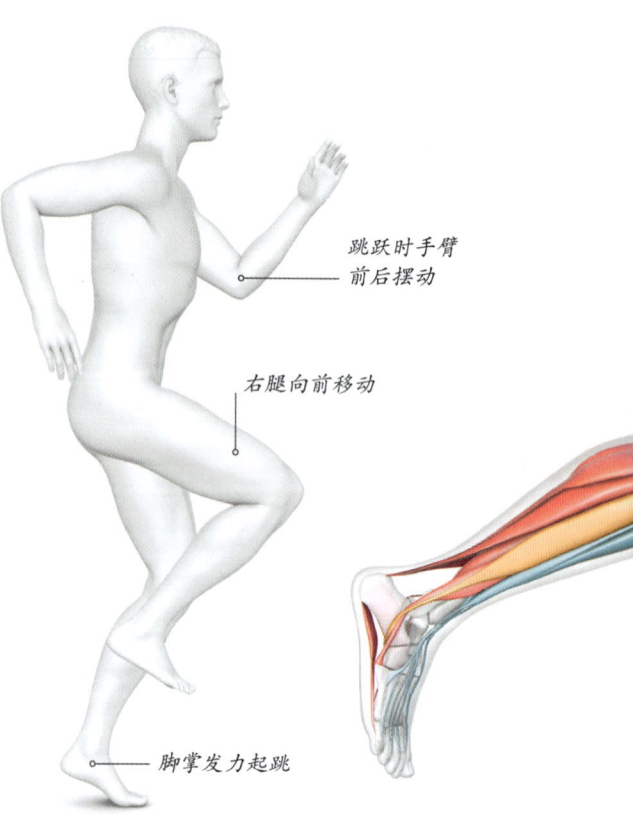

第一阶段
在跳跃时，将蹦跳的（左）腿轻微向前抬起，以增加跳跃时的动力。用右腿帮助身体向前移动，在推进身体向前的同时，手臂也向后移动。

- 跳跃时手臂前后摆动
- 右腿向前移动
- 脚掌发力起跳

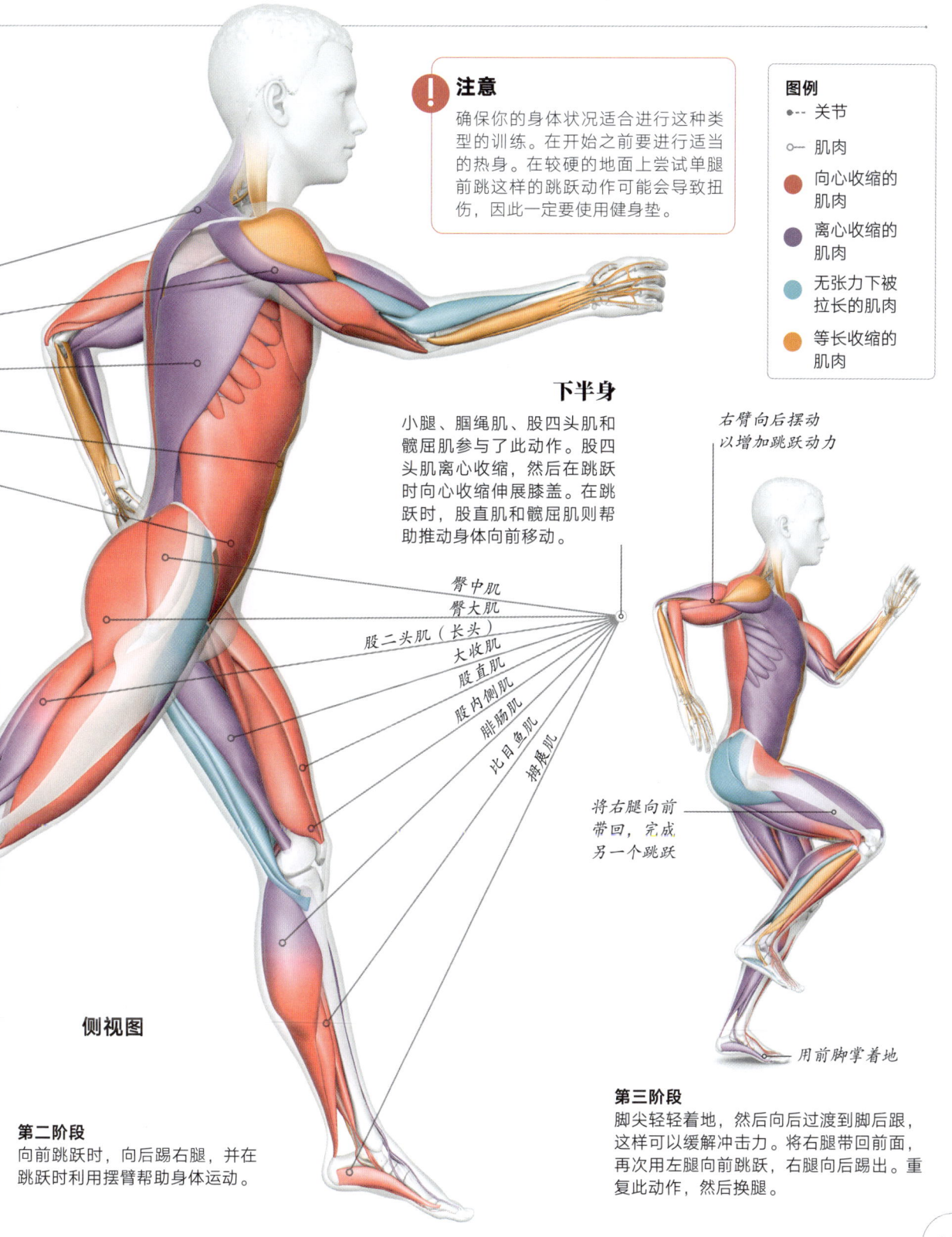

注意
确保你的身体状况适合进行这种类型的训练。在开始之前要进行适当的热身。在较硬的地面上尝试单腿前跳这样的跳跃动作可能会导致扭伤,因此一定要使用健身垫。

图例
- 关节
- 肌肉
- 向心收缩的肌肉
- 离心收缩的肌肉
- 无张力下被拉长的肌肉
- 等长收缩的肌肉

下半身
小腿、腘绳肌、股四头肌和髋屈肌参与了此动作。股四头肌离心收缩,然后在跳跃时向心收缩伸展膝盖。在跳跃时,股直肌和髋屈肌则帮助推动身体向前移动。

臀中肌
臀大肌
股二头肌(长头)
大收肌
股直肌
股内侧肌
腓肠肌
比目鱼肌
拇展肌

右臂向后摆动以增加跳跃动力

将右腿向前带回,完成另一个跳跃

用前脚掌着地

侧视图

第二阶段
向前跳跃时,向后踢右腿,并在跳跃时利用摆臂帮助身体运动。

第三阶段
脚尖轻轻着地,然后向后过渡到脚后跟,这样可以缓解冲击力。将右腿带回前面,再用左腿向前跳跃,右腿向后踢出。重复此动作,然后换腿。

HIIT 运动解剖学

足球波比跳

足球波比跳是一项兼具心血管锻炼和力量塑造的运动,结合了原地跑和波比跳两个动作。它可以锻炼腹部肌肉、上背部肌肉、胸部肌肉、肩部肌肉、小腿肌肉、肱三头肌和股四头肌,并提高协调性和敏捷性。

动作点睛

在开始这个运动之前,请确保地面是平整的。开始时保持低位蹲姿,但不要让膝盖向前超过脚尖。如果你是初学者,可以在原地跑8次,然后再做俯卧撑,重复30秒。

图例
- ●-- 关节
- ○— 肌肉
- ● 向心收缩的肌肉
- ● 离心收缩的肌肉
- ● 无张力下被拉长的肌肉
- ● 等长收缩的肌肉

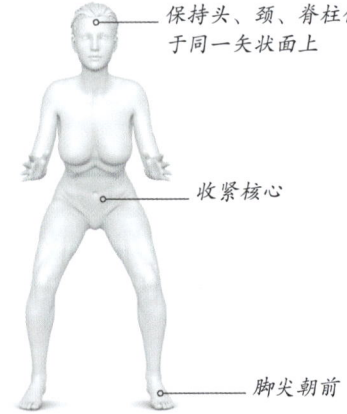

保持头、颈、脊柱位于同一矢状面上

收紧核心

脚尖朝前

预备阶段
双脚与肩同宽,弯曲膝盖,稍微下蹲。将肘部弯曲至 90 度,并在第一阶段时也保持这个角度。

第一阶段
开始原地小步跑,双脚快速地交替跃起,保持脚尖着地。在进行这个速度快、爆发力强的动作时,保持手臂静止。中间不要停顿,完成 8 次动作。

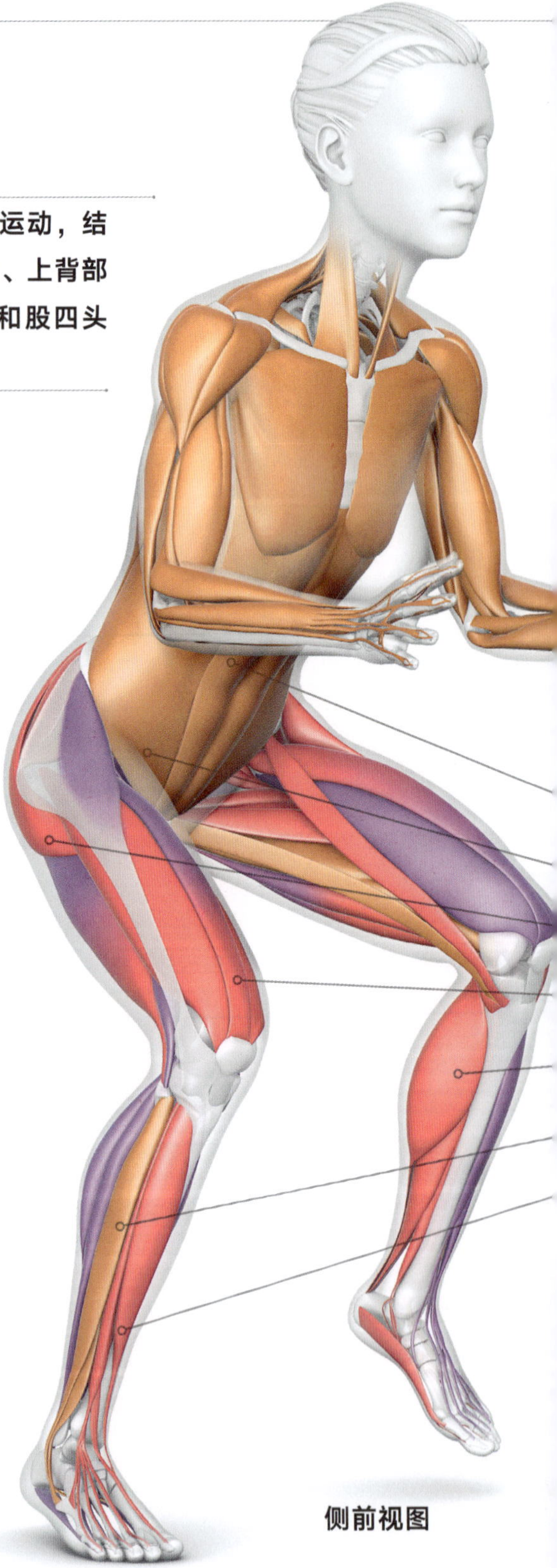

侧前视图

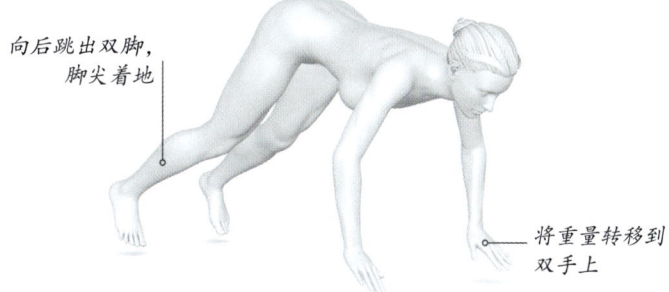

向后跳出双脚，
脚尖着地

将重量转移到双手上

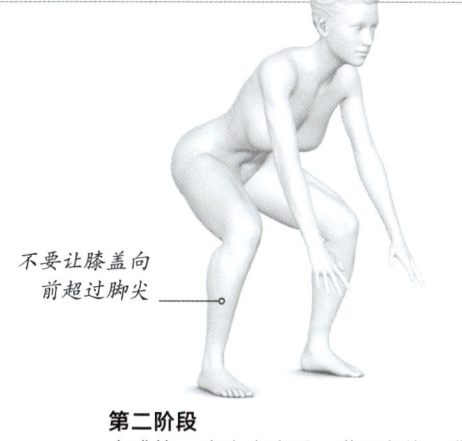

不要让膝盖向前超过脚尖

第二阶段
完成第 8 次小步跑后，蹲下身体，准备将双手撑在地面上。

第三阶段
将重心移到双手和肩膀上，同时双脚向后跳使双腿伸直，保持核心收紧。

下半身和腹部
在这个运动中，股四头肌、小腿、腘绳肌和臀部都会得到训练。股四头肌通过伸展膝盖并稳定髌骨和膝关节来发挥作用。髂腰肌、阔筋膜张肌和股直肌帮助伸展髋部。站立时，小腿的腓肠肌和比目鱼肌都会收缩。

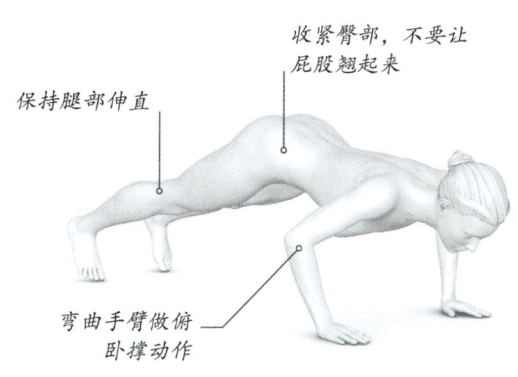

收紧臀部，不要让屁股翘起来

保持腿部伸直

弯曲手臂做俯卧撑动作

第四阶段
进入高位平板支撑的姿势，重心放在双手和脚趾上，准备做俯卧撑。

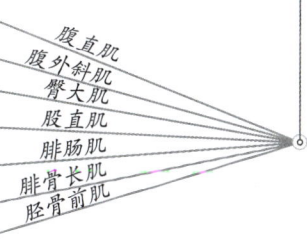

腹直肌
腹外斜肌
臀大肌
股直肌
腓肠肌
腓骨长肌
胫骨前肌

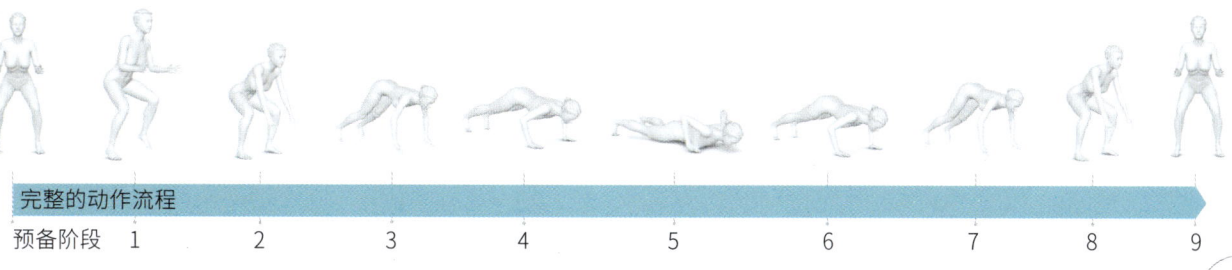

完整的动作流程

预备阶段　1　2　3　4　5　6　7　8　9

足球波比跳(续)

上半身和腹部

在运动的第五阶段,肱三头肌、上背部、胸部和肩膀都被激活。腰大肌帮助伸展胸椎和腰椎。当你向后跳时,腹直肌和斜方肌会收缩以稳定脊柱。胸大肌、肱三头肌、三角肌前束、中斜方肌和上斜方肌都被激活。

脚趾背屈着地
手掌稍稍离开地面

第五阶段

弯曲肘部,将上半身向下压至地面进行俯卧撑,胸部位于双手中间。胸部轻轻触碰地面并短暂地抬起手掌。脚尖着地,双脚与髋同宽。

! **注意**

这是一项非常快速的有氧运动。请确保你的身体适合此训练,保持核心收紧以保护背部。

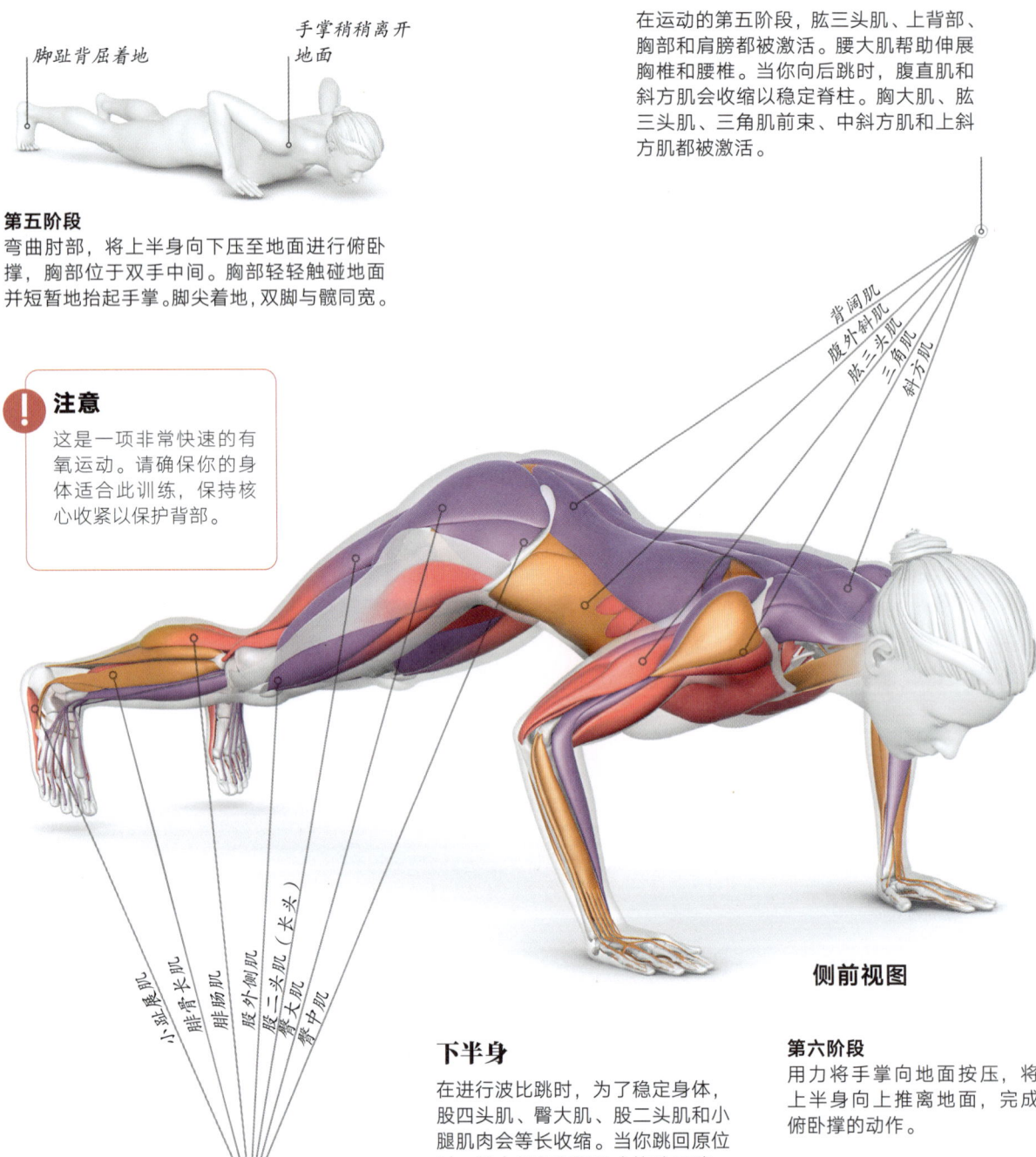

背阔肌
腹外斜肌
肱三头肌
三角肌
斜方肌

小趾展肌
腓骨长肌
腓肠肌
股外侧肌
股二头肌(长头)
臀大肌
臀中肌

侧前视图

下半身

在进行波比跳时,为了稳定身体,股四头肌、臀大肌、股二头肌和小腿肌肉会等长收缩。当你跳回原位时,臀大肌和腘绳肌会协助屈髋,腘绳肌也会辅助屈膝动作。

第六阶段

用力将手掌向地面按压,将上半身向上推离地面,完成俯卧撑的动作。

图例
- •-- 关节
- ○- 肌肉
- ● 向心收缩的肌肉
- ● 离心收缩的肌肉
- ● 无张力下被拉长的肌肉
- ● 等长收缩的肌肉

放低重心,让体重均匀分布,进而让身体更快地移动并保持平衡。

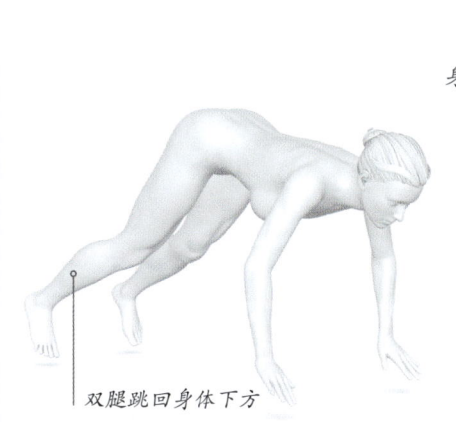

双腿跳回身体下方

第七阶段
将双腿跳回身体下方,准备在半蹲姿势下起身,膝盖弯曲,不要锁死。

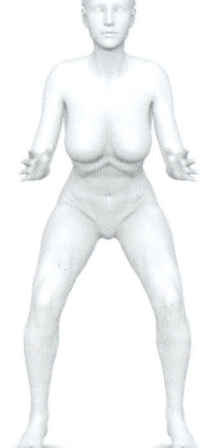

身体重心放低

在原地跑步时保持胸部挺直

第八阶段
双脚分开,与肩同宽。将重心转移到腿上,并将肘关节弯曲到预备阶段的位置。

第九阶段
在原地快速进行8次动作,然后再次跳下并重复该动作。

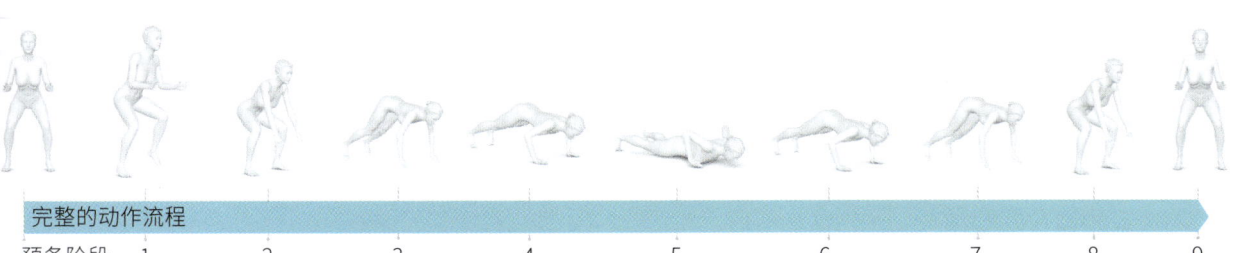

完整的动作流程

预备阶段　1　2　3　4　5　6　7　8　9

139

HIIT运动解剖学

波比跳

这项全身运动可以增强下半身和上半身的力量,提高敏捷性、力量和耐力,重点训练腿部、臀部、腹部、胸部、肩部和手臂。波比跳是一种高强度运动,可以提高心率,加速新陈代谢。

动作点睛

波比跳是一种非常具有挑战性的运动,将具有爆发力的跳跃和增强力量的俯卧撑结合在一起。为了进一步挑战自己,你可以选择屈腿跳而不是直腿跳,把膝盖抬高至胸部。在脊柱、颈部和头部保持一条直线的情况下,从第一阶段就开始进行屈腿跳。通过收紧核心将膝盖向内收。初学者可以从进行5次动作开始,逐渐增加到10次。

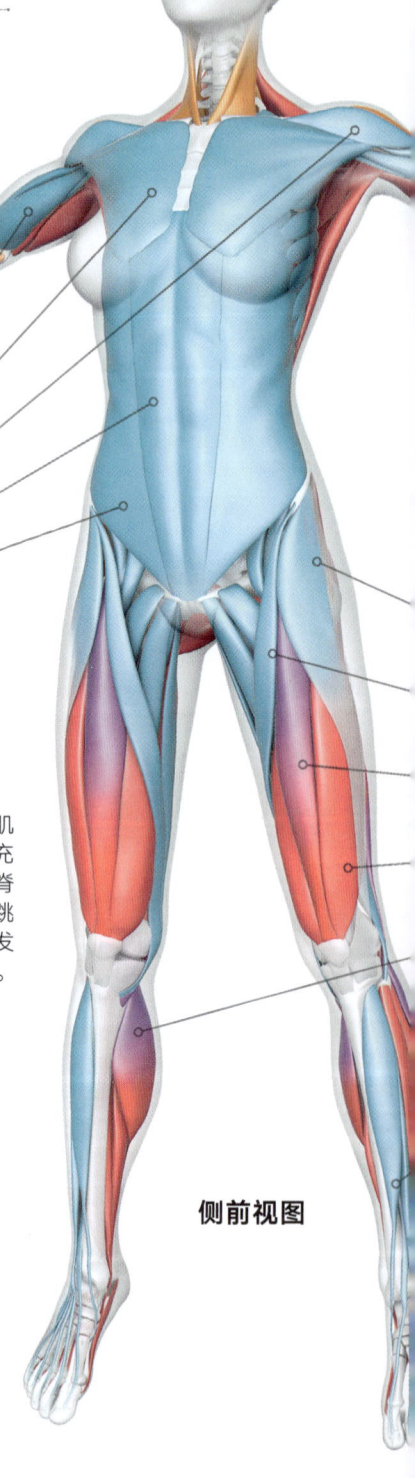

指浅屈肌
肱二头肌
胸大肌
三角肌
腹直肌
腹外斜肌

上半身

上半身肌肉充分发挥作用,胸大肌、三角肌和肱三头肌收缩以完成动作。腹肌也充分发挥作用以支撑脊柱。脊柱伸肌则保持身体稳定。跳跃时,肩部的肌肉也会发力,进而完成摆臂的动作。

侧前视图

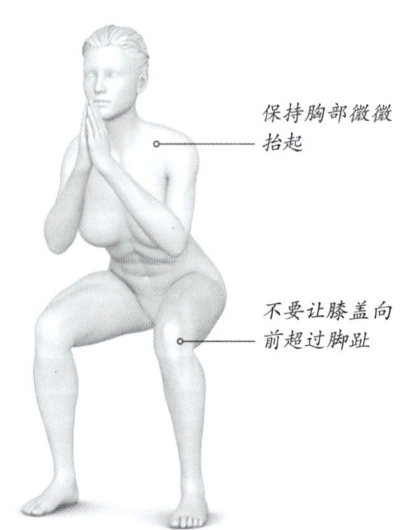

保持胸部微微抬起

不要让膝盖向前超过脚趾

预备阶段

双脚分开与肩同宽,脊柱和颈部保持一致,膝盖弯曲。确保膝盖不要向前超过脚尖,胸部前倾不低于45度。

第一阶段

利用腿部力量,快速跳起并回到起点。跳跃时,将双臂向两侧摆动,同时保持双腿伸直。

接下页 »

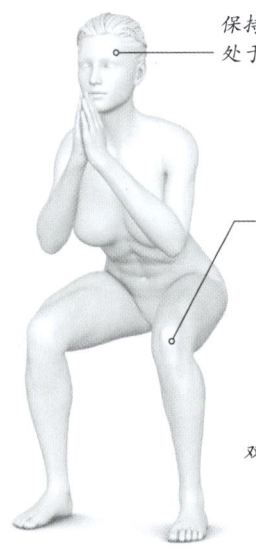

保持头、颈和脊柱处于同一矢状面上

着地时膝盖要放松

准备跳回双脚向后的姿势

双臂应伸直，但不要锁死肘部

! 注意
过度的前屈和后弯会引发手腕和后背下部受伤。

第二阶段
膝盖弯曲，着地后，回到深蹲姿势，准备做俯卧撑。

第三阶段
将双手放在双脚内侧，此时身体呈倒"V"形。

阔筋膜张肌
缝匠肌
股直肌
股外侧肌
腓肠肌
比目鱼肌
胫骨前肌

下半身
波比跳中的深蹲姿势需要依靠股四头肌、腘绳肌和臀部肌肉发力。在双脚向后推时，臀部肌肉和腘绳肌仍然需要参与动作。在整个运动中，髋屈肌和股四头肌都需要发力。跳起来时，股四头肌、臀部肌肉和腘绳肌都会收缩。

图例
- -- 关节
- 〇 肌肉
- ● 向心收缩的肌肉
- ● 离心收缩的肌肉
- ● 无张力下被拉长的肌肉
- ● 等长收缩的肌肉

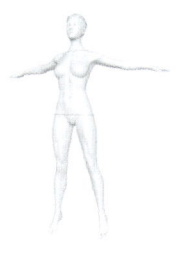      

完整的动作流程

预备阶段　1　2　3　4　5　6　7

141

》波比跳（续）

图例
- ●-- 关节
- ○— 肌肉
- ● 向心收缩的肌肉
- ● 离心收缩的肌肉
- ● 无张力下被拉长的肌肉
- ● 等长收缩的肌肉

保持头、颈、脊柱位于同一条直线上

重心放在脚趾上

收紧核心

第四阶段
用双手支撑身体重量，跳回双脚向后的姿势，变成高位平板支撑的姿势（见第30~31页）。如果需要调整难度，可以双脚轮换着向后蹬。

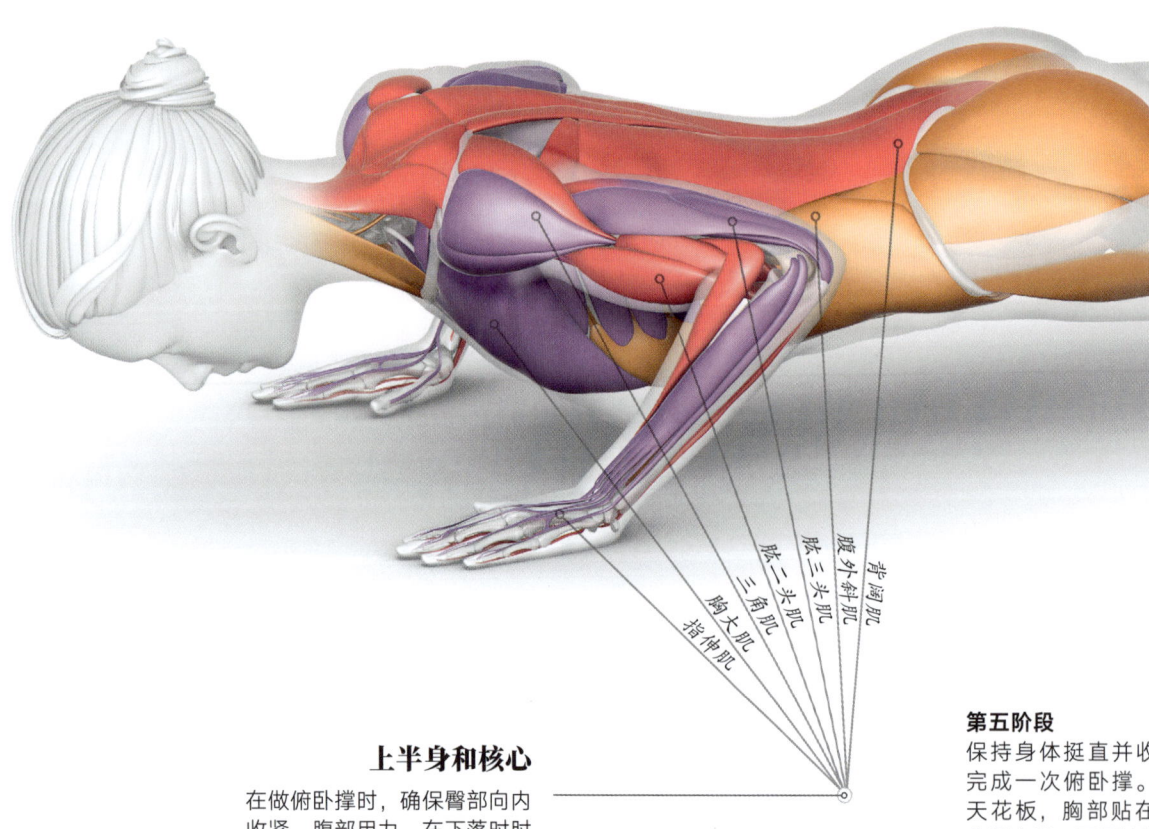

背阔肌
腹外斜肌
肱三头肌
三角肌
胸大肌
指伸肌

上半身和核心
在做俯卧撑时，确保臀部向内收紧、腹部用力，在下落时肘部稍微向后以保护三角肌。

第五阶段
保持身体挺直并收紧核心，完成一次俯卧撑。肘部朝向天花板，胸部贴在地面上。收紧大腿，不要让背部下垂或在向上推起身体时翘起臀部。

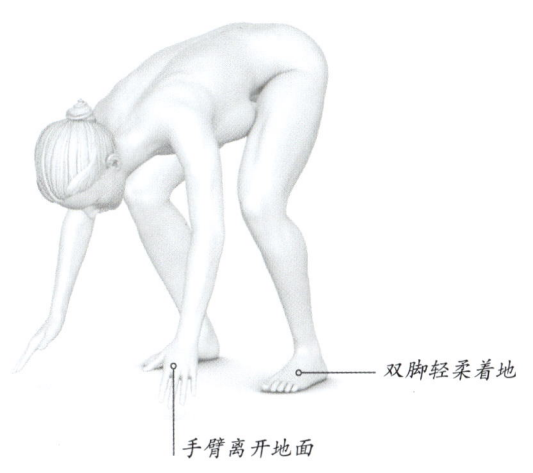

— 双脚轻柔着地

— 手臂离开地面

第六阶段
双脚跳回原来的位置,稳稳落地。

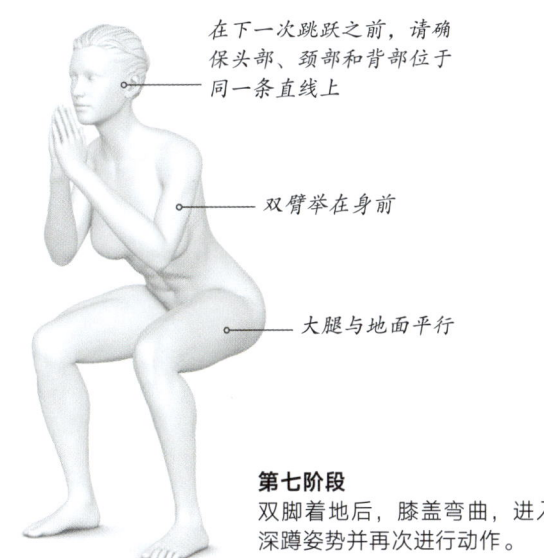

在下一次跳跃之前,请确保头部、颈部和背部位于同一条直线上

— 双臂举在身前

— 大腿与地面平行

第七阶段
双脚着地后,膝盖弯曲,进入深蹲姿势并再次进行动作。

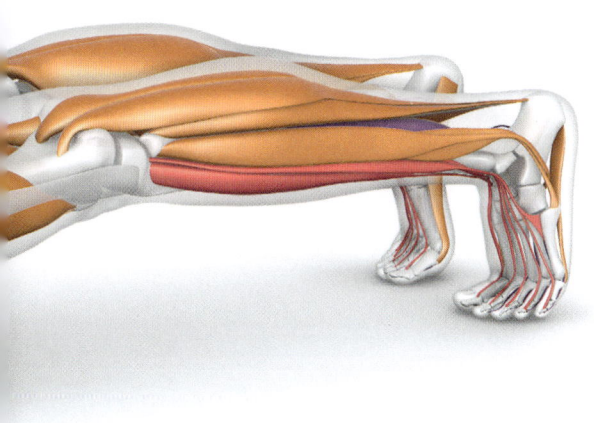

> 波比跳有助于加速新陈代谢,让你的卡路里飞速燃烧一整天。

完整的动作流程

预备阶段　1　2　3　4　5　6　7

熊爬

熊爬运动是一项以增强活动性为重点的核心训练。爬行过程中，全身的运动可以提高协调性和心脏功能并提高耐力，同时增强整体的运动表现。该动作可以强化肩部、胸部、背部和臀部的肌肉、股四头肌、腘绳肌和核心肌群的力量。

预备阶段
摆出高位平板支撑姿势（见第30~31页），双手位于肩膀下方，背部挺直，收紧核心，双脚与髋同宽，脚跟离地。

动作点睛

身体向前移动时，背部保持平直。移动前，收紧核心，使臀部和肩膀保持在同一条直线上；移动时，保持核心收紧。练习过程中，膝盖离地，身体保持"桌式"姿势。同时，头部与颈部保持水平，不可向上抬起或垂下。在移动时，尽量让所有动作都在躯干向下垂直的范围内。如果发现腿部侧滑或臀部摇晃，那可能是你的步子太大了。刚开始练习，可以做30秒。慢慢地，可以将训练提升至进行3~5组，每组1~2分钟。

下半身

熊爬动作可以锻炼股四头肌、臀部、髋屈肌和腘绳肌。臀部可以帮助你在前后移动时保持稳定，而股四头肌则需要在等长收缩状态下持续工作。

第一阶段

进入熊式平板支撑姿势（见第40~41页）。通过模拟爬行的动作，同时向前移动右手和左脚，然后立即切换另一侧，移动左手和右脚。身体放低，小步爬行。

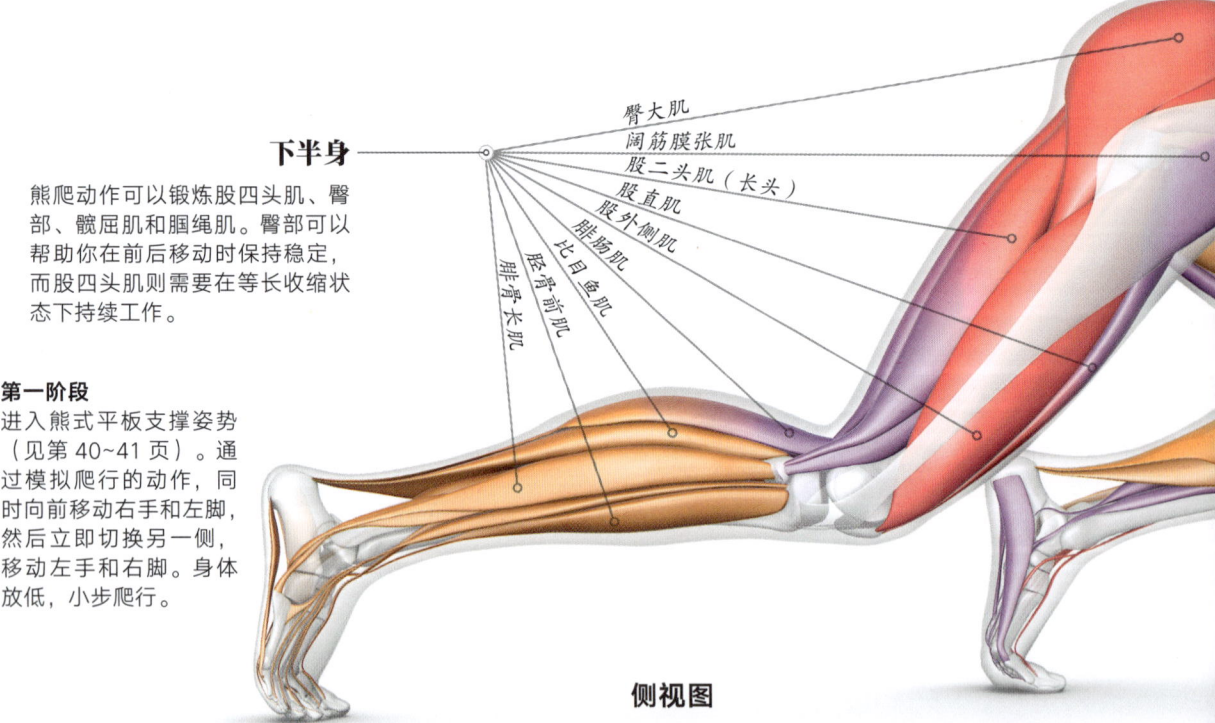

侧视图

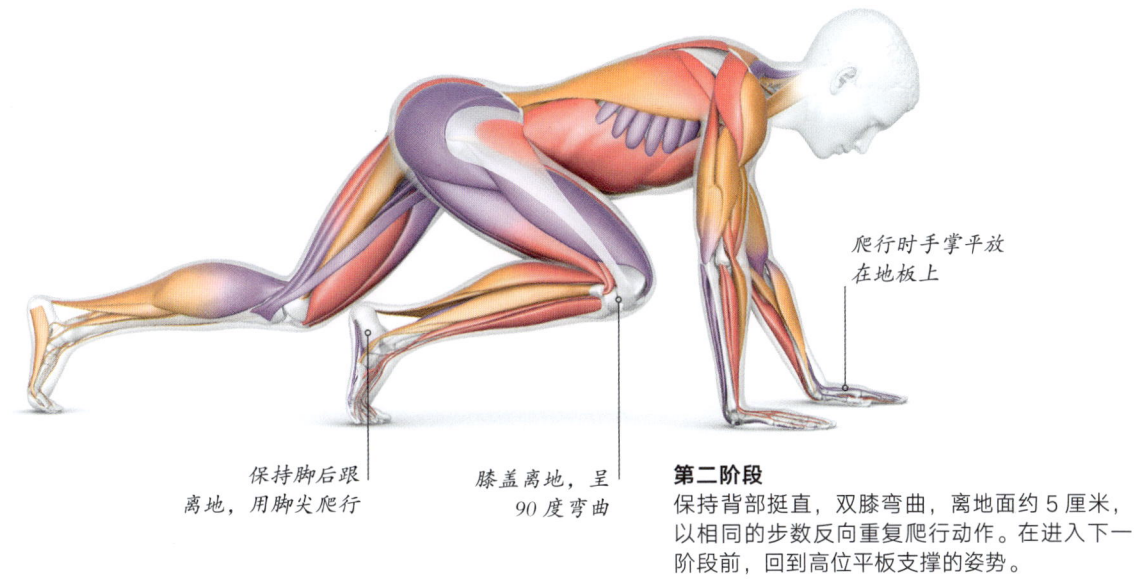

爬行时手掌平放在地板上

保持脚后跟离地,用脚尖爬行

膝盖离地,呈90度弯曲

第二阶段

保持背部挺直,双膝弯曲,离地面约5厘米,以相同的步数反向重复爬行动作。在进入下一阶段前,回到高位平板支撑的姿势。

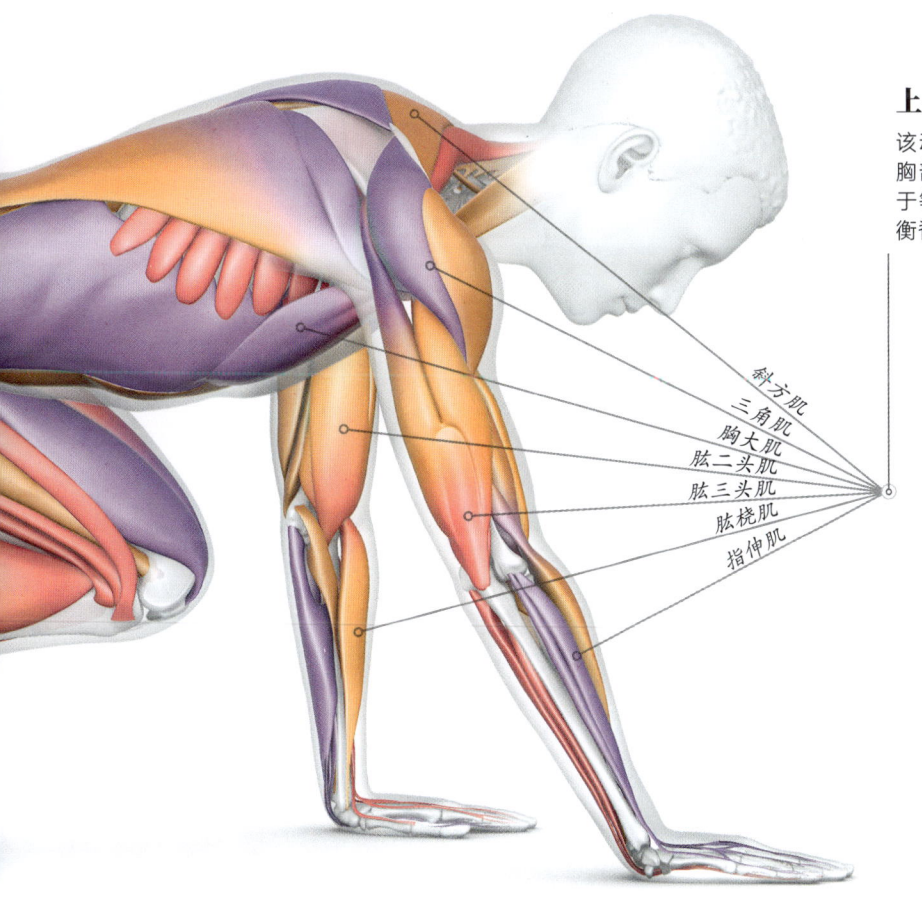

上半身和腹部

该动作强化了肩部三角肌,以及胸部、背部和腹部肌肉。腹肌处于等长收缩状态,竖脊肌负责平衡脊柱。

斜方肌
三角肌
胸大肌
肱二头肌
肱三头肌
肱桡肌
指伸肌

图例

- ●-- 关节
- ○— 肌肉
- ● 向心收缩的肌肉
- ● 离心收缩的肌肉
- ● 无张力下被拉长的肌肉
- ● 等长收缩的肌肉

全身训练

本部分的训练涉及上半身和下半身的运动。 每项训练都是包含有氧训练、抗阻训练和自重训练的综合运动，可以用更少时间燃烧更多卡路里。大多数训练都包括两个主要部分，组合起来就能够训练到全身。运动前，请详细阅读关于动作标准性和运动风险最小化的说明。

推举开合跳

推举开合跳能够增强心肺功能和肌肉力量,加入推举动作主要是为了训练肌肉耐力和力量。这个动作还可以增强臀肌、股四头肌、髋屈肌和三角肌的力量。

动作点睛

来回跳跃时,前脚掌着地,膝盖放松,脚后跟离地。整个训练过程中,保持核心收紧是非常重要的。首次训练建议用时30秒,慢慢地训练1~2分钟,重复3~5组,随着熟悉度的提升,可以逐渐增加重量。

上半身和腹部

在推举时,使用三角肌前束和三角肌中束,直接向上推,同时也会激活到三头肌和三角肌斜方肌。背阔肌发力,将手臂放回身体两侧,腹直肌和腹斜肌能够发力防止脊柱过度侧倾。

指浅屈肌
肱桡肌
肱二头肌
三角肌
背阔肌

手臂回到军事推举的起始位置

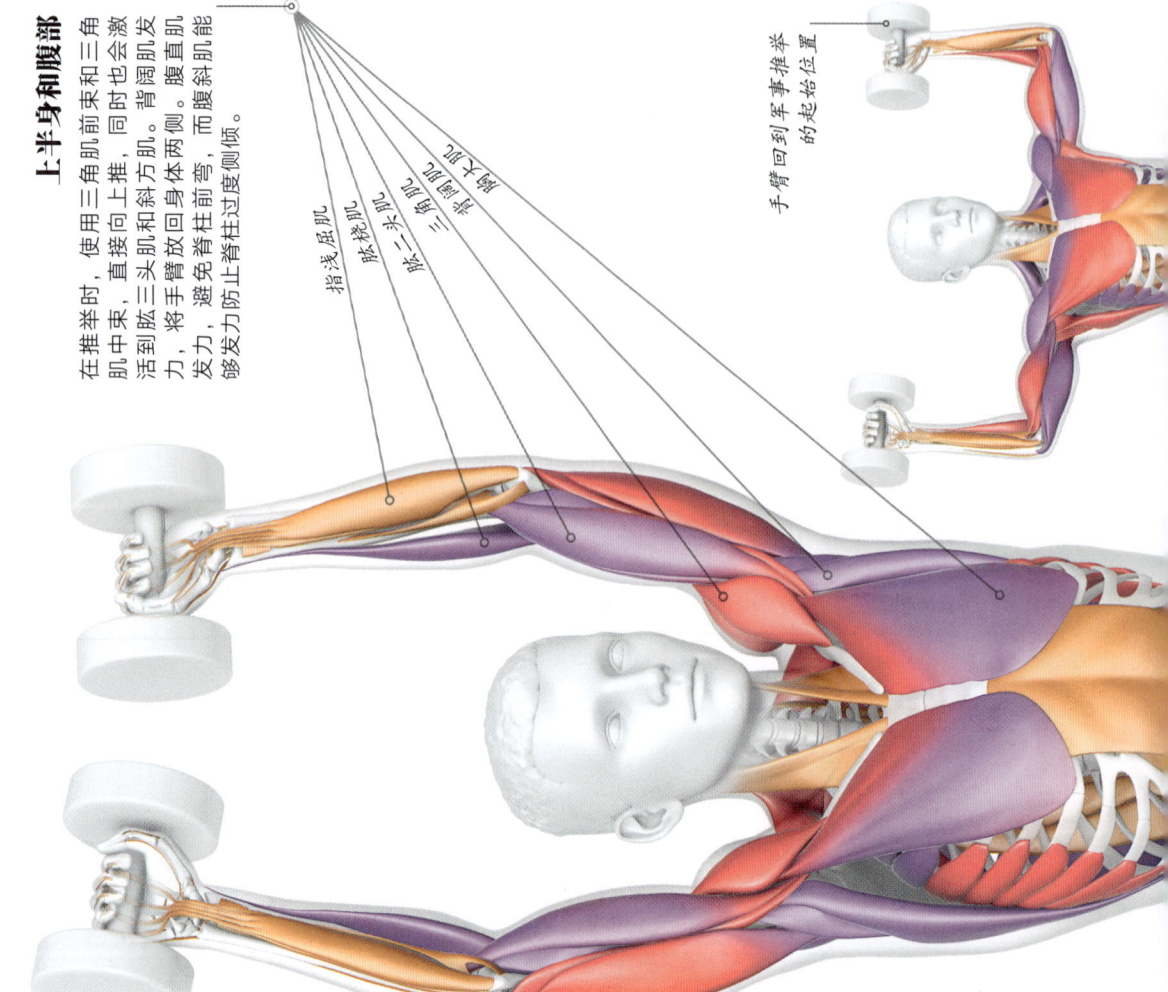

图例

- ◦ 关节
- ○ 肌肉
- ● 向心收缩的肌肉
- ● 离心收缩的肌肉
- ● 无张力下被拉长的肌肉
- ● 等长收缩的肌肉

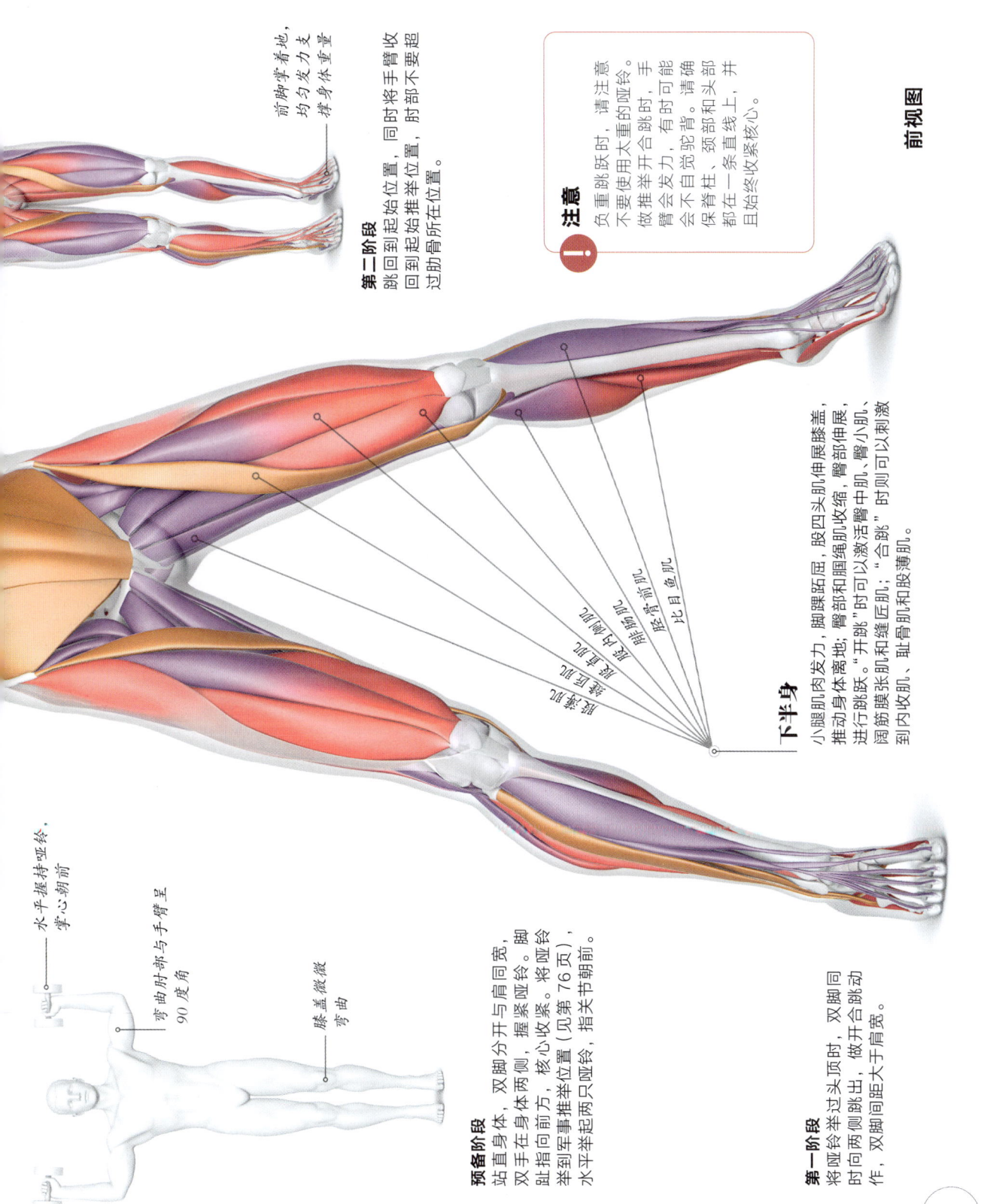

前视图

注意
负重跳跃时,请注意不要使用大重量的哑铃。做推举合跳时,手臂会发力,有时可能会不自觉驼背。请注意保持脊柱、颈部和头部都在一条直线上,并且始终收紧核心。

第二阶段
跳回到起始位置,同时将手臂收回到起始推举位置,肘部不要超过助骨所在位置。

前脚掌着地,均匀发力支撑身体重量。

下半身
小腿肌肉发力,脚踝跖屈,股四头肌伸展膝盖,臀部和腘绳肌收缩,臀部伸展,推动身体离地;"开跳"时可以激活臀中肌、臀小肌、阔筋膜张肌和缝匠肌;"合跳"时则可以刺激到内收肌、耻骨肌和股薄肌。

小腿肌肉
脚踝跖屈
股内侧肌
股直肌
股外侧肌
腓肠肌
胫骨前肌
比目鱼肌

预备阶段
站直身体,双脚分开与肩同宽,双手在身体两侧,握紧哑铃。脚趾指向前方,核心收紧。将哑铃举到军事推举起始位置(见第76页),水平举起两只哑铃,指关节朝前。

水平握持哑铃,掌心朝前

弯曲肘部与手臂呈90度角

膝盖微微弯曲

第一阶段
将哑铃举过头顶时,双脚同时向两侧跳出,做开合跳动作,双脚间距大于肩宽。

波比深蹲

这种全身组合训练可以增强胸部肌肉、肩部肌肉、手臂后侧肌肉、腹部肌肉和腋下的"翼状"前锯肌,它还可以增强腿部和臀部的肌肉,包括股四头肌、臀大肌和腘绳肌。

下半身和腿部
股四头肌、臀大肌和臀中肌、腘绳肌、小腿肌和胫骨肌等长收缩,以帮助稳定身体。

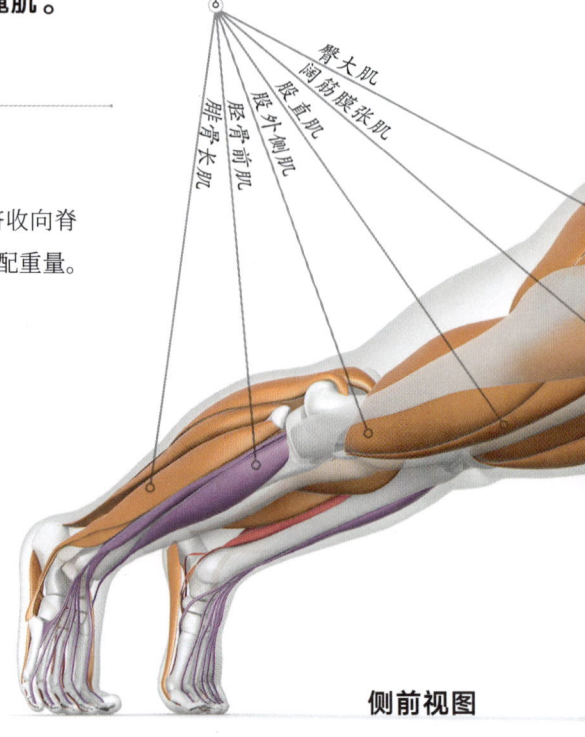

臀大肌
阔筋膜张肌
股直肌
股外侧肌
胫骨前肌
腓骨长肌

侧前视图

动作点睛

在进行俯卧撑的整个运动过程中保持腹肌收紧(即将肚脐收向脊柱)。从俯卧撑到深蹲,重要的是要保持整个脚掌着地,以均匀分配重量。深蹲时,膝盖的位置不要越过脚尖。

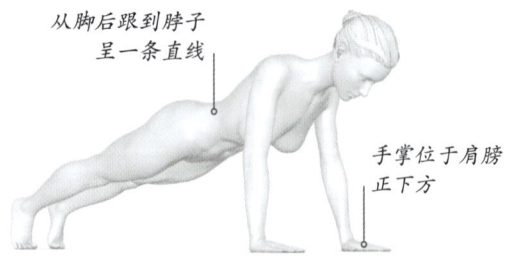

从脚后跟到脖子呈一条直线

手掌位于肩膀正下方

预备阶段
从高位平板支撑开始(见第 30~31 页),骨盆收紧,颈部保持在身体中线,手掌放在肩膀正下方。确保肩膀向后转并向下沉,核心收紧。

> **! 注意**
> 做俯卧撑期间,如果腹肌没有发力则会导致脊柱塌陷,对下背部和关节造成压力。下蹲姿势不正确会导致膝盖和下背部受伤,避免深蹲时膝盖向内弯曲、驼背或脚跟离地。

脚掌背屈

手肘指向后方

保持脊柱挺直

第一阶段
吸气,收腹并收紧核心。背部放平,呼气,同时弯曲肘部慢慢降低身体,直到胸部触地。

接下页 »

图例	
•-- 关节	● 离心收缩的肌肉
○ 肌肉	● 无张力下被拉长的肌肉
● 向心收缩的肌肉	● 等长收缩的肌肉

上半身和手臂

在上半身向上和向下移动时，肌肉会收缩，胸大肌和胸小肌、三角肌、背阔肌、菱形肌、斜方肌、肱二头肌、肱三头肌和前锯肌协同发力，使身体慢慢向上和向下移动。

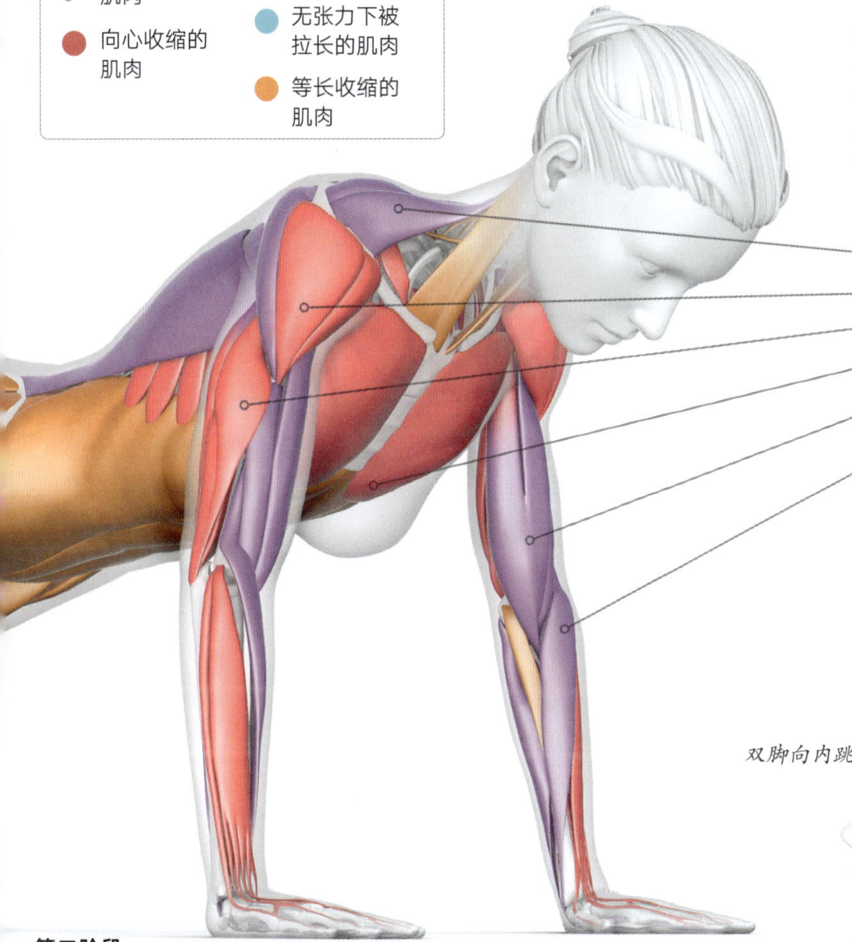

斜方肌
三角肌
肱三头肌
胸大肌
肱二头肌
肱桡肌

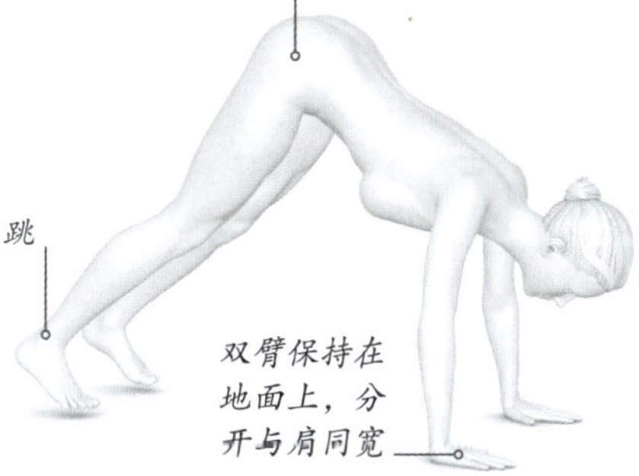

身体呈倒"V"字形

双脚向内跳

双臂保持在地面上，分开与肩同宽

第二阶段
慢慢地伸展你的肘部并推动身体回到起始位置。确保核心收紧。

第三阶段
在做俯卧撑时，收紧核心。双脚同时向前跳，脚掌着地。

完整的动作流程

预备阶段　1　2　3　4　5　6　7

151

波比深蹲(续)

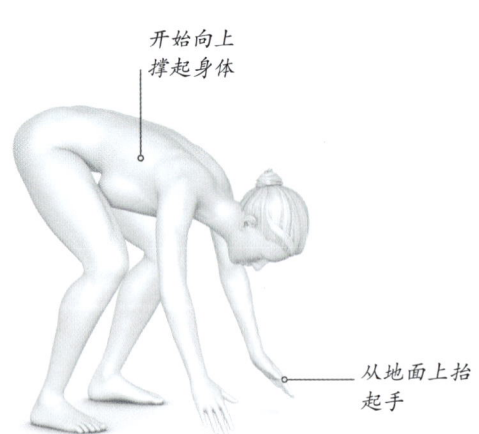

第四阶段
落地时,慢慢抬起胸部和头部,将双手从地面上抬起并保持双腿稳定。

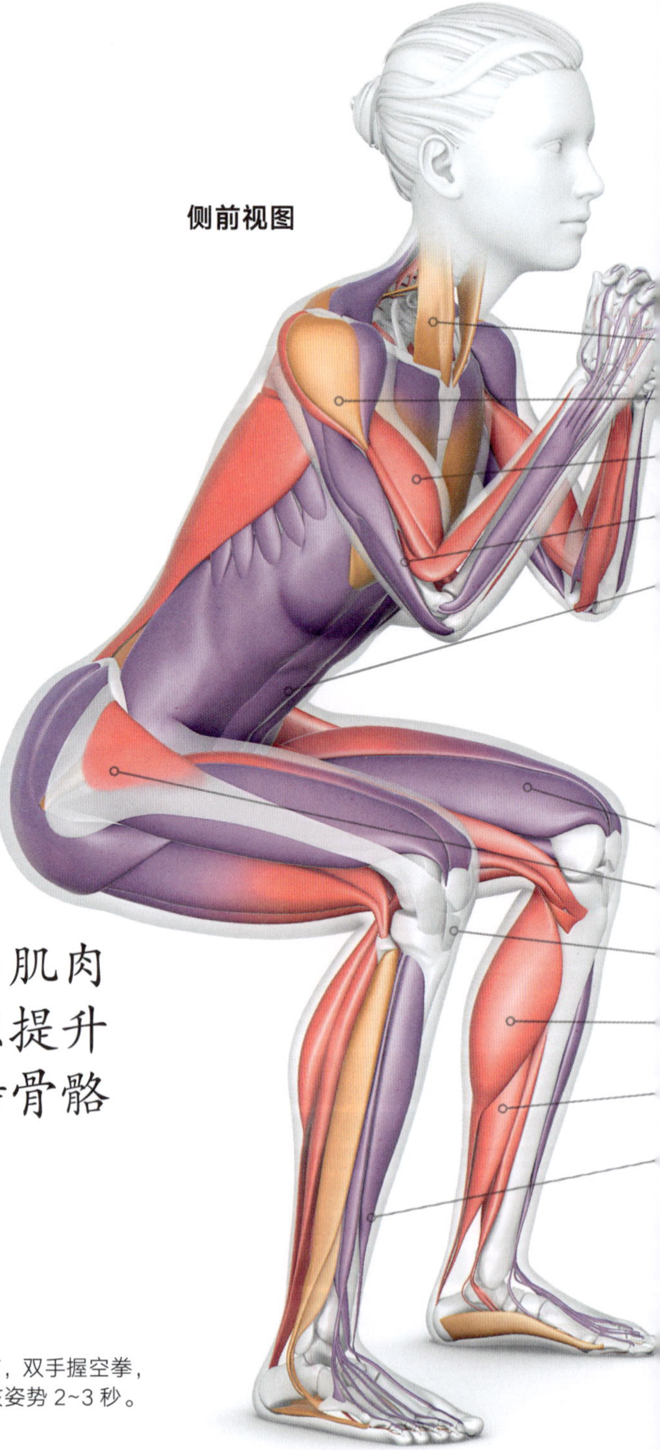

侧前视图

深蹲过程中需要诸多肌肉发力,相当复杂。但可以提升下半身的活动性,并保持骨骼和关节健康。

第五阶段
向下深蹲,双臂放在胸前,双手握空拳,大腿与地面平行。保持该姿势 2~3 秒。

上半身和腹部

深蹲时，你的上半身处于收紧状态。核心肌群，特别是竖脊肌，在整个运动过程中都会发力，以防向前跌倒。收紧核心还有助于支撑脊柱。

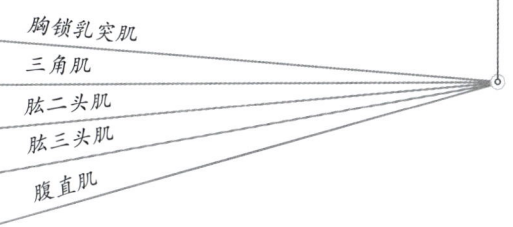

- 胸锁乳突肌
- 三角肌
- 肱二头肌
- 肱三头肌
- 腹直肌

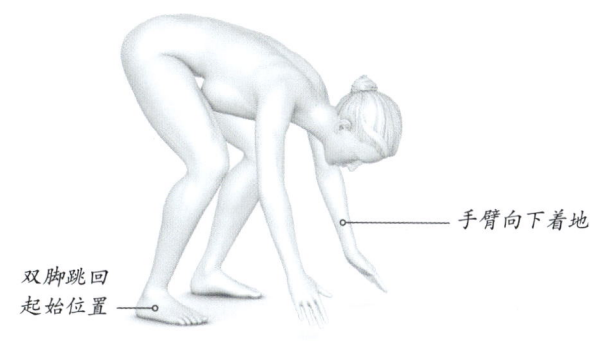

手臂向下着地

双脚跳回起始位置

第六阶段

将手掌放在地面上，置于膝盖之间，然后将你的脚跳回到起始位置，回到高位平板支撑。

下半身和腿部

在深蹲中下半身会发挥最大的作用。在下蹲时，股四头肌会随着膝盖弯曲而发力。臀大肌和大收肌则起到伸展髋部的作用。

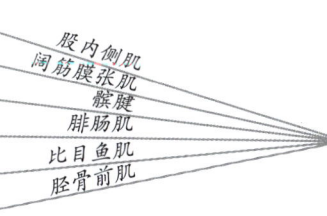

- 股内侧肌
- 阔筋膜张肌
- 腘腱
- 腓肠肌
- 比目鱼肌
- 胫骨前肌

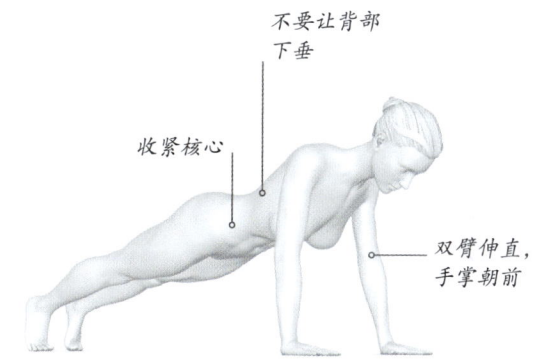

不要让背部下垂

收紧核心

双臂伸直，手掌朝前

第七阶段

回到高位平板支撑位置，检查姿势是否正确，然后再次进行俯卧撑，重复整个过程。

完整的动作流程

预备阶段　1　2　3　4　5　6　7

波比收腹跳

这是一项全身性的爆发力训练。俯卧撑可以锻炼胸部肌肉、肩部肌肉、手臂后侧肌肉和腋下的"翼状"前锯肌。抱膝跳利用你的体重和力量来跳起。

动作点睛

做俯卧撑时,要注意在整个动作过程中保持腹肌收紧。在进行爆发性弹跳时,落地的方式很重要。请记得调动全身肌肉,这有助于增加跳跃高度。通过脚、膝盖和臀部的控制,轻轻着地,可以帮助减少身体受到的冲击。

下半身

股四头肌、臀大肌和臀中肌、腘绳肌以及小腿和胫骨肌肉等长收缩,以帮助稳定身体。

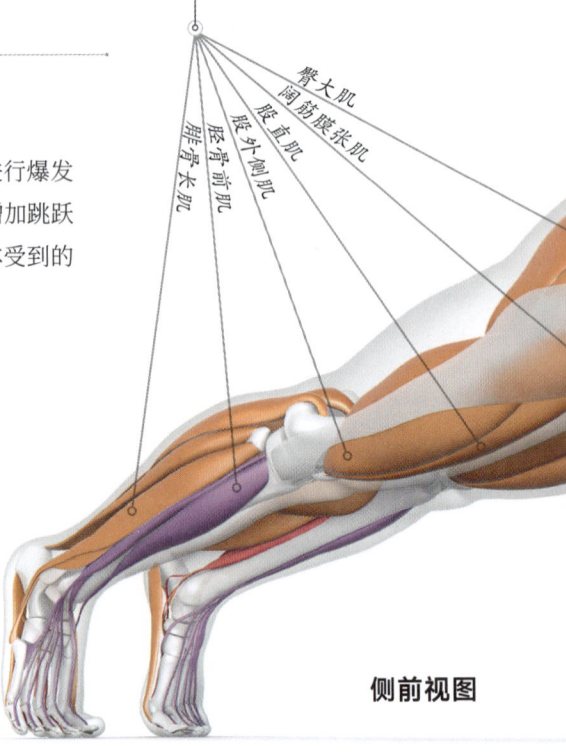

臀大肌
阔筋膜张肌
股外侧肌
胫骨前肌
腓骨长肌

侧前视图

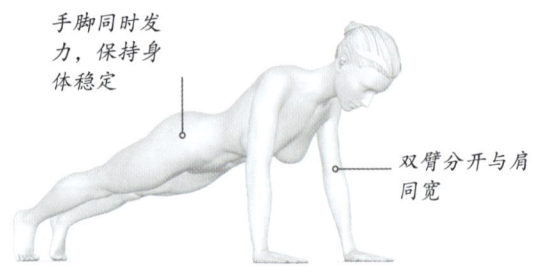

手脚同时发力,保持身体稳定

双臂分开与肩同宽

预备阶段
进入高位平板支撑姿势(见第 30~31 页),骨盆收紧,颈部与身体中线重合,手掌放在肩膀下方。确保肩膀向后旋转,并向下移动,保持核心收紧。

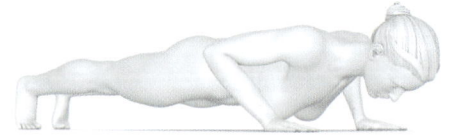

第一阶段
吸气,收紧核心。保持背部平直,呼气,同时慢慢弯曲肘部将身体降低,直到胸部接触地面,保持脊柱挺直。

 注意

在进行此项训练和任何弹跳训练之前,请记得先热身。如果没有热身,你可能会拉伤膝关节并导致身体受伤。

完整的动作流程

预备阶段　　1　　2　　3

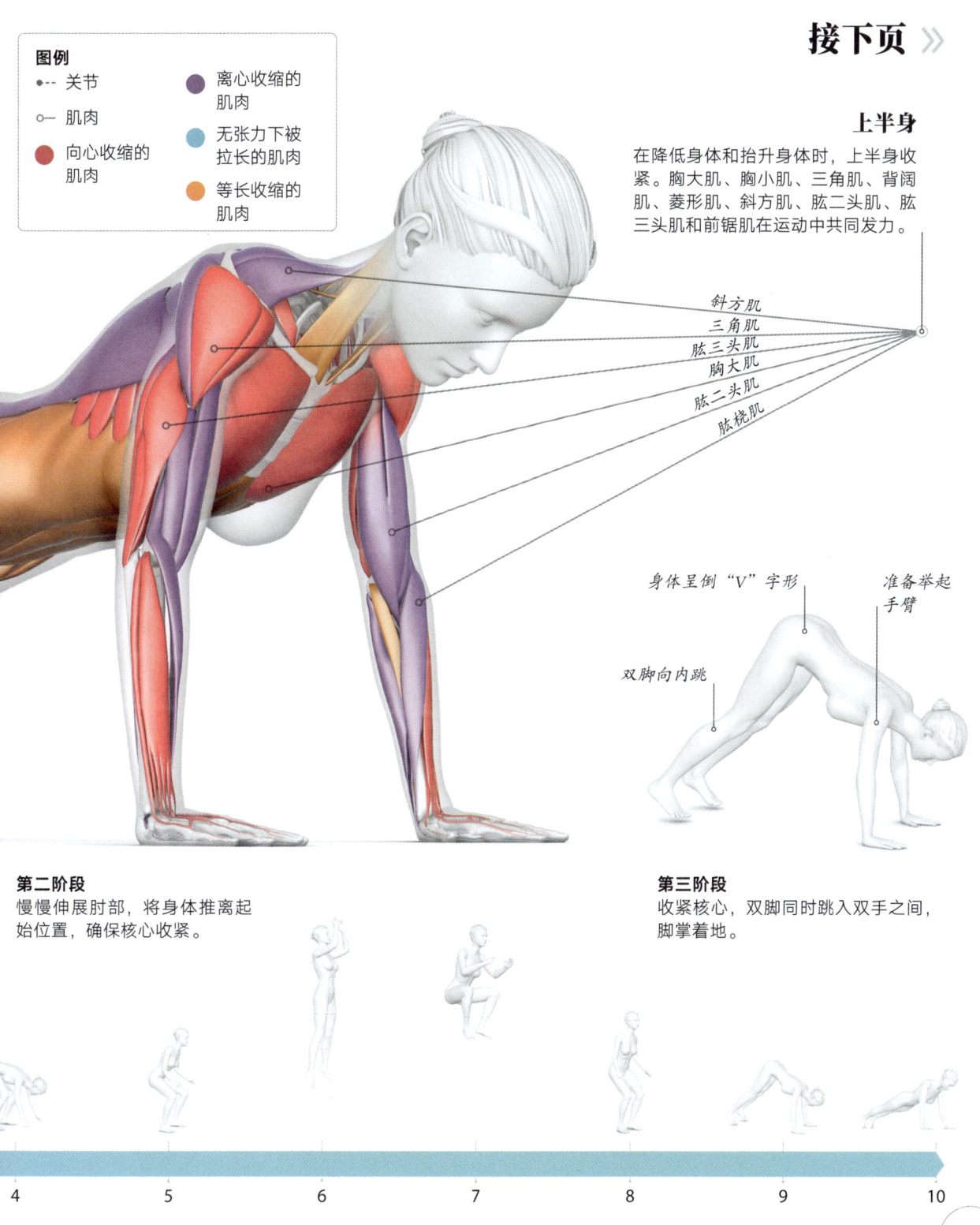

图例
- ●-- 关节
- ○— 肌肉
- ● 向心收缩的肌肉
- ● 离心收缩的肌肉
- ● 无张力下被拉长的肌肉
- ● 等长收缩的肌肉

上半身

在降低身体和抬升身体时，上半身收紧。胸大肌、胸小肌、三角肌、背阔肌、菱形肌、斜方肌、肱二头肌、肱三头肌和前锯肌在运动中共同发力。

斜方肌
三角肌
肱三头肌
胸大肌
肱二头肌
肱桡肌

身体呈倒"V"字形
准备举起手臂
双脚向内跳

第二阶段
慢慢伸展肘部，将身体推离起始位置，确保核心收紧。

第三阶段
收紧核心，双脚同时跳入双手之间，脚掌着地。

» 波比收腹跳（续）

为了让双膝进入收腹跳姿势，需要下腹部肌肉来帮助它们向上运动。

上半身和腹部

当降低身体并将膝盖收回到地面上时，腹肌和下背部肌肉（竖脊肌）会协同发力支撑脊柱。肩前束和肱二头肌发力使手臂前后摆动。

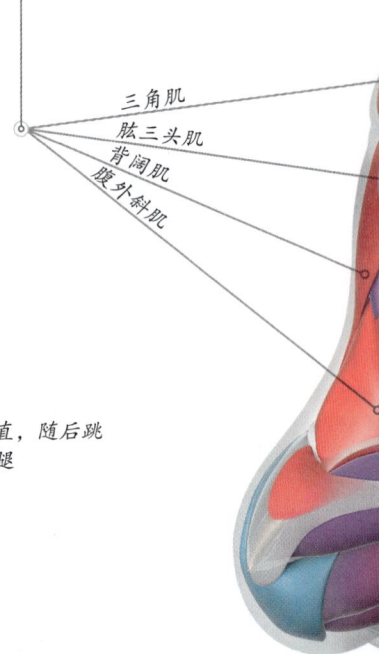

三角肌
肱三头肌
背阔肌
腹外斜肌

侧前视图

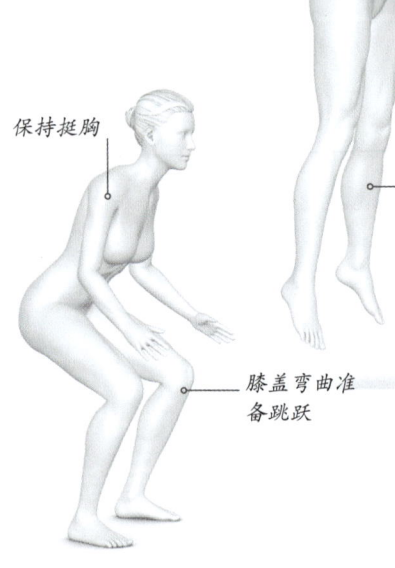

保持挺胸

双腿蹬直，随后跳跃时收腿

膝盖弯曲准备跳跃

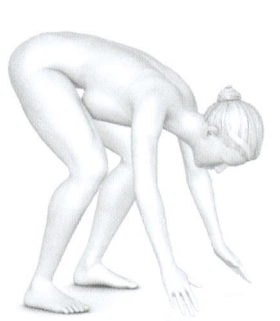

第四阶段
落地时，慢慢抬起胸部和头部，将双手离开地面，并保持双腿用力。

第五、第六阶段
采用深蹲姿势，膝盖弯曲，腿部肌肉发力，直接跳到空中。

第七阶段
在半空中，将膝盖抬高至与臀部齐平，进行收腹跳跃，确保脚后跟不会向后靠近臀部。将手臂伸到与肩同高的位置，肘部指向膝盖。膝盖抬起时，肘部内收与膝盖相触。

图例
- --- 关节
- ─○─ 肌肉
- ● 向心收缩的肌肉
- ● 离心收缩的肌肉
- ● 无张力下被拉长的肌肉
- ● 等长收缩的肌肉

完整的动作流程

预备阶段　1　2　3

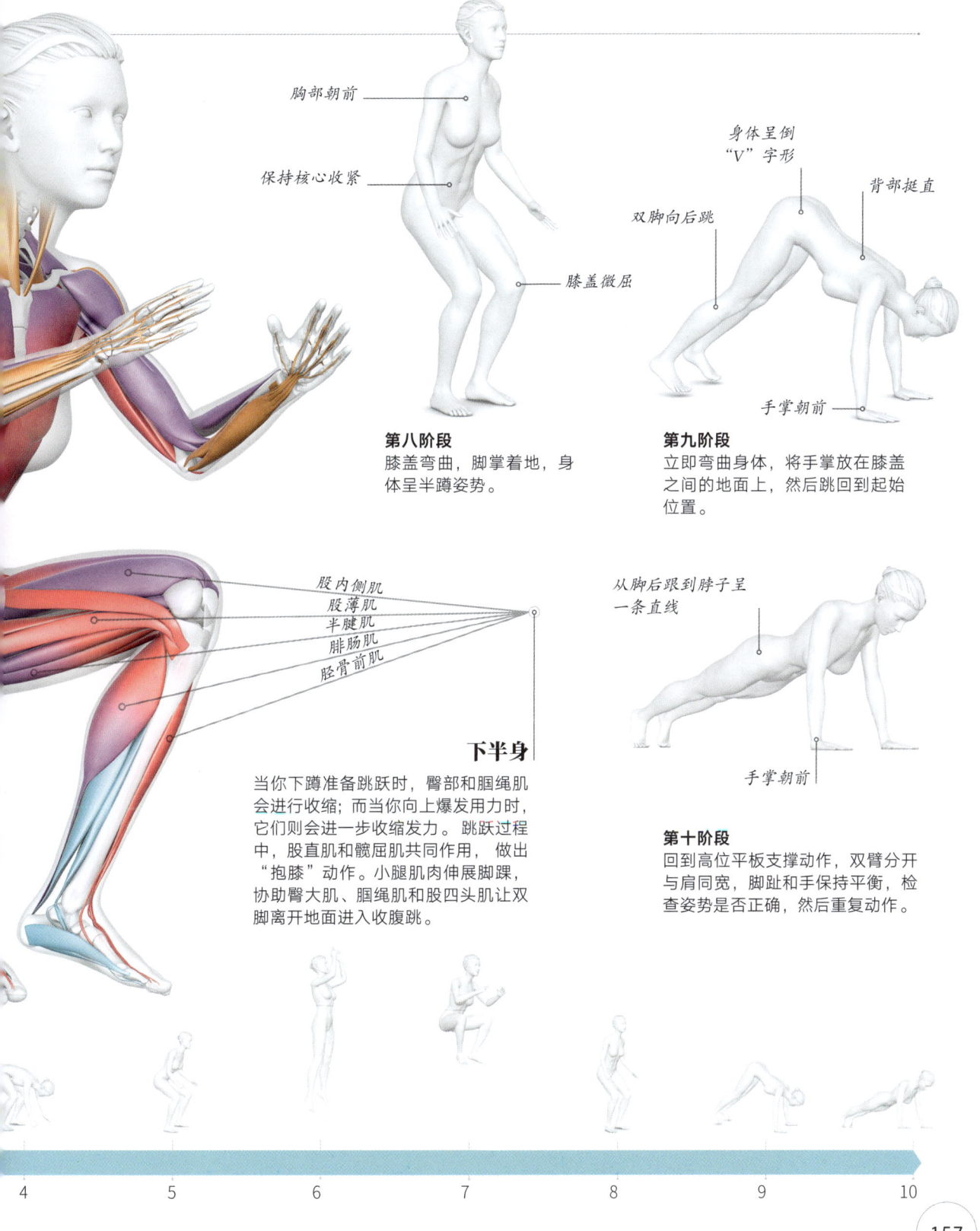

胸部朝前

保持核心收紧

膝盖微屈

第八阶段
膝盖弯曲，脚掌着地，身体呈半蹲姿势。

身体呈倒"V"字形

背部挺直

双脚向后跳

手掌朝前

第九阶段
立即弯曲身体，将手掌放在膝盖之间的地面上，然后跳回到起始位置。

股内侧肌
股薄肌
半腱肌
腓肠肌
胫骨前肌

下半身

当你下蹲准备跳跃时，臀部和腘绳肌会进行收缩；而当你向上爆发用力时，它们则会进一步收缩发力。跳跃过程中，股直肌和髋屈肌共同作用，做出"抱膝"动作。小腿肌肉伸展脚踝，协助臀大肌、腘绳肌和股四头肌让双脚离开地面进入收腹跳。

从脚后跟到脖子呈一条直线

手掌朝前

第十阶段
回到高位平板支撑动作，双臂分开与肩同宽，脚趾和手保持平衡，检查姿势是否正确，然后重复动作。

157

熊式平板支撑接俯卧撑

此动作是一项全身训练，侧重于核心和上半身肌肉。熊式平板支撑能够训练你的臀大肌、腰大肌、股四头肌、肩膀和手臂肌肉。俯卧撑可以增强胸部、肩膀、手臂后侧、腹部和腋下的肌肉。

动作点睛

做熊式平板支撑时，尽量向下看地面，这样可以使你的颈部保持中立位置。这是一项等长运动，保持静止十分重要，尽量不要前后移动臀部。在运动过程中，保持腹肌收紧。

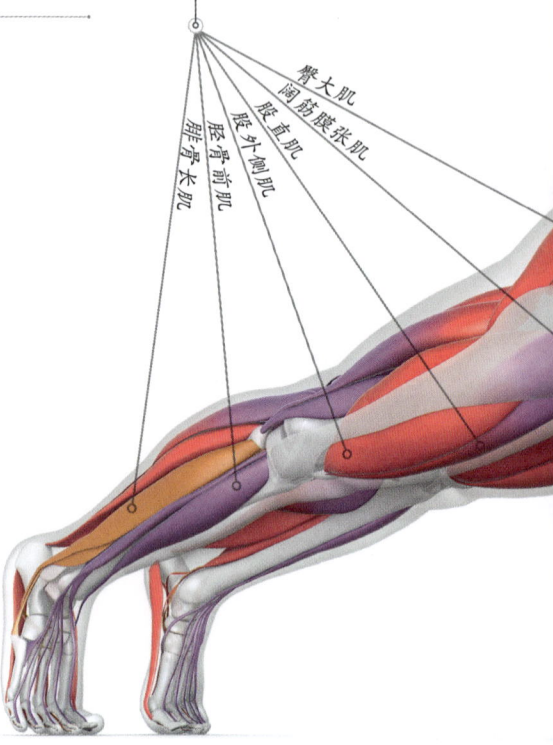

下半身
股四头肌、臀大肌和臀中肌、腘绳肌、小腿和胫骨肌肉等长收缩，以帮助稳定身体。

臀大肌
阔筋膜张肌
股直肌
股外侧肌
胫骨前肌
腓骨长肌

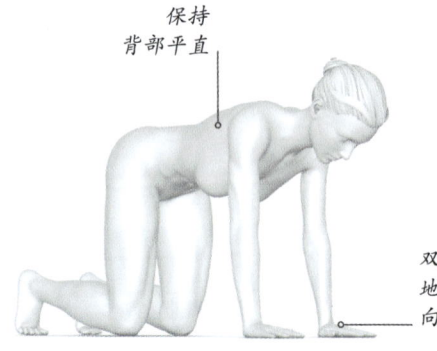

保持背部平直

双手平放在地面上，朝向前方

预备阶段
从四肢着地（四足桌面式姿势）开始，保持背部平直。双手分开与肩同宽，手位于肩膀下方，双膝分开与髋同宽。双脚背屈，脚趾蹬地。

保持背部平直

目光注视地面

第一阶段
核心收紧（将肚脐收向脊柱），手掌推地，将膝盖抬离地板8~15厘米，臀部与肩膀高度一致。根据你的体能水平，保持30~60秒。

> **！注意**
> 为避免对下背部和关节造成拉伤和压力，请确保核心收紧、背部平直且脊柱保持在身体中线上。

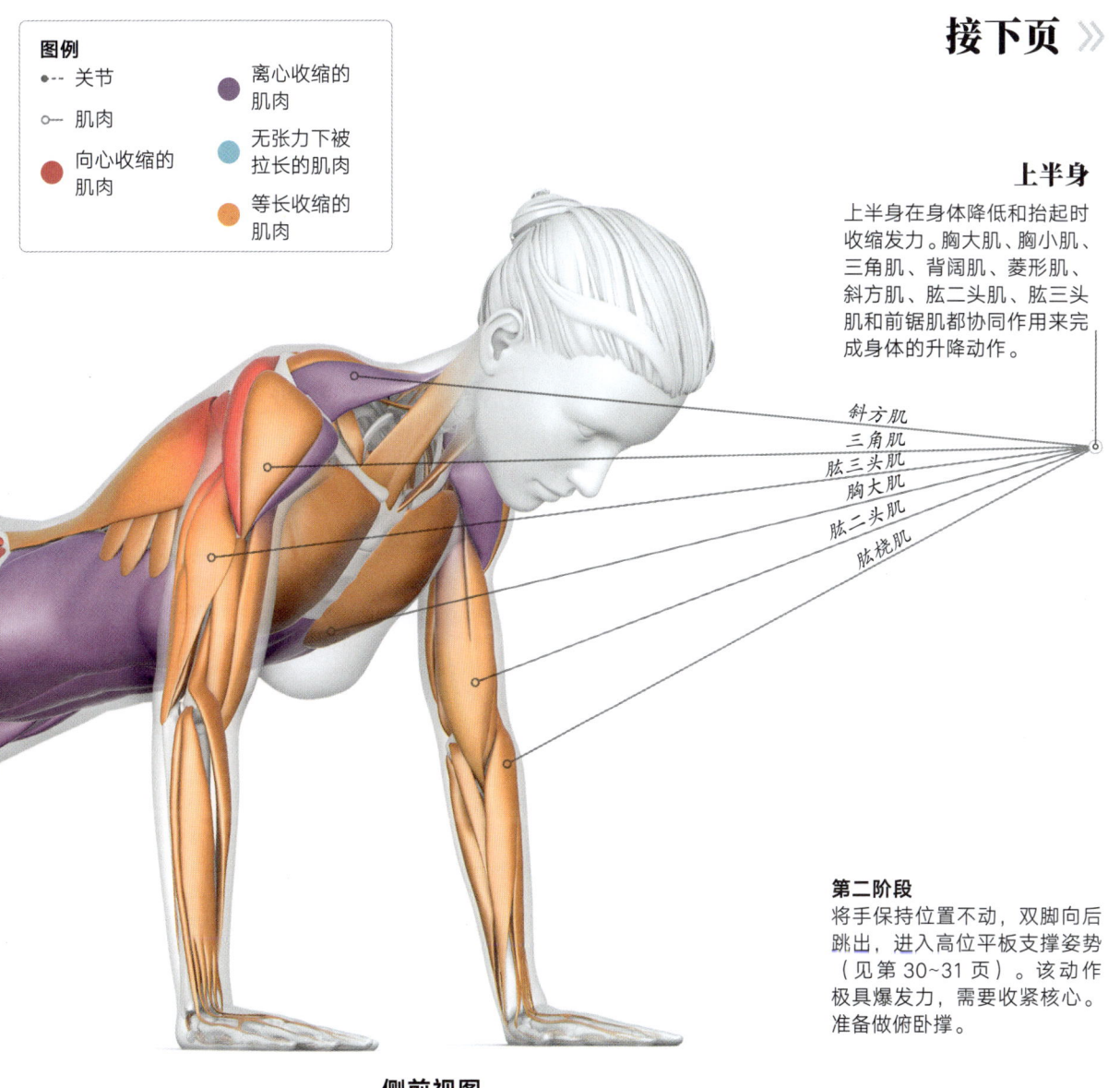

图例
- ●-- 关节
- ○— 肌肉
- ● 向心收缩的肌肉
- ● 离心收缩的肌肉
- ● 无张力下被拉长的肌肉
- ● 等长收缩的肌肉

接下页 »

上半身

上半身在身体降低和抬起时收缩发力。胸大肌、胸小肌、三角肌、背阔肌、菱形肌、斜方肌、肱二头肌、肱三头肌和前锯肌都协同作用来完成身体的升降动作。

- 斜方肌
- 三角肌
- 肱三头肌
- 胸大肌
- 肱二头肌
- 肱桡肌

第二阶段

将手保持位置不动,双脚向后跳出,进入高位平板支撑姿势（见第 30~31 页）。该动作极具爆发力,需要收紧核心。准备做俯卧撑。

侧前视图

完整的动作流程

预备阶段 — 1 — 2 — 3 — 4 — 5 — 6

熊式平板支撑和俯卧撑（续）

图例
- ●-- 关节
- ○— 肌肉
- ● 向心收缩的肌肉
- ● 离心收缩的肌肉
- ● 无张力下被拉长的肌肉
- ● 等长收缩的肌肉

下半身

在熊式平板支撑动作中，髋部肌肉、臀大肌、股四头肌和腘绳肌能够得到训练。从平板支撑过渡到俯卧撑时，能够进一步激活腘绳肌和臀肌。

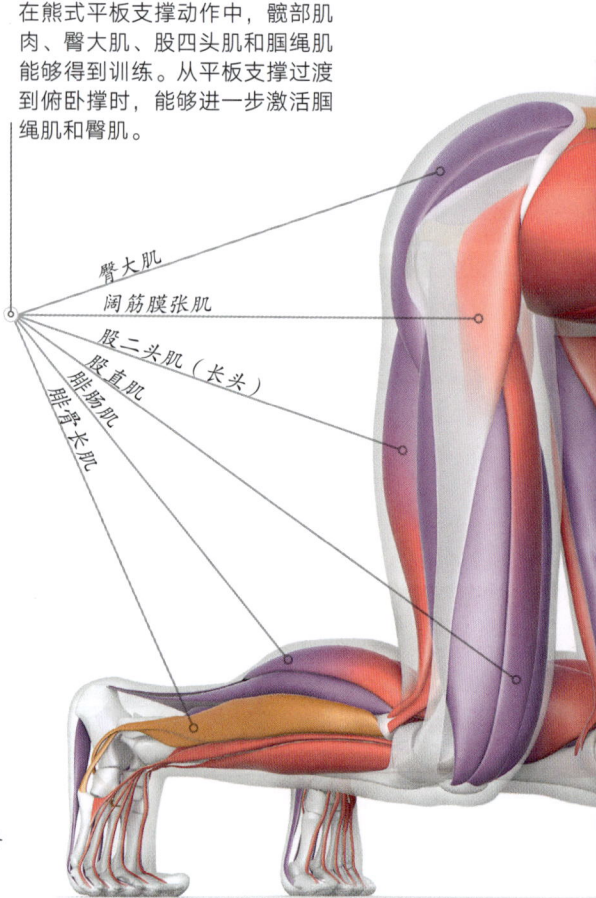

臀大肌
阔筋膜张肌
股二头肌（长头）
股直肌
腓肠肌
腓骨长肌

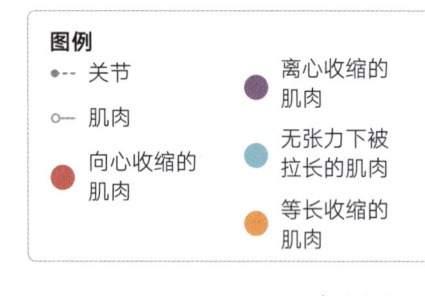

当身体降低时，肘部后弯

肩膀发力，保持身体平直

第三阶段
吸气，收紧腹部，核心发力。呼气，向后弯曲肘部，降低身体，直到胸部触地。

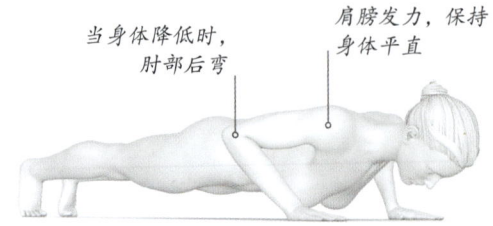

肘部伸直，进入高位平板支撑姿势

从脚后跟到脖子呈一条直线

保持骨盆稍微向下收

看向地面，使头部处于中立位

第四阶段
慢慢伸直手臂，同时呼气撑起，回到高位平板支撑姿势，并保持该姿势 2~3 秒。

第五阶段
轻轻地将脚跳回到熊式平板位置，四肢着地，背部挺直，膝盖从地面上稍微抬起。保持 30~60 秒。

保持核心收紧以稳定身体，避免手腕拉伤。

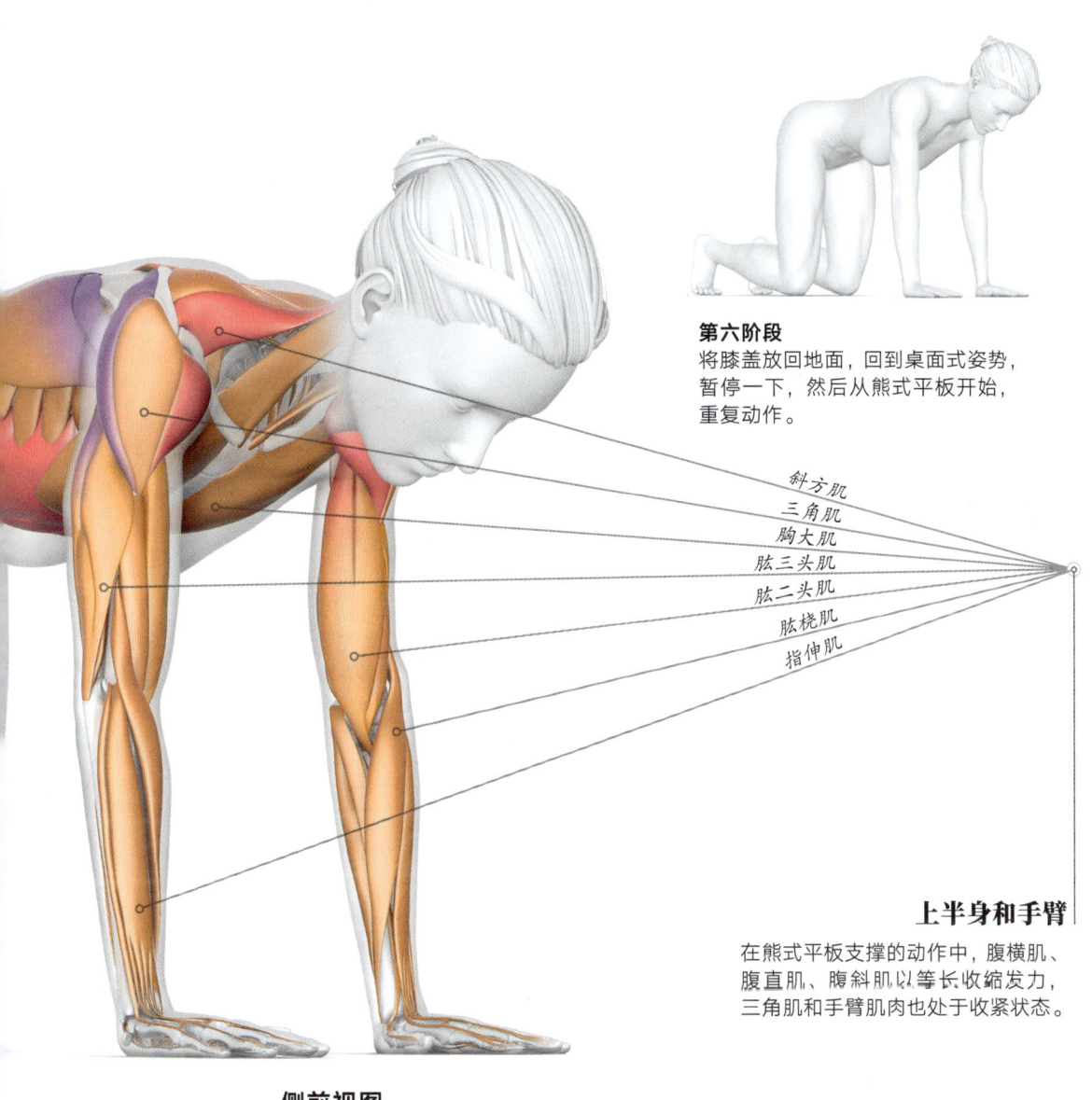

第六阶段
将膝盖放回地面，回到桌面式姿势，暂停一下，然后从熊式平板开始，重复动作。

斜方肌
三角肌
胸大肌
肱三头肌
肱二头肌
肱桡肌
指伸肌

上半身和手臂
在熊式平板支撑的动作中，腹横肌、腹直肌、腹斜肌以等长收缩发力，三角肌和手臂肌肉也处于收紧状态。

侧前视图

完整的动作流程

预备阶段　1　2　3　4　5　6

高位平板支撑接脚踝拍打接俯卧撑

此项训练可改善平衡性、协调性和体态，并增强核心力量。每个阶段的转换都可以提高身体柔韧性，并使腹部紧绷。交替拍打脚踝能够进一步训练腹斜肌。

动作点睛

该动作由几个部分组成，需要同时具有平衡性和协调性才能正确完成。在高位平板支撑、脚踝拍打和俯卧撑三个动作中，请记得收紧核心，并保持双腿用力，因为双腿不仅能够稳定身体，还有助于防止脊柱下垂或弓起。

图例

- ●-- 关节
- ○— 肌肉
- 向心收缩的肌肉
- 离心收缩的肌肉
- 无张力下被拉长的肌肉
- 等长收缩的肌肉

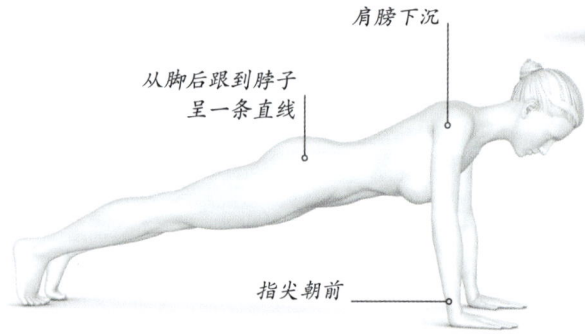

肩膀下沉
从脚后跟到脖子呈一条直线
指尖朝前

预备阶段
以高位平板支撑作为起始姿势（见第30~31页），双臂分开与肩同宽，背部挺直，手与脚趾同时撑地并使四肢受力均匀，核心收紧。

第一阶段
臀部抬高，身体抬高呈倒"V"字形。同时从地面上抬起左手，并向后收，与右脚踝相触，保持该位置2~3秒。在做这个动作时，你的头会自然地向右偏转。

!**注意**
确保脊柱位于身体中线，不要耸肩。运动过程中，保持腹肌收紧，避免脊柱塌陷，防止对下背部和关节造成压力。

腹部和臀部

该动作训练到了腹横肌和颈部屈肌。核心肌群起到支撑背部和脊柱的作用。同时，髋屈肌、内收肌、股四头肌、臀大肌、腘绳肌和下背部肌肉也会被激活，共同完成动作。

手臂和肩膀

在该训练中，主要发力肌肉是肱三头肌和三角肌。当你将一只手向后轻拍脚踝时，可以用这两个肌肉群支撑你的身体。

接下页 »

臀大肌
臀中肌
腹外斜肌
腹直肌
前锯肌
胸大肌
背阔肌

三角肌
肱三头肌
肱二头肌
指浅屈肌
指伸肌

侧视图

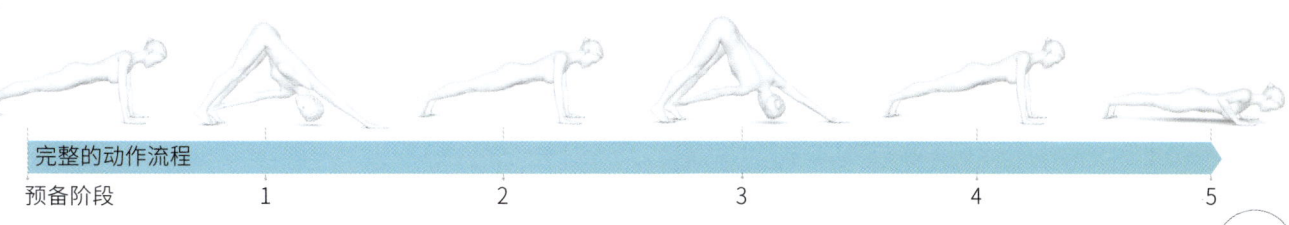

完整的动作流程

预备阶段　　1　　2　　3　　4　　5

高位支撑接脚踝拍打接俯卧撑（续）

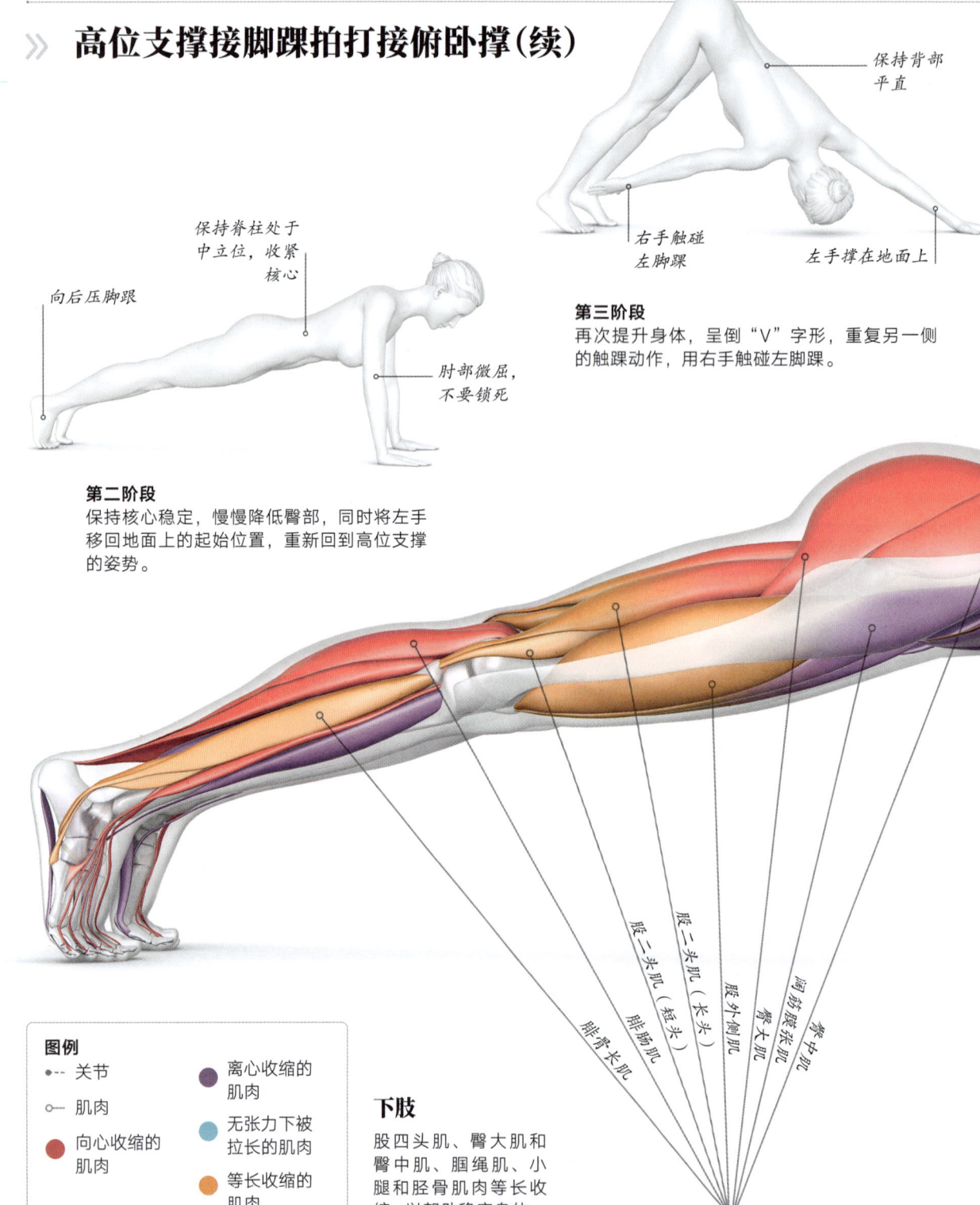

保持脊柱处于中立位，收紧核心

向后压脚跟

肘部微屈，不要锁死

第二阶段
保持核心稳定，慢慢降低臀部，同时将左手移回地面上的起始位置，重新回到高位支撑的姿势。

保持背部平直

右手触碰左脚踝

左手撑在地面上

第三阶段
再次提升身体，呈倒"V"字形，重复另一侧的触踝动作，用右手触碰左脚踝。

图例
- ●-- 关节
- ○— 肌肉
- ● 向心收缩的肌肉
- ● 离心收缩的肌肉
- ● 无张力下被拉长的肌肉
- ● 等长收缩的肌肉

胫骨长肌、腓肠肌、股二头肌（长头）、股外侧肌、股二头肌、臀大肌、阔筋膜张肌、臀中肌

下肢
股四头肌、臀大肌和臀中肌、腘绳肌、小腿和胫骨肌肉等长收缩，以帮助稳定身体。

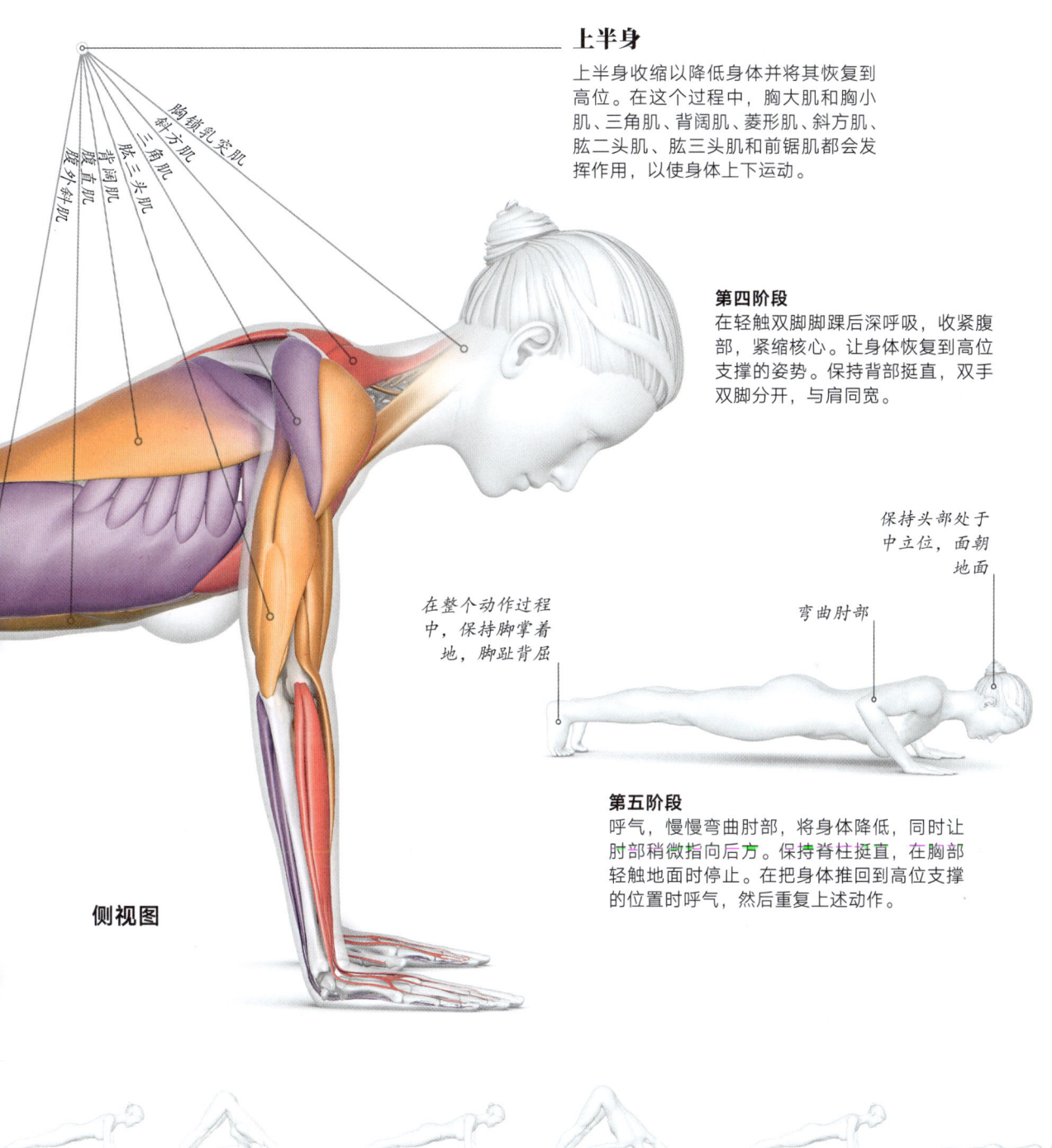

上半身
上半身收缩以降低身体并将其恢复到高位。在这个过程中，胸大肌和胸小肌、三角肌、背阔肌、菱形肌、斜方肌、肱二头肌、肱三头肌和前锯肌都会发挥作用，以使身体上下运动。

标注（从上到下）：胸锁乳突肌、斜方肌、三角肌、肱三头肌、背阔肌、腹直肌、腹外斜肌

第四阶段
在轻触双脚脚踝后深呼吸，收紧腹部，紧缩核心。让身体恢复到高位支撑的姿势。保持背部挺直，双手双脚分开，与肩同宽。

保持头部处于中立位，面朝地面

弯曲肘部

在整个动作过程中，保持脚掌着地，脚趾背屈

第五阶段
呼气，慢慢弯曲肘部，将身体降低，同时让肘部稍微指向后方。保持脊柱挺直，在胸部轻触地面时停止。在把身体推回到高位支撑的位置时呼气，然后重复上述动作。

侧视图

完整的动作流程

预备阶段 — 1 — 2 — 3 — 4 — 5

支撑转体踢腿

这是一项以核心肌群为重点的训练,可增强斜方肌、腹部和下背部的力量。此外,它还能加强肩膀、手臂和腿部的力量,提高心血管的耐力和强度。

预备阶段

双手和双膝着地,将双膝抬离地面 8~15 厘米,呈熊式平板支撑的姿势(见第 40~41 页)。将手腕置于肩部正下方,膝盖与髋部位于同一条垂直线上,背部保持平直。

动作点睛

这是一项高难度的有氧运动。如果你是初学者,应以较慢的速度开始,这样才可以完美地掌握动作。开始时,每次动作持续30秒,重复3~5组。当你的肌肉更加强健、对动作的掌握更为熟练时,就可以增加训练的速度和时间。

下半身

当你在这项练习中进行踢腿时,股四头肌、腘绳肌和臀部的肌肉都是等长收缩的。踢腿动作可以刺激股四头肌,而臀大肌负责稳定髋部。

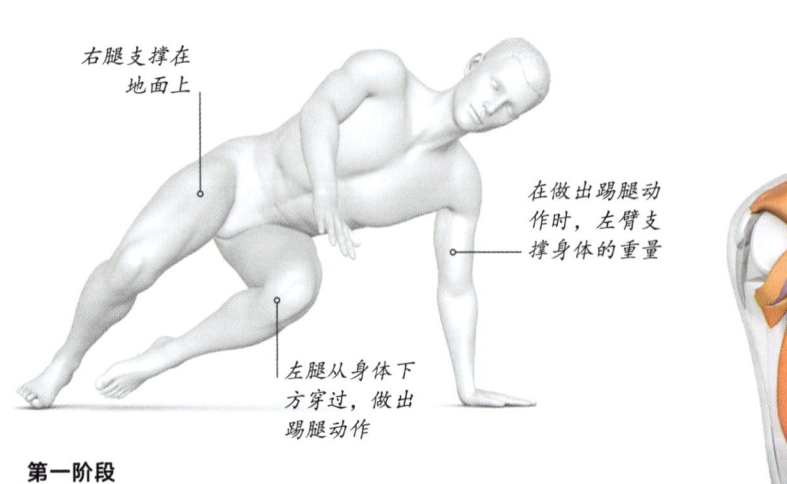

右腿支撑在地面上

在做出踢腿动作时,左臂支撑身体的重量

左腿从身体下方穿过,做出踢腿动作

第一阶段

呼气并将右手和左脚抬离地面,将臀部向右转,并将右脚跟踩在地面上,同时将左腿向右踢,从身体下方穿过。伸展左腿并将脚跟短暂地放在地面上,旋转身体,使其几乎面向天花板。将右臂举过头顶。

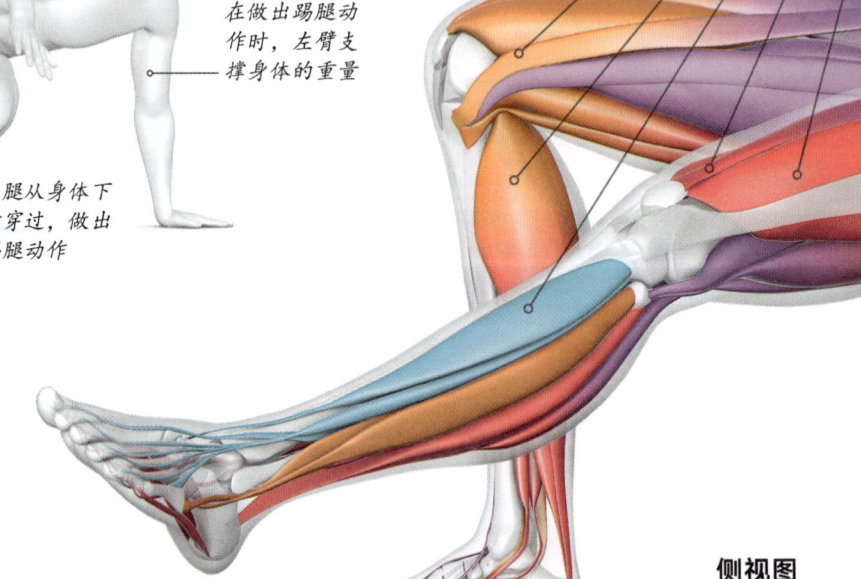

缝匠肌
胫骨前肌
股直肌
股外侧肌
股二头肌(长头)
臀大肌

侧视图

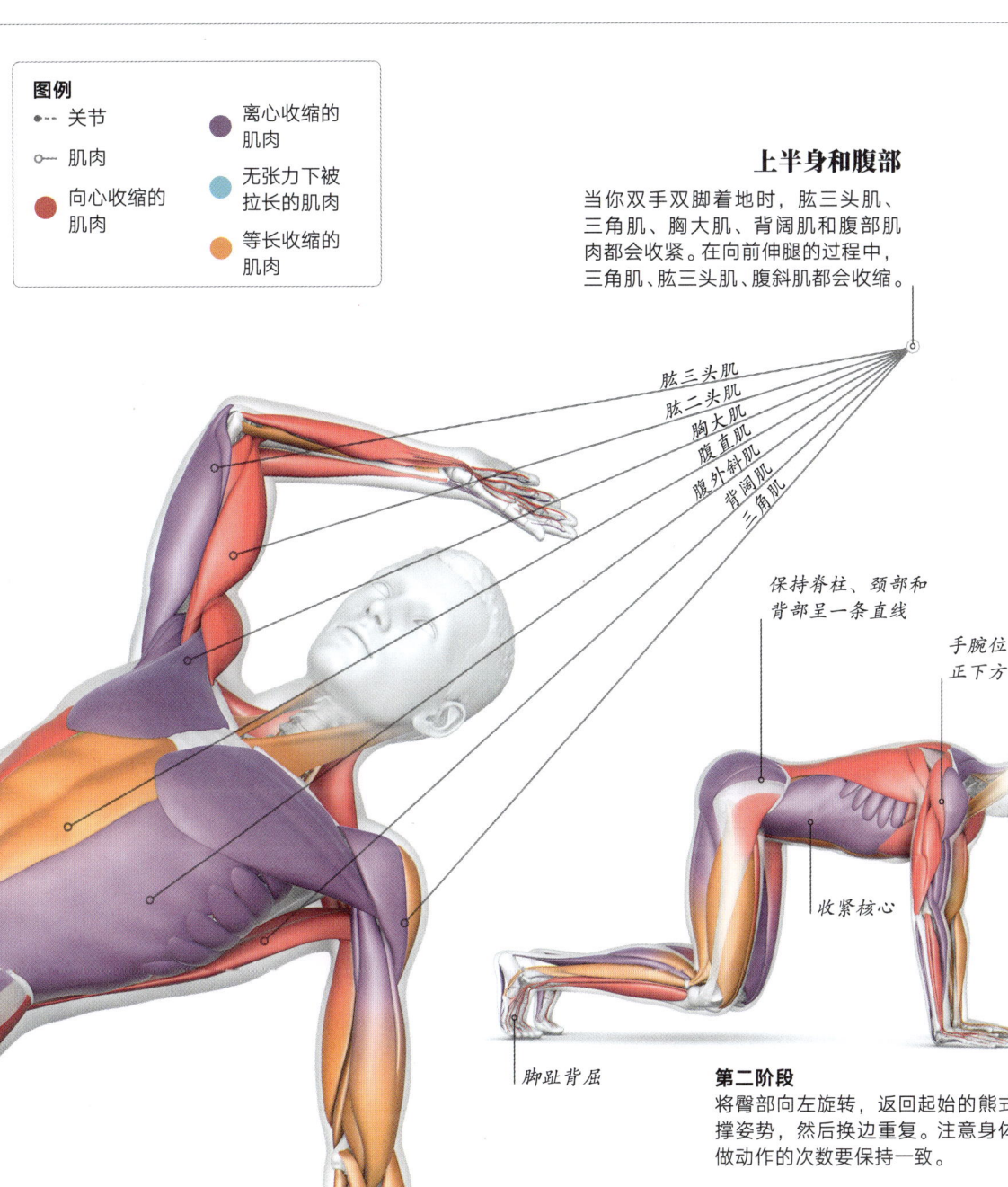

图例
- 关节
- 肌肉
- 向心收缩的肌肉
- 离心收缩的肌肉
- 无张力下被拉长的肌肉
- 等长收缩的肌肉

上半身和腹部
当你双手双脚着地时,肱三头肌、三角肌、胸大肌、背阔肌和腹部肌肉都会收紧。在向前伸腿的过程中,三角肌、肱三头肌、腹斜肌都会收缩。

- 肱三头肌
- 肱二头肌
- 胸大肌
- 腹直肌
- 腹外斜肌
- 背阔肌
- 三角肌

保持脊柱、颈部和背部呈一条直线

手腕位于肩膀正下方

收紧核心

脚趾背屈

第二阶段
将臀部向左旋转,返回起始的熊式平板支撑姿势,然后换边重复。注意身体两侧所做动作的次数要保持一致。

! 注意
支撑转体踢腿包含了手腕部位和肩袖部位的扭转动作,重量也集中在这两个部位上。因此,为了避免受伤,在整个动作过程中应始终保持核心收紧。

全身训练

军事推举接过顶哑铃臂屈伸

军事推举的运动可以增强胸部、肩部、手臂、上背部的肌肉,同时也能锻炼核心肌群。而过顶哑铃臂屈伸则是单独针对肱三头肌进行训练。

动作点睛

反手握住哑铃,掌心朝前。为保证姿势的准确,请选择合自己健身水平的重量。在动作过程中,要特别注意肘关节,它们应该位于手腕正下方,或者稍微向内。初学者可以从做3组,每组8~10次动作开始,熟悉动作后,可以逐渐增加重量。

! 注意

进行过顶哑铃臂屈伸时,要确保颈部保持不动,头部也保持稳定。如果上背部的活动性不足,则很可能会导致头部的晃动。

上半身和腹肌

除了三角肌外,军事推举还可以激活一些其他的肌肉,包括肱三头肌和斜方肌。核心肌群中的腹直肌可以让脊柱保持挺直,而腹斜肌则可以让你的身体避免向左或向右倾斜。

- 肱二头肌
- 肱三头肌
- 三角肌
- 背阔肌
- 胸大肌
- 腹直肌

接下页 》

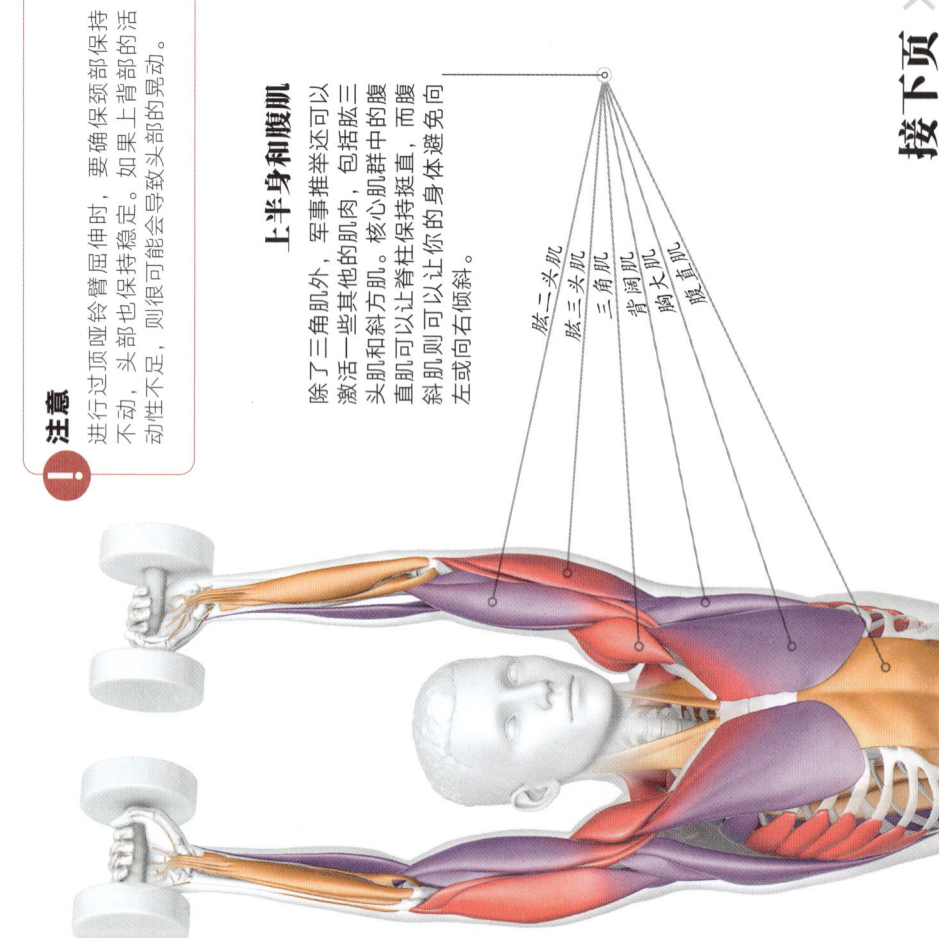

图例
- ● 关节
- ○ 肌肉
- ● 向心收缩的肌肉
- ● 离心收缩的肌肉
- ● 无张力下被拉长的肌肉
- ● 等长收缩的肌肉

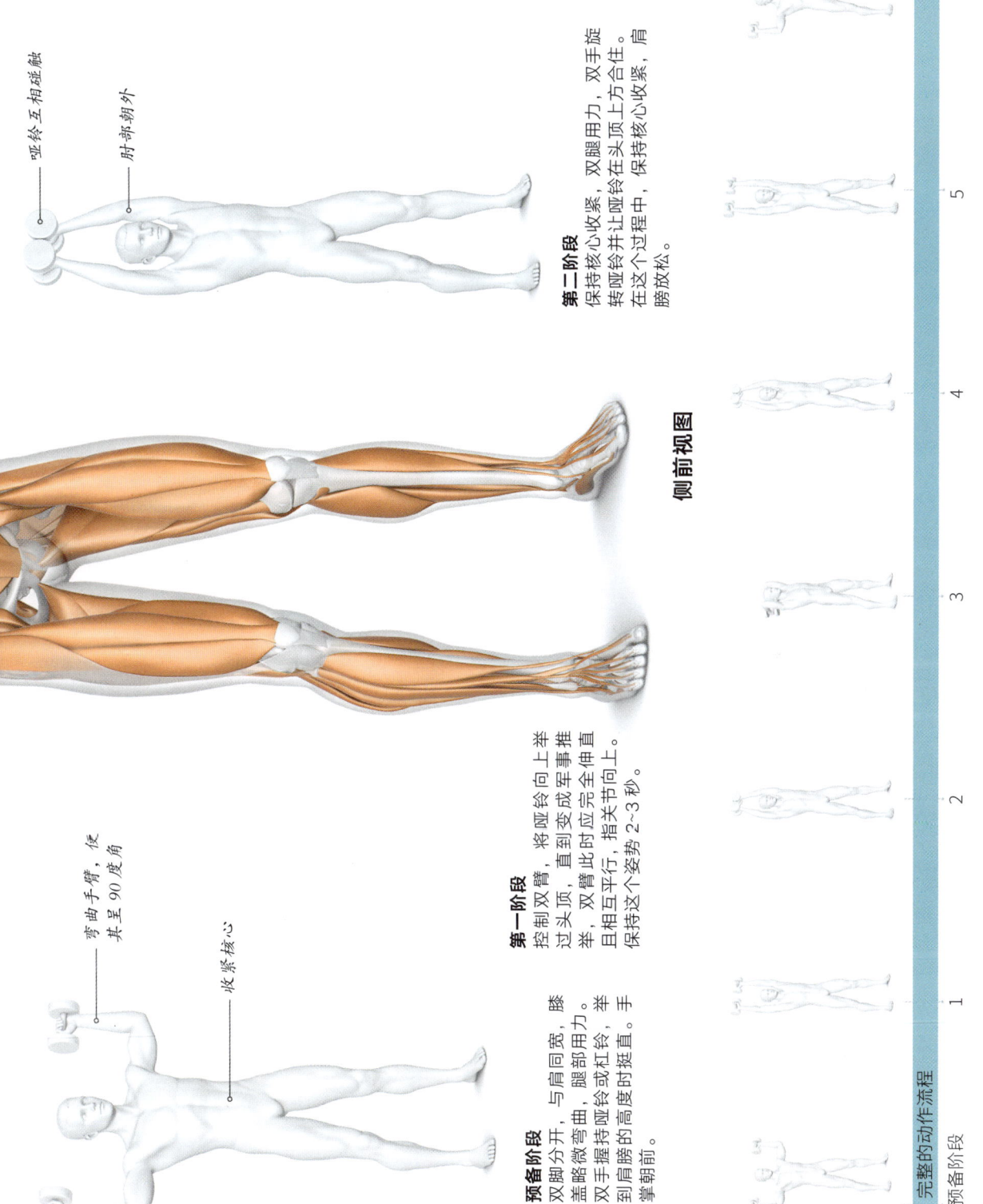

哑铃互相碰触

肘部朝外

第二阶段
保持核心收紧，双腿用力，双手旋转哑铃并让哑铃在头顶上方合住。在这个过程中，保持核心收紧，肩膀放松。

侧前视图

弯曲手臂，使其呈90度角

收紧核心

第一阶段
控制双臂，将哑铃向上举过头顶，直到变成军事推举，双臂此时应完全伸直且相互平行，指关节向上。保持这个姿势2~3秒。

预备阶段
双脚分开，与肩同宽，膝盖略微弯曲，腿部用力。双手握住哑铃或杠铃，举到肩膀的高度时挺直，手掌朝前。

完整的动作流程
预备阶段 1 2 3 4 5 6

军事推举接过顶哑铃臂屈伸（续）

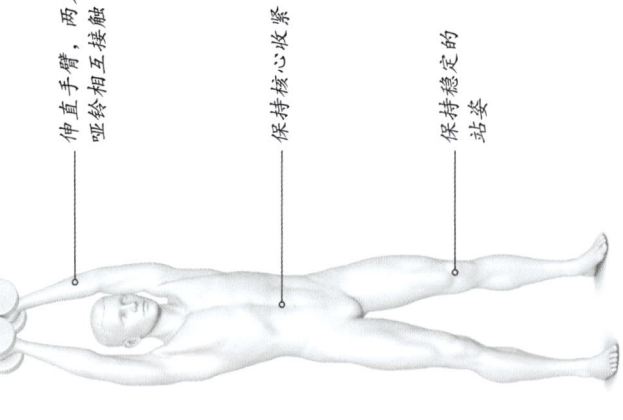

- 伸直手臂，两只哑铃相互接触
- 保持核心收紧
- 保持稳定的站姿

第四阶段

当你的肘部弯曲至 90 度或略微大于 90 度时，呼气并伸展手臂，让哑铃再次回到头顶上方的位置。

上半身和腹肌

在此动作中，只有肱三头肌受到了锻炼。肱三头肌的三个头共同作用，让肘关节完成了前臂伸展的动作。核心在整个动作过程中都要保持收紧状态。

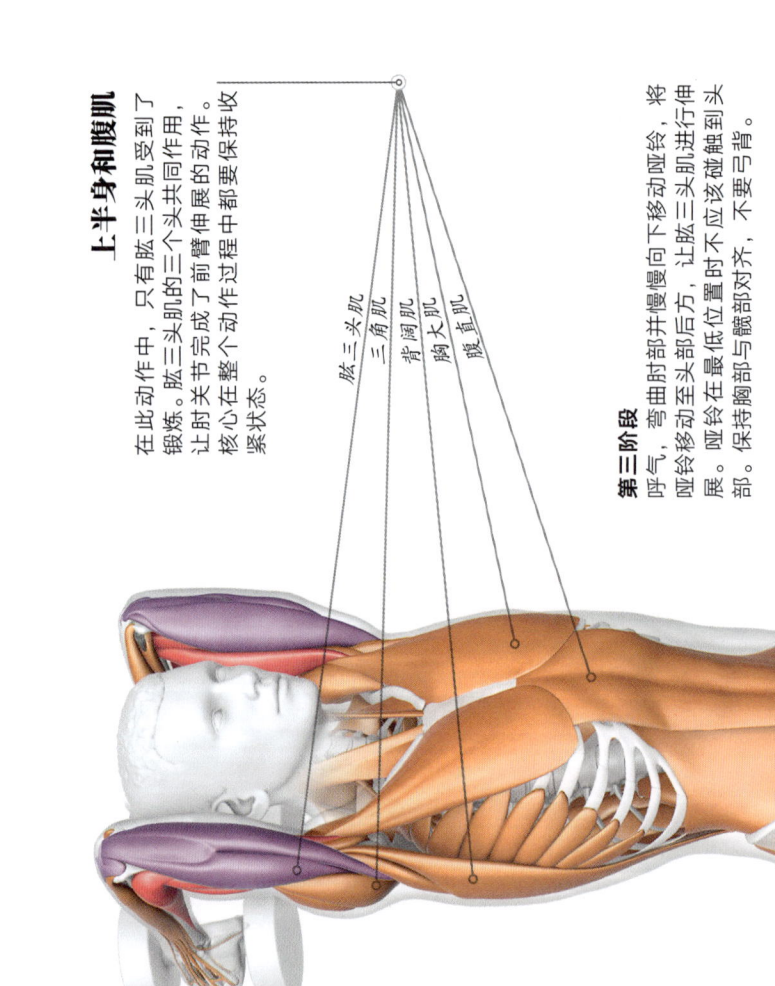

- 肱三头肌
- 三角肌
- 背阔肌
- 胸大肌
- 腹直肌

第三阶段

呼气，弯曲肘部并慢慢向下移动哑铃，将哑铃移动至头部后方，让肱三头肌进行伸展。哑铃在最低位置时不应该碰触到头部。保持胸部与髋部对齐，不要弓背。

在进行臂屈伸动作时，你只需运用到肘关节，而其他部位应保持静止不动，并处于收紧状态。

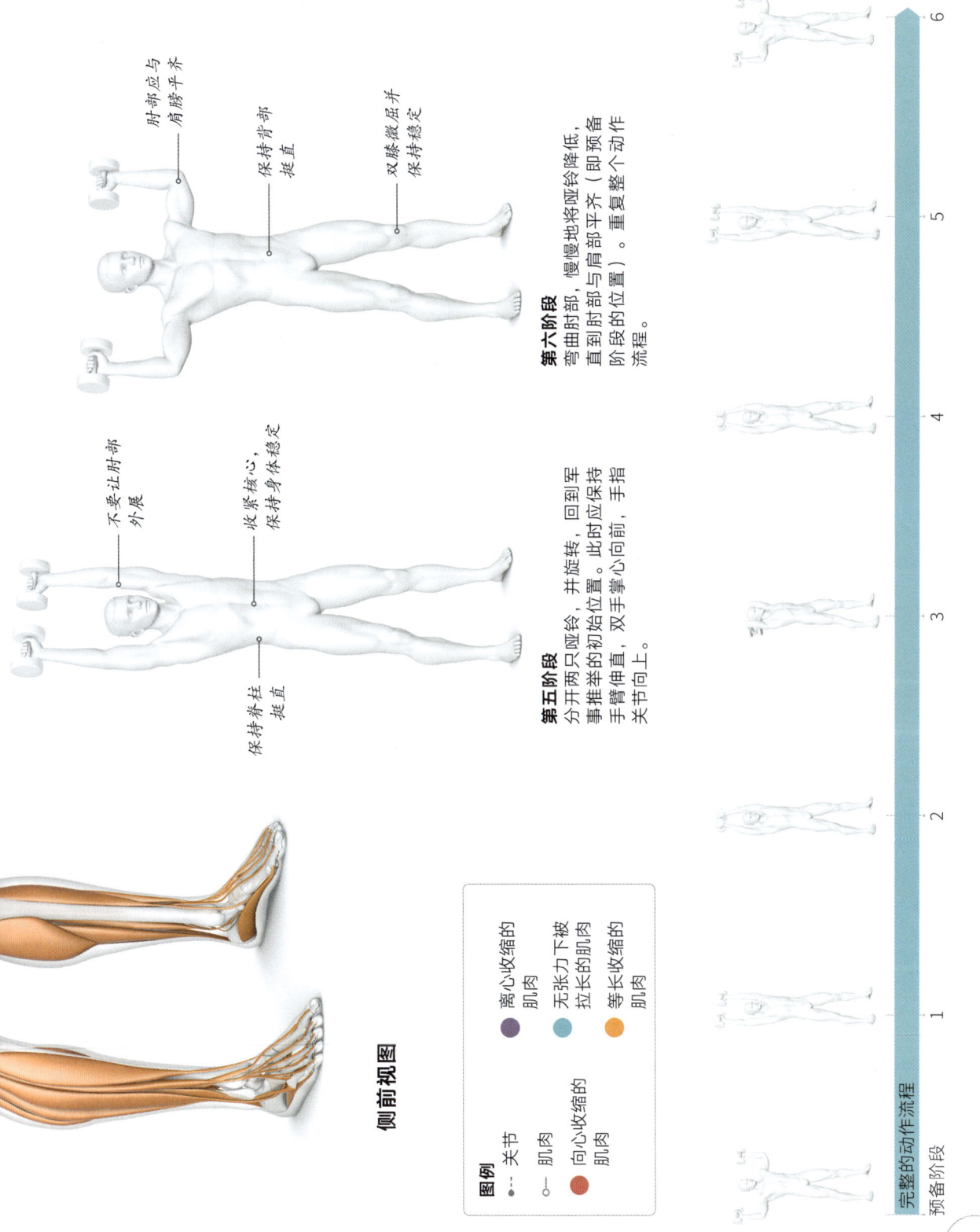

俯身哑铃划船接锤式弯举

这是一个复合功能性动作，可以训练到多个肌肉群。俯身哑铃划船可增强背部、胸部、上臂和肩袖的肌肉，而锤式弯举则主要训练肱二头肌。

动作点睛

在俯身进行双手划船动作时，身体的屈曲角度不要超过45度，同时保持背部挺直，肩膀始终保持平衡。在锤式弯举中，要控制好速度，慢慢地举起哑铃，保持肘部稳定，不要晃动。在训练时，可以设置3组训练，每组8次动作，在举起和放下哑铃时各数3下。

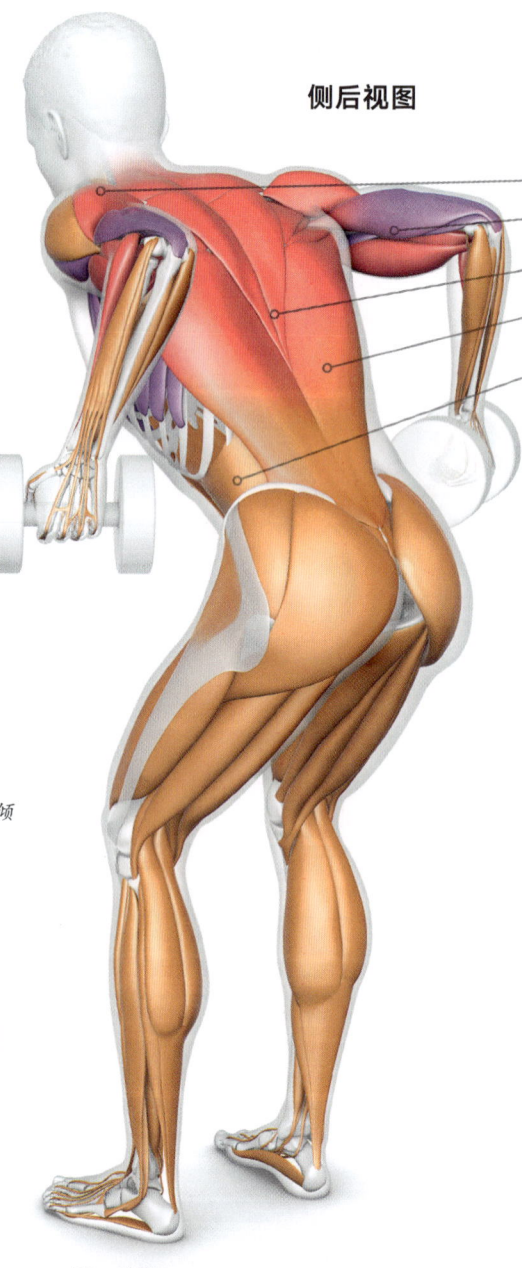

侧后视图

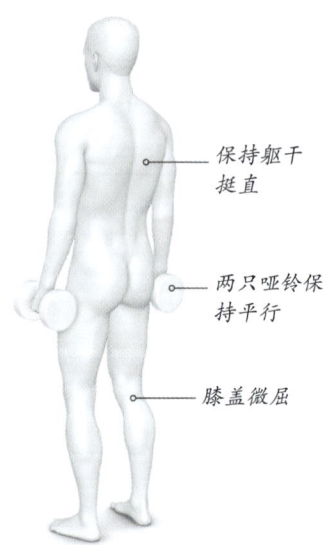

预备阶段
双脚分开，与肩同宽，膝盖微屈。双手各持一只哑铃，双臂放于身体两侧。

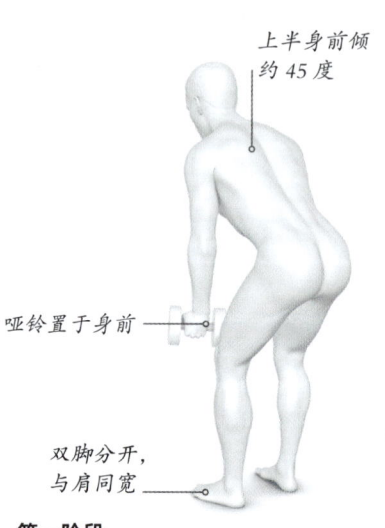

第一阶段
吸气，上半身前倾约45度，弯曲膝盖，保持背部挺直，将哑铃置于身前。

第二阶段
呼气，大臂与小臂保持90度，进行反向划船，将哑铃向上拉起。拉起过程中，手臂应放到肩膀下方位置。在进行动作时，保持胸部略微抬起。

上半身和腹肌

在进行此动作时,背阔肌、菱形肌、竖脊肌和斜方肌都受到了锻炼,此外,肱二头肌、前臂肌肉和三角肌后束也受到了锻炼。在整个运动过程中,收紧核心,这样可以让身体保持稳定,避免背部弓起。

- 三角肌
- 肱三头肌
- 斜方肌
- 背阔肌
- 腹横肌

手臂

锤式弯举可以独立锻炼肱二头肌,在屈臂过程中,肱二头肌也可以共同发力进而稳定肩膀、手腕和肘部关节。腹直肌、腹斜肌则帮助稳固脊椎。整个动作过程中都需要使用核心肌群。

- 斜方肌
- 三角肌
- 胸大肌
- 肱二头肌

侧前视图

图例
- ●-- 关节
- ○— 肌肉
- ● 向心收缩的肌肉
- ● 离心收缩的肌肉
- ● 无张力下被拉长的肌肉
- ● 等长收缩的肌肉

- 将哑铃带回大腿前方,准备进行第二组划船动作
- 膝盖略微弯曲,双腿用力

第三阶段
保持俯身姿势,控制好力量,慢慢地放下哑铃,同时吸气。然后呼气,再次重复划船的动作。

第四阶段
慢慢站直,让身体回到原始位置。保持肘部稳定,弯曲肘部并向肩膀的方向举起哑铃,完成锤式弯举。两只哑铃应该保持平行,保持手背朝外。

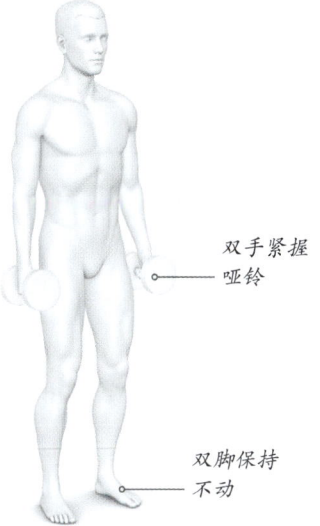

- 双手紧握哑铃
- 双脚保持不动

第五阶段
将哑铃放回起始位置,双手牢牢握住哑铃,放于身体两侧。吸气,准备屈曲髋部。呼气,双手重复反向划船,然后进行另一组锤式弯举。

俯身哑铃反向飞鸟接哑铃臂屈伸

这个复合动作能够同时训练多个肌肉群，包括肩膀后侧的三角肌和上背部的主要肌群，如斜方肌、肱三头肌和腹部肌群。

动作点睛

首先进行俯身哑铃反向飞鸟动作，将肩胛骨后缩，使双肩向内靠拢。接下来，保持身体前倾状态，进行俯身哑铃臂屈伸。请选择适合自己健身水平的重量，并在熟练掌握动作前先进行无负重练习。

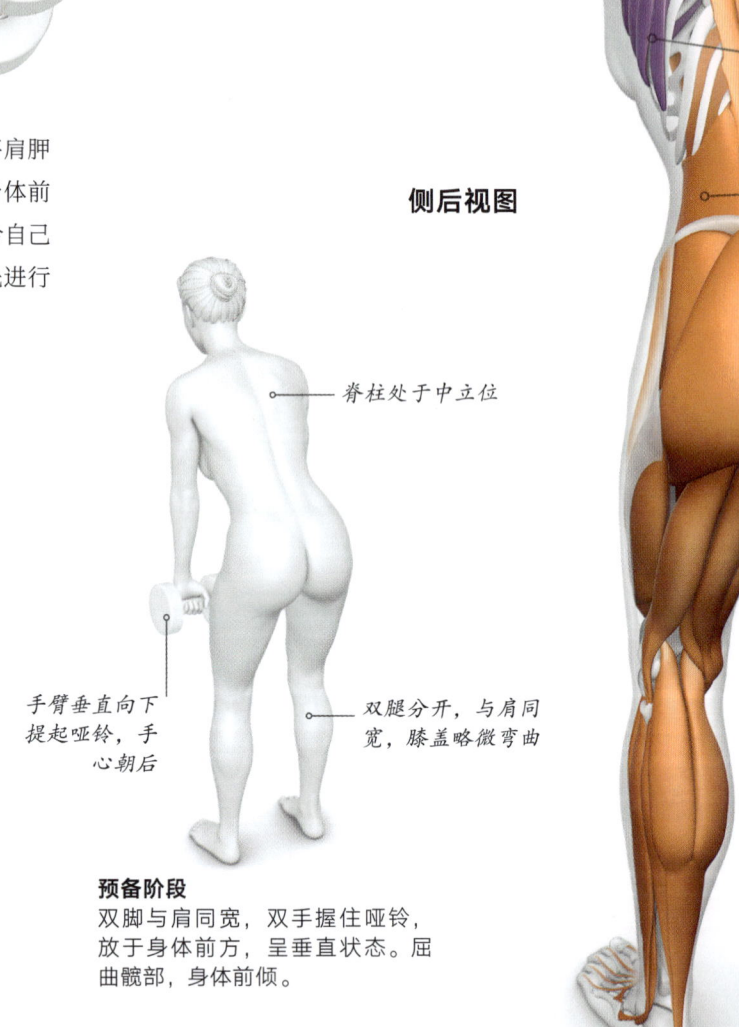

侧后视图

脊柱处于中立位

手臂垂直向下提起哑铃，手心朝后

双腿分开，与肩同宽，膝盖略微弯曲

预备阶段
双脚与肩同宽，双手握住哑铃，放于身体前方，呈垂直状态。屈曲髋部，身体前倾。

图例
- ●-- 关节
- ○-- 肌肉
- ● 向心收缩的肌肉
- ● 离心收缩的肌肉
- ● 无张力下被拉长的肌肉
- ● 等长收缩的肌肉

第一阶段
呼气,将双臂向身体两侧抬起,肩胛骨向内收紧。在将肩胛骨向脊柱方向拉拢时,保持手肘微屈。尽量保持 2 秒。

接下页 »

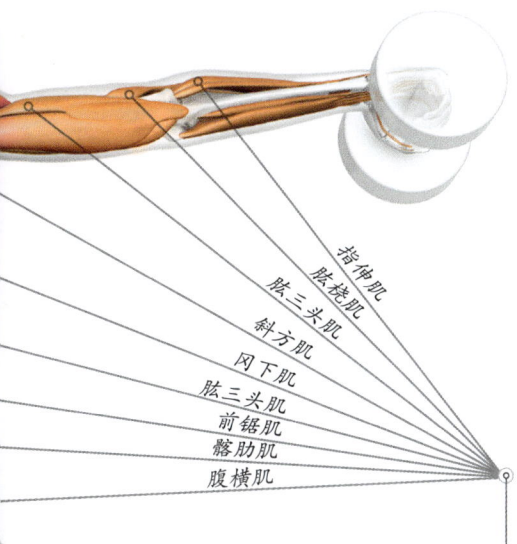

- 背伸肌
- 肱桡肌
- 斜方肌
- 冈下肌
- 肱三头肌
- 前锯肌
- 髂肋肌
- 腹横肌

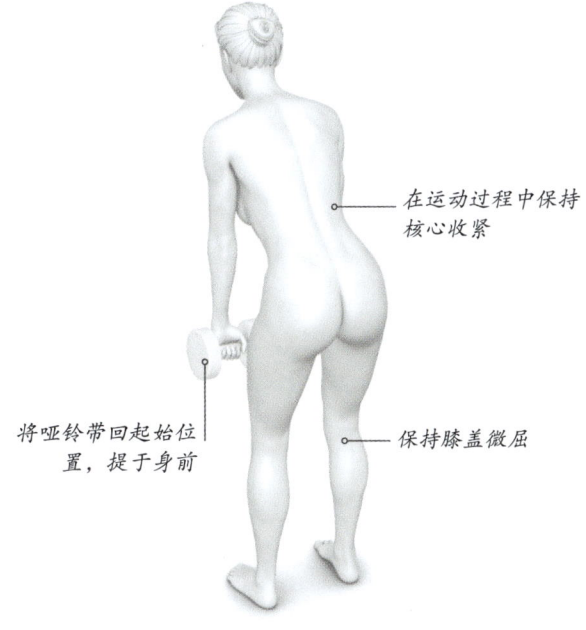

在运动过程中保持核心收紧

将哑铃带回起始位置,提于身前

保持膝盖微屈

第二阶段
吸气,将哑铃放回起始位置。避免弓背或者向前耸肩。下巴微收以保持脊柱处于居中位置。保持平稳的呼吸。

! 注意
避免弓背,否则将会对脊柱造成压力。如果哑铃的重量过重,则可能导致弓背,在举起哑铃时也会不稳定。

上半身
反向飞鸟动作可以训练上背部和三角肌群等多块肌肉。该动作主要调动了三角肌后束以及斜方肌的中下部、菱形肌、冈下肌和小圆肌。

完整的动作流程

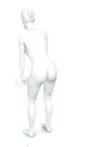 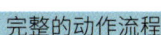      

预备阶段   1   2   3   4   5   6

俯身哑铃反向飞鸟接哑铃臂屈伸（续）

图例
- ●-- 关节
- ○— 肌肉
- ● 向心收缩的肌肉
- ● 离心收缩的肌肉
- ● 无张力下被拉长的肌肉
- ● 等长收缩的肌肉

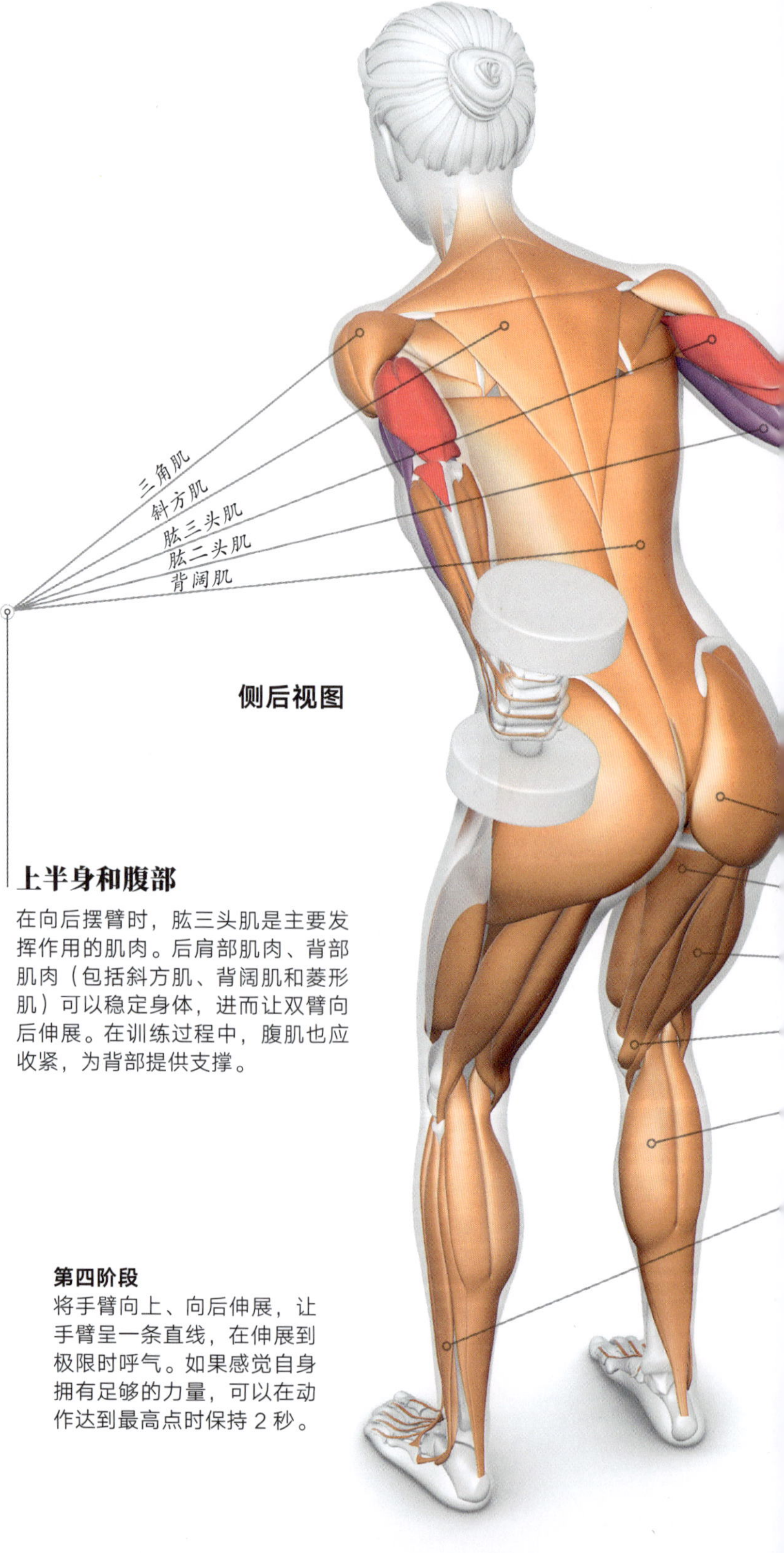

三角肌
斜方肌
肱三头肌
肱二头肌
背阔肌

侧后视图

上半身和腹部

在向后摆臂时，肱三头肌是主要发挥作用的肌肉。后肩部肌肉、背部肌肉（包括斜方肌、背阔肌和菱形肌）可以稳定身体，进而让双臂向后伸展。在训练过程中，腹肌也应收紧，为背部提供支撑。

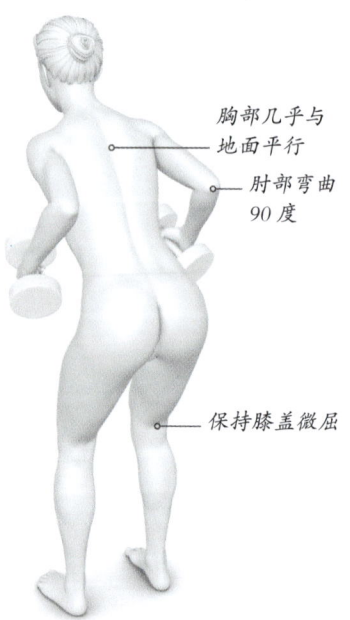

胸部几乎与地面平行

肘部弯曲90度

保持膝盖微屈

第三阶段

弯曲肘关节，向后抬起哑铃。保持屈髋前倾，胸部几乎与地面平行。

第四阶段

将手臂向上、向后伸展，让手臂呈一条直线，在伸展到极限时呼气。如果感觉自身拥有足够的力量，可以在动作达到最高点时保持2秒。

> **注意**
> 在掌握正确的训练形式和训练技术的过程中，请使用最轻的哑铃。确保在训练过程中保持顺畅、自然的呼吸。

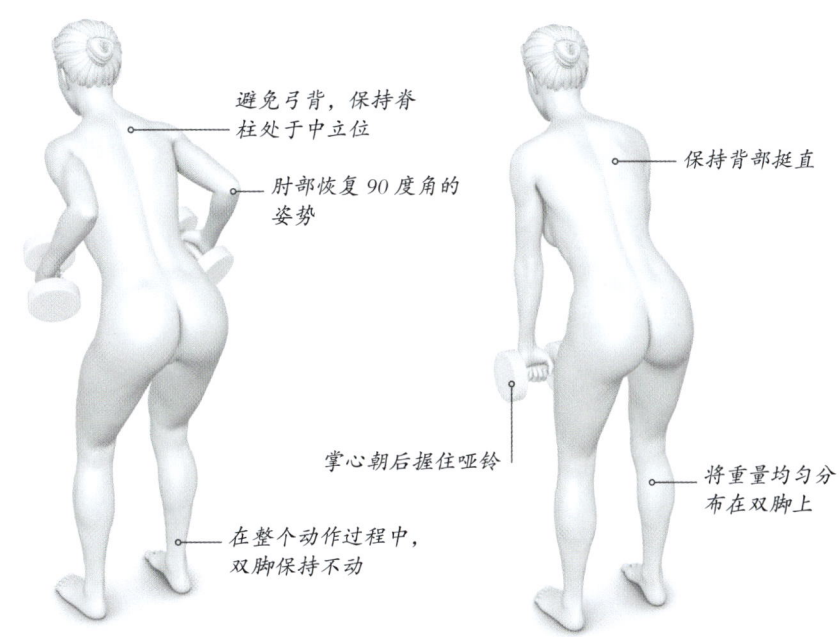

- 避免弓背，保持脊柱处于中立位
- 肘部恢复 90 度角的姿势
- 保持背部挺直
- 掌心朝后握住哑铃
- 将重量均匀分布在双脚上
- 在整个动作过程中，双脚保持不动

第五阶段
吸气，慢慢地将哑铃向身体的方向收回。可以在收回的过程中暂停一下，以保持哑铃稳定。

第六阶段
伸直手臂，将哑铃放回预备阶段的位置。重新开始，再次进行反束三角肌飞鸟动作，完成一次重复。

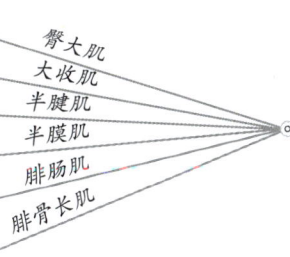

- 臀大肌
- 大收肌
- 半腱肌
- 半膜肌
- 腓肠肌
- 腓骨长肌

下半身
在这项训练中，下半身起到了稳定整个身体的作用，臀大肌全程保持等长收缩。收紧臀部可以固定髋部位置，保持脊柱位于中立位。

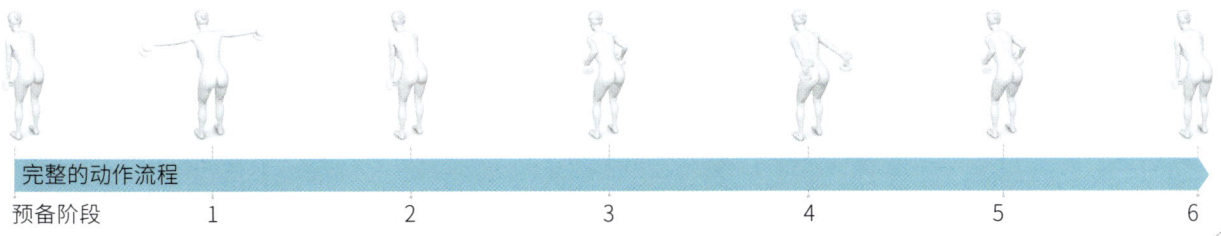

完整的动作流程

预备阶段　1　2　3　4　5　6

相扑深蹲接锤式弯举

相扑深蹲可以锻炼臀大肌、股四头肌、腘绳肌、髋屈肌、小腿肌肉和核心肌群,重点锻炼了髋部和大腿内侧;而锤式弯举则可以锻炼肱二头肌、前臂肌肉、肱肌和肱桡肌。

动作点睛

进行相扑深蹲时,不要让膝盖内扣。保持胸部挺直,在整个动作过程中都不可以弓背,保持核心收紧,这样有助于保持正确的姿势。在进行锤式弯举时,肘部要贴着大腿。

图例
- 关节
- 肌肉
- 向心收缩的肌肉
- 离心收缩的肌肉
- 无张力下被拉长的肌肉
- 等长收缩的肌肉

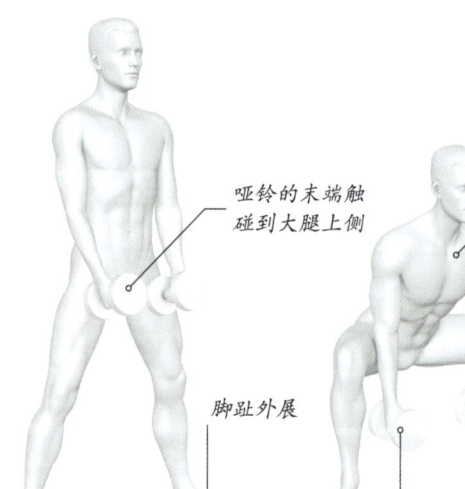

侧前视图

预备阶段
双脚分开,向外转45度,双手持哑铃并将其置于大腿前方,保持放松的状态,准备下蹲。

第一阶段
从髋关节和膝关节开始屈曲,慢慢地将臀部向后推。在蹲下时,注意保持挺胸,双膝向外。当身体下降到蹲姿时,把哑铃放在双腿之间。

第二阶段
保持相扑深蹲的姿势,将肘部放在大腿上方,手掌朝向身体中线。肘部弯曲,将哑铃向上弯举,直到它们触碰肩膀。

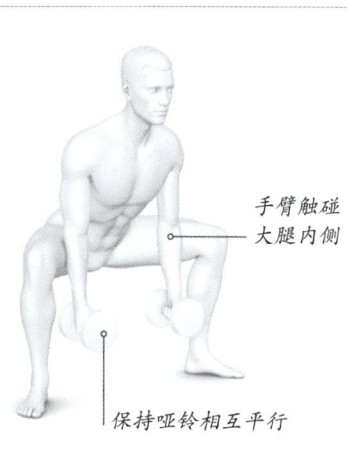

手臂触碰大腿内侧

保持哑铃相互平行

第三阶段
保持相扑深蹲的姿势，将哑铃带回到位于双腿之间的起始位置，胸部朝前。

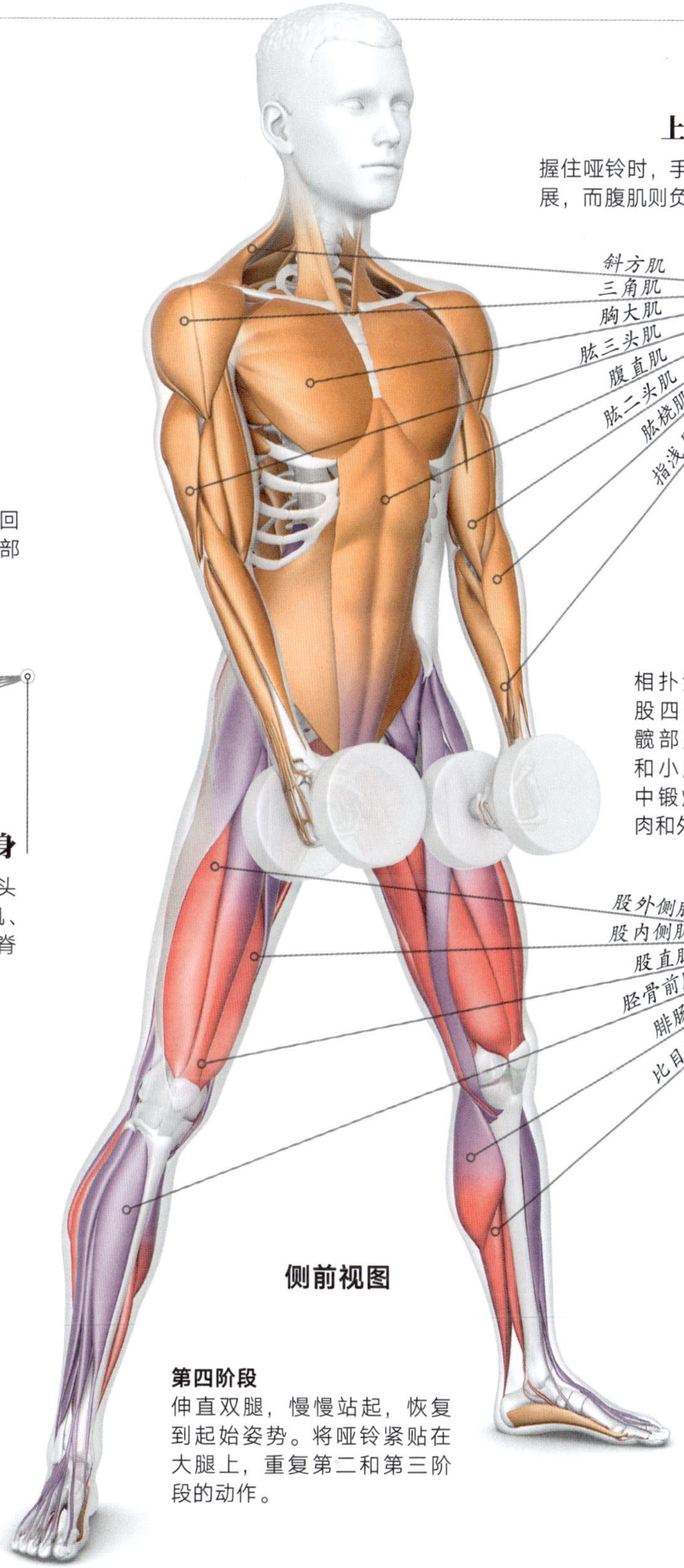

上半身和腹部
握住哑铃时，手臂在张力下伸展，而腹肌则负责稳定脊柱。

斜方肌
三角肌
胸大肌
肱三头肌
腹直肌
肱二头肌
肱桡肌
指浅屈肌

下半身
相扑深蹲可以锻炼股四头肌、臀肌、髋部肌肉、腘绳肌和小腿肌肉，并集中锻炼大腿内侧肌肉和外展肌。

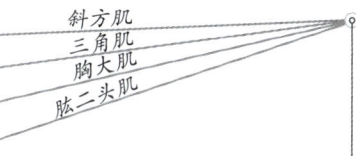

斜方肌
三角肌
胸大肌
肱二头肌

上半身
锤式弯举锻炼的肌肉为肱二头肌、肱肌、肱三头肌、指屈肌、胸大肌和前锯肌；腹直肌为脊柱提供支撑。

股内侧肌
股直肌
胫骨前肌
腓肠肌
比目鱼肌

股外侧肌
股内侧肌
股直肌
胫骨前肌
腓肠肌
比目鱼肌

侧前视图

下半身
在下蹲到最底部时，腘绳肌、股四头肌、内收肌、外展肌和臀部的肌肉保持等长收缩。

第四阶段
伸直双腿，慢慢站起，恢复到起始姿势。将哑铃紧贴在大腿上，重复第二和第三阶段的动作。

179

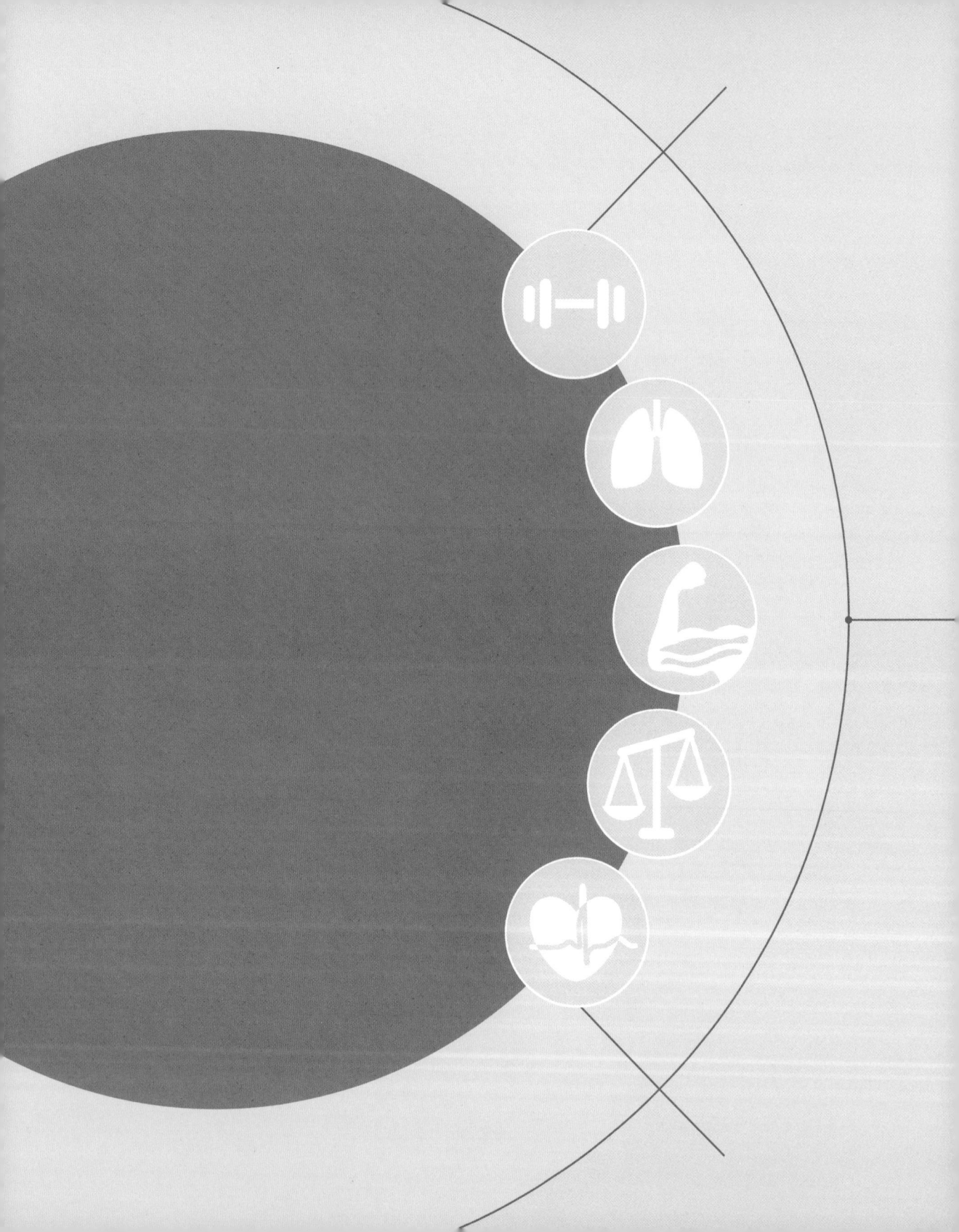

HIIT
训练流程

本节将介绍42种HIIT训练计划，适用于不同等级的训练者。这些计划可以有效地训练到全身、上半身或下半身。根据自身的身体素质，训练者需要对每个动作进行一定时长的训练，每个动作需要完成5轮。训练者也可以叠加多个项目来延长训练的时间。本节还将介绍有关热身和恢复的建议、如何制订训练计划以及如何创建自己的训练方案。

训前准备

在进行任何训练之前,训练者都需要找到适合的训练动作。本书为不同级别的训练者分别制订了不同的训练计划。为了充分发挥这些训练计划的作用,训练者应该考察自己当前的身体状况,并不断增强自己的肌肉力量和心肺功能。请进行下方的体适能评估测试,进而确定自己应该选择哪一个健身阶段。

在开始HIIT训练之前,你需要评估你当前的体适能状况。这个简单的评估会帮助你了解应该从什么阶段开始训练,同时也可以为衡量所取得的进步提供标准。

评估你的体适能状况

在开始这个训练计划之前,请使用下述的体重阻力测试来确定你当前的体适能水平。测试的结果将表明你应该从何处开始你的健身之旅。

进行测试

此测试包括五个典型的HIIT训练动作:俯卧撑、深蹲、深蹲跳、仰卧起坐和波比跳。在开始之前,请查看测试说明。

1. 每个动作持续做30秒。

2. 在每个动作结束后休息30秒。

3. 在30秒的休息时间内,记录下你运动期间所完成动作的次数。

4. 当你完成了所有5个动作后,将完成的总次数加起来,得到你的总分。

如果你得分为:

总分 ≤ 80	从第1级开始:初级水平
总分在 81~104	从第2级开始:中级水平
总分 ≥ 105	从第3级开始:高级水平

俯卧撑:
见第58~59页

深蹲:
见第90~91页

深蹲跳:
见第126~127页

仰卧起坐:
见第44~45页

波比跳:
见第140~143页

选择适合自己的级别

完成体适能评估后,确定自己属于哪个健身级别,并从该级别开始训练。

★ 第 1 级
初级——适用于初学者
如果你的得分为 80 分及以下,便需要从初级训练开始。从该级别开始训练可以为你逐渐进阶到更高级别的 HIIT 训练奠定坚实的基础。在初级训练期间,你需要专注于动作的标准性和正确的呼吸技巧。建议从徒手训练或使用极少重量开始。
每个动作的持续时间: 30 秒
动作之间的休息时间: 15 秒
每个动作的组数: 2~3 组
每组之间的休息时间: 30~60 秒

★ 第 2 级
中级
如果你可以从第 2 级开始着手训练,就意味着你已经有了坚实的基础,但仍需从较轻的重量开始。你可以在这个阶段为自己增加一些难度:增加每组的时间并减少组间的休息时间。然后随着身体的不断适应,逐渐增加负重。
每个动作的持续时间: 45 秒
动作之间的休息时间: 15 秒
每个动作的组数: 3~4 组
每组之间的休息时间: 30~45 秒

★ 第 3 级
高级
得分高于等于 105 就意味着你已经有了良好的体能,你已经可以开始对自己进行进一步的挑战了。你可以尝试通过更大的负重、更短的休息时间和更长的训练时间,来提高你的心肺功能、肌肉耐力和力量。
每个动作的持续时间: 60 秒
动作之间的休息时间: 无
每个动作的组数: 4~5 组
每组之间的休息时间: 30~45 秒

身体脂肪含量

在训练结束后,HIIT 训练还可以继续燃烧脂肪(见第10~11页)。因此,在开始健身之前,对自己当前的身体状况有深入的了解可以为你带来巨大的益处。身体脂肪含量是对构成身体总重量的不同组成部分(肌肉、骨骼和脂肪)的描述。计算身体脂肪含量的方法有很多种:通过身体质量指数(BMI)进行计算、用卡尺或卷尺测量皮褶厚度进行计算,也可以使用几种在线身体脂肪计算器来进行计算。

计算身体脂肪

身体脂肪的百分比是由BMI决定的,请使用以下公式对该百分比进行大致的计算。

公式
体重(kg)÷ 身高^2(m)

举例
$65kg ÷ 1.8m^2 = BMI\ 20.06$(正常)

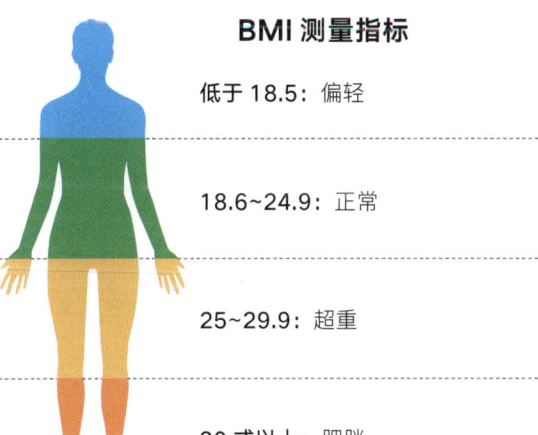

BMI 测量指标

低于 18.5:偏轻

18.6~24.9:正常

25~29.9:超重

30 或以上:肥胖

制订训练计划

职业健身运动员在为健美比赛做准备时，会对一切（训练、饮食计划和饮食内容）进行计划。明确的计划可以为我们的目标开辟道路。训练的确很重要，但要注意训练量不要过度，需要使用适当的恢复技巧，并针对自己身体的特点制订营养计划，为身体提供养料。

应采取怎样的频率进行训练？

HIIT训练并不适合每天都进行。因为设计这些超快速训练的初衷就是为了让你竭尽全力。我们都想快速减肥塑身，所以不难理解为什么HIIT训练是一个绝佳的选择。HIIT训练耗时短，可以将心率提升到最高，促进新陈代谢并燃烧脂肪，通过HIIT训练，你可以省下在跑步机上浪费的时间。HIIT训练后出现的脂肪燃烧现象被称为EPOC（见第10~11页），这意味着更多的卡路里燃烧、新陈代谢提升和脂肪燃烧。

由于HIIT训练涉及高强度的运动，最好采用循序渐进的方式进行训练。体适能评估测试（见第182页）可以告诉你应该从哪个级别开始。在刚开始时，可以每周进行3~4次的训练。如果你是HIIT训练的新手，或许每周只能训练一次，直到你的身体适应为止。随着身体逐渐适应训练，你可以增加训练天数，但要给自己24小时的休息时间。

如果训练过度，那么肌肉就会感到劳累。训练过量且缺乏休息和恢复时，关节会受到巨大的压力。同样，肌肉酸痛且过度劳累时，不只会影响运动的质量，还会让身体受伤。

每周计划

对每周的训练进行规划时，重要的是要涵盖不同的肌肉群。同样重要的是要合理安排训练的时间间隔，让身体充分恢复。

示例

每周训练四次：第一天集中锻炼上半身，第二天集中锻炼下半身，第三天集中锻炼腹肌，第四天进行全身训练。

根据自己的水平进行训练

进行体适能评估测试后，你会更好地了解应从哪个级别开始你的健身之旅。

第一级：初级
如果从初级开始训练，每周需要进行1~2次HIIT训练，并确保你坚持体适能评估测试中建议的组数、训练时长和休息时长。

第二级：中级
如果经体适能评估测试认定你可以从中级开始训练，则每周可以进行2~3次HIIT训练，并确保坚持体适能评估测试中建议的组数、训练时长和休息时长。

第三级：高级
如果从高级开始训练，则每周可以进行3~4次训练，并确保坚持评估测试中建议的组数、训练时长和休息时长。

如何提高训练强度?

人们常说:"百尺竿头,更进一步。"训练强度也总是有提升的余地。如果你感觉你的训练到了瓶颈期,可以采用以下四种方法提高训练的强度。

增加重复次数和负重
增加重复次数和负重是训练肌肉的稳妥方法。采用此方法可以增加训练的难度。

增加组数
提高训练难度的另一种方法是增加组数,这意味着你会花更多时间进行一系列的训练。增加训练的组数可以进一步提升身体素质。

逐渐减少储备重复次数
储备重复次数(RIR)是指在完成一组训练后你还有多少"余力",换句话说就是在达到极限之前还能做多少次动作。此方法的最终目标是将储存次数降低到4~5次。

恢复
身体的恢复和训练同样重要,甚至更为重要。你有可能正在过度训练,并没有给身体充分的恢复机会,无法稳定健身效果。如果出现此类情况,则可以采用下文提到的三种恢复身体的方法。

恢复

在运动训练中,有一种说法是"你应该像努力训练一样努力恢复身体"。30岁以上的人应该以1:1的比例进行恢复,即每进行1小时的训练,就需要1小时的时间来恢复身体。健身者总是认为这1个小时都要用来拉伸身体,但实际上恢复身体可以采用许多方法,以下就是其他的一些方法,它们同样很有效。

水分和营养

水可以帮助将氧气输送到身体的细胞当中,让身体系统正常运作,它还可以帮助清除身体中的毒素。当我们出汗时,就需要补充水分。人在感到口渴时,实际上已经处于脱水状态了。

在饮食方面,可以参考营养指南(见第20~21页),了解如何用最优的方式为训练提供能量,这可以极大地提高训练效果。很多人并不了解,我们身体中80%的免疫系统都位于肠道内,所以只有肠道健康,我们才能更快、更有效地抵抗病毒。

拉伸运动

拉伸运动可以缓解肌肉的紧张感,提高活动性。在进行HIIT训练时,肌肉就会收缩,因此在运动后拉伸肌肉或者让肌肉恢复平衡是非常重要的。肌肉失衡可能会导致关节僵硬,进而令其受伤。而当肌肉较为放松时,运动的幅度也会增大,这意味着训练者可以正确地进行训练动作。

拉伸的类型包括站立股四头肌拉伸、箭步脊柱扭转、肱三头肌拉伸、"4"字式拉伸、猫式拉伸、90/90拉伸、快乐婴儿式拉伸、箭步髋屈肌拉伸、蛙式拉伸和蝴蝶式拉伸。

使用泡沫轴

泡沫轴滚压是一种自我筋膜释放(SMR)技术,可以帮助缓解肌肉紧张、酸痛和炎症。此外,它还可以增加运动的幅度。因此,将泡沫轴作为热身或训后放松时的器械是明智的选择。

在使用泡沫轴时,要从轻压肌肉开始。你可能会发现你的肌肉是紧绷的,使用泡沫轴可能会很痛。因此要调整自身压在泡沫轴上的重量,进而降低自己受到的作用力。开始时滚动约10秒,然后逐渐增加到30~60秒。如果你是新手,可以请求专业人士的帮助或在网上搜索相关的教程。

制订并遵循自己的训练计划

当着手开始新的训练时，你需要制订一个可以帮助你养成训练习惯的训练计划。养成一个良好的习惯需要18天，而让习惯变成自然则需要66天，但打破习惯只需要2天的时间。制订训练计划不仅有助于养成新的健康习惯，还可以为你的整体健身目标提供明确的指引。

学习训练动作

在开始训练之前，请仔细阅读本书中的相关内容（建议通读三遍相关的内容）。如果有任何问题，请记录下来，很有可能本书中已经提供了你所需要的答案。请确保你已经理解了每日训练的内容以及每种运动的正确形式。如果仍然对某种运动不太熟悉，则可以再次翻阅逐步详解的动作指南，进一步了解如何正确进行该动作。这些训练都需要你高度集中注意力，充分掌握这些动作的要领，可以让你保持良好的运动状态。

提高心血管耐力和力量的训练

有一些训练会更加注重有氧运动，可以显著提高心率。提高心血管耐力可以改善肺部和血液中的氧气摄取量，并有助于延长体育运动的持续时间。耐力是指一个人持续进行运动训练的能力。有氧耐力通常与心血管健康相关，且需要血液循环和呼吸系统为肌肉供能，以维持体育运动。有氧运动还有助于燃烧卡路里（主要是脂肪），提高新陈代谢。有氧代谢的主要产物是二氧化碳气体，身体通过血液将其排出肺部。

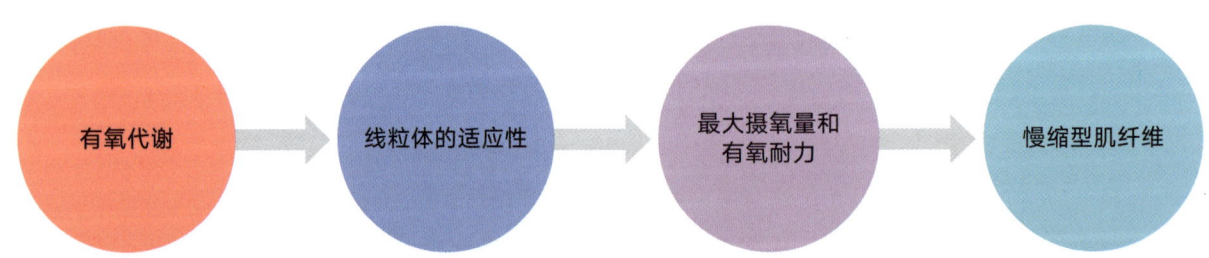

有氧代谢是指在有氧的情况下，将储存的营养物质（主要是葡萄糖）转化为能量携带分子（即ATP）的过程。

有氧代谢发生在肌肉细胞的线粒体中，有氧训练可以增加线粒体数量并改善其功能。

最大摄氧量是一个人在极限运动过程中可以利用的最大氧气容量。研究表明，HIIT训练可以将最大摄氧量增加20%。

慢缩型肌纤维可以更高效地利用氧气，它们的收缩速度比快缩型肌纤维慢，并且可以在更长的时间内发挥作用。

选择合适的负重

在选择负重时,要确保重量适合自己当前的健身水平。两者之间要达到平衡,如果你是HIIT训练的初学者,选择一个既能挑战自身但又不会超重的负重是非常关键的。你需要充分了解如何选择适合你的水平的负重,因为这会影响到举重的安全性和效果。在进行训练时,从自己已经掌握的重量开始训练,然后根据自己的评估和想要重复的组数逐渐增加负重。

自由负重

自由负重包括哑铃、杠铃和壶铃。无论哑铃是什么形状的(六角形、圆形或可调节形状),它的重量都会清楚地标注出来。一般来说,哑铃都是成对的。刚开始训练时,请选择适合自己的重量,在逐渐适应后,可以慢慢地增加负重,为自己加大难度。

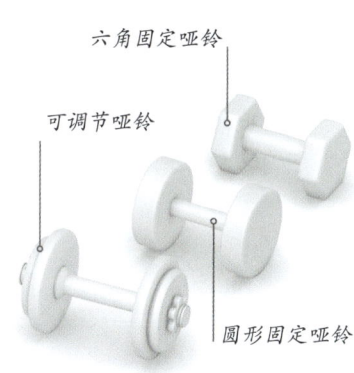

哑铃

握持哑铃

在握持哑铃时,需要使用特定的握法来确保其稳固,同时减少手部酸痛。常见的握法有反握、中立握和正握。半反握则介于反握和中立握之间。握住哑铃时不要用力过猛,否则前臂将受到不必要的压力。

举重时要注意安全

在进行 HIIT 训练时,需要专注于自身,并时刻关注身体的状况。专注于每个动作可以保证安全,并确保按照计划进行训练。

塑形与增强力量的训练

塑形和增强力量的训练需要使用哑铃、壶铃或阻力带等器械。此类运动也专注于增加肌肉量,通常为无氧运动(包括举重)或需要短时间内释放大量能量的运动。如果你正在寻求突破运动瓶颈并完成新的目标,这些训练就是极佳的选择。同时,这些训练还可以帮助你保持肌肉量。大多数HIIT训练都是无氧运动。无氧代谢会导致乳酸积聚(这时你会感到酸痛)。这些运动主要运用到了肌肉的快速收缩("快速收缩"是指肌肉收缩的速度和频率),它们可以帮助你更快地移动(但运动持续的时间会变短)。你的身体会更加依赖于储存的能量,借助储存能量来为这些运动提供燃料。

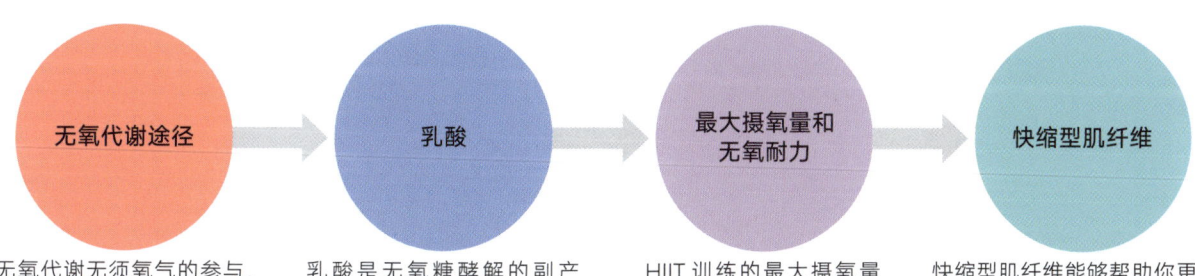

无氧代谢无须氧气的参与,其代谢速度比有氧代谢更快,但效率要低得多,可用于短时间内的能量爆发。

乳酸是无氧糖酵解的副产物。乳酸积累会导致身体性能迅速下降。充分的休息后,乳酸会转化回葡萄糖。

HIIT 训练的最大摄氧量高达 115%,可以有效提高你的无氧动力水平(即乳酸阈值)。

快缩型肌纤维能够帮助你更快地运动,但持续时间较短。这类运动对 ATP 的需求比慢缩型肌纤维少,适合短跑运动员。

每周训练计划

制订计划是迈向成功的第一步。本书为你提供了一个为期六周的渐进计划，借助该计划，你可以快速开始你的健身之旅或改进自己现有的健身计划。你可以快速使用下方建议的训练计划或使用第193~203页中的训练计划。

	周一	周二	周三	周四
第一周	**上半身** 俯身宽距划船，哑铃肱二头肌弯举，锤式弯举，熊式平板交替划船	**核心** 自行车卷腹，双向卷腹保持接扭转，剪刀踢，平板开合跳	**下半身** 相扑深蹲，椅子深蹲，蟹步走，相扑飞鸟	
第二周		**下半身** 交替抓举，哑铃登阶，交替侧弓步，交替脚尖触地	**全身** 俯身哑铃划船接锤式弯举，肱二头肌半程弯举，收腹跳，波比深蹲	**上半身** 侧向俯卧撑，哑铃卧推，哑铃飞鸟，屈腿仰卧后撑
第三周	**全身** 俯身哑铃划船接锤式弯举，相扑深蹲接锤式弯举，支撑转体踢腿，熊式平板支撑接俯卧撑		**上半身** 哑铃卧推，哑铃飞鸟，俯身哑铃臂屈伸，过顶哑铃臂屈伸	**核心** 泳姿平板支撑，俯身登山，攀绳卷腹，仰卧起坐
第四周	**上半身** 俯身哑铃划船，哑铃前平举，肱二头肌半程弯举，锤式弯举	**核心** 平板支撑收腹侧跳，自行车卷腹，双向卷腹，圆旋V形支撑		**下半身** 单腿硬拉，步伐式臀桥，负重提踵，哑铃登阶
第五周	**核心** 剪刀踢，健身球卷腹，俯身跨步登山，双向卷腹保持接扭转	**下半身** 交替后撤箭步蹲，椅子深蹲，深蹲，滑雪跳	**全身** 折刀俯卧撑，宽距肱二头肌弯举，后撑交替摸脚，斜向箭步蹲	
第六周	**全身** 哑铃登阶，单腿硬拉，蟹步走，交替脚尖触地	**上半身** 俯身哑铃划船，哑铃肱二头肌弯举，锤式弯举，熊式平板交替划船	**核心** 自行车卷腹，双向卷腹保持接扭转，剪刀踢，平板开合跳	**下半身** 相扑深蹲，椅子深蹲，蟹步走，相扑飞鸟

追踪训练进度

从计划表上划掉已经完成训练的日期是一件很有成就感的事情。养成一个习惯需要两到三个星期，而打破一个习惯只需要两天。成功的关键是要设定一个可行的目标。如果你没有保持每天都训练的习惯，那么制订每天都训练的计划就不太现实。你可以从每周训练一天开始，如果你训练的时间超出计划，那么也就超额完成了训练任务。你还需要考虑在一天当中的哪个时段（早上、中午、晚上）训练更容易坚持下去，并保持住这个时间安排。为了追踪训练进度，你还可以在开始前拍摄自己的照片（包括正面照、背面照和侧面照），照片能够真实地反映你的训练结果。每隔两个星期就拍摄一次，这样你就可以将它们并排起来进行比较，从而更直观地发现身体的变化。

休息的重要性

休息日是任何训练计划中不可或缺的一部分。休息日可以让肌肉再次产生肌肉组织并补充糖原储备，从而减轻疲劳感并为下一次训练做好准备。休息日也有助于减少受伤的概率：运动过度会对肌肉产生多重压力和负担，增加受伤风险。休息日还可以提高运动表现：当肌肉得到充分休息后，下一次的训练效果会更好。特别是在 HIIT 训练期间，身体需要时间来修复和补充能量。

周五	周六	周日
全身 足球波比跳，箱跳，相扑深蹲接锤式弯举，交替抓举	**上半身** 军事推举接过顶哑铃臂屈伸，哑铃侧平举，俯身哑铃臂屈伸，高位到低位平板支撑	**核心** 海豚式平板支撑，低位平板支撑，腿部伸展脚尖触地，俯身登山
拉伸/泡沫轴	**核心** V形支撑，卷腹，仰卧起坐，熊式平板支撑	**下半身** 臀桥，蛙式臀桥，步伐式臀桥，高抬腿跳绳
下半身 深蹲，单腿硬拉，交替屈膝深蹲，深蹲跳	拉伸/泡沫轴	**全身** 健身球卷腹，推举开合跳，波比跳，高位平板支撑接脚踝拍打接俯卧撑
全身 交替深蹲后踢腿，阿诺德推举，哑铃前平举，开合深蹲跳	**上半身** 阿诺德推举，阻力带提拉，锤式弯举，窄距俯卧撑	拉伸/泡沫轴
上半身 哑铃对握推举，俯身哑铃反向飞鸟，熊爬，俯卧撑	拉伸/泡沫轴	**下半身** 高抬腿跳绳，臀桥，蛙跳，单腿硬拉
休息	**全身** 足球波比跳，箱跳，相扑深蹲接锤式弯举，交替抓举	拉伸/泡沫轴

图例

- 🔵 上半身
- 🟣 核心
- 🟠 下半身
- 🟡 全身
- ||||| 拉伸/泡沫轴
- ⚪ 休息

训前热身和训后放松

为了避免受伤，在训练前后必须进行充分的热身和放松。在肌肉没有充分热身的情况下进行任何类型的抗阻训练或有氧训练都可能会对身体产生压力或致使身体受伤，因此在开始锻炼前养成热身的习惯非常重要。

> 在肌肉没有准备好的情况下进行任何类型的抗阻训练都可能导致关节承受过大的压力，且有可能会导致身体受伤。

热身

HIIT训练前的热身可以激活肌肉，让肌肉准备好进行训练，并减少受伤的风险。

热身活动可以通过提高体温、增加肌肉血液流量来唤醒血管系统。一次持续5~10分钟的热身还可以加快心率。根据后续的训练，有时可能需要延长热身时间以便充分激活肌肉。例如，弹跳训练动作（如箱跳、深蹲跳和波比跳）需要更为充分的热身，因为这种运动会对身体产生很大的压力。因此，请务必确保所有的肌肉群都已经准备充分。

放松

在训练后进行放松可以促进身体恢复、降低心率和血压。

放松通常在训练后进行，持续5~7分钟。但实际上，很多人都会忽视放松的过程或只是匆匆忙忙地放松一下。在团体健身区域训练时，这种情况尤为突出。

很多在健身房训练的人没有充分放松身体就匆忙离开了。但事实上，如果你没有拉伸肌肉，那么肌肉就会保持紧绷的状态，进而持续承受张力。就像是一个人不停地拉橡皮筋，橡皮筋终究是会断裂开的。每次训练后充分放松并将肌肉恢复到松弛状态是非常重要的。放松活动还有助于调节血液流动。

活动性

根据《韦氏词典》的定义，"活动性"是指"在所有平面上自由移动身体的能力"。活动性包括肌肉力量、活动范围和耐力。将活动性动作加入热身环节是很好的选择。它们也可以作为休息日的短暂锻炼，因为活动性动作可以增加关节活动范围。它完美结合了灵活性和力量，能让你动作更到位，跳得更高，发力更强。

拉伸的重要性

活动性是健身的五个组成部分之一,因此拉伸是每个训练计划中必不可少的一部分。建议30岁以上的人应该按1:1的比例进行训练,也就是说,每一小时的训练都需要一小时的恢复时间,而拉伸正是其中非常重要的一部分。

拉伸运动的目的是:

- **减少肌肉僵硬并增加关节运动范围**

  拉伸可以提高运动范围,缓解关节退化。

- **减少受伤风险**

  在进行爆发力较强的运动时,如果肌肉是灵活的,那么受伤的概率就会大大降低。通过拉伸增加特定关节的运动范围,就可以减小在各种运动中肌肉所受到的阻力。

- **帮助缓解训练后的酸痛和疼痛**

  训练时,我们的肌肉会收缩。训练后的拉伸可帮助肌肉舒展并缓解紧张感。

- **改善体态**

  拉伸肌肉(特别是拉伸肩部、腰部和胸部的肌肉),有助于保持脊柱对齐并改善体态。

- **帮助减轻压力**

  充分舒展的肌肉会承受较少的张力,训练者也会感到更少的压力。

- **减少肌肉的紧张感并让肌肉保持放松**

  当肌肉在较长的时间里都处于收缩状态时,就会阻断自身的血液循环,导致氧气和其他重要营养物质的流动受阻。拉伸则可以通过增加血液流动来让肌肉保持放松。

- **提高整体功能表现和力学效率**

  灵活的关节只需要较少的能量就可以实现范围较广的移动效果。因此,灵活的身体无须过于费力便可以提高整体运动表现。

- **让身体做好准备**

  在运动前放松肌肉,能够更好地承受运动所带来的冲击。

- **促进循环**

  舒展肌肉可以缓解紧张,增加全身的血液流动,不仅肌肉可以受益,关节同样可以获得营养补充。改善血液循环可以更好地将营养物质分配到身体的各个部位。

- **降低腰痛的风险**

  如果你有腰痛的烦恼,原因很可能在于腰部的下方,即骨盆中的腿后肌、髋部屈肌以及其他几个部位的肌肉,这些肌肉如果处于紧张状态,就可能对腰部施加压力。拉伸可以缓解紧张,进而消除压力。

训练计划

训练计划必须包括热身阶段和放松阶段。热身阶段应该从大肌肉群开始,然后转向更具体的身体部位。热身可以提高心率、加热身体、让身体出汗。

热身

热身方式包括:
- 慢跑或快步行走
- 高抬腿、后踢腿、波比跳、踏步
- 俯卧撑
- 游泳
- 开合跳

尝试将上述动作自由组合,并热身 5~10 分钟。

↓

拉伸

热身后可以进行一些拉伸,能减轻肌肉的紧绷感并提高灵活度。在进行 HIIT 训练时,肌肉会收缩。通过拉伸,肌肉可以拉长并保持平衡。肌肉失衡会对关节造成额外压力,增加受伤风险。当肌肉较为放松时,身体的活动范围就会变得更大,从而保证动作可以做得正确且标准。

拉伸类型包括:
- 站立股四头肌拉伸
- 箭步脊柱扭转
- 肱三头肌拉伸
- 猫式拉伸
- "4"字式拉伸
- 90/90 拉伸
- 快乐婴儿式拉伸
- 蛙式拉伸
- 蝴蝶式拉伸
- 箭步髋屈肌拉伸
- 仰卧胸肌拉伸

↓

放松

在放松阶段,可以进行低强度的行走,同时也可以添加上述的一些拉伸运动。

HIIT运动解剖学

训练计划

以下HIIT训练针对特定身体部位：上半身、下半身、核心及全身。根据人们运动经验的差异，主要分为以下三种训练：初级、中级和高级。确定自身的健身水平后，选择一个计划，按照适宜的运动时间、休息时间和组数完成训练。

选择难度

首先，完成个人体适能水平评估（见第182~183页），从而确定这场运动之旅的起点。训练计划依照难度划分，但都可以根据后文方案中所列的指南进行调整，以适应当前的健身水平。

例如，初学者可以通过延长每项练习的时长、增加训练组数、缩短组间休息时间，或取消动作之间的间歇来提高难度。这本书的宝贵之处也在于此：当你变得更强壮、更迅捷时，总能找到挑战自己的方法，并设计出个性化方案。

初级训练者
单项练习 30 秒，随后休息 15 秒，每组训练之间休息 30~60 秒。

例如

 练习 30 秒

 休息 15 秒

 组间休息 30~60 秒

对于初学者，目标可以定为完成 2~3 组。如果对你来说太多了，可以随时减少组数，或增加 1 组使其更具挑战性。

中级训练者
单项练习 45 秒，随后休息 15 秒，每组训练之间休息 30~45 秒。

例如

 练习 45 秒

 休息 15 秒

 组间休息 30~45 秒

中级训练者目标增加到 3~4 组，若太多则减少 1 组，反之增加 1 组提升难度。

高级训练者
单项练习 60 秒，无间歇休息，每组训练之间休息 30~45 秒。

例如

 练习 60 秒

 无间歇休息

 组间休息 30~45 秒

高级训练者目标增加到 4~5 组，若过于困难可减少 1 组，反之增加 1 组。

初级训练计划　训练1

本训练可以提高心率，强健双腿，并增强腹部肌肉。这项训练对于初学者而言再合适不过了，可以提高他们的心肺耐力以及肌肉力量和耐力。

初级

单项练习30秒，随后休息15秒，练习2~3组。

1. 深蹲(第90页)
2. 单腿硬拉(第112页)
3. 卷腹(第46页)
4. 并脚跳绳(第125页)

时间：
单项练习
30秒
组间休息：
30~60秒

训练2

这是针对腿部和手臂的全身初级训练，其中包括可提高心率的有氧运动。非常适合初学者用来提高心肺耐力以及肌肉力量和耐力。

初级

单项练习30秒，随后休息15秒，练习2~3组。

1. 相扑深蹲(第93页)
2. 哑铃侧平举(第74页)
3. 哑铃肱二头肌弯举(第66页)
4. 过顶哑铃臂屈伸(第62页)
5. 高抬腿跳绳(第124页)

时间：
单项练习
30秒
组间休息：
30~60秒

训练3

本训练针对臀腿。除了强化臀部肌肉外，还可以增强腿部力量，非常适合初学者用来提升肌肉力量和耐力。

初级

单项练习30秒，随后休息15秒，练习2~3组。

1. 臀桥(第114页)
2. 蛙式臀桥(第116页)
3. 相扑深蹲(第93页)
4. 交替侧向弓步(第102页)
5. 深蹲跳(第126页)

时间：
单项练习
30秒
组间休息：
30~60秒

训练4

本训练侧重于上半身训练，尤其是肩部肌肉和肱三头肌的塑形与强化。该训练是初学者提高上半身肌肉力量和耐力的不二之选。

初级

单项练习30秒，随后休息15秒，练习2~3组。

1. 军事推举(第76页)
2. 俯身哑铃臂屈伸(第64页)
3. 屈腿仰卧后撑(第65页)
4. 折刀俯卧撑(第79页)
5. 窄距俯卧撑(第60页)

时间：
单项练习
30秒
组间休息：
30~60秒

训练5

本训练针对腹部肌群。通过该训练,你可以增强腹横肌、腹直肌、腹斜肌。对于想提高肌肉力量和耐力的初学者来说再合适不过了。

初级

单项练习 30 秒,随后休息 15 秒,练习 2~3 组。

1. 仰卧起坐(第 44 页)
2. 卷腹(第 46 页)
3. 低位平板支撑(第 32 页)
4. 双向卷腹(第 49 页)
5. 自行车卷腹(第 48 页)

时间:
单项练习
30 秒
组间休息:
30~60 秒

训练6

本训练主要针对上半身,特别是胸部肌肉和肱三头肌。这是初学者提高肌肉力量和耐力的完美方案。

初级

单项练习 30 秒,随后休息 15 秒,练习 2~3 组。

1. 过顶哑铃臂屈伸(第 62 页)
2. 俯身哑铃臂屈伸(第 64 页)
3. 哑铃卧推(第 84 页)
4. 哑铃飞鸟(第 86 页)
5. 侧向俯卧撑(第 61 页)

时间:
单项练习
30 秒
组间休息:
30~60 秒

训练7

本训练针对腿部和三角肌。除了锻炼肩部肌肉外,你还可以强健腿部肌肉。该训练是初学者提高肌肉力量和耐力的不二之选。

初级

单项练习 30 秒,随后休息 15 秒,练习 2~3 组。

1. 高脚杯深蹲(第 93 页)
2. 交替后撤箭步蹲(第 104 页)
3. 军事推举(第 76 页)
4. 哑铃侧平举(第 74 页)
5. 跳绳(第 124~125 页)

时间:
单项练习
30 秒
组间休息:
30~60 秒

训练8

本训练侧重于上半身,针对肱二头肌和腹肌,并通过有氧运动提高心率。非常适合想要提高心血管耐力、肌肉力量和耐力的初学者。

初级

单项练习 30 秒,随后休息 15 秒,练习 2~3 组。

1. 自行车卷腹(第 48 页)
2. 锤式弯举(第 69 页)
3. 宽距肱二头肌弯举(第 68 页)
4. 肱二头肌半程弯举(第 68 页)
5. 交替脚尖触地(第 110 页)

时间:
单项练习
30 秒
组间休息:
30~60 秒

训练9

本训练针对肩部和腹部肌肉，其中还包括提高心率的有氧运动。非常适合初学者用来提高心血管耐力，以及肌肉力量和耐力。

初级

单项练习 30 秒，随后休息 15 秒，练习 2~3 组。

1. 推举开合跳（第 148 页）
2. 哑铃前平举（第 70 页）
3. 平板支撑收腹侧跳（第 39 页）
4. 平板开合跳（第 39 页）
5. 双向卷腹（第 49 页）

时间：
单项练习 30 秒
组间休息：30~60 秒

训练10

这是一套针对胸部肌肉和肱三头肌的上半身训练。在训练过程中，可以强健你的胸肌和肱三头肌。非常适合想要提高肌肉力量和耐力的初学者。

初级

单项练习 30 秒，随后休息 15 秒，练习 2~3 组。

1. 哑铃卧推（第 84 页）
2. 过顶哑铃臂屈伸（第 62 页）
3. 俯身哑铃臂屈伸（第 64 页）
4. 屈腿仰卧后撑（第 65 页）
5. 俯卧撑（第 58 页）

时间：
单项练习 30 秒
组间休息：30~60 秒

训练 11

本训练针对下半身的臀腿部位，其中包括提高心率的有氧运动。非常适合初学者用来提高心血管耐力，以及肌肉力量和耐力。

初级

单项练习 30 秒，随后休息 15 秒，练习 2~3 组。

1. 相扑深蹲（第 93 页）
2. 臀桥（第 114 页）
3. 负重提踵（第 106 页）
4. 深蹲（第 90 页）
5. 深蹲跳（第 126 页）

时间：
单项练习 30 秒
组间休息：30~60 秒

训练12

本训练针对腿部，其中包括能够提高心率的有氧运动。非常适合初学者用来提高心血管耐力，以及腿部肌肉力量和耐力。

初级

单项练习 30 秒，随后休息 15 秒，练习 2~3 组。

1. 高脚杯深蹲（第 93 页）
2. 交替屈膝深蹲（第 96 页）
3. 深蹲（第 90 页）
4. 单腿硬拉（第 112 页）
5. 开合深蹲跳（第 129 页）

时间：
单项练习 30 秒
组间休息：30~60 秒

训练13

本训练可以同时锻炼到上半身和下半身,主要锻炼腿部肌肉和肱二头肌。对于初学者而言,这是提高肌肉力量和耐力的完美方案。

初级

单项练习 30 秒,随后休息 15 秒,练习 2~3 组。

1. 交替后撤箭步蹲(第 104 页)
2. 哑铃肱二头肌弯举(第 66 页)
3. 锤式弯举(第 69 页)
4. 相扑深蹲接锤式弯举(第 178 页)
5. 卷腹(第 46 页)

时间:
单项练习 30 秒
组间休息: 30~60 秒

训练14

本训练针对腿部和肱二头肌,是上半身和下半身的综合训练方案。非常适合想要提高肌肉力量和耐力的初学者。

初级

单项练习 30 秒,随后休息 15 秒,练习 2~3 组。

1. 交替侧弓步(第 102 页)
2. 深蹲(第 90 页)
3. 锤式弯举(第 69 页)
4. 军事推举(第 76 页)
5. 深蹲跳(第 126 页)

时间:
单项练习 30 秒
组间休息: 30~60 秒

中级训练计划　训练1

本训练主要针对腹肌,锻炼腹横肌、腹直肌以及内外腹斜肌。这是一套非常适合中级水平的训练,可有效提升肌肉力量和耐力。

中级

单项练习 45 秒,随后休息 15 秒,练习 3~4 组。

1. 健身球卷腹(第 50 页)
2. 圆旋 V 形支撑(第 55 页)
3. 双向卷腹保持接扭转(第 49 页)
4. 攀绳卷腹(第 48 页)
5. 剪刀踢(第 54 页)

时间:
单项练习 45 秒
组间休息: 30~45 秒

训练2

本训练是上肢的"推拉式"训练,可以增强背部肌肉和肱二头肌。它是提高肌肉力量和耐力的最佳中级训练方案。

中级

单项练习 45 秒,随后休息 15 秒,练习 3~4 组。

1. 俯身哑铃划船接锤式弯举(第 172 页)
2. 俯身哑铃反向飞鸟接哑铃臂屈伸(第 174 页)
3. 肱二头肌半程弯举(第 69 页)
4. 熊式平板支撑交替划船(第 43 页)
5. 俯卧撑(第 58 页)

时间:
单项练习 45 秒
组间休息: 30~45 秒

训练 3

本训练是另一种上肢"推拉式"训练。该训练可以锻炼到胸部肌肉和肱三头肌组成的肌肉群，是提高肌肉力量的完美中级训练。

中级

单项练习 45 秒，随后休息 15 秒，练习 3~4 组。

1. 哑铃卧推（第 84 页）
2. 哑铃飞鸟（第 86 页）
3. 过顶哑铃臂屈伸（第 62 页）
4. 俯身哑铃臂屈伸（第 64 页）
5. 窄距俯卧撑（第 60 页）

时间：
单项练习 45 秒
组间休息：30~45 秒

训练 4

本训练是针对肱三头肌和肩部的上半身训练。通过此训练，可以锻炼、强化并测试肩部三角肌和肱三头肌的耐力。

中级

单项练习 45 秒，随后休息 15 秒，练习 3~4 组。

1. 军事推举接过顶哑铃臂屈伸（第 168 页）
2. 哑铃侧平举（第 74 页）
3. 阿诺德推举（第 79 页）
4. 屈腿仰卧后撑（第 65 页）
5. 折刀俯卧撑（第 79 页）

时间：
单项练习 45 秒
组间休息：30~45 秒

训练 5

这是一套针对上半身和核心的训练动作，可以锻炼加强三角肌和腹肌。非常适合中级水平的人群，用来提升肌肉力量和耐力。

中级

单项练习 45 秒，随后休息 15 秒，练习 3~4 组。

1. 俯身哑铃反向飞鸟（第 80 页）
2. 阻力带提拉（第 73 页）
3. 阿诺德推举（第 79 页）
4. 圆旋 V 形支撑（第 55 页）
5. 熊爬（第 144 页）

时间：
单项练习 45 秒
组间休息：30~45 秒

训练 6

本训练专注于下半身，能够锻炼并强化腿部核心肌群：股四头肌、腘绳肌和臀大肌。训练中还包含有氧环节，有助于提升心率。

中级

单项练习 45 秒，随后休息 15 秒，练习 3~4 组。

1. 深蹲（第 90 页）
2. 单腿硬拉（第 112 页）
3. 臀桥（第 114 页）
4. 步伐式臀桥（第 117 页）
5. 收腹跳（第 130 页）

时间：
单项练习 45 秒
组间休息：30~45 秒

训练 7

本训练聚焦于下半身,能够锻炼并强化腿部主要肌群:股四头肌、腘绳肌和臀大肌。该训练也包含能够提高心率的有氧运动,非常适合用来提升肌肉和心血管耐力。

中级

单项练习 45 秒,随后休息 15 秒,练习 3~4 组。

1. 交替后撤箭步蹲(第 104 页)
2. 交替屈膝深蹲(第 96 页)
3. 哑铃行进箭步蹲(第 105 页)
4. 交替侧弓步(第 102 页)
5. 开合深蹲跳(第 129 页)

时间:
单项练习
45 秒
组间休息:
30~45 秒

训练 8

本训练主要集中在上半身和手臂,可以锻炼并强化肱二头肌、肩膀和肱三头肌。非常适合中级水平的人群,用来提升肌肉力量和耐力。

中级

单项练习 45 秒,随后休息 15 秒,练习 3~4 组。

1. 锤式弯举(第 69 页)
2. 军事推举(第 76 页)
3. 过顶哑铃臂屈伸(第 62 页)
4. 哑铃肱二头肌弯举(第 66 页)
5. 屈腿仰卧后撑(第 65 页)

时间:
单项练习
45 秒
组间休息:
30~45 秒

训练 9

本训练可以锻炼和加强腿部肌肉(股四头肌、腘绳肌和臀大肌)以及肩膀(内侧、外侧、后三角肌),是提高肌肉力量和耐力的最佳中级训练方案。

中级

单项练习 45 秒,随后休息 15 秒,练习 3~4 组。

1. 椅子深蹲(第 92 页)
2. 深蹲(第 90 页)
3. 哑铃前平举(第 70 页)
4. 哑铃侧平举(第 74 页)
5. 折刀俯卧撑(第 79 页)

时间:
单项练习
45 秒
组间休息:
30~45 秒

训练 10

本训练主要针对腹部,可以锻炼腹横肌、腹直肌以及内外腹斜肌。非常适合中级水平的人群,用来提升肌肉力量和耐力。

中级

单项练习 45 秒,随后休息 15 秒,练习 3~4 组。

1. 双向卷腹保持接扭转(第 49 页)
2. 熊式平板支撑(第 40 页)
3. 俯身登山(第 36 页)
4. 低位平板支撑(第 32 页)
5. 平板开合跳(第 39 页)

时间:
单项练习
45 秒
组间休息:
30~45 秒

训练11

本训练可以加强臀大肌和腹肌,是提高肌肉力量和耐力的绝佳选择。

中级

单项练习 45 秒,随后休息 15 秒,练习 3~4 组。

1. 腿部伸展脚尖触地(第 42 页)
2. 步伐式臀桥(第 117 页)
3. 臀桥(第 114 页)
4. 蛙式臀桥(第 116 页)
5. 双向卷腹(第 49 页)

时间:
单项练习
45 秒

组间休息:
30~45 秒

训练12

这套下半身训练可以锻炼和加强腿部主要肌群:股四头肌、腘绳肌和臀大肌。这套动作还包括能够提高心率的有氧运动。

中级

单项练习 45 秒,随后休息 15 秒,练习 3~4 组。

1. 深蹲(第 90 页)
2. 单腿硬拉(第 112 页)
3. 相扑深蹲(第 93 页)
4. 后踢腿跳绳(第 125 页)
5. 开合深蹲跳(第 129 页)

时间:
单项练习
45 秒

组间休息:
30~45 秒

训练13

本训练属于下半身训练,可以锻炼并强化腿部主要肌群:股四头肌、腘绳肌和臀大肌。本训练还包括有氧运动。

中级

单项练习 45 秒,随后休息 15 秒,练习 3~4 组。

1. 相扑深蹲(第 93 页)
2. 深蹲(第 90 页)
3. 单腿硬拉(第 112 页)
4. 蟹步走(第 98 页)
5. 蛙跳(第 128 页)

时间:
单项练习
45 秒

组间休息:
30~45 秒

训练14

本训练属于下半身训练,可以锻炼并强化腿部主要肌群:股四头肌、腘绳肌和臀大肌。它也有增强心肺的功能,非常适合用来提升肌肉耐力和心血管耐力。

中级

单项练习 45 秒,随后休息 15 秒,练习 3~4 组。

1. 椅式深蹲(第 92 页)
2. 深蹲(第 90 页)
3. 蟹步走(第 98 页)
4. 交替屈膝深蹲(第 96 页)
5. 深蹲跳(第 126 页)

时间:
单项练习
45 秒

组间休息:
30~45 秒

高级训练计划　训练1

本训练是上肢的"推拉式"训练,可以增强背部和肱二头肌的力量,最终实现增加力量、提高心率的效果。该高级训练有一定难度,能够提高力量、耐力和敏捷性。

高级

单项无间歇练习60秒,练习4~5组。

1. 波比收腹跳(第154页)
2. 波比深蹲(第150页)
3. 俯身哑铃划船(第72页)
4. 俯身宽距划船(第82页)
5. 俯身哑铃划船接锤式弯举(第172页)

时间:
单项练习
60秒
组间休息:
30~45秒

训练2

这是一套全身性的爆发力训练,可以增强背部(背阔肌)、三角肌(前束、中束、后束)和腿部(股四头肌)的肌肉力量。该高级训练有一定难度,能够提高力量、耐力和敏捷性。

高级

单项无间歇练习60秒,练习4~5组。

1. 俯身哑铃反向飞鸟(第80页)
2. 阿诺德推举(第79页)
3. 俯身哑铃划船(第72页)
4. 高脚杯深蹲(第93页)
5. 收腹跳(第130页)

时间:
单项练习
60秒
组间休息:
30~45秒

训练3

本训练以腿部和背部为重点,用于塑造和增强股四头肌、腘绳肌、臀肌和背肌。该高级训练有一定难度,不仅能够提高肌肉力量和耐力,还包含有氧元素。

高级

单项无间歇练习60秒,练习4~5组。

1. 深蹲(第90页)
2. 单腿硬拉(第112页)
3. 仰卧哑铃过顶举(第83页)
4. 阻力带提拉(第73页)
5. 开合深蹲跳(第129页)

时间:
单项练习
60秒
组间休息:
30~45秒

训练4

这是一套主要针对胸部的上半身训练,重点锻炼和增强胸大肌和胸小肌。该高级训练有一定难度,能够提升肌肉力量和耐力。

高级

单项无间歇练习60秒,练习4~5组。

1. 哑铃卧推(第84页)
2. 哑铃飞鸟(第86页)
3. 钻石俯卧撑(第61页)
4. 哑铃卧推(第84页)
5. 熊式平板支撑接俯卧撑(第158页)

时间:
单项练习
60秒
组间休息:
30~45秒

训练5

本训练为上半身训练,主要集中于手臂。训练过程中,肱二头肌和肱三头肌将得到锻炼。该高级训练有一定难度,能够提高肌肉力量和耐力。

高级

单项无间歇练习60秒,练习4~5组。

1. 俯身哑铃臂屈伸(第64页)
2. 过顶哑铃臂屈伸(第62页)
3. 哑铃肱二头肌弯举(第66页)
4. 锤式弯举(第69页)
5. 后撑交替摸脚(第65页)

时间:
单项练习60秒
组间休息:
30~45秒

训练6

本训练为下半身训练,针对腿部的主要肌群:股四头肌、腘绳肌和臀部肌肉。这套训练还包含弹跳动作以提高心率和敏捷性。

高级

单项无间歇练习60秒,练习4~5组。

1. 交替脚尖触地(第110页)
2. 交替屈膝深蹲(第96页)
3. 交替侧弓步(第102页)
4. 深蹲(第90页)
5. 箱跳(第132页)

时间:
单项练习60秒
组间休息:
30~45秒

训练7

本训练主要集中在下半身,特别针对臀大肌和腘绳肌,对这些肌肉有很好的塑造和强化作用。这套训练还包含弹跳动作以提高心率和敏捷性。

高级

单项无间歇练习60秒,练习4~5组。

1. 臀桥(第114页)
2. 步伐式臀桥(第117页)
3. 单腿硬拉(第112页)
4. 哑铃登阶(第108页)
5. 收腹跳(第130页)

时间:
单项练习60秒
组间休息:
30~45秒

训练8

本训练为上半身训练,主要用于塑造和增强背部肌肉,包含小菱形肌、大菱形肌、斜方肌和背阔肌。它还具有增强心血管耐力和提高敏捷性的作用。

高级

单项无间歇练习60秒,练习4~5组。

1. 波比收腹跳(第154页)
2. 俯身哑铃划船(第72页)
3. 俯身哑铃反向飞鸟(第80页)
4. 俯身宽距划船(第82页)
5. 俯卧撑(第58页)

时间:
单项练习60秒
组间休息:
30~45秒

训练9

本训练可以增强下半身和肩部的肌肉,目标肌群包括股四头肌、腘绳肌和三角肌。同时,训练还融入了弹跳动作,可以提高心率和敏捷性,提升力量和运动表现。

高级

单项无间歇练习60秒,练习4~5组。

1. 交替抓举(第100页)
2. 军事推举(第76页)
3. 阿诺德推举(第79页)
4. 蟹步走(第98页)
5. 箱跳(第132页)

时间:
单项练习
60秒
组间休息:
30~45秒

训练10

本训练主要针对核心,其次是肩部。在训练中,你将专注于塑造和增强三角肌和腹肌。该高级训练有一定难度,能够提高力量、耐力和活动性。

高级

单项无间歇练习60秒,练习4~5组。

1. 支撑转体踢腿(第166页)
2. 高位平板支撑接脚踝拍打接俯卧撑(第162页)
3. 平板支撑收腹侧跳(第39页)
4. 泳姿平板支撑(第34页)
5. 熊式平板支撑(第40页)

时间:
单项练习
60秒
组间休息:
30~45秒

训练11

本训练可以强健胸部肌肉——胸大肌和胸小肌,还有肱三头肌。它具有一定难度,可以提高肌肉力量、耐力、心肺耐力和敏捷性。

高级

单项无间歇练习60秒,练习4~5组。

1. 哑铃卧推(第84页)
2. 哑铃飞鸟(第86页)
3. 过顶哑铃臂屈伸(第62页)
4. 俯身哑铃臂屈伸(第64页)
5. 窄距俯卧撑接收腹跳(第154页和第60页的变式动作)

时间:
单项练习
60秒
组间休息:
30~45秒

训练12

本训练可以强健臀大肌的主要肌肉,同时通过弹跳动作来提高心率和敏捷性。它具有一定难度,可以提高肌肉力量、耐力、心肺耐力和运动表现。

高级

单项无间歇练习60秒,练习4~5组。

1. 臀桥(第114页)
2. 蛙式臀桥(第116页)
3. 后踢腿跳绳(第125页)
4. 驴踢(第42页)
5. 蛙跳(第128页)

时间:
单项练习
60秒
组间休息:
30~45秒

训练13

本训练能够塑造和增强腹部肌群。这是一套具有挑战性的高级训练,可以提高肌肉力量、耐力、心血管耐力、活动性和运动表现。

高级

单项无间歇练习 60 秒,练习 4~5 组。

1. 高抬腿跳绳(第 124 页)
2. 圆旋 V 形支撑(第 55 页)
3. V 形支撑(第 52 页)
4. 双向卷腹保持接扭转(第 49 页)
5. 腿部伸展脚尖触地(第 42 页)

时间:
单项练习 60 秒
组间休息:
30~45 秒

训练14

本训练着重锻炼背部、肱二头肌、肩部、肱三头肌、腿部和胸部,是一套全身性训练。同时还包含了弹跳动作,可以提升心率并增强敏捷性。本训练具有一定的挑战性,有助于提升训练者的力量、耐力和运动表现。

高级

单项无间歇练习 60 秒,练习 4~5 组。

1. 俯身哑铃划船接锤式弯举(第 172 页)
2. 俯身宽距划船和宽距肱二头肌弯举(第 82 和 68 页)
3. 军事推举接过顶哑铃臂屈伸(第 168 页)
4. 相扑深蹲接锤式弯举(第 178 页)
5. 波比跳(第 140 页)

时间:
单项练习 60 秒
组间休息:
30~45 秒

不同的人对训练的反应不同,每个训练者都应专注于自己投入的努力和运动的强度,并严格按照训练方案执行。训练次数越多,就会越快地看到训练效果和身体发生的变化。

词汇表

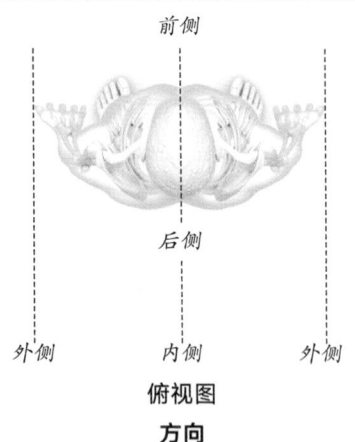

俯视图
方向
前侧 / 后侧 / 外侧 / 内侧 / 外侧

有氧运动 增加身体对氧气需求的活动,会导致呼吸和心率暂时加快。

有氧呼吸 通过摄入氧气,将葡萄糖转化为三磷酸腺苷(ATP)来产生能量的方式。

腹部肌肉 躯干中的一组肌肉,由腹直肌、腹外斜肌、腹内斜肌和腹横肌组成,俗称"腹肌"。

外展 将肢体远离身体中线的动作。

肌动蛋白 一种与肌球蛋白相互作用引起肌肉收缩的蛋白质。

内收 将肢体向身体中线移动的动作。

内收肌 能够将大腿拉向中线,包括长收肌、短收肌、大收肌、耻骨肌和股薄肌。

主动肌 一对拮抗肌中的一块肌肉,在另一块肌肉放松或伸长时收缩。

无氧运动 无须氧气参与便可以分解体内葡萄糖的活动。无氧运动比有氧运动强度更大,但持续时间更短。

无氧呼吸 在没有氧气的情况下通过葡萄糖的转化产生能量。

拮抗肌 一对拮抗肌中的一块肌肉,在另一块肌肉收缩时放松或伸长。

前侧 位于身体前方。

ATP(三磷酸腺苷) 一种有机化合物和水溶助长剂,可为活细胞中的许多过程提供能量,例如肌肉收缩、神经脉冲传导、凝结物溶解和化学合成。

双侧 同时位于身体的两侧。

BMI(身体质量指数) 一个人的体重除以身高的平方得出的值,单位为 kg/m^2。

身体脂肪含量 描述人体脂肪、骨骼、水和肌肉百分比的指标。由于肌肉组织在体内所占空间比脂肪组织少,因此身体成分和体重决定了人的体脂率。

碳水化合物 天然存在的含有碳、氢和氧的化学物质。人体内中的碳水化合物是主要能量来源。

心血管系统 心血管系统可以推动血液循环并运输营养物质(如氨基酸和电解质)、氧气、二氧化碳、激素和血细胞,进一步提供营养、提升免疫能力、保持体温恒定、维持体内的酸碱平衡。也称为血管系统。

共同激活 同时激活多块肌肉。

复合运动 使用多个肌肉群的运动。

向心收缩 激活肌肉的方式之一,会在肌肉缩短时产生张力。

硬拉 伸展膝盖和/或臀部以从地面举起重物的运动。

三角肌 肩部的一块肌肉。

哑铃 一种运动器材,由一根两端带有重物的短杆组成,通常成对使用。

离心收缩 能够刺激肌肉,其中施加在肌肉上的力超过肌肉本身产生的瞬时力，导致肌肉-肌腱系统在收缩时伸长。

耐力 生物体长期发挥作用并保持活跃的能力，以及抵抗、承受、从创伤、伤口或疲劳中恢复的能力。在有氧或无氧运动中，耐力会发挥非常重要的作用。

EPOC（运动后过量氧耗） 剧烈活动后经过测算得出的吸氧增加率。

伸展 增大关节角度的运动。

快缩型肌纤维 支持短而快速的能量爆发的肌肉纤维，这些肌肉以无氧方式运作，因此几乎没有血管和线粒体（与慢肌不同）。

脂肪 一种具有多种人体必需功能的营养素，能够保护内脏与神经，可以促进人体对维生素的吸收。

体适能评估 一系列测试，通过评估体适能的5个组成部分来衡量和监测你的体适能水平：心血管耐力、肌肉力量、肌肉耐力、柔韧性和体脂率。

屈曲 减小关节角度的运动。

额状面 将身体分为腹侧（前）和背侧（后）部分的任何垂直面（或假想线）。它是身体的三个主要平面之一，用于描述身体部位相对于彼此轴的位置，也称为冠状面。

葡萄糖 一种单糖，是人体主要的能量来源。

臀肌 臀部的一组肌肉，由臀大肌、臀中肌和臀小肌组成。

糖原 一种沉积在身体组织中作为碳水化合物储存的物质。它是一种多糖，在水解时形成葡萄糖。

糖酵解 葡萄糖（糖）在不需要氧气的酶反应中被细胞部分分解的过程。糖酵解是细胞用来产生能量的一种方法。

HIIT（高强度间歇训练） 该训练能够提高心脑血管耐力，将短时高强度无氧力量运动和有氧运动于恢复期交替进行，直到你筋疲力尽，无法继续运动。

肥大 器官或组织因细胞体积增大而增大，特别用于描述肌肉生长。

等长收缩 肌肉激活的方式之一，涉及肌肉的静态收缩。在等长收缩时，关节角度没有任何可见的变化。

等张收缩 肌肉激活的方式之一，其中张力保持不变，而肌肉的长度发生变化。等张收缩与等速收缩的不同之处在于，在等速收缩中，肌肉速度保持恒定。

乳酸 酸奶中形成的无色糖浆状有机酸，在剧烈无氧运动期间也会在肌肉组织中产生。

外侧 位于身体侧面。

机械应力 将机械能转化为化学信号的机制，也被称为机械传导。

机械张力 尝试拉伸器械的力。在力量训练期间，肌肉在尝试缩短时会产生拉力，但同时也会受到阻力的作用。

内侧 位于身体中间。

正中面 在人体垂直平面上，垂直穿过肚脐平分身体的平面，将身体准确地分成左右两侧，也称为正中矢状面。

代谢速率 每单位时间内的新陈代谢，特指根据食物消耗、以热量形式释放的能量或代谢过程中消耗的氧气。

代谢应激 运动过程中为应对低能量而发生的生理过程。它会导致肌肉细胞中代谢物的积累（乳酸、无机磷酸盐[Pi]和氢离子[H^+]）。

代谢 身体细胞中将食物转化为能量的化学反应。我们的身体需要这种能量来完成从移动到思考再到成长的所有事情。我们体内的特定蛋白质控制新陈代谢的化学反应。

线粒体 在大多数细胞中都大量存在的一种细胞器，是细胞进行呼吸和产生能量的场所。线粒体具有双层膜，内层向内折叠形成层（嵴）。

活动性 关节在一定范围内活动的能力。

肌肉系统 负责身体运动、姿势和血液循环的生物系统。脊椎动物的肌肉系统是通过神经系统控制的,也存在一些可以自主活动的肌肉。

肌球蛋白-A 与肌动蛋白相互作用引起肌肉收缩的蛋白质。

神经系统 负责感觉和运动的生物系统,由中枢神经系统和周围神经系统组成:大脑和脊髓是中枢神经系统。贯穿全身的神经构成周围神经系统。

中立握姿 握住重物、绳索等的一种方式,手掌相对,手腕不旋转。

脊柱中立 脊柱的最佳负荷分布位置,保持脊柱的自然曲线。

神经化学 对控制和影响神经系统生理的化学物质的研究,包括神经递质和其他分子,如精神药物和神经肽。

神经发生 成年人的神经干细胞产生神经元的过程。这一过程与胚胎期的神经发生有所不同。

神经可塑性 大脑中的神经网络通过生长和重组而改变的能力。这些变化的范围包括从单个神经元路径建立新的连接,到系统层面的调节,如皮层重新映射,也被称为大脑可塑性。

旁矢状面 平行于矢状面和正中面的任何平面(或假想线)。

胸肌 胸部的一组肌肉,由胸大肌和胸小肌组成。

生理学 生物学的一个分支,涉及生物体及其部分的正常功能。

弹跳训练 肌肉在短时间内施加最大的力量,以增加力量为目的,也被称为增强式训练或爆发力训练。

后侧 位于身体后方。

内旋 手、脚或肢体通过转动或保持,使手掌或脚底朝下或朝内的姿势。

俯卧 身体的正面着地。

蛋白质 由氨基酸组成的分子。饮食中的蛋白质是生命和身体维护所必需的。

股四头肌 大腿上的一组肌肉,由股直肌、股内侧肌、股外侧肌和股中间肌组成。

关节活动范围 指一个关节可能的运动范围。

重复次数 在休息之前完成单个动作的次数。

阻力 导致肌肉收缩的一种外力,如重量。

呼吸系统 由特定器官和结构组成的生物系统,用于动植物的气体交换。其中使之发生的解剖学和生理学原理,根据生物体的大小、生活环境和进化历史而有所不同。

菱形肌 上背部的一组肌肉,由小菱形肌和大菱形肌组成。

RIR(储备重复次数) 衡量一组动作难度的指标,指在完全疲劳之前,训练者还能继续进行该动作的重复次数。

矢状面 将身体分为左右两部分的任何平面(或假想线)。该平面可能在身体的中心,将其分成两半,或远离中线,将其分成不对称的两部分,也被称为纵向平面。

卫星细胞 肌肉纤维内的一种体细胞(位于肌纤维膜和基底层之间),通常处于静止状态。运动后,卫星细胞被激活,并开始增殖。

组 连续完成指定重复次数的动作即为1组。常见训练策略是计划每项训练完成一定数量的动作组,并在这些动作组之间安排短暂的休息时间。

骨骼肌 与骨架相连的肌肉,构成了移动四肢和身体其他部分的机械系统的一部分。

骨骼肌纤维 圆柱形的肌肉细胞。一个单独的骨骼肌可能是由数百个,甚至数千个肌肉纤维捆绑在一起,并包裹在结缔组织覆盖物中。

骨骼系统　身体的中心框架。它由骨骼和结缔组织组成,包括软骨、肌腱和韧带。

慢缩型肌纤维　肌肉纤维收缩缓慢,但能持续很长时间。这些肌肉适合于耐力活动,如长跑或骑自行车,因为它们可以长时间工作而不感到疲劳。

力量　一块肌肉或肌肉群能够产生的力的大小。

力量耐力　肌肉在一段时间内持续承受负荷的能力,也被称为肌肉耐力。

压力　包括施加在身体上的机械性压力、代谢压力或心理压力。

横纹肌　细胞中的收缩纤维排列成平行的束状,使其不同区域形成显微镜下可见的条纹的肌肉组织。这种类型的肌肉通过肌腱连接到骨架上,并受自主控制。

浅层肌肉　距离皮肤较近的肌肉。

超级组　两个无间隔的连续动作,可以选择随后进行短暂的休息。这可以有效地使你的训练量增加一倍,同时保持与完成单个动作时相同的恢复期。

外旋　手、脚或肢体通过转动或保持,使手掌或脚底朝上或朝外的姿势。

仰卧　后背着地的躺姿。

节奏　在一组动作中进行练习的节奏。

肌腱　柔软但无弹性的强纤维胶原组织,连接肌肉和骨骼。

横断面　将身体分为上层和下层的一个平面(或假想线)。它垂直于冠状面和矢状面,是用于描述身体各部分相互位置的平面之一。

单侧　位于身体的一侧。

最大摄氧量　在增量运动(即强度逐渐增加的运动)期间测量的最大氧气消耗率。

作者简介

英格丽·S.克莱是知名私人教练，HIIT团体健身大师，竞技健美运动员，以及素食营养师，在健身和健康领域拥有超过十年的专业经验。她深知健身对个人成功和幸福的直接影响。

她来自路易斯安那州拉斐特市，获得路易斯安那州泽维尔大学的物理学学位和北卡罗来纳州A&T大学的电气工程学位，并获得西蒙斯管理学院的国际市场营销MBA学位。良好的教育背景深深地影响着她看待健身和健康的方式。

她在工作和求学时，发现自己体重增加了。于是，她便温习了食品和健身的基础知识以及她最熟悉的东西：科学。她创建了自己的饮食和锻炼计划，并将其加入了HIIT训练中。她参加了西蒙斯管理学院的创业项目，并开始全职经营自己的健康公司。随着在健身行业的不断深挖，她努力获得多种行业认证，并向在该行业工作多年的教练虚心学习，ISC健康公司就这样诞生了。

她曾在世界各地进行健身培训、健身指导并宣传自己的健身食谱。她的事迹被Well+Good、Essence、Livestrong、Fabletics和PopSugar Fitness等媒体广泛报道。她拥有并运营着ISC Wellness健康平台，并推出了配有直播和预录课程的同名App。她还是Lululemon的品牌大使，也是加州洛杉矶CAMP健身中心的健身总监。此外，每周她都会参与志愿服务，为社区的孩子提供健康和保健服务。

"这本书承载了我所有的梦想。真心地希望你喜欢它，并借助它完成你的健身目标！祝你好运！我也很幸运，能够激励并帮助别人变得越来越好。努力成为更好的自己吧！这条路永无止境，却充满挑战。"

Acknowledgements

Author's acknowledgements
I'd like to first thank my family for always supporting me. Especially my mom. You have always been my number one cheerleader and fan. It's because of your support I am able to fly so high!

I'd also like to thank my clients, from personal training to everyone I've met in studios where I've coached. I've learned so much from you and I am constantly inspired by you. Thank you for letting me be a part of your journeys.

Thanks to Chuck Norman, for teaching me the ropes and for helping me always find the fun in Fitness.

Lastly I'd like to also thank Fitness. It was a form of meditation for me when I needed it the most. It brought me back in so many ways, and it made me stronger from the inside out.

Publisher's acknowledgements
Dorling Kindersley would like to thank Myriam Megharbi for picture research, Marie Lorimer for indexing, Guy Leopold for proofreading, and Holly Kyte for editorial assistance.

Picture credits
The publisher would like to thank the following for their kind permission to reproduce their photographs:
(Key: a-above; b-below/bottom; c-centre; f-far; l-left; r-right; t-top)

10 Science Photo Library: Professors P.M. Motta, P.M. Andrews, K.R. Porter & J. Vial (br). 14 Science Photo Library: Ikelos GmbH / Dr. Christopher B. Jackson (cra). 15 Science Photo Library: CNRI (br). 22 Science Photo Library: Professors P.M. Motta, P.M. Andrews, K.R. Porter & J. Vial (bl). 25 Science Photo Library: Thomas Deerinck, NCMIR (ca).

All other images © **Dorling Kindersley**
For further information see: www.dkimages.com